THÉMISTIOS

DISCOURS

XIV - XIX

L'EMPEREUR ESPAGNOL

COLLECTION DES UNIVERSITÉS DE FRANCE
publiée sous le patronage de l'ASSOCIATION GUILLAUME BUDÉ

THÉMISTIOS

TOME III

DISCOURS

XIV - XIX

L'EMPEREUR ESPAGNOL

TEXTES ÉTABLIS, TRADUITS ET COMMENTÉS
PAR
JACQUES SCHAMP
Professeur émérite
à l'Université de Fribourg (Suisse)

PARIS
LES BELLES LETTRES
2023

Conformément aux statuts de l'Association Guillaume Budé, ce volume a été soumis à l'approbation de la commission technique, qui a chargé Mme Catherine Bry d'en faire la révision et d'en assurer la correction en collaboration avec M. Jacques Schamp.

95 boulevard Raspail, 75006 Paris
www.lesbelleslettres.com

ISBN : 978-2-251-00658-1
ISSN : 0184-7155

SOUS THÉODOSE, L'EMPEREUR ESPAGNOL

INTRODUCTION

Le désarroi à la cour La distance d'Andrinople à Sirmium (aujourd'hui Mitrovica) est d'environ 400 kilomètres, en sorte que des porteurs de dépêches pouvaient mettre au minimum huit ou neuf jours à transmettre la nouvelle du désastre (9 août 378) où périt l'empereur Valens[1]. À ce moment, Gratien se trouvait à Castra Martis (aujourd'hui Kula, en Bulgarie), en Dacie Ripuaire, où le rejoignit un des dignitaires rescapés de la bataille, le *magister equitum* Victor[2]. Il avait, pour

1. Maraval, P. (2009), p. 35. Toutefois, c'est peut-être là un calcul optimiste, comme me le signale Mme Cathetine Bry, que je remercie pour ses savantes remarques et suggestions. D'après les informations fournies par le précieux site américain Orbis.stanford.edu, un trajet de routine à dos de cheval pouvait s'exécuter à raison de 56 km par jour, 67 km pour un courrier privé et 250 km à condition de disposer de relais et bien entendu sans incident de route. Pour la bataille d'Andrinople, on se reportera ici même t. II (2023), p. 229-232.

2. Amm., XXXI, 11, 6 ; Errington, R. M., « The Accession of Theodosius I », dans *Klio. Zeitschrift für alte Geschichte* 78 (1996), p. 438-453, surtout p. 439 ; Angliviel de la Beaumelle, L. (1999), p. 276, n. 504 ; Maraval, P. (2009), p. 28. Victor aurait fait de son mieux pour protéger l'empereur, suivant Ammien (XXXI, 13, 9) : « À ces mots, le comte nommé Victor, les Bataves ayant été placés en réserve non loin de là, se hâte de les rassembler d'urgence afin de protéger l'empereur. Mais comme il ne pouvait trouver personne, il rebroussa chemin et quitta le combat. De la même manière, Richomer

annoncer le drame, évité la Thrace en traversant successivement la Macédoine, la Thessalie, puis la Mésie et la Pannonie[3]. Le projet du souverain était de venir en aide à Valens, mais il renonça à affronter les Goths et regagna Sirmium. Tout se passa alors comme si l'empereur ou le cercle de ses conseillers les plus proches se mettait à battre le rappel de dignitaires injustement frappés sous Valens.

Ce fut le cas de Flavius Hypatius, originaire de Thessalonique. Consul *posterior* en 359 sous Constance II[4], peut-être *vicarius Urbis Romae* à la date du 21 février 363[5], il avait été fortement inquiété en 371 à l'initiative du grand chambellan Heliodorus[6] :

> *il accusa cette illustre paire de consuls, Eusebius et Hypatius, deux frères alliés autrefois à l'empereur Constance, de s'être élevés jusqu'à l'ambition d'une trop haute fortune, d'avoir consulté et pris certaines dispositions au sujet de l'empire, ajoutant, chemin faisant, au mensonge construit par son imagination qu'Eusebius s'était même fait préparer des vêtements impériaux.*

se tira lui-même d'affaire ainsi que Saturninus. » *Hocque audito, Victor nomine comes, Batavos in subsidiis locatos haut procul, ad imperatoris praesidium raptim cogere properans, cum invenire neminem posset, gradiens retro discessit. Parique modo Richomeres periculo semet exemit et Saturninus.*

3. Destephen, S. (2016), p. 64, avec la n. 73.

4. Pour le personnage, voir *PLRE* I, *s.v. Flavius Hypatius* 4, p. 448-449 ; Matthews, J. F., (1975), p. 96. Sur ce consulat, assumé avec son frère Fl. Eusebius, voir *Hist. Aceph.*, 1, 2 ; 2, 5 ; Amm., XVIII, 1, 1 ; XXI, 6, 4. Eusebius et Hypatius sont donnés comme patriciens en raison de leur parenté avec Constance II ou plus exactement avec son épouse Eusebeia, Amm., XXIX, 2, 9 : *patriciatus columina ipsa pulsavit* (sc. Heliodorus), voir Angliviel de la Beaumelle, L. (1999), p. 179, n. 76 et 77.

5. Voir *CTh* III, 5, 8 a.

6. Amm., XXIX, 2, 9 : *egregium illud par consulum Eusebium et Hypatium, germanos fratres, Constanti principis quondam adfines, ad cupidinem altioris fortunae erectos et consuluisse et agitasse quaedam super imperio detulit, addens itineri ad mendacium ficte constructo quod Eusebio etiam principalia indumenta parata sint.*

Mais la sentence d'exil ne tarda pas à être rapportée, et les amendes furent levées du même coup, en sorte que les deux hommes recouvrèrent titres et dignités[7]. En août 378, Hypatius vivait à Antioche, où il reçut l'ordre de prendre la charge de préfet de la ville de Rome[8] :

La grande bataille eut lieu, avec son carnage, et l'empereur y tomba, l'ayant engagée avec plus d'ardeur que de savoir-faire. C'est alors que les Romains reçurent un préfet qui devait revêtir ici-même ses insignes de préfet, dans l'idée de se faire bien voir des Romains. Chacun ou presque y allait de son panégyrique et chacun n'avait pour thème que la bonté de cet homme.

L'abréviateur Eutrope[9] connut une trajectoire analogue. Après une formation oratoire qu'il reçut à Antioche, à partir de 355, il renonça à la carrière de sophiste pour celle d'avocat, où il remporta quelques succès, avant de se marier[10]. Accueilli dans le *comitatus* de Julien, dont il fut

7. Amm., XXIX, 2, 11 : *illi vero exilio et pecuniariis adflicti dispendiis, paulo postea reddita sibi multa, sunt revocati, dignitatibus integris et splendore.*

8. Lib., *Or.*, 1, 179 180 : γενομένης δὲ τῆς μεγάλης μάχης καὶ τοῦ πολλοῦ φόνου καὶ πεσόντος ἐν μέσῳ τοῦ προθυμίᾳ μᾶλλον ἢ τέχνῃ συμβαλόντος ἔρχεται Ῥωμαίοις ὕπαρχος ἐν ὑπάρχου σχήματι τῇδε φανούμενος, ἀρέσκοντα Ῥωμαίοις οὕτω ποιήσειν ἡγούμενος. Πᾶς δὴ μικροῦ λόγον ἐποίει, μία δὲ πᾶσιν ὑπόθεσις ὁ ἤπιος ἐκεῖνος. Il avait été nommé peu après la bataille d'Andrinople, Chastagnol, A., *Les Fastes de la préfecture de Rome au Bas-Empire,* Paris, 1962, p. 204-206 ; Petit, P. (1979), p. 259, n. au ch. 179.

9. Ses origines sont discutées. Certains ont vu en lui, sur la base d'un texte de Marcellus Empiricus (*Med.. Praef.* 1-2 éd. Helmreich), un Gaulois né à Bordeaux, comme Ausone, mais pas de rang sénatorial, *PLRE* I, *s.v. Eutropius* 2, p. 317 ; Matthews, J. F., (1975), p. 96 ; Hellegouarc'h, J. (1999), p. VIII-IX. Aujourd'hui, on tendrait plutôt à voir en lui un neveu du rhéteur Acacios de Césarée, qu'évoque Libanios dans ses discours, Seeck, O. (1883), p. CXXXII-CXXXIX ; Hellegouarc'h, J. (1999), p. IX ; sur ce sophiste, Bry, Catherine, « Acacios, l'autre sophiste officiel d'Antioche », dans *RET Suppl.* 3 (2014), p. 129-151. Toutefois, cette dernière étude n'évoque pas Eutrope.

10. Lib., *Ep.*, 1304 = T. I, 3, 47 (à Thémistios) : οὐδὲ δουλεύει διδάσκων, ἀλλ' ἔστιν ἐλεύθερος δίκας λέγων. Εἰ μὲν οὖν μὴ γάμος

un chaleureux thuriféraire, il l'accompagna dans l'expédition contre la Perse en 363[11]. Vers 369, il était *magister memoriae*, quand il fit hommage de son *Breviarium* à Valens[12], avant, en conformité avec le tableau habituel d'avancement, de devenir proconsul d'Asie en 371/372. Le moment faillit lui être fatal[13] :

> *Eutrope, qui gouvernait alors l'Asie avec le pouvoir proconsulaire, fut mis en accusation comme complice du complot. Mais il en réchappa sans dommage, tiré d'affaire par le philosophe Pasiphilus : on eut beau torturer cruellement celui-ci pour lui faire abattre Eutrope par un mensonge impie, on ne put le déloger de la forte position d'un cœur plein d'énergie.*

Néanmoins, il fut acquitté ; plus tard, il devint préfet du prétoire d'Illyricum puis consul ; il était toujours vivant en 390[14].

Ce qui est étrange, c'est que Gratien, une fois vide le trône oriental, fit appel à un Espagnol, originaire de Galice, sans aucun doute chrétien et homoousien, le fils d'un de ses plus grands généraux qu'on avait fait exécuter en 376 à Carthage, pour des raisons demeurées obscures. S'il était besoin d'un troisième empereur, la camarilla qui

αὐτὸν οἴκαδε ἐκεκλήκει τοῦ λέγειν ἀφελκύσας, τῶν ἀρχόντων ἂν ἦν. Le nom d'Acacios est cité au début de la lettre qui date du début de l'hiver 364, BOUCHERY, H.F. (1936), p. 253-254.

11. EUTR., X, 16, 1.

12. Voir HELLEGOUARC'H, J. (1999), p. 1.

13. AMM., XXIX, 1, 36 : *Eutropius Asiam proconsulari tunc obtinens potestate, ut factionis conscius arcessitus in crimen, abscessit innocuus, Pasiphilo eximente philosopho, qui ut eum mendacio iniusto perverteret, crudeliter tortus, de statu robustae mentis non potuit deturbari.* Le philosophe Pasiphilos n'est connu que par le présent passage d'Ammien, MARAVAL, P., art. P 50, dans *DPhA* Va, p. 173 et ici même t. I, p. CXVI. Sur le procès d'Antioche, LENSKI, N. (2002), p. 223-232. L'analyse du procès forme évidemment l'essentiel d'un livre : WIEBE, F. J., *Kaizer Valens und die heidnische Opposition,* Bonn, 1995, p. 86-224, spécialement p. 108-109.

14. PETIT, P. (1979), p. 254 (n. complémentaire au ch. 159).

avait transmis une couronne à Valentinien II, par exemple Equitius, *comes* et *magister militum per Illyricum*, qui avait été le collègue de Gratien au consulat en 374, ne pouvait évidemment fournir la personne souhaitée[15]. Le schéma classique du récit se tire de Théodoret principalement[16] :

À ce moment, fort renommé tant pour l'illustration de ses ancêtres que pour son courage personnel et frappé pour cette raison par la jalousie autant de ceux qui partageaient les mêmes honneurs que ceux de sa tribu, Théodose se trouvait dans les Espagnes. C'était là qu'il était né et qu'il avait été élevé. L'empereur, qui ne savait ce qu'il fallait faire (enflés par leur victoire, les barbares étaient malaisés à combattre et se croyaient tels), supposa qu'il se débarrasserait de ses maux en confiant la maîtrise de la cavalerie à Théodose. Il fit donc immédiatement venir Théodose d'Espagne et le nomma maître de cavalerie, puis, à la tête de l'armée qu'il avait levée, il le fit partir en campagne. Bardé de sa foi, il partit avec confiance. Sitôt qu'il eut mis le pied en Thrace et dès qu'il eut vu les barbares s'avançant en ordre, il fit ranger son armée comme pour une bataille.

Pacatus confirme les succès de Théodose et les dires de Théodoret[17] :

15. Sur ce point, voir t. II, p. 184.

16. THDT., *HE*, V, 5, 1-2 : Κατ' ἐκεῖνον δὲ τὸν καιρὸν Θεοδόσιος διά τε τὴν τῶν προγόνων περιφάνειαν καὶ διὰ τὴν οἰκείαν ἀνδρείαν ὀνομαστότατος ἦν, καὶ τούτου χάριν ὑπὸ τοῦ φθόνου τῶν ὁμοτίμων τε καὶ ὁμοφύλων βαλλόμενος ἐν ταῖς Σπανίαις διέτριβεν· ἐν ἐκείναις γὰρ ἔφυ τε καὶ ἐτράφη. ἀπορῶν δὴ οὖν ὁ βασιλεὺς ὅ τι χρὴ δρᾶσαι (φυσηθέντες γὰρ ἐκ τῆς νίκης οἱ βάρβαροι δύσμαχοι ἦσάν τε καὶ ἐδόκουν), τὴν Θεοδοσίου στρατηγίαν λύσιν ὑπέλαβε τῶν κακῶν. αὐτίκα δὴ οὖν ἐκ τῶν Σπανιῶν τὸν ἄνδρα μεταπεμψάμενος καὶ στρατηγὸν χειροτονήσας, μετὰ τῆς συνειλεγμένης ἐξέπεμψε στρατιᾶς. ὁ δὲ τῇ πίστει φραξάμενος θαρσαλέως ἐξώρμησε·καὶ τῆς Θρᾴκης ἐπιβὰς καὶ τοὺς βαρβάρους θεασάμενος ὁμόσε χωροῦντας, ἔταξε τὴν στρατιὰν ὡς εἰς μάχην. La suite du texte est donnée *infra*, p. XXXIII, n. 72. La traduction de cette partie est personnelle.

17. *Pan. Lat.* III, 12, 10, 2 : *Vix tecta Hispana successeras, iam Sarmaticis tabernaculis tegebaris ; vix emerita arma suspenderas,*

À peine avais-tu pénétré dans ta demeure d'Espagne que déjà tu t'abritais sous la tente, chez les Sarmates ; à peine avais-tu, au terme d'une campagne, accroché tes armes au mur que déjà tu les reprenais et serrais l'ennemi de près ; à peine avais-tu vu l'Èbre de ton pays que déjà tu campais sur l'Hister.

Réactions à la défaite dans l'Empire Le désastre d'Andrinople eut aussi des conséquences en Asie Mineure. Elles prirent la forme notamment d'une sorte de « matines gothiques » : à l'automne de 378, le maître de milice Julius fit passer aux commandants des cités et des places de son ressort au-delà du Taurus un ordre de massacrer les Goths passés dans l'armée impériale. Ces malheureux auraient été de simples recrues ou de jeunes otages promis à une carrière militaire[18] :

En effet, quand il eut appris le tour des destins dans les Thraces, comme les Goths reçus auparavant se

iam hosti armatus instabas ; vix Hiberum tuum videras, iam Histro praetendebas.

18. AMM., XXXI, 16, 8 : *Conperta enim fatorum sorte per Thracias, Gothos antea susceptos, dispersosque per varias civitates et castra, datis tectioribus litteris ad eorum rectores Romanos omnes, quod his temporibus raro contingit, universos tamquam vexillo erecto uno eodemque die mandavit occidi, exspectatione promissi stipendi securos ad suburbana productos. Quo consilio prudenti sine strepitu vel mora completo, orientales provinciae discriminibus ereptae sunt magnis,* voir Maraval, P. (2009), p. 45. On lira encore *Or.* 34, 25 : « Et nous, devant les suppliants, nous élevons leurs fils, nous conduisons leurs filles jusqu'à l'âge du mariage, ne les haïssant point parce qu'ils sont des Scythes, mais les jugeant dignes de pardon parce qu'ils sont des hommes. » On se référera aussi au chapitre de Zosime (IV, 26, 1-9) qui toutefois fait l'objet d'une sévère critique de Paschoud, Fr. (1979), p. 389-391 ; pour les études sur ces passages, EHRARDT, A. (1964), P. 10 (événements datés de 379) ; DE LA BEAUMELLE, L. (1999), p. 292-293 (n. 586-587) ; ELBERN, St., « Das Gothenmassaker in Kleinasien » dans *Hermes* 115 (1987), p. 99-106, particulièrement p. 104-105. Sur Julius, *PLRE* I, *s.v. Iulius* 2, p. 481.

trouvaient répartis entre des cités et des places diverses, il fit passer un message discret à leurs commandants qui étaient tous des Romains (ce qui arrive rarement de nos jours), leur ordonnant de les mettre à mort, comme si l'étendard était levé, tous ensemble en un seul et même jour, une fois amenés aux faubourgs par le sentiment de sécurité lié à l'attente de la solde promise. Ce plan avisé, exécuté sans bruit ni retard, arracha les provinces orientales à de graves périls.

Avant sa décision, Julius aurait demandé l'autorisation du sénat de Constantinople, où siégeait Thémistios ; dans ce cas, il avait dû prendre position en la matière. La description de Zosime est sensiblement plus concrète et détaillée[19] :

(Les chefs de garnisons) *écoutèrent ce qu'il fallait faire et répandirent dans chaque ville parmi les Barbares le bruit que l'empereur voulait leur donner en compensation des cadeaux en très grande abondance, et distribuer à chacun d'eux non seulement des richesses, mais aussi des terres, afin qu'ils lui accordent leur bienveillance à lui-même ainsi qu'aux Romains. Sur la base de ces conditions, (les commandants des garnisons) leur ordonnèrent de se rassembler dans les villes principales et leur fixèrent un jour précis à cet effet ; les Barbares, exaltés par ces espérances, mirent quelque frein à leur ressentiment et à leur désir de détruire les villes, attendirent l'échéance et affluèrent là où chacun*

19. Zos., IV, 26, 7-9 : Οἱ δὲ ἅπερ ἔδει πράττειν ἀκηκοότες, λόγους ἐνέσπειραν τοῖς ἐν ἑκάστῃ Πόλει βαρβάροις, ὡς ὁ βασιλεὺς ἁδραῖς σφόδρα δωρεαῖς αὐτοὺς ἀμείψασθαι βούλοιτο καὶ διαδοῦναι πᾶσιν οὐ χρήματα μόνον ἀλλὰ καὶ γῆν, ὡς ἂν εἰς τὴν ὑπὲρ αὐτοῦ καὶ Ῥωμαίων εὔνοιαν ἐπιδοῖεν. Ἐπὶ τούτοις τε ἐκέλευον εἰς τὰς μητροπόλεις ἀγείρεσθαι, ῥητῆς αὐτοῖς εἰς τοῦτο δοθείσης ἡμέρας ταύταις ἐπαρθέντες οἱ βάρβαροι ταῖς ἐλπίσιν ἐχάλασαν μέν τι τοῦ θυμοῦ καὶ τῆς κατὰ τῶν πόλεων ἀπωλείας, ἀναμείναντες δὲ τὴν κυρίαν, οὗπερ ἑκάστοις ἦν τεταγμένον ἰέναι, συνέρρεον. Εἰδότες δὲ καὶ οἱ στρατιῶται τὸ σύνθημα, καταλαβόντες τὰ ταῖς ἀγοραῖς ἐπικείμενα τέγη τοὺς βαρβάρους εἰσιόντας λίθοις καὶ βέλεσι κατηκόντισαν, ἕως ἅπαντας πανωλεθρίᾳ διαφθείραντες τὰς ἐν τῇ ἑῴᾳ πόλεις τῶν ἐπικειμένων ἠλευθέρωσαν φόβων.

avait reçu l'ordre de se rendre. Les soldats, qui étaient au courant du stratagème convenu, occupèrent les toits qui dominaient les places publiques et accablèrent les Barbares qui y pénétraient de pierres et de traits jusqu'à ce qu'ils les aient tous tués jusqu'au dernier et libéré les villes de l'Orient de la terreur qui les menaçait.

Toujours est-il que peu de temps après le massacre Julius dut céder son poste à Ellebichus, un Germain hellénisé[20].

La crainte d'une jacquerie menée au sein de l'Empire d'Orient par les barbares était parfaitement justifiée. Grégoire de Nysse évoque des Scythes repoussés en 379 de la cité d'Euchaita dans l'Hellespont, où ils menaçaient le *martyrium* de Théodôros, et un jeune homme assassiné par des Scythes à l'extérieur de Comana Pontica[21].

20. Zos., IV, 26, 6 : Τῇ δὲ κατὰ τὴν Κωνσταντινούπολιν γερουσίᾳ γράψας ἐν παραβύστῳ, καὶ παρὰ ταύτης ἐπιτραπεὶς ὅ τι ἂν λυσιτελεῖν ἡγήσαιτο πρᾶξαι ; Demandt, A., art. *Magister militum* dans *RE SupplB.* XII (1970), col. 711 ; Wolfram, H. (1990), p. 143 ; Angliviel de la Beaumelle, L. (1999), p. 292 ; Kulikowski, M. (2007), p. 166-167. Sur Ellebichus, *PLRE*, *s.v. Ellebichus,* p. 277-278. Toutefois, la notice ne donne Ellebichus comme *magister militum per Orientem* que pour les années 383-388. D'ailleurs, Julius s'était soigneusement abstenu d'aviser de son intention l'empereur Théodose, toujours en résidence à Thessalonique, et il était décidé, au cas où il devrait rendre des comptes à la cour, d'exciper d'un ordre antérieur de Valens, à qui il prétendait rester attaché (Zos., IV, 26, 5).

21. *PG* 46, col. 736-748 (éloge du grand martyr Théodôros), surtout col. 737 A : « En effet, ce fut lui, comme nous le croyons, qui l'an dernier aussi apaisa l'ouragan causé par les barbares et mit fin à la guerre effroyable soulevée par ces sauvages de Scythes » Οὗτος γὰρ ὡς πιστεύομεν, καὶ τοῦ παρελθόντος ἐνιαυτοῦ τὴν βαρβαρικὴν ζάλην ἐκοίμισε, καὶ τὸν φρικώδη τῶν ἀγρίων Σκυθῶν ἔστησε πόλεμον, et (πρὸς τοὺς βραδύνοντας εἰς τὸ βάπτισμα), col. 416-432, surtout col. 424 C-D : « Voici peu, lorsque l'incursion des nomades scythes avait fait disparaître quantité de biens à la campagne avec leurs habitants et que les barbares mettaient à sac dans la ville de Comana les banlieues toutes proches, il se trouva un jeune homme de la noblesse appelé Archias qui, comme je le savais fort bien,

Théodose l'Ancien

Théodose Ier n'était certes pas d'origine modeste. Né en Galice, à Cauca (auj. Coca), non loin de Ségovie, le 11 janvier 347, il provenait d'une riche famille de propriétaires terriens[22]. La carrière de son père, Flavius Theodosius, un Hispanique lui aussi, avait été couronnée de succès. On notera qu'aucun des historiens de l'Église n'a trouvé le moyen de souffler son nom ou, en tout cas, de le distinguer de son fils. Le premier théâtre de ses activités fut la Bretagne où il fut appelé à remplacer Flavius Jovinus, *magister equitum* de 361 à 369, qui venait d'être rappelé. Ammien n'hésite pas à écrire qu'après les victoires de Bretagne, Théodose l'Ancien[23]

> *s'était distingué en remportant mainte victoire bénéfique, comme Furius Camillus ou Papirius Cursor.*

souffrait vivement des maux infligés dans sa patrie tant aux siens qu'aux communautés ; il sortit de la ville et de la citadelle afin de prendre exactement conscience du nombre des barbares occupés à saccager et des épreuves qui survenaient ; et ce fut en tombant sur l'ennemi qu'il fut percé de flèches. » Πρῴην γαρ ἡνίκα ἡ καταδρομὴ τῶν νομάδων Σκυθῶν πολλὴν σὺν τοῖς οἰκοῦσι χώραν ἠφάνισεν, ἐπὶ τῆς Κομαναίων πόλεως ταύτης ἀστυγείτονος τὰ προάστεια τῶν βαρβάρων ληϊζομένων, ἀνήρ τις νέος τῶν εὐπατριδῶν, Ἀρχίας τοὔνομα, ὃν καὶ αὐτὸς ἀκριβῶς ἠπιστάμην περιαλγεῖν τοῖς τε ἰδίοις καὶ κοινοῖς τῆς πατρίδος κακοῖς ἐξῆλθε τῆς πόλεως καὶ τοῦ φρουρίου, ὡς κατοπτεῦσαι ἀκριβῶς, πόσοι μὲν οἱ ληοῦντες βάρβαροι, τίνα δὲ τὰ συμβαίνοντα πάθη· καὶ περιπεσὼν τοῖς πολεμίοις κατετοξεύθη. Les deux traductions sont personnelles. Le malheureux Archias n'a pas trouvé à se loger dans la *PLRE* I.

22. Zos., IV, 24, 4 : ἐκ μὲν τῆς ἐν Ἰβηρίᾳ Καλλεγίας, πόλεως δὲ Καύκας ὁρμώμενον; Hyd., *Chron.*, 1 : *Theodosius natione Hispanus, de provincia Gallaecia, civitate Cauca.* Sur l'élévation de la famille de Théodose, voir *Pan. Lat.*, III, 12, 31, 1 (à propos de Théodose) : « tu es le fils d'un triomphateur (...) toi l'héritier de la plus noble famille » *te esse triumphalis viri filium* (...) *te heredem nobilissimae familiae ;* Soz., VII, 2, 1 : γένος τῶν ἀμφὶ τὸ Πυρηναῖον ὄρος Ἰβήρων, εὐπατρίδην τε (...).

23. Amm., XXVIII, 3, 9 (...) : *ut Furius Camillus vel Cursor Papirius victoriis crebris et salutaribus erat insignis.*

La présentation d'Ammien est flatteuse[24] :

Enfin, en raison de bien des nouvelles redoutables que des échos constants publiaient partout concernant cette même île, on choisit Théodose, très favorablement connu pour ses titres guerriers, et on décide de l'y envoyer en toute hâte. Appelant à lui la courageuse jeunesse des légions et des cohortes, il se préparait à partir, précédé par un brillant crédit.

Plus loin, l'historien évoque les exploits qu'il y accomplit en qualité de *dux*, seul titre qui lui soit conféré dans cette partie de la narration. On ne retiendra ici que l'entrée quasi-triomphale de Théodose l'Ancien dans Londinium (Londres)[25] :

Théodose, au comble de la joie et comme s'il célébrait une ovation, entra dans la ville jusque-là submergée par d'extrêmes difficultés, mais qui soudain se reprit à vivre avant même d'avoir pu espérer une délivrance.

Le panégyriste Pacatus a eu l'art de monter en épingle quelques hautes réalisations[26] :

Rappellerai-je la Bretagne écrasée dans les combats d'infanterie ? à mes yeux s'offriront les Saxons anéantis au

24. AMM., XXVII, 8, 3 : *postremo ob multa et metuenda, quae super eadem insula rumores adsidui perferebant, electus Theodosius illuc properare disponitur, officiis Martiis felicissime cognitus, adscitaque animosa legionum et cohortium pube, ire tendebat praeeunte fiducia speciosa.*

25. AMM., XVII, 8, 8 : *mersam difficultatibus summis antehac civitatem, sed subito, quam salus sperari potuit recreatam, in ovantis speciem laetissimus introiit.* Chez l'historien, le récit occupe XXVII, 8, 6-10. Il montre que, non content d'être un excellent soldat, Théodose l'Ancien avait aussi de réelles qualités d'administrateur.

26. *Pan. Lat.*, III, 12, 5, 2 : *Attritam pedestribus proeliis Britanniam referam ? Saxo consumptus bellis navalibus offeretur. Redactum ad paludes suas Scotum loquar ?* Les phrases sont confirmées par l'épigraphie. En effet, une inscription découverte à Stobi (*AE*, 1931, 53) le donne comme Σαξωνείης λυτῆρα καὶ γένους Κελτῶν.

cours des guerres navales. Parlerai-je du Scot réduit à ses marécages ?

Toutefois, Théodose l'Ancien eut à mater des tentatives de subversion. La dureté dont il dut faire preuve ne lui valut pas que des amis[27] :

Un certain Valentinus, né en Valéria, région de Pannonie, homme d'un naturel orgueilleux, beau-frère de Maximin, ce terrible vice-préfet qui devint ensuite préfet, avait été exilé en Bretagne pour un grave délit ; incapable de supporter l'inaction, comme une bête malfaisante, il s'apprêtait à entreprendre de nouvelles et pernicieuses menées, se gonflant d'une sorte d'animosité contre Théodose qui, seul, il le voyait bien, était en mesure de contrecarrer ses projets scélérats. (...) Et déjà approchait le moment de réaliser ces projets, quand, instruit comme prévu par ses informateurs, le chef prompt aux actes d'audace (*sc.* Théodose), *résolu à punir d'un cœur assuré ceux dont la culpabilité était certaine, livra au général Dulcitius, pour leur infliger la peine de mort, Valentinus et quelques hommes qu'une étroite complicité en avait rendus totalement solidaires.*

27. Amm., XXVIII, 3, 4 et 6 : *Valentinus natus quidam in Valeria Pannoniae superbi spiritus homo, Maximini illius exitialis vicarii, postea praefecti coniugis frater, ob grave crimen actus in Brittannias exsul, quietis inpatiens malefica bestia ad res perniciosas consurgebat et novas, in Theodosium tumore quodam, quem solum resistere posse nefandis cogitationibus advertebat (...) iamque propinquante temptatorum effectu, doctus haec, unde convenerat dux alacrior ad audendum, et corde celso ad vindictam conpertorum erectus, Valentinum quidem cum paucis arta ei societate iunctissimis letali poena plectendos Dulcitio dediderat duci.* La liquidation de Valentinus est rappelée en XXX, 7, 10, mais mise par erreur sous le nom de Valentinien, voir encore Zos., IV, 12, 2 : Κατὰ τόνδε τὸν χρόνον Οὐαλεντινιανός, διά τινα πλημμελήματα τὴν Βρεττανικὴν νῆσον οἰκεῖν κελευσθείς, ἐπιθέμενος τυραννίδι συναπέθετο ταύτῃ τὸν βίον. La *Chronique* de Jérôme (a. 2387) situe l'épisode en 371, comme Jordanès (*Rom.*, 308), qui reproduit sa notice, Paschoud, F. (1979), p. 354-355 (n. 127). La date est intenable, car à ce moment, on va le voir, Théodose est occupé sur le continent. Sur le personnage, *PLRE, s.v. Valentinus* 5, p. 935.

Rejoignant l'état-major de Valentinien Ier, nommé bientôt *magister equitum* pour l'ouest de 369 à 375, le général recueillit à nouveau la succession de Flavius Jovinus, à qui on reprochait quelque mollesse[28]. En 370, il fut chargé d'attaquer les Alamans qui cherchaient surtout à éviter d'entrer en contact avec les Burgondes[29] :

Profitant de cette occasion vraiment opportune, Théodose, alors maître de la cavalerie, attaqua en traversant la Rhétie les Alamans qui s'étaient disséminés par crainte de la nation susdite ; après en avoir tué un grand nombre, sur l'ordre du prince il envoya tous ses prisonniers en Italie, où ils reçurent en partage des terroirs fertiles et où ils habitent maintenant les rives du Pô, en qualité de tributaires.

En 372, il prit part à une campagne contre les Alamans sous les ordres de Valentinien[30]. On date moins facilement une victoire remportée sur les Sarmates du Danube[31] :

Aussitôt à moi se présentera l'Hister rougi du sang des Sarmates.

Son destin l'attendait dans le troisième poste auquel il fut désigné. Il avait reçu pour mission de mater, avec un petit corps de l'armée de campagne, la révolte de Firmus

28. AMM., XXVIII, 3, 9 : *in locum Iovini ut lenti successit, qui equorum copias tuebatur.* Pour 370, le titre de *magister equitum* lui est explicitement donné par l'historien (XXVIII, 5, 15, voir n. suivante).

29. AMM., XXVIII, 5, 15 : *Per hanc occasionem inpendio tempestivam Alamannos gentis ante dictae metu dispersos adgressus per Raetias Theodosius, ea tempestate magister equitum, pluribus caesis, quoscumque cepit ad Italiam iussu principis misit, ubi fertilibus pagis acceptis iam tributarii circumcolunt Padum.*

30. Voir *PLRE, s.v. Flavius Theodosius* 3, p. 902-904, surtout p. 903. La source est Ammien (XXIX, 4, 5) : « une forte cavalerie commandée par Théodose avait reçu l'ordre de prendre les devants afin que rien ne leur échappât » *frequenti equitatu cum Theodosio rectore praeire disposito, ne quid lateret* (…). La suite du texte est altérée par une lacune.

31. *Pan. Lat.*, III, 12, 5, 2 : *Iam se mihi Sarmatica caede sanguineus Hister obiciet.*

en Afrique du nord[32]. Ammien Marcellin la décrit longuement, non sans multiplier au passage les traits propres au panégyrique[33]. D'ailleurs, la présentation du général à elle seule était une excellente mise en perspective, au moment du récit où il se préparait à débarquer en Afrique[34] :

> *Il était en effet tout à fait comparable aux chefs d'antan Domitius Corbulon et Lusius, dont l'un sous Néron, l'autre, quand Trajan gouvernait l'Empire romain, se distinguèrent par de nombreux faits d'armes.*

Pendant que Théodose l'Ancien menait sa dure campagne dans les Maurétanies, Symmaque exerçait

32. AMM., XXVIII, 6, 26 : *cum Theodosius ductor exercituum ille magnificus oppressurus Firmum perniciosa coeptantem venisset in Africam* et XXIX, 5, 4 : *cum comitatensis auxilio militis pauci Theodosius magister equitum mittitur* ; DEMANDT, A. (2007), p. 155.

33. AMM., XXIX, 5, 5-56.

34. AMM., XXIX, 5, 4 : *Domitii Corbulonis et Lusii veterum simillimi, quorum prior sub Nerone, alter Traiano rem regente Romanam pluribus inclaruere fortibus factis.* Les attitudes adoptées par Théodose évoquent celles de généraux fameux par leurs succès ou leur intransigeance. Ainsi, en XXIX, 5, 22 (faire trancher les mains ou faire exécuter) : « à l'imitation de Curion, ce très rigoureux général d'antan, qui éteignit, par un tel genre de châtiment, la férocité des Dardaniens, qui ne cessait de renaître à la façon de l'hydre de Lerne. » *ad aemulationem Curionis, acerrimi illius ducis, qui Dardanorum ferociam, in modum Lernaeae serpentis aliquotiens renascentem, hoc genere poenarum extinxit* ; (32, à Tipasa) : « Il s'y tint assez longtemps, délibérant mûrement en fonction de la situation, comme jadis l'illustre Fabius Cunctator, décidé à recourir plutôt à des plans réfléchis et à la prudence qu'à des affrontements périlleux » *Ubi diutius agens, ut antiquus ille Cunctator, pro negotio consultabat, commentis potius et prudentia quam periculosis congressibus* ; (33) « l'intention, par des voies détournées et en gagnant du temps, de venir plus tard à bout d'un ennemi qui brisait ses assauts, ce que fit autrefois Pompée avec Mithridate. » *ulterius per ambages et moras, hostem frangentem suos impetus oppressurus, tu quondam Pompeius Mithridatem.* Quintus Furius Maximus Verrucosus, dit « Cunctator », le premier adversaire romain d'Hannibal, Curion et Lusius n'apparaissent qu'ici chez Ammien ; Corbulon ailleurs seulement en XV, 2, 5 ; Pompée en XIV, 8, 10 ; 12 ; XVI, 7, 10 ; XXIII, 5, 16 ; XXVI, 9, 9. Ce dernier fut même en butte à des calomnies, XVII, 11, 4.

le proconsulat à Carthage, en sorte qu'il eut l'occasion de féliciter immédiatement le soldat de ses victoires, avant de réitérer sa gratitude par lettre[35]. Le seul récit un peu structuré de la suite ne se lit qu'en latin[36] :

> *Puis, alors qu'avec la prévoyance la plus expérimentée, il avait ramené toute l'Afrique, ainsi que la Maurétanie, à une situation meilleure qu'auparavant, victime d'une jalousie qui s'excitait contre lui et se glissait sous ses pas, il reçut son arrêt de mort : il souhaita être d'abord baptisé à Carthage en*

35. SYMM., *Ep.*, X, 1, 2-3 : « Ainsi, au sortir de la maladie, l'Afrique a-t-elle repris des forces grâce, bien sûr, à la salutaire politique de nos princes invincibles auxquels vous avez servi d'instrument du salut (…) ce que, vous-même, méritez qui, la guidant, rendez le souffle à une province à moi chère. » *Ergo Africa ex morbo sane invictorum principum medente consilio, quorum remedium tu fuisti* (…) *quid vel ipse merearis cuius ductu provincia mihi amica respirat,* voir Callu, J.-P. (2002), p. 138-139. Pacatus mentionne les succès à son tour (*Pan. Lat.* III, 12, 5, 2) : « les peuples de l'Alamannie entière refoulés dans leurs marécages, ce seront alors l'une et l'autre Maurétanie qui courront l'affronter » *compulsus in solitudines avias omnis Alamannus et uterque Maurus occurrent* ; voir encore Oros., *Hist.* VII, 33, 6 : « Donc, le comte Théodose, père de Théodose qui fut par la suite à la tête de l'empire, envoyé par Valentinien, anéantit en de nombreux combats les tribus dispersées des Maures ; il poussa à la mort Firmus lui-même, découragé et vaincu. » *Igitur comes Theodosius, Theodosii qui post imperio praefuit pater, a Valentiniano missus effusas Maurorum gentes multis proeliis fregit ; ipsum Firmum afflictum et oppressum coegit ad mortem.* Maure, fils d'un certain Nubel, Firmus s'était plaint ouvertement à la cour des exactions commises par les Romains en Afrique mais n'avait pas été écouté ; par la suite, il avait conduit une rébellion des tribus africaines en Maurétanie et avait été proclamé empereur (372/373-374/375) par les *equites quartae sagittariorum cohortis*, *PLRE* I, s. v. *Firmus* 3, p. 340.

36. OROS., *Hist.* VII, 33, 7 : *post cum experientissima prouidentia totam cum Mauretania Africam meliorem pristinis reddidisset, stimulante et obrepente inuidia iussus interfici, apud Carthaginem baptizari in remissionem peccatorum praeoptauit ac postquam sacramentum Christi quod quaesierat adsecutus est, post gloriosam saeculi uitam etiam de uitae aeternitate securus percussori iugulum ultro praebuit.* Je cite le texte et la traduction, légèrement modifiée, d'Arnaud-Lindet, Marie-Pierre (1991), p. 89.

rémission de ses péchés et, après avoir obtenu le sacrement du Christ qu'il avait demandé, assuré, après une vie glorieuse dans le siècle, également de la vie éternelle, il présenta de son plein gré le cou à son exécuteur.

Écrivant sous le règne de Valentinien III, Orose pouvait légitimement décerner au bisaïeul de l'empereur en place la couronne du martyre[37]. Sous le règne de Théodose Ier[38], Ammien, dont l'ouvrage s'interrompait après la défaite d'Andrinople, n'avait pas nécessairement à rapporter l'exécution du père du souverain.

L'image de Théodose entrant à Londinium avec le même apparat que pour une ovation appelait une réplique plus solennelle encore. Les trompettes retentirent de nouveau, quand il put enfin revenir à Sitifis en Afrique, sa mission menée à bien[39] :

Il revint à Sitifis pareil à un triomphateur, accueilli par les éloges et les applaudissements de tous les âges et de tous les ordres.

37. La date est fournie par Jérôme *(Chron.* a. 376). Jordanès *(Rom.*, 312*)* a clairement utilisé Jérôme (voir *infra,* n. 43) : *quando et Theodosius, Theodosii imperatoris postea pater, multique nobilium occisi sunt Valentis insania.* On s'étonne de lire dans *PLRE* I, p. 904 : (Theodosius) « is confused with Theodorus 13 », c'est-à-dire le notaire qui, dans l'affaire de l'oracle d'Antioche, fut condamné pour trahison. Beaucoup plus tôt, Ambroise (*De ob. Theod.*, 53) se contentait d'écrire : *'Portavit iugum grave' Theodosius 'a iuventute', quando insidiabantur eius saluti, qui patrem eius triumphatorem occiderant.* Dans *AE* (1931, n° 53, l. 9-11), Théodose l'Ancien est qualifié de χάρμα μέγα Δαρδάνων καὶ Μαυριτανίης μέγα δῖμα (...) ; le dernier mot est évidemment une graphie fautive de δεῖμα.

38. En 392, Libanios (*Ep.* 1063) écrit à Ammien Marcellin qui vit à Rome pour le féliciter. Galletier, E. (1968), p. 14-15 en donne une traduction française, mais sans le texte grec.

39. Amm., XXIX, 5, 56 : *Sitifim triumphanti similis redit, aetatum ordinumque omnium celebrabili favore susceptus.* Plus tard, Claudien consacra maints développements à Théodose l'Ancien, mais ce sont des amplifications générales formant autant de récapitulations de ses exploits militaires, voir 9 *Nupt.*, 219 ; 6 *De III cons. Hon.*, 52-58 ; 8 *De IV cons. Hon.*, 24-40 ; 30 *Laus Serenae,* 39-41.

Le présent passage est, de toute l'œuvre conservée d'Ammien, le seul qui contienne une comparaison avec les trois héros de la République que sont Furius Camillus, Papirius Cursor, et Quintus Fabius Maximus Verrucosus dit « Cunctator ». Plusieurs des personnages du passé évoqués n'ont pas été choisis au hasard. Après des succès remportés sur des terrains aussi divers que la Germanie, l'Arménie ou l'Empire parthe, Corbulon fut contraint au suicide en 67[40]. Prince maure élevé au consulat sous Trajan, Lusius Quietus n'hésita pas à montrer beaucoup de brutalité tant après ses victoires contre les Parthes qu'en réprimant la révolte juive en Mésopotamie et en Judée. Il fut exécuté en 118[41].

Le fait que Théodose l'Ancien en Afrique disposait de troupes mobiles et entraînées en plus grande quantité que tout autre général, hormis ceux qui étaient en cantonnement autour d'Aquincum, dans la partie occidentale de l'Empire, pouvait éveiller à Trèves les craintes les plus vives et le faire passer pour un allié possible de la coterie se groupant sous l'oriflamme de Valentinien II. En outre, Théodose l'Ancien avait jugulé la rébellion qu'avait menée un exilé *ob grave crimen* en Bretagne, un Pannonien nommé Valentinus, un beau-frère de Maximinus qui fut livré au *dux* Dulcitius et exécuté (*letali poena*) dans des conditions un peu particulières[42] :

Mais avec sa compétence militaire, terrain où il dominait ceux qui se trouvaient avec lui, (Théodose l'Ancien) *concevait*

40. Hanslik, R., art. *Domitius* 9, dans *KP* 2, col. 132 (Cn. Domitius Corbulo) ; Angliviel de la Beaumelle, L. (1999), p. 190, n. 118, voir déjà *supra,* p. xix, n. 34.

41. Hanslik, R., art. *Lusius* 3, dans *KP* 3, col. 787-788 ; Angliviel de la Beaumelle, L. (1999), p. 190, n. 118.

42. *PLRE* I, *s. v. Valentinus* 5, p. 935 ; Amm., XXVIII, 3, 6 : *militari scientia vero, qua superabat praesentes, futura coniciens, de coniuratis quaestionis agitari prohibuit, ne formidine sparsa per multos reviviscerent provinciarum turbines consopiti.* Les faits sont encore mentionnés par Hier., *Chron.* a. 371 c ; Zos., IV, 12, 2 ; Jord., *Rom.* 14, p. 121 Savagner et *supra,* p. xvii, n. 27.

la suite et interdit d'instruire le procès des conjurés, pour éviter que, si la crainte gagnait un grand nombre, les troubles tout juste apaisés ne se ranimassent dans les provinces.

On comprendrait donc que Maximinus ou la clique de ses partisans eussent trouvé judicieux de liquider préventivement un rival dangereux. La *Chronique* de saint Jérôme situe le drame dans le prolongement des procès qui décimèrent les hautes classes de la population sous Valentinien Ier[43] :

Théodose, le père du Théodose qui fut empereur par la suite, et des nobles en fort grand nombre ont été exécutés.

Toutefois, deux manuscrits de la *Chronique* offrent une version plus détaillée des événements[44] :

Théodose, le père du Théodose qui fut empereur plus tard, s'était fait connaître par les victoires qu'il avait remportées au cours de ses nombreuses guerres dans le monde et il périt en Afrique par le fait de la faction de ceux qui eux aussi furent bientôt exécutés, c'est-à-dire Maximinus, l'ancien préfet, et les autres.

Si le glossateur de la *Chronique* est bien informé, on peut rapprocher la donnée qu'il offre d'un passage postérieur d'Ambroise[45] :

Théodose porta depuis sa jeunesse une lourde charge à l'époque où tendaient des embûches à son salut ceux qui avaient fait mettre à mort son père le triomphateur.

Depuis longtemps déjà, les historiens s'interrogent sur les raisons qui ont dicté l'exécution de Théodose

43. HIER., *Chron.* a. 376 : *Theodosius, Theodosii postea imperatoris pater, et plurimi nobilium occisi.*

44. Je cite ici le texte donné par Kelly, G. (2013), p. 398 : *Theodosius, Theodosii postea imperatoris pater, multorum per orbem bellorum victoriis nobilis in Africa factione eorum perrit, qui et ipsi mox caesi sunt, id est Maximinus ex praefecto et ceteri.*

45. AMBR., *De ob. Theod.*, 53 : *'Portavit iugum grave' Theodosius 'a iuventute', quando insidiabantur eius saluti, qui patrem eius triumphatorem occiderant.*

l'Ancien et sur l'identité de celui qui en a donné l'ordre. Le regretté P. Maraval a fort clairement discuté les schémas proposés.

a. Théodose l'Ancien aurait-il marqué son opposition aux suppôts de Valentinien II en faisant ressortir ses propres titres à une succession, d'autant plus qu'il remportait des succès éclatants sur le front africain ? Le silence un peu sonore des sources contemporaines de Théodose Ier sur les raisons de la mise à mort de son père constituerait une preuve de trahison. Mais on n'a aucune peine à rétorquer que l'argument est *ex silentio*.

b. À la cour de Valentinien Ier, Théodose l'Ancien pouvait tabler sur l'hostilité du préfet du Prétoire Maximinus[46], dont l'influence pesait sur Gratien. Le préfet aurait, même longtemps après, détourné à des fins scélérates les enquêtes consécutives aux procès d'Antioche de 371-372. Théodose portait un nom fort compromis lors des pratiques divinatoires destinées à révéler au monde l'identité du successeur de Valens, dont le fils, Valentinien le Galate, était mort en 370 ou 371, à l'âge de quatre ou cinq ans. Protégé par Valentinien Ier, le général au front chargé de lauriers avait échappé jusque là aux poursuites. Désormais, Maximinus pouvait aisément obtenir de Valens un ordre qui le couvrirait devant Gratien. La nouvelle de la mort de Valentinien Ier dut parvenir après environ quinze jours à Trèves, où se trouvait Maximinus, et quelques semaines plus tard au moins à Antioche, où résidait Valens, chez qui elle dut réveiller de vieux fantômes. Les mois qui suivirent furent marqués par de multiples échanges de courrier. L'accord impérial fut enfin donné. Maximinus avait fait nommer *vicarius Urbis Romae* Doryphorianus, un complice de longue date. Ce dernier

46. Théodose l'Ancien en Bretagne avait fait exécuter Valentinus, le beau-frère de Maximinus, voir *supra*, p. XVII. Sur le célèbre Maximinus, *PLRE*, *s.v. Maximinus* 7, p. 577-578 ; KELLY, G. (2013), p. 367-368.

envoya ses hommes à Carthage, et le coup de main fut exécuté en février ou en mars 376[47].

Dans cette hypothèse, Gratien ne fut pour rien dans l'exécution de Théodose l'Ancien : d'ailleurs, il fit mettre à mort Maximinus quelques semaines plus tard, entre le 16 avril et le 23 mai[48], et bientôt Doryphorianus[49]. Ainsi, personne ne pourrait lui reprocher la mort de Théodose l'Ancien, ni s'étonner qu'il fit quelques années plus tard appel au concours de son fils. Symétriquement, une fois sur le trône, Théodose n'avait plus personne sur qui exercer sa vengeance. Théoriquement, il eût pu craindre que la chute de son père ne lui fît perdre tous

47. AMM., XXVIII, 1, 53, voir *PLRE, s.v. Doryphorianus,* p. 270. À peu près dans le même sens, TREADGOLD, W., « Predicting the Accession of Theodosius I », dans *Mediterraneo* 8 (2005), p. 767-791, plus spécialement p. 773-781.

48. Pour la date, MARAVAL, P. (2009), p. 33. Sur la mort de Maximinus, voir AMM., XXVIII, 1, 57 *et idem Maximinus sub Gratiano intoleranter se efferens damnatorio iugulatus est ferro* . L'année de l'exécution, Symmaque écrit à Gratien en le félicitant (*Ep*., X, 2, 2-3) : « À notre bénéfice vous avez ramené au calme les désordres publics. Peu s'en est fallu que tous nous ne succombions, tant de méfaits avaient ordonné ceux qui par de détestables manœuvres occupaient les postes les plus considérables. Pour le bonheur de l'Etat, ce farouche Maximin qui couvait les procès et, sans compréhension pour rompre les différends, était, à l'inverse, prompt à en livrer l'accès, a de sa chute et de sa tête payé les larmes de l'univers. » *Tu nobis publicas turbas in tranquillum redegisti. Minimum restitit quin omnes occumberemus, tantum flagitii dissignaverant qui amplissimas potestates malis artibus possidebant. Ferox ille Maximinus ob res secundas, incubator iudiciorum, difficilis decidendis simultatibus, promptus ineundis, capitali exitio cunctorum lacrimas expiavit.*

49. AMM., XXVIII, 1, 57 : « Doryphorianus fut publiquement accusé d'un crime capital et jeté dans la prison du Tullianum, mais l'empereur, sur l'avis de sa mère, l'en tira ensuite, et quand il fut retourné dans son foyer, le fit périr par d'infinies tortures. » *et Doryphorianum pronuntiatum capitis reum trusumque ‹in› carcerem Tullianum, matris consilio princeps exinde rapuit, reversumque ad lares per cruciatus oppressit inmensos.* Ammien fait allusion à la mère de Gratien, la première femme de Valentinien, celle dont il se sépara peu avant 370, Marina Severa, MARIÉ, Marie-Anne (1984), p. 284, n. 378.

ses biens. Cette dernière règle avait prévalu longtemps, mais Valentinien Ier avait stipulé que leur héritage reviendrait aux enfants des condamnés, sauf en cas de lèse-majesté[50].

Néanmoins, la question doit toujours être posée. Pourquoi Théodose l'Ancien fut-il condamné à mort[51] ?

La jeunesse d'un futur empereur

L'éducation que reçut Théodose Ier eut l'Espagne pour cadre[52]. Les données dont nous disposons sur sa formation n'ont une précision qu'apparente[53] :

50. *CTh* IX, 42, 6 (25 novembre 364) : *Substantiam damnatorum integram ad liberos pervenire, et in qualibet causa positis parentibus liberos heredes esse praecipimus, excepta sola maiestatis quaestione.* Sur tous ces événements, j'ai suivi l'analyse de Maraval, P. (2009), p. 29-34.

51. Malgré de brillantes études historiques, par exemple Demandt, A. (1969), voir, en dernier lieu, Kelly, G. (2013), p. 400-401.

52. Thdt., *HE,* V, 5, 1 : ἐν ἐκείναις (*sc.* αἱ Σπάνιαι) γὰρ ἔφυ τε καὶ ἐτράφη ; Paulinus, *V. Ambr.*, 8. La date de sa naissance n'est qu'imparfaitement assurée, 347 ou 346, Lippold, art. *Theodosius I* dans *RESuppl.* XIII (1973), col. 838.

53. Ps.-Aur. Vict., *Epit.*, 48, 11-12 : *Litteris, si nimium perfectos contemplemur, mediocriter doctus ; sagax plane multumque diligens ad noscenda maiorum gesta. E quibus non desinebat exsecrari, quorum facta superba, crudelia libertatique infesta legerat, ut Cinnam Marium Syllamque atque universos dominantium, praecipue tamen perfidos et ingratos.* Dans le recueil d'Ausone a été conservée une lettre qu'il avait adressée au poète pour obtenir une copie de ses œuvres (*Praef.*, 3) : « L'affection que j'ai pour vous et l'admiration que m'inspire votre génie et votre savoir sont des plus vives : elles me font, mon très cher père, renoncer à l'usage ordinaire des princes, et vous écrire familièrement de ma main pour vous prier, non point au titre d'empereur, mais au nom de la vieille amitié personnelle qui nous lie, de ne pas me priver du plaisir de lire vos œuvres. » (trad. Combeaud) *Amor meus qui in te est et admiratio ingenii atque eruditionis tuae, quae multo maxima sunt, fecit, parens iucundissime, ut morem principibus aliis solitum sequestrarem familiaremque sermonem autographum ad te transmitterem, postulans pro iure non equidem regio, sed illius privatae inter nos caritatis, ne fraudari me scriptorum tuorum lectione patiaris,* voir aussi Lippold, A., art. 10 *Theodosius* I, dans *RE SupplB* 13 (1973),

Sa connaissance des belles-lettres, en comparaison de celle des hommes les plus accomplis, était moyenne, mais il consacrait toute sa sagacité et toute son attention à connaître les actions des Anciens. Il ne cessait de maudire ceux d'entre eux dont il avait lu les actions arrogantes, cruelles et liberticides, tels que Cinna, Marius, Sylla et tous les tyrans, mais surtout les perfides et les ingrats.

Quand Théodose lui-même prit en mains l'éducation de son fils Honorius, il n'eut garde d'oublier les exemples du passé que le poète Claudien détaille à profusion[54] :

Cependant que tu as le cœur tendre, applique-le aux Muses, qu'il lise ce que tu auras à imiter ; que jamais l'Antiquité grecque ou romaine avec toi ne cesse de dialoguer. Parcours les faits des anciens généraux, aux campagnes futures habitue-toi ; reporte-toi au passé du Latium.

Thémistios lui-même décrira plus d'une fois l'éducation qui revient à un jeune prince, qu'il s'agisse de Valentinien le Galate, le fils de Valens ou, à la génération suivante, d'Arcadius, le fils aîné de Théodose Ier[55]. On le voit, sur le contenu des enseignements, le philosophe-orateur et l'empereur n'étaient pas loin d'avoir les mêmes programmes.

col. 839 ; Schlange-Schöningen, H., *Kaisertum und Bildungswesen im spätantiken Konstantinopel,* Stuttgart, 1995 (Historia-ES 94), p. 24, n. 48. Ausone feignit la modestie avant évidemment de s'incliner : « Auguste m'enjoint d'écrire, il réclame mes poèmes, presque même il m'en prie ; quoique doux, l'ordre est ferme : je n'en ai point ? César le veut : j'aurai donc du génie. » *scribere me Augustus iubet et mea carmina poscit / paene rogans : blando vis latet imperio. / non habeo ingenium, Caesar sed iussit : / habebo.*

54. Claud., 8, *De IV cons. Hon.*, 396-400 : *Interea Musis animus, dum mollior, instet* | *et quae mox imitere legat* (sc. *animus tuus*) ; *nec desinat unquam* | *tecum Graia loqui, tecum Romana vetustas.* | *Antiquos evolve duces, adsuesce futurae* | *militiae, Latium retro te confer in aevum.* On pense à Plutarque, par exemple, et à ses *Vies parallèles.* Les vers 401-418 du poème de Claudien contiennent une longue série d'exemples.

55. Voir *Or.* 9, 6, 123 c-d ; 16, 20, 213 a-b.

Théodose eut l'occasion de servir l'État sous les ordres de son père. Pacatus décrit la dureté de ces années de campagne (368-369)[56] :

Et avant d'en arriver aux actes de ton âge mûr, je ne ferai qu'une mention rapide des campagnes où tu fus le collègue de ton divin père, des hivers passés sous la tente, des étés écrasants consacrés aux opérations militaires, des jours et des nuits consumés dans les combats et les veilles, des batailles les plus périlleuses livrées sur terre et sur mer.

Le jeune général (campagne de 368-369) combattit en même temps que Maximus, qu'il allait retrouver plus tard avec les insignes de l'usurpateur[57],

un Espagnol d'origine, qui avait fait campagne en Bretagne avec l'empereur Théodose.

Il eut aussi à affronter les Alamans en 370. Nommé *dux* de Mésie première en 373/374, ce qu'il devait à l'influence de son père Théodose l'Ancien, *magister equitum praesentalis* durant ces mois, il remporta une éclatante

56. *Pan. Lat.* III, 12, 8, 3 : *Et prius quidem quam ad illa venio quae aevi maturus egisti, summatim tuum illud attingam cum patre divino castrense collegium, actas sub pellibus hiemes, aestates inter bella sudatas, dies noctesque proeliando aut vigilando consumptas, gravissimas pugnas terra marique pugnatas.* Zosime (IV, 24, 4) se borne à signaler que Théodose Ier était loin d'être dépourvu d'expérience militaire (ὄντα δὲ οὐκ ἀπόλεμον οὐδὲ ἀρχῆς στρατιωτικῆς ἄπειρον).

57. Zos., IV, 35, 3 : Ἴβηρ τὸ γένος, Θεοδοσίῳ τῷ βασιλεῖ κατὰ τὴν Βρεττανίαν συστρατευσάμενος. Le même renseignement se retrouve chez Jo. Antioch., fr. 279 = Const. Porph.,. *Ins.*, 78 et *Souda,* K 122, *s.v.* καθοσίωσις. Maxime aimait faire ressortir des liens familiaux avec Théodose, *Pan. lat.*, III, 12, 24, 1 (Pacatus) : *et adfinitate et favore jactanti* ; il avait été son client (XII, 31, 1) *patris incertum* (...) *clientem.* Le même panégyriste fait de lui « l'esclave le plus négligent, un vivandier attaché aux tables serviles » *ille quondam domus tuae neglegentissimus vernula mensularumque servilium statarius lixa.* Sur cette campagne, Lippold, An., art. 10 *Theodosius* I dans *RE Supplb.* XIII (1973), col. 839.

victoire sur les Argaragantes et leurs anciens esclaves, les Limigantes[58] :

Pendant qu'une fortune sinistre nous infligeait de tels dommages, le dux *de Mésie Théodose le Jeune, dont les joues se couvraient encore du premier duvet et qui devint par la suite un prince fort remarquable, voyant les Sarmates qu'on appelle Libres, pour les distinguer de leurs esclaves rebelles, envahir nos confins d'un autre côté, les chassa à plusieurs reprises et les terrassa, après les avoir usés par de multiples engagements ; et leurs hordes rassemblées lui opposant une très forte résistance, il les écrasa si bien qu'un très grand nombre de morts rassasiait d'un juste sang les oiseaux et les bêtes sauvages.*

Ce succès contribua largement au prestige de Théodose, qui lui valut l'Empire, au moins d'après Zosime[59] :

Quant à la Mésie, elle ne connut aucun désordre car Théodose, qui occupait le commandement militaire, fit courageusement face aux assaillants et les repoussa ; ce succès lui valut une réputation glorieuse qui lui fit obtenir plus tard l'Empire.

Toutefois, on est sans nouvelle véritable de Théodose avant le retour en grâce supposé de 378. La chute de Théodose l'Ancien, son père, ruina-t-elle tout espoir de carrière ? Le jeune Théodose dut-il se résigner à mener désormais l'existence oisive d'un grand propriétaire terrien ?

58. AMM., XXIX, 6, 15 : *Inter haec fortunae dispendia tristioris dux Moesiae Theodosius iunior, prima etiam tum lanugine iuvenis, princeps postea perspectissimus, Sarmatas Liberos ad discretionem servorum rebellium appellatos, conlimitia nostra ex alio latere invadentes, aliquotiens expulit et adflixit, congressibus densis adtritos ; adeoque obsistentes fortissime turbas confluentes oppressit, ut caesorum plurimum alites iusto sanguine satiaret et feras,* voir aussi Lib., *Or.* 24, 12 : διέβησαν τὸν Ἴστρον Σαυρομάται τὴν ἄρρηκτον στρατιὰν τοῦ πρεσβυτέρου μὴ δείσαντες. On consultera aussi Lippold, art. 10 *Theodosius* I dans *RE Supplb.* XIII (1973), col. 839 et la note d'Angliviel de la Beaumelle, L. (1999), p. 208, n. 205.

59. ZOS., IV, 16, 6 : Μυσία δὲ οὐδενὸς ἐπειράθη κακοῦ, Θεοδοσίου τοῦ τὴν στρατιωτικὴν ἀρχὴν ἔχοντος ἀνδρείως στάντος καὶ τοὺς ἐπιόντας ἀποδιώξαντος, ὅθεν ἐκ ταύτης τῆς νίκης δόξαν κτησάμενος ἔτυχε μετὰ ταῦτα τῆς βασιλείας, avec Paschoud, F. (1979), p. 365 (n. 135).

Toujours est-il que des parents de Théodose Ier avaient bénéficié de promotions sensationnelles après la chute de Maximinus, probablement au printemps 376[60]. Par exemple, Fl. Claudiius Antonius, dont la sœur Maria avait, semble-t-il, épousé Honorius, le frère de Théodose Ier, avait été un simple *magister scrinii* et un *quaestor sacri palatii* dans les années 370/373, avant de prendre la préfecture du prétoire des Gaules en 376-(?)377, puis celle d'Italie en 377-378, et de devenir consul en 382[61]. Eucherius, le frère de Théodose l'Ancien, fut nommé *comes sacrarum largitionum* en 377-379 avant de revêtir un consulat *posterior* en 381[62]. On le voit, tout ce lignage espagnol fut soulevé vers les sommets de l'État. Même si le mouvement est moins marqué que pour la famille d'Ausone, le phénomène est parallèle et mérite d'être souligné. Le jeune Théodose n'avait-il pas rattaché son baudrier avant 378 ?

En tout cas, le jeune homme prit alors femme, en l'occurrence une Hispanique nommée Aelia Flavia Flaccilla († 386), qui devait devenir Augusta en 383[63]. Elle lui donna deux enfants, Arcadius et Pulchérie[64].

L'arrivée au pouvoir Dans le schéma de l'évêque de Cyr[65], on ne voit pas ce qui fonde la jalousie des rivaux de Théodose, si ce n'est qu'il avait un père auréolé d'exploits retentissants. Or, de Théodose l'Ancien, *l'Histoire ecclésiastique* ne pipe

60. Sur ce point, voir t. II, p. 192, n. 383 ; 193, n. 386 et 681, n. 138.

61. *PLRE*, *s. v. Fl. Claudius Antonius* 5, p. 77 et ici même, Notice D. 16, p. 48.

62. KELLY, G. (2013), p. 399-400 et ici même, Notice D. 16, p. 48.

63. CLAUD., 30, 69

64. LIPPOLD, An., art. 10 *Theodosius* I dans *RE Supplb.* XIII (1973), col. 840. Arcadius, né en 377, succéda à son père et gouverna l'Empire romain d'Orient (19 janvier 383-1er mai 408), SOC., VI, 23, 7 ; sur Pulchérie († ca. 383), GREG. NYSS., *Or. funebr. Flac.* p. 489 éd. Spira ; *oratio consolatoria in Pulcheriam,* p. 461-472 éd. Spira.

65. Pour le texte de Théodoret, voir *supra,* p. XI et *infra*, p. XXXIII.

mot. Quelques mois plus tard, Théodose Ier fut nommé par Gratien maître de cavalerie puis co-empereur à Sirmium, le 19 janvier 379[66].

Récemment, les historiens ont mis en cause les données de cette mise en scène. Il vaut la peine de toute façon de relire la présentation de Socrate aux accents passablement différents[67] :

Mais comme (Gratien) voyait que l'empire romain vacillait, que les barbares l'emportaient et que les affaires publiques avaient besoin d'un homme énergique, il choisit comme associé à la fonction impériale Théodose, un homme bien né originaire d'Espagne, qui avait beaucoup combattu dans les guerres et avait été pour cette raison jugé par tous digne de la fonction impériale avant même l'élection de Gratien.

L'exagération pointe ici le bout de l'oreille. À la date considérée, on ne connaît guère que deux campagnes de Théodose, victorieuses, il est vrai. De surcroît, à peine avait-il revêtu la casaque du soldat qu'il avait été jugé, paraît-il, digne du sceptre impérial[68]. Ni chez Socrate

66. PIGANIOL, A. (1972), p. 229, avec la n. 4. Toutefois, la date du 16 janvier figure dans Socrate (V, 2, 3), mais les *Cons. Const.*, le *Chronicon Paschale,* dans *Chron. Min.* I dans MGH AA., p. 243) et Marcellinus Comes (*Chron. Min.* II, dans MGH AA., p. 60) donnent le 19 janvier.

67. SOC., V, 2, 2 : Συνεωρακὼς δὲ κάμνουσαν τὴν Ῥωμαίων ἀρχὴν καὶ τὰ βαρβάρων ἐπικρατοῦντα, καὶ ὅτι δεῖται τὰ δημόσια γενναίου ἀνδρός, κοινωνὸν προσλαμβάνει τῆς βασιλείας Θεοδόσιον, ἄνδρα ἐκ τῶν εὐπατριδῶν τῆς Σπανίας καταγόμενον πολλά τε κατὰ τοὺς πολέμους ἀγωνισάμενον καὶ διὰ τοῦτο ἄξιον τῆς βασιλείας ἤδη πάλαι καὶ πρὸ τῆς Γρατιανοῦ χειροτονίας ὑπὸ πάντων κριθέντα.

68. La remarque vaut aussi pour Sozomène (VII, 2, 1), dont la présentation est assez proche de celle de Socrate : « Ayant considéré qu'il fallait repouser les barbares voisins du Danube qui troublaient l'Illyrie et la Thrace, que d'autre part sa présence était nécessaire dans la partie occidentale de l'Empire, d'autant plus que les Alamans mettaient à mal les Gaulois d'Occident, il associa à Sirmium Théodose au pouvoir. Ce dernier était originaire de chez les Ibères voisins des Pyrénées, de noble famille, et il s'était souvent montré excellent dans les guerres, en sorte que même avant son règne, de l'avis des sujets, il paraissait propre

ni chez Sozomène n'est soufflé mot d'une quelconque jalousie à son endroit, à la différence de Théodoret ; c'est, en revanche, la même jalousie qui, d'après Orose, s'attachait aux pas du soldat intransigeant qu'était Théodose l'Ancien. Théodose l'Ancien et son fils auraient-ils échangé quelques traits de leur physionomie ? Enfin, le récit de Théodoret suggère en creux une image d'Épinal : dans son élégante dalmatique, Théodose, l'aristocrate espagnol, rappelle Cincinnatus arraché à sa charrue pour endosser la dictature.

On a remarqué depuis longtemps que dans le schéma de Théodoret, l'espace de temps qui sépare le désastre d'Andrinople (9 août 378) et le 19 janvier 379 (couronnement de Théodose en qualité d'Auguste) est plutôt serré : 400 km séparent Andrinople de Sirmium, où réside alors Gratien, 2670 Sirmium de Cauca, où Théodose a sa villa. Les porteurs de dépêches ne peuvent guère avoir mis moins d'environ cinquante jours pour exécuter leur mission. Théodose, qui au demeurant n'avait pas l'habitude de voyager rapidement, ne pouvait donc être revenu à Sirmium avant la mi-octobre. En outre, il aurait eu encore à monter une campagne contre les barbares, au seuil de l'hiver, et de toute façon, avant janvier 379[69]. La construction de Théodoret prête largement le flanc à la critique et au doute.

Le retour de Théodose aux affaires a dû se produire sensiblement plus tôt, sans qu'il eût, pour gagner Sirmium, à quitter l'Espagne toutes brides abattues, à un moment

à gouverner » Λογισάμενος δέ, ὡς τῶν ἀμφὶ τὸν Ἴστρον βαρβάρων Ἰλλυριοὺς καὶ Θρᾷκας ἐνοχλούντων ἐπαμύνειν προσῆκεν, ἀναγκαῖον δὲ καὶ τοῖς πρὸς ἑσπέραν τῆς ἀρχομένης παρεῖναι καὶ μάλιστα Ἀλαμανῶν τοὺς ἐνθάδε Γαλάτας κακουργούντων, κοινωνὸν ἐποιήσατο τῆς ἀρχῆς ἐν τῷ Σιρμίῳ Θεοδόσιον, γένος τῶν ἀμφὶ τὸ Πυρηναῖον ὄρος Ἰβήρων, εὐπατρίδην τε καὶ ἄριστα πολλάκις ἐν πολέμοις διαγενόμενον, ὡς καὶ πρὸ τῆς βασιλείας ἐν ταῖς τῶν ὑπηκόων γνώμαις ἐπιτήδειον αὐτὸν δόξαι πρὸς ἡγεμονίαν.

69. Demandt, A. (2007), p. 155 ; Maraval, P. (2009), p. 35-36.

où Valens avait déjà lancé un appel à son neveu. Gratien et Théodose, encore *magister militum,* ont dû se porter ensemble contre les Goths et ils se sont séparés probablement après quelques succès[70]. On signale quelques succès remportés par Théodose[71].

Après Andrinople, Gratien avait certainement présenté Théodose aux troupes avant de lui conférer les insignes du *magister militum*. Sur le front thrace, le jeune général remporta une victoire retentissante, évoquée par Théodoret, puis il plaça ses troupes en quartier d'hiver avant de gagner Sirmium[72] :

> *après un engagement, les Barbares, qui n'avaient pas supporté le choc, se débandèrent. Et ce fut la retraite,*

70. C'est ce que paraît indiquer Socrate (V, 6, 2) : Ὑπὸ δὲ τὸν αὐτὸν χρόνον οἱ βασιλεῖς Γρατιανὸς καὶ Θεοδόσιος κατὰ βαρβάρων ἤραντο νίκας.

71. De l'une d'entre elles Symmaque se fait en 379 l'annonciateur et le héraut, *Ep.* I, 95, 2-3 Callu : « Imaginez de quelle lumière a brillé pour moi ce jour, où revenu, pour ainsi dire, du milieu de la bataille, j'ai le premier partout rempli les oreilles et les cœurs de la nouvelle de notre salut ». *Fac veniat in mentem, quis ille mihi inluxerit dies, quo ego quasi ex media profectus acie auribus et animis omnium salutarem nuntium primus infudi ;* Seeck, O., *Q. Aurelii Symmachii quae supersunt,* Berlin, 1883, p. CXI renvoie à la *Chronique* d'Hydace, voir *Cons. Constantinopolitana,* 379, 2-3, p. 243 Mommsen : *Ipso anno multa bella Romani cum Gothis commiserunt. Deinde victoriae nuntiatae sunt adversus Gothos, Alanos atque Hunos die XV k. Dec.* ; Soc., V, 6, 2 ; Soz., VII, 4, 2 ; Seeck, O., art. *Gratianus* 3 dans *RE* VII, 2 (1912), col. 1848 ; Wolfram, H. (1990), p. 145.

72. Thdt., *HE* V, 5, 2-3 : ἀψιμαχίας δὲ γενομένης, οὐκ ἐνεγκόντες ἐκεῖνοι τὴν ἐμβολὴν τὴν τάξιν κατέλιπον. τῆς δὲ τροπῆς γενομένης, οἱ μὲν ἔφευγον, οἱ δὲ κατὰ κράτος ἐδίωκον. Πολὺς δὲ φόνος τῶν βαρβάρων ἐγένετο· οὐ μόνον γὰρ ὑπὸ Ῥωμαίων ἀλλὰ καὶ ὑπ' ἀλλήλων ἐκτείνοντο. οὕτω δὲ τῶν πλείστων ἀναιρεθέντων, ὀλίγων δὲ τῶν λαθεῖν δυνηθέντων διαβάντων τὸν Ἴστρον. Théodoret est le seul témoin de cette campagne d'août 378, selon Bouffartigue, J., Martin Annick, Pietri, Luce et Thelamon, Françoise (2009), p. 351, n. 2, voir toutefois *Pan. Lat.* III, 12, 10, 2 (cf. *supra,* p. XVI, où l'on trouvera texte et traduction), avec Lippold, Ad., art. 10 *Theodosius* I dans *RE SupplB* XIII (1973), col. 1841.

les uns fuyant, les autres les poursuivant à toute force. Il y eut un grand carnage de Barbares, car non seulement ils étaient tués par les Romains, mais ils s'entretuaient les uns les autres. La plupart ayant ainsi péri, quelques-uns réussirent à traverser le Danube sans se faire voir.

Dans la présentation de Théodoret, une fois la victoire remportée en Thrace, Théodose aurait galopé à bride abattue jusqu'à Sirmium pour y trompeter son succès et cueillir l'Empire, fruit légitime de ses efforts. Gratien a dû en réalité aviser les sénats de Rome et de Constantinople, qui ont fait connaître leur adhésion. Théodose aurait été élu comme co-empereur par le sénat de Constantinople, selon Malalas[73]. Toujours est-il que l'accord de ce dernier parvint le premier en raison de la distance[74]. Suivant d'autres, Théodose aurait refusé le diadème[75].

La situation religieuse Si répugnance il y avait chez Théodose, on doit convenir qu'elle ne manquait pas de fondement. Sur quelle part d'Empire au juste porterait sa juridiction ? Ce fut, par exemple, lors de l'élévation de Théodose que l'on démembra l'Illyricum, apanage de Valentinien II, le deuxième fils de Valentinien Ier. Les deux diocèses orientaux, ceux de Dacie et de Macédoine, passèrent sous le gouvernement de Théodose exercé depuis Thessalonique. L'Illyricum

73. MALALAS, XIII, 37 éd. Thurn : Μετὰ δὲ τὴν βασιλείαν Γρατιανοῦ ἡ σύγκλητος Κωνσταντινουπόλεως ἀνηγόρευσε βασιλέα Θεοδόσιον.

74. C'est sans doute à ce premier contact que fait allusion Thémistios (*Or.* 14, 1, 180 c) : τῆς πρεσβείας ὑστερίζειν, voir Maraval, P. (2009), p. 67.

75. *Pan. Lat.* III, 12, 11, 1 : « invité à prendre en main le gouvernement, tu refusas l'empire que l'on t'offrait » *tu, cum ad suscipiendum rem publicam vocabaris, oblatum imperium deprecatus es ;* CLAUD., 8, 47-48 : « D'elle-même la pourpre en suppliante s'offrit et seul il mérita qu'on le suppliât de régner. » *Ultro se purpura supplex | obtulit et solus meruit regnare rogatus.* Le poème de Claudien, le *Panégyrique pour le quatrième consulat de l'empereur Honorius,* renferme un long éloge de Théodose (41-121), CHARLET, J.-L. (2000), p. 3.

occidental, constitué par le diocèse des Pannnonies, fut joint à la grande préfecture géminée d'Occident[76], mais, déjà en 380, Dacie et Macédoine furent restituées à l'Occident et intégrées jusqu'en 383, quand Gratien fut assassiné, à une préfecture italienne à direction collégiale.[77]

Tragique était par ailleurs la situation de Constantinople où, depuis les remparts, on voyait déferler les hordes barbares. En particulier, la situation de l'Église justifiait les pires craintes. Après la mort de Valens, Gratien, qui souhaitait reprendre la politique de tolérance réelle de son père Valentinien Ier, promulgua depuis Sirmium un édit valable pour tout l'Empire : il autorisait les croyances de toute sorte, sauf que restaient exclus des églises les Manichéens, des Photiniens et des Eunomiens[78]. La loi n'a pas été conservée car elle a été abrogée par une autre, datée du 3 au 20 août 379 à Milan[79]. A la fin de l'été 378, Grégoire de Nazianze[80] était en retraite à Séleucie lorsqu'il reçut une délégation constantinopolitaine l'invitant à la suivre. Il ne pouvait obtempérer qu'avec l'accord de Basile à Césarée. Quelques mois de voyage[81] ! En février 379, il fut consacré évêque de la communauté nicéenne de Constantinople, fortement minoritaire. Théodose venait tout juste d'obéir à l'appel de Gratien. L'évêque pressenti célébrait la fête de Pâques dans la petite église de l'Anastasia quand des Ariens se mirent à lui jeter des pierres ; la main de l'évêque Démophile se

76. Soz., VII, 4, 1.

77. Bavant, B. (2004), p. 304.

78. Soc., V, 2, 1 ; Soz. VII, 1, 3 ; Thdt., *HE* V, 2, 1, avec respectivement Angliviel de la Beaumelle, L.-Sabbah, G. (2008), p. 73, n. 4 et Bouffartigue, J., Martin Annick, Pietri, Luce et Thelamon, Françoise (2009), p. 334, n. 1.

79. *CTh* XVI, 5, 6. Simplement, on restait dans la ligne de neutralité pratiquée par Valentinien Ier.

80. Grégoire était loin d'être un inconnu pour Thémistios à qui il avait écrit deux fois, entre 365 et 369 puis aux environs de 369, voir T. I, 1 et 2 avec t. I, p. CXL et CDVIII-CDIX.

81. Bernardi, J. (2004), p. XXVI.

voyait clairement derrière l'attentat. Grégoire eut même à se justifier devant le préfet de la Ville[82]. La suite allait être à la fois nerveuse et grotesque. Gratien désigna Damase à Rome et Pierre à Alexandrie pour servir de garants de l'orthodoxie des autres évêques. Vers la fin de 379, un Alexandrin nommé Maxime-Héron, qui se disait un homoousien consommé, réussit à capter la confiance de Grégoire puis, en 380, avec l'appui du patriarche Pierre d'Alexandrie, à se faire consacrer évêque dans la petite chapelle d'Anastasia, enfin il tenta inutilement de se faire reconnaître par Théodose à Thessalonique (avant le 24 novembre 380) mais gagna la voix des évêques occidentaux réunis à Aquilée[83]. En effet, il n'était pas question pour le souverain fraîchement émoulu de se laisser imposer un évêque qui fût une créature de Damase et par conséquent de Rome.

Reconquérir la Thrace Quoi qu'il en fût, le séjour à Sirmium des deux co-empereurs n'avait pas duré longtemps, même si, malgré la situation dans les Balkans, ils eurent à traiter aussi les questions religieuses. À la fin du printemps 379, Théodose vint se fixer à Thessalonique, préservée des Goths[84]. À première vue, il eût été plus pratique de traverser la Thrace et de se carrer à Constantinople afin d'y organiser une contre-attaque, à condition que la ville fût d'accès facile. Le prince venait de parcourir, de Sirmium jusqu'à Thessalonique,

82. Dagron, G. (1974), p. 449 ; Bernardi, J. (2004), p. XXVI-XXVIII ; Maraval, P. (2009), p. 109. Sainte-Anastasia fut plus tard reconstruite et embellie par Nectaire, le successeur de Grégoire, et elle se situait au voisinage du carrefour formé par la Mésè et le Long Portique de Maurianos descendant en direction de la Corne d'or, Bernardi, J. (2004), p. XXIX. Les faits sont connus par les poèmes de Grégoire de Nazianze lui-même (*Carm.* 11, 654-657 ; 665-667 ; 668-670). Le nom du préfet n'est pas connu.

83. Dagron, G. (1974), p. 450, n. 2.

84. La présence de Théodose à Thessalonique est attestée au moins le 17 juin, *CTh* X, 1, 12.

une trentaine d'étapes en passant par Naïssus et les vallées de la Morava orientale et du Vardar. Ainsi, il avait, comme Victor, contourné la Thrace dont la traversée était grosse de risques tant y abondaient les bandes de maraudeurs barbares. Basile de Césarée considérait en 378 que la Thrace était pratiquement coupée du monde romain. Un de ses correspondants, Eusèbe de Samosate, s'y trouvait en exil, et Basile considérait que la vie qu'il y menait s'apparentait aux souffrances du prophète Jonas ou des Juifs dans leur brasier. En fait, la guerre était partout dans le pays, il arriva là-bas de plus grands et de plus terribles malheurs, car toutes les routes étaient remplies de brigands et de déserteurs[85].

L'avenir de l'armée romaine d'Orient ou de ce qui en restait fut une des préoccupations majeures de Théodose. Il procéda notamment à des levées d'hommes destinées à reconstituer une cavalerie et une infanterie en mettant sous les armes des paysans et des mineurs (*Or.* 14, 1, 181 b)[86]. En outre, il s'efforça de rétablir la discipline au sein de l'armée[87]. On peut donc supposer qu'au début de juillet 379, Théodose était déjà reparti en campagne. Pendant l'été, Gratien eut à repousser sur le Rhin une incursion de Francs et d'Alamans. Certains d'entre les barbares passèrent à l'Empire et n'hésitèrent pas à tourner les armes

85. Bas., *Ep.* 268, : « la guerre, à ce que j'entends dire, vous entourait de toutes parts (…) πανταχόθεν ὑμῖν, ὡς ἀκούω, τοῦ πολέμου περιχυθέντος (…). En effet, nous entendons dire que dans cet intervalle il est arrivé là-bas de plus grands et de plus terribles malheurs. (…) Car nous avons entendu dire que touts les routes étaient remplies de brigands et de déserteurs. » Μείζονα γὰρ ἐν τῷ μεταξὺ καὶ χαλεπώτερα ἀκούομεν γεγενῆσθαι πάθη περὶ τοὺς τόπους (…) Διὰ δὲ τὸ ἀκοῦσαι πάντα λῃστῶν καὶ δησερτόρων πεπληρῶσθαι τὰ τῆς ὁδοῦ, cf. Kulikowski, M. (2007), p. 158.

86. Zos. IV, 27, 1 ; 30, 1 ; Lib., *Or.* 24, 16 : καὶ νῦν ἐπὶ τοὺς γεωργοὺς ἥκομεν τῶν ἐν τοῖς ὅπλοις βεβιωκότων οἰχομένων.

87. Jord., *Get.*, 139 : *militaremque disciplinam mox in meliore statu repositam, ignaviamque principum priorum et desidiam exclusam Gothus ut sensit pertimuit.*

contre leurs compatriotes. La situation dans la partie orientale est bien décrite par Zosime, qui suit probablement Eunape[88] :

Tandis que l'empereur Théodose était installé à Thessalonique, un grand nombre de gens affluèrent vers lui de toutes parts pour des raisons de caractère public et privé puis se retirèrent après avoir obtenu équitablement satisfaction ; comme une foule considérable de Scythes d'au-delà du Danube, à savoir de Goths, de Taïfales et de tous les peuples qui auparavant vivaient avec eux, avaient traversé le fleuve et ne pouvaient faire autrement que de troubler les villes soumises à la domination romaine à cause des masses de Huns qui occupaient leur habitat, l'empereur Théodose se prépara à la guerre avec toute son armée. La Thrace tout entière étant désormais occupée par les populations que je viens de dire, les garnisons des villes et des forts de cette région n'osaient même s'avancer hors des murs à petite distance et encore bien moins en venir aux mains dans le plat pays.

Les deux généraux ostrogoths Alatheus et Safrax mettaient le pied en Mésie supérieure et poussaient jusqu'à la Pannonie II, Savia et la Valérie : d'Aquilée où il résidait, l'Empereur d'Occident fit partir contre eux une armée considérable, dirigée par deux Francs, Bauto et Arbogast qui les repoussèrent vers la Thrace[89]. L'Illyricum fut

88. Zos, IV, 25, 1-2 : Θεοδοσίου δὲ τοῦ βασιλέως κατὰ τὴν Θεσσαλονίκην διατρίβοντος, πολλοὶ πανταχόθεν κατὰ κοινὰς καὶ ἰδίας συρρέοντες χρείας τῶν προσηκόντων τυχόντες ἀπηλλάττοντο· πλήθους δὲ πολλοῦ τῶν ὑπὲρ τὸν Ἴστρον Σκυθῶν, Γότθων λέγω καὶ Ταϊφάλων καὶ ὅσα τούτοις ἦν ὁμοδίαιτα πρότερον ἔθνη, περαιωθέντων καὶ ταῖς ὑπὸ τὴν Ῥωμαίων ἀρχὴν οὔσαις πόλεσιν ἐνοχλεῖν ἀναγκαζομένων διὰ τὸ πλῆθος Οὕννων τὰ παρ' αὐτῶν οἰκούμενα κατασχεῖν, ὁ μὲν βασιλεὺς Θεοδόσιος ἐς πόλεμον πανστρατιᾷ παρεσκευάζετο. Πάσης δὲ τῆς Θρᾴκης ὑπὸ τῶν εἰρημένων ἐθνῶν ἤδη κατειλημμένης, καὶ τῶν ἐπὶ τῇ φυλακῇ τῶν πόλεων καὶ τῶν αὐτόθι φρουρίων οὐδὲ ἐπὶ βραχὺ θαρρούντων ἔξω τῶν τειχῶν προελθεῖν, μήτι γε καὶ ἐν τοῖς ὑπαίθροις εἰς χεῖρας ἐλθεῖν.

89. Zos., IV, 33, 1-2 : ὁ δὲ βασιλεὺς Γρατιανὸς οὐ μετρίως ἐπὶ τοῖς ἀγγελθεῖσι συνταραχθεὶς στρατιὰν ἀρκοῦσαν ἐξέπεμψεν, Βαύδωνι τῷ στρατηγῷ ταύτην παραδούς, ᾧ καὶ Ἀρβογάστην συνέπεμψεν. Ἄμφω δὲ ἦσαν Φράγκοι τὸ γένος, εὖνοί τε σφόδρα Ῥωμαίοις καὶ χρημάτων ὡς

menacé lui aussi. Vitalianus, l'officier mandé par Gratien ne fut pas heureux dans ses entreprises[90]. L'adversaire d'Athanaric, Fritigern, était peut-être le meneur de ces bandes errant en quête de butin, auxquelles Théodose ne put opposer qu'un ensemble assez hétéroclite où avaient pris place des recrues à la loyauté fragile et aux aptitudes martiales douteuses. Après quoi, les Goths purent imposer un tribut aux cités de Macédoine et de Thessalie, c'est-à-dire à la Grèce du nord et au sud-ouest des Balkans[91]. En septembre 380, Théodose reprit le chemin de Sirmium, où il eut une autre entrevue avec Gratien[92]. Durant ces mois difficiles, il signa une loi prévoyant des châtiments sévères pour les déserteurs[93].

Aussi l'empereur se trouva-t-il contraint à élargir la base de recrutement de son armée[94] :

μάλιστα ἀδωρότατοι καὶ περὶ τὰ πολέμια φρονήσει καὶ ἀλκῇ διαφέροντες· τούτων ἅμα τῇ στρατιᾷ τοῖς κατὰ Μακεδονίαν καὶ Θεσσαλίαν ἐπιστάντων χωρίοις, οἱ τὰ τῇδε νεμόμενοι Σκύθαι ἐκ προοιμίου τοῦ φρονήματος τῶν ἀνδρῶν καὶ τῆς προαιρέσεως συναισθόμενοι, παραχρῆμα τῶν τόπων ἐκείνων ἐκστάντες ἐπὶ τὴν Θρᾴκην ἐπαλινδρόμουν, voir Maraval, P. (2006), p. 49-50. Flavius Bauto était *magister militum* pour l'ouest (*PLRE s.v.* p. 139-140) et Arbogastes était alors *comes rei militaris* subordonné à Bauto (*PLRE, s.v.* p. 93-95). Eudoxie, la fille de Bauto, devait épouser plus tard Arcadius.

90. Zos. IV, 34, 1. L'historien fustige le manque de capacités de Vitalien : ἄνδρα πεπονηκόσι τοῖς πράγμασι κατ᾽οὐδὲν ἀρκέσαι δυνάμενον. Vitalianus avait alors le titre de *comes rei militaris,* si l'on en croit Amm., XXV, 10, 9 *Erulorum e numero miles, qui multo postea auctus comitis dignitate male rem per Illyricum gessit,* voir *PLRE* I, *s.v. Vitalianus* 3, p. 969-970 ; Paschoud, Fr. (1979), p. 406.

91. Wolfram, H. (1990), p. 146 ; Kulikowski, M. (2007), p. 172. On a fréquemment rapproché d'un passage de Jordanès relatant aussi la maladie qui frappa alors Théodose (*Get.* 140), voir *infra,* p. XLIII où l'on trouvera texte et traduction. Les événements sont habituellement situés en avril-mai 380, Paschoud, Fr. (1979), p. 398-400 ; Maraval, P. (2009), p. 49.

92. La présence de Théodose à Sirmium est confirmée le 8 septembre (*CTh* VII, 22, 11).

93. *CTh* VII, 18, 3 (29 avril 380), cf. Philost. IX, 19.

94. Zos., IV, 30, 1 : Ὁ δὲ βασιλεὺς Θεοδόσιος παρὰ πολὺ ἐλαττωθὲν τὸ στρατιωτικὸν θεασάμενος, ἐφῆκε τῶν ὑπὲρ τὸν Ἴστρον βαρβάρων

Lorsque l'empereur Théodose se rendit compte que l'armée était considérablement amoindrie, il autorisa à venir auprès de lui ceux qui le voulaient parmi les barbares établis au-delà du Danube, en promettant d'incorporer les réfugiés dans les unités armées ; ceux-ci acceptèrent cet arrangement, vinrent auprès de lui et furent mélangés aux soldats ; dans leur for intérieur, leur intention était, au cas où ils deviendraient plus nombreux, de s'en prendre à l'État plus aisément et de le dominer tout entier.

Pour préparer de nouvelles opérations contre les barbares du Danube, Théodose renforça donc notablement son armée en y incorporant des hommes choisis un peu n'importe où, même parmi les Goths transfuges[95] : c'est ce à quoi fait allusion Thémistios lorsqu'il évoque les paysans et les mineurs transformés en soldats[96]. Vers le 24 novembre 379, il revint à Thessalonique, au terme de la campagne d'été[97].

En 380, l'Empire oriental connut une année terrible. Les sources disponibles ont embrouillé la succession des événements que l'on situe généralement en avril-mai 380. Un des récits figure chez Zosime[98] :

τοῖς βουλομένοις ὡς αὐτὸν ἰέναι, τοὺς αὐτομόλους ἐντάττειν τοῖς στρατιωτικοῖς τάγμασιν ὑπισχνούμενος· οἳ δὲ τὸ σύνθημα τοῦτο δεξάμενοι ᾔεσάν τε ὡς αὐτὸν καὶ ἀνεμίγνυντο τοῖς στρατιώταις, γνώμην ἐν ἑαυτοῖς ἔχοντες, εἰ πλείους γένοιντο, ῥᾷον ἐπιθέσθαι τοῖς πράγμασι καὶ κρατήσειν ἁπάντων.

95. STEIN, E., *Bas-Empire* I p. 193.

96. THEM., *Or.* 14, 1, 181 b : ποιεῖς δὲ ἤδη καὶ τοὺς γεωργοὺς φοβεροὺς τοῖς βαρβάροις, καὶ τοὺς μεταλλέας, καὶ τὸν χρυσὸν ἀφέντας κελεύεις τὸν σίδηρον μεταλλεύειν, voir déjà *supra,* p. XXXVII.

97. SOCR., V, 6, 6. Depuis juillet jusqu'à la fin de septembre 379, Théodose dirigea personnellement les troupes, EHRARDT, A. (1964), p. 6. Toutefois, suivant Paschoud, F. (1979), p. 386 (n. 152) : « La résidence de Théodose à Thessalonique est attestée du 17 juin 379 au 16 novembre 380, avec de brèves interruptions. »

98. Zos., IV, 31, 3-4 : Καὶ σὺν οὐδενὶ πόνῳ τὸν ποταμὸν διαβάντες καὶ μέχρι Μακεδονίας ἐλθόντες (ἐκώλυε γὰρ οὐδὲ εἷς, ἐνδιδόντων αὐτοῖς μάλιστα τῶν αὐτομόλων ἀκώλυτον, ἐφ' ἅπερ ἐβούλοντο, τὴν διάβασιν) ἐπειδὴ καὶ τὸν βασιλέα μετὰ παντὸς αὐτοῖς ἀπαντήσαντα τοῦ

Or c'est sans aucune peine que (les barbares) *traversèrent* (le Danube) *et qu'ils s'avancèrent jusqu'en Macédoine, car absolument personne ne les en empêchait, et les réfugiés en particulier leur laissaient librement le passage, où qu'ils voulussent aller ; lorsqu'ils apprirent que même l'empereur s'avançait conttre eux avec toute son armée, ayant vu, alors que la nuit était déjà profonde, s'allumer un grand feu, ils supposèrent que le feu qu'on apercevait se trouvait près de l'empereur et de sa garde ; dès qu'ils surent aussi par les réfugiés qui venaient vers eux qu'il en était bien ainsi, ils se lancèrent à la course vers la tente de l'empereur, guidés par le feu. Les réfugiés ayant également fait cause commune avec eux, seuls les Romains et ceux des Égyptiens qui se trouvaient là résistèrent ; peu nombreux, ils ne suffirent pas contre des effectifs de beaucoup supérieurs, donnèrent à l'empereur la possibilité de s'enfuir et moururent eux-mêmes jusqu'au dernier après avoir combattu vaillamment et massacré une quantité innombrable de barbares.*

Pourtant, l'objectif le plus urgent était de rendre la Thrace à nouveau accessible. La mission revint à un Scythe chrétien élevé au grade de *magister militum* en Thrace pour les années 380-382, Modares, qui sut agir avec le sens tactique nécessaire[99] :

στρατεύματος ἤσθοντο, νυκτὸς οὔσης ἤδη βαθείας πῦρ ἀνακαιόμενον πολὺ θεασάμενοι, τεκμαιρόμενοί τε ὡς περὶ τὸν βασιλέα καὶ τοὺς περὶ αὐτὸν εἴη τὸ φαινόμενον πῦρ, ἅμα δὲ καὶ παρὰ τῶν προσιόντων αὐτοῖς αὐτομόλων οὕτως ἔχειν τοῦτο μαθόντες, δρόμον ἀφῆκαν ἐπὶ τὴν τοῦ βασιλέως σκηνήν, ὑπὸ τοῦ πυρὸς ὁδηγούμενοι. Συναραμένων δὲ καὶ τῶν αὐτομόλων αὐτοῖς, μόνοι Ῥωμαῖοι, καὶ τῶν Αἰγυπτίων ὅσοι παρῆσαν, ἀντέστησαν· ὀλίγοι δὲ πρὸς πολλῷ πλείονας οὐκ ἀρκέσαντες ἔδωκαν μὲν τῷ βασιλεῖ φυγῆς εὐρυχωρίαν, αὐτοὶ δὲ ἅπαντες ἔπεσον ἀνδρείως μαχόμενοι καὶ τῶν βαρβάρων πλῆθος ἄπειρον ἀνελόντες. F. Paschoud donne la majuscule à « barbares ». Je ne vois aucun bénéfice à le suivre.

99. Zos., IV, 25, 2-3 : Μοδάρης ὢν μὲν ἐκ τοῦ βασιλείου τῶν Σκυθῶν γένους, οὐ πρὸ πολλοῦ δὲ πρὸς Ῥωμαίους αὐτομολήσας καὶ δι' ἣν ἐπεδείξατο πίστιν στρατιωτικῆς προβεβλημένος ἀρχῆς, ἐπί τινος ἀναβιβάσας λόφου τοὺς στρατιώτας, ὁμαλοῦ μὲν καὶ γεώδους, ἐκτεινομένου δὲ εἰς μῆκος καὶ πεδία μέγιστα ὑποκείμενα ἔχοντος, ἔλαθε μὲν τοὺς βαρβάρους τοῦτο πεποιηκώς, ἐπεὶ δὲ διὰ τῶν κατασκόπων ἔγνω πάντας ἐν τοῖς ὑποκειμένοις τῷ λόφῳ πεδίοις τοὺς

or Modarès, qui était issu de la famille royale des Scythes, qui avait passé peu auparavant dans le camp romain, et qui avait été chargé d'un commandement militaire en raison de la fidélité dont il avait témoigné, fit monter les soldats sur une colline, qui était peu élevée et toute en terre, mais s'étendait en longueur et dominait de très vastes plaines, et exécuta cette manœuvre à l'insu des barbares ; après avoir appris par les éclaireurs que tous les ennemis qui se trouvaient dans les plaines que dominait la colline gisaient dans l'ivresse pour avoir abusé des agréments qu'ils avaient découverts dans la campagne et dans les villages non fortifiés, il donne ses ordres : qu'en silence les soldats, équipés uniquement de leurs épées et de leurs boucliers, ayant laissé de côté tout armement plus considérable ou plus lourd, et renoncé aux habituelles évolutions avec les boucliers serrés, se jettent sur les Barbares qui étaient déjà ramollis par le luxe. Ces dispositions une fois prises, les soldats attaquèrent les barbares peu avant le jour et les massacrèrent tous ; les uns n'en furent pas même conscients, d'autres furent frappés au moment où ils reprenaient leurs esprits, chacun passa de vie à trépas d'une manière ou d'une autre ; lorsqu'il ne resta plus un seul homme, ils dépouillèrent les morts, puis se dirigèrent vers les femmes et les enfants, s'emparèrent de quatre mille chariots (...).

πολεμίους ἀποχρησαμένους τῇ κατὰ τοὺς ἀγροὺς καὶ τὰς ἀτειχίστους κώμας εὑρεθείσῃ τρυφῇ κεῖσθαι μεθύοντας, ἡσυχῇ παραγγέλλει τοῖς στρατιώταις ξίφη μόνα καὶ ἀσπίδας ἐπικομιζομένοις, μείζονος δὲ ἢ βαρυτέρας ὑπεριδόντας ὁπλίσεως καὶ τοὺς συνασπισμοὺς τοὺς συνήθεις ἐάσαντας, ἐπελθεῖν τοῖς βαρβάροις ἤδη τῇ τρυφῇ παρειμένοις. Οὗπερ γεγενημένου βραχύ τι πρὸ τῆς ἡμέρας ἐπιθέμενοι τοῖς βαρβάροις οἱ στρατιῶται πάντας κατέσφαξαν, τοὺς μὲν οὐδὲ αἰσθανομένους τοὺς δὲ ἅμα τῇ αἰσθήσει τρωθέντας, καὶ ἄλλους ἄλλοις θανάτων τρόποις ἀναιρεθέντας· ἐπεὶ δὲ τῶν ἀνδρῶν οὐδὲν ὑπελείφθη, τοὺς μὲν πεσόντας ἐσκύλευον ἐπὶ δὲ τὰς γυναῖκας καὶ τοὺς παῖδας ὁρμήσαντες ἁμάξας μὲν εἷλον τετρακισχιλίας. Apparemment, le passage de Zosime est le seul que nous possédions sur ce coup de force, à moins que l'on ne doive prendre en compte un passage d'Eunape (fr. 51 = *Souda* Π 444, *s.v.* παραστάται) : καὶ Εὐνάπιος· πολὺ διεστῶτας ἀλλήλων χωρεῖν ἐκέλευεν, ὅπως μὴ δουποίη τὰ ὅπλα μήτε τῷ παραστάτῃ θλιβόμενα μήτε τῷ φέροντι διὰ τὸν συνωθισμὸν περικτυπούμενα. Καί, παραστατικώτερον τὸν κίνδυνον ὑπέμειναν. Καὶ λαβόντες παράστασιν εἰς τὸ μαχομένους γενναίως ἀποθανεῖν.

On peut supposer que des Goths mêlés à des Huns étaient disséminés à travers tout le territoire en petites bandes de sorte que les Romains purent remporter des victoires de portée limitée.

Jordanès fait intervenir un autre facteur, la maladie de Théodose[100] :

> *Mais c'est peut-être alors que le prince Théodose tombe malade au point que son état paraît désespéré. Ceci rend de l'audace aux Goths. Ils divisèrent leur armée : Fritigern s'en alla piller la Thessalie, ainsi que l'Épire et l'Achaïe, tandis qu'Alatheus et Safrac, avec le reste des troupes, gagnèrent la Pannonie.*

Sur le plan chronologique, on peut admettre un lien entre la maladie de Théodose, qui eut lieu probablement en janvier-février 380 et le déferlement des hordes barbares[101]. On décèle bien aussi la fonction de l'édit adressé de Thessalonique au peuple de Constantinople le 28 février 380[102] :

100. Iord., *Get.*, 27, 140 : *Sed Theodosio principe pene tunc usque ad desperationem aegrotante, datur iterum Gothis audacia, divisoque exercitu Fritigernus ad Thessaliam praedandam, Epiron et Achaiam digressus est, Alatheus vero et Safrac cum residuis copiis Pannoniam petierunt,* voir déjà *supra,* p. ***. J'utilise la traduction d'O. Devillers (1995) et l'édition d'A. Grillone (2017). Devillers, O. (1995), p. 161, n. 11 situe la maladie de Théodose « peut-être vers la mi-novembre 380 ». La maladie de Théodose est encore mentionnée dans Zos., IV, 34, 4.

101. Comme le fait Jordanès, Paschoud, F. (1979), p. 399.

102. *CTh* VI, 1, 2 : *Cunctos populos, quos clementiae nostrae regit temperamentum, in tali volumus religione versari, quam divinum Petrum apostolum tradidisse romanis religio usque ad nunc ab ipso insinuata declarat quamque pontificem Damasum sequi claret et Petrum Alexandriae episcopum virum apostolicae sanctitatis, hoc est, ut secundum apostolicam disciplinam evangelicamque doctrinam patris et filii et spiritus sancti unam deitatem sub parili maiestate et sub pia trinitate credamus. Hanc legem sequentes christianorum catholicorum nomen iubemus amplecti, reliquos vero dementes vesanosque iudicantes haeretici dogmatis infamiam sustinere nec conciliabula eorum ecclesiarum nomen accipere, divina primum vindicta, post etiam motus*

Nous voulons que tous les peuples régis par le gouvernement de Notre Clémence pratiquent la religion transmise aux Romains par le divin apôtre Pierre, telle que se manifeste jusqu'à maintenant la religion qu'il a enseignée. Il est clair que c'est celle que suivent le pontife Damase et Pierre, évêque d'Alexandrie, homme d'une sainteté apostolique, à savoir que nous devons croire, selon l'enseignement des apôtres et la doctrine de l'Évangile, en une divinité unique, Père, Fils et Saint-Esprit, dans une égale majesté et une sainte Trinité. Nous ordonnons que ceux qui suivent cette loi soient rassemblés sous le nom de chrétiens catholiques ; quant aux autres, insensés et fous, nous jugeons qu'ils doivent supporter l'infamie attachée au dogme hérétique, que leurs assemblées ne reçoivent pas le nom d'Églises, que, frappés tout d'abord par la vengeance divine, ils le soient ensuite par le châtiment de notre action inspirée par la volonté céleste.

En septembre 380, Théodose reprit le chemin de Sirmium, où il eut une autre entrevue avec Gratien[103]. Entre l'élévation de Théodose et la grande entrée à Constantinople, le 24 novembre 380, il s'était passé vingt-deux mois[104].

Les questions religieuses Apparemment, Théodose ne devait pas compter sur une quelconque assistance de la part de Gratien qui resta à Sirmium au moins jusqu'au 24 février 379, avant de regagner Trèves après être passé par Aquilée, Milan et Aoste (*Vicus Augusti*). On ne voit guère qu'il se soit jamais efforcé d'intervenir par la suite en Orient. Quant au long séjour à Thessalonique de Théodose, il fut occupé souvent par des questions d'ordre religieux. Le 2 ou le 4 octobre 379, Grégoire de Nazianze prononça

nostri, quem ex caelesti arbitrio sumpserimus, ultione plectendos. La loi est donnée suivant le texte et la traduction établis par Rougé, J. et Delmaire, R. (2005), p. 114-115.

103. La présence de Théodose à Sirmium est confirmée le 8 septembre (*CTh* VII, 22, 11).

104. Seeck, O. (1919), p. 255 ; Destephen, S. (2016), p. 68.

une homélie sur s. Cyprien (*Or.* 24)[105]. Le règne de Valens avait considérablement éloigné les églises des deux parties de l'Empire. On s'employa à les rabibocher, et ce fut un des mérites de Mélèce, l'évêque d'Antioche, de s'atteler à cette tâche. C'est à peu près le moment où se tint le concile d'Antioche auquel prit part Grégoire de Nysse, un des Cappadociens[106]. On imagine mal que cette réunion de cent-cinquante-trois évêques fût convoquée sans l'aveu de Théodose. Quant au deuxième concile œcuménique, Théodose y songeait depuis nombre de mois : les invitations ont été lancées probablement entre le 4 avril et le 14 juillet 380[107]. L'évêque Acholios aurait, par une prière, fait tomber miraculeusement une épidémie de peste sur le camp des Goths[108]. En fait, on lit chez les historiens ecclésiastiques[109], que, après une grave maladie, Théodose, déjà chrétien de par sa famille, y reçut le baptême de la main de l'évêque Acholios mais que[110]

> *guéri de sa maladie quelques jours après, il arriva à Constantinople le vingt-quatre novembre, sous le cinquième consulat de Gratien et le premier de Théodose lui-même.*

105. La date, qui est celle de la fête de Cyprien d'Antioche, demeure relativement conjecturale, MOSSAY, J. (1981), p. 27. Ce serait le 16 septembre, SEECK, O. (1919)), p. 253.

106. SEECK, O. (1919), p. 253 ; BARDY, G.-PALANQUE, J.-R., dans P., J.-R.-B.G.-LABRIOLLE (de), P., *Histoire de l'église* 3 *De la paix constantinienne à la mort de Théodose,* Paris, 1945, p. 243.

107. MARAVAL, P. (2006), p. 166, n. 1.

108. PIGANIOL, A. (1972), p. 232, qui cite Ambroise (*Ep.* 15). Le savant historien français renvoie aussi à Thémistios (*Or.* 14). Je suppose qu'il s'agit des mots (181 b) : τί παθεῖν εἰκὸς τοὺς κάκιστα ἀπολουμένους. On corrigera la référence à Thémistios [*Or.* XIV, p. 223 de la note de Piganiol (1972), p. 232, n. 2].

109. SOC., V, 6, 3 ; SOZ., VII, 4, 3. Seeck, O. (1919), p. 255 situe l'épidémie en septembre.

110. SOC. V, 6, 6 : Ἀναρρωσθεὶς οὖν ἐκ τῆς νόσου μετ' οὐ πολλὰς τὰς ἡμέρας ἐπὶ τὴν Κωνσταντινούπολιν ἔρχεται περὶ τὴν τετάρτην καὶ εἰκάδα τοῦ Νοεμβρίου μηνὸς ἐν ὑπατείᾳ Γρατιανοῦ τὸ πέμπτον καὶ αὐτοῦ Θεοδοσίου τὸ πρῶτον, voir aussi *Chron. Pasch.*, a. 378, p. 561 Dindorf.

On y déploya sans doute beaucoup de faste afin de rendre confiance à la population. Les Barbares, eux, continuaient à piller les campagnes entourant les villes sans rencontrer de gros obstacles. Dans la ligne du concile d'Antioche, dès le vingt-six novembre, Théodose eut une entrevue avec l'évêque homéen Démophile qu'il tâcha, en pure perte, d'amener à l'orthodoxie nicéenne. La démission était inévitable ; avec sévérité, l'Empereur lui déclara alors qu'il n'avait plus d'église à Constantinople ni de place en ville. Non sans grandeur et risques, Démophile, accompagné de Lucius qui, chassé d'Alexandrie, avait trouvé refuge à Constantinople, décida, à la tête de ses fidèles qui étaient la majorité dans la ville, d'aller désormais célébrer le culte hors les murs[111]. C'était ouvrir la porte à l'évêque, l'ancien titulaire du siège de Sasimes, Grégoire de Nazianze, choisi, non sans difficultés, par la maigre faction nicéenne de la population. Le lendemain[112]

places, portiques, rues et emplacements de toute espèce, maisons à un ou deux étages étaient pleins de gens, hommes, femmes, petits-enfants, vieillards, qui baissaient la tête (...) : l'image d'une ville prise de vive force

pour accueillir Grégoire. En fait, ce dernier n'accepta de siéger ès qualité que quelques jours plus tard. Les évêques commencèrent leurs séances quelques mois plus tard, en mai 381, pour les clôturer au début de juillet. On le sait, les actes du deuxième concile œcuménique ne sont pas conservés. Même si, du bout des lèvres, on finit par y formuler la consubstantialité du Saint-Esprit, dont il ne fut jamais question à Nicée (325), l'assemblée, où ne figurait aucun Latin, se divisa

111. Soc., V, 7, 3-10 ; Maraval, P. (2009), p. 113.

112. Gr. Naz., *Carm. de se ipso,* 1331-1335 : πλήρεις ἀγοραί, δρόμοι, πλατεῖαι, πᾶς τόπος, | διώροφα, τριώροφα νευόντων κάτω | ἀνδρῶν, γυναικῶν, νηπίων, παλαιτάτων· | (…) εἰκὼν ἁλόντος ἄστεος κατὰ κράτος. À Constantinople, Grégoire connut encore d'autres mésaventures rappelées plus haut, *supra,* p. XXXV-XXXVI.

sur des questions d'ordres disciplinaire et dogmatique. Ulcéré par une série d'échecs et contesté au sein même du concile, Grégoire tomba bientôt malade au point de rédiger un Testament (31 mai 381) et se résolut enfin à donner sa démission à Théodose. Dès juillet, il reprit le chemin de Nazianze et fut remplacé par un sénateur de Constantinople. Originaire de Tarse en Cilicie, ami de l'évêque local Diodore, et appartenant au cercle de Basile et de Mélèce, Nectaire dirigea le siège jusqu'en 397 († 27 septembre). Comme il était d'usage à l'époque, l'homme n'avait pas encore reçu le baptême. Personne ne supposera que Thémistios n'avait pas connu son collègue[113]. Son successeur fut Jean d'Antioche, autrement nommé Jean Chrysostome, qui eut aussi à faire face à un autre patriarche d'Alexandrie, Théophile[114].

Les dissensions entre Goths

À la belle saison de 370, Valens et Athanaric avaient signé un traité de paix. En fait, les persécutions menées contre l'Église en Gothie remontaient haut. Déjà vers 350, Cyrille de Jérusalem en fait état dans une de ses catéchèses[115]. Les témoignages se multiplient une quarantaine d'années plus tard, sous

113. Voir *PLRE* I, *s.v. Nectarius* 2, p. 621. Originaire de Tarse et sénateur de Constantinople, il avait été *praetor urbanus* avant d'être élevé sur le siège épiscopal de Constantinople en 381, Soc., V, 8, 12 ; Soz., VII, 8, 1-10, 3 ; Rufin., *HE* XI, 21 ; Phot., *Bibl. Cod.* 257, 477 a 40-43 ; 477 b 3-15 (il accompagna la translation officielle de la dépouille de Paul dans l'église de sainte Irène dite l'Ancienne) ; *cod.* 59, 18 a 6-7 (il fit réserver des marbres pour l'ornementation de Sainte-Anastasie), voir Sabbah, G. (2008), p. 100, n. 1 et 2.

114. Soc., V, 8, 6 ; Seeck, O. (1919), p. 257, voir Bernardi, J. (2004), p. XXXV-XXXIX. Le *Testament* se lit dans *PG* 37, col. 389-396.

115. Cyr. H., *Cat.* 10, 19 éd. Reischl : Πέρσαι καὶ Γότθοι καὶ πάντες οἱ ἐξ ἐθνῶν μαρτυροῦσιν, ὑπεραποθνήσκοντες τούτου, ὃν σαρκὸς ὀφθαλμοῖς οὐκ ἐθεώρησαν, voir pour ceci Delehaye, H., « Saints de Thrace et de Gothie », dans *AB* 31 (1912), p. 161-300, spécialement p. 275.

les plumes d'Augustin et de Jérôme[116]. Athanaric, l'ancien « juge » de son peuple était un païen fanatique et il persécutait les Visigoths passés au christianisme[117] :

Mais comme Ulfilas enseignait le christianisme non seulement aux sujets de Fritigern, mais aussi à ceux d'Athanaric, Athanaric, parce que la religion des ancêtres était falsifiée, soumit à des châtiments plusieurs de ceux qui devenaient chrétiens, de sorte qu'il y eut alors des martyrs barbares arianisants.

Les détails les plus précis sont à chercher dans l'histoire de Sozomène[118] :

116. AUG., *Civ.*, XVIII, 52 : « Il ne faudra donc pas mettre au nombre des persécutions celle que le roi des Goths dirigea avec une cruauté surprenante dans son propre pays contre les catholiques, durant laquelle plusieurs furent couronnés par le martyre, ainsi que nous l'avons appris de quelques-uns de nos frères, qui se souvenaient de l'avoir vue sans trembler, lorsqu'ils étaient encore enfants. » *Nisi forte non est persecutio computanda, quando rex Gothorum in ipsa Gothia persecutus est Christianos crudelitate mirabili, cum ibi non essent nisi catholici, quorum plurimi martyrio coronati sunt, sicut a quibusdam fratribus, qui tunc illic pueri fuerant et se ista uidisse incunctanter recordabantur, audiuimus ?* ; HIER., *Chron.* a. 369 = PROSP. TIRO a. 370 (*Chr. Min.* I, 458) : « Le roi des Goths, Athanaric, qui avait mis en branle une persécution contre les chrétiens, en fait tuer un fort grand nombre et les expulse des résidences qui étaient les leurs sur le sol romain. » *Athanaricus rex Gothorum, in christianos persecutione commota, plurimos interficit et de propriis sedibus in Romanum solum expellit.*

117. SOC., IV, 33, 7 : Ἐπειδὴ δὲ Οὐλφίλας οὐ μόνον τοὺς ὑπὸ Φριτιγέρνην, ἀλλὰ καὶ τοὺς ὑπὸ Ἀθανάριχον ταττομένους βαρβάρους τὸν Χριστιανισμὸν ἐξεδίδασκεν, ὁ Ἀθανάριχος ὡς παραχαραττομένης τῆς πατρῴου θρησκείας πολλοὺς τῶν χριστιανιζόντων τιμωρίαις ὑπέβαλλεν, ὥστε γενέσθαι μάρτυρας τηνικαῦτα βαρβάρους ἀρειανίζοντας ; OROS., VII, 32, 9 : *Christianos in gente sua crudelissime persecutus* ; *Souda* A 704, *s.v.* Ἀθανάριχος.

118. SOZ. VI, 37, 13-14 : λέγεται γὰρ ὥς τι ξόανον ἐφ' ἁρμαμάξης ἑστώς, οἵ γε τοῦτο ποιεῖν ὑπὸ Ἀθαναρίχου προσετάχθησαν, καθ' ἑκάστην σκηνὴν περιάγοντες τῶν χριστιανίζειν καταγγελλομένων ἐκέλευον τούτῳ προσκυνεῖν καὶ θύειν· τῶν δὲ παραιτουμένων σὺν αὐτοῖς ἀνθρώποις τὰς σκηνὰς ἐνεπίμπρων. (...) ἀπειρηκότες γὰρ πολλοὶ τῇ βίᾳ τῶν θύειν ἀναγκα-ζόντων ἄνδρες τε καὶ γυναῖκες, ὧν αἱ μὲν

On dit qu'il dressa une idole sur un char couvert ; ceux qui en avaient reçu l'ordre d'Athanaric la promenaient près de chaque tente des gens dénoncés comme chrétiens et ils ordonnaient de l'adorer et de sacrifier ; si l'on refusait, ils brûlaient les tentes avec leurs habitants. (...) Sous le coup de la violence de ceux qui les forçaient à sacrifier, beaucoup, perdant courage, hommes et femmes, parmi lesquelles certaines traînaient de petits enfants, d'autres nourrissaient au sein des nouveau-nés, s'étaient réfugiés à la tente de l'église du lieu : les païens y mirent le feu, et tous périrent.

Après la victoire de Valens, ce fut là, peut-on supposer, la vengeance du « Juge » humilié. Le martyre des Goths chrétiens aurait eu lieu durant les années 370-372. Ainsi, Bathusios et Verca auraient été brûlés dans une tente-église, en compagnie d'une vingtaine d'autres personnes. Leur *Passion* fut l'œuvre d'un hagiographe de Cyzique[119]. Saint Sabas (12 avril 372), le plus célèbre martyr goth, fut, d'après une autre *Passion*, noyé dans une rivière nommée Musaios (Buzen) sur les ordres d'un certain Ἄθαρις[120].

Pourtant, Athanaric avait refusé d'unir ses forces aux soudards de Fritigern et s'obstinait à affronter les Huns. De surcroît, la faction commandée par Alatheus et Safrac rêvait de franchir la Pannonie et d'atteindre les villes de Grèce[121].

παιδάρια ἐπήγοντο, αἱ δὲ ἀρτίτοκα βρέφη ὑπὸ τοὺς μαζοὺς ἔτρεφον, ἐπὶ τὴν σκηνὴν τῆς ἐνθάδε ἐκκλησίας κατέφυγον· προσαψάντων δὲ πῦρ τῶν Ἑλληνιστῶν ἅπαντες διεφθάρησαν.

119. Le *Calendrier des Goths,* rédigé en gothique, mais probablement d'après un original grec, conservé sous la forme d'un palimpseste du VIe siècle, le S. 36 de la Bibliothèque Ambrosienne, évoque la donnée, Delehaye, H. (1912), p. 275-278, cf. A.A. S.S. Mart. 26, p. 619-620. Pour ce que l'on peut encore atteindre du substrat grec, Delehaye, H. (1912), p. 279-281.

120. A.A.S.S. Apr. II, p. 2*-3* (3e éd., Paris, 1863-1870). Pour tout ceci, Sabbah, G. (2005), p. 452, n. 2 (continuée p. 453). Delehaye, H. (1912), p. 216-221 en donne une édition critique (*BHG* 1607).

121. Zos., IV, 34, 3, voir aussi, mais avec des différences, Iord., *Get.* 140 : *divisoque exercitu Fritigernus ad Thessaliam praedandam, Epiron et Achaiam digressus est, Alatheus vero et Safrac cum residuis copiis Pannoniam petierunt.*

Ne voyant plus de solution, Athanaric se résigna à traiter avec Théodose, sous les consulats de Syagrius et d'Eucherius (voir *Or.* 16, 1, 199 c-d)[122]. Ceci nous vaut une présentation de grand style, en fait un éloge de Constantinople habilement mis dans la bouche du Barbare[123] :

> *(Théodose) s'allia au roi Athanaric, qui avait alors succédé à Fritigern, après en avoir reçu des présents, et, avec son affabilité coutumière, il l'invita à venir le trouver à Constantinople. L'autre accepta volontiers, pénétra dans la ville royale, et, tout émerveillé, « Voici, dit-il, que je vois ce dont j'avais souvent entendu parler sans le croire » – il voulait bien entendu parler de la renommée de cette grande ville. Roulant les yeux en tous sens, il s'émerveille en contemplant tantôt l'implantation de la ville et la façon dont elle est ravitaillée par des bateaux, tantôt les illustres remparts. Il observe aussi les peuples originaires de différentes nations, comparables à l'eau qui jaillit de différents côtés pour former une seule source, et tout aussi bien, les soldats mis en rangs. « Sans conteste, dit-il, l'empereur est un dieu sur terre et quiconque aurait porté la main sur lui doit le payer de son propre sang ».*

Le 11 janvier 381, Théodose accueillit très favorablement son adversaire en s'avançant loin de Constantinople[124]. En réalité, Athanaric était définitivement brouillé avec les siens qui l'avaient expulsé

122. *Consul. Constant.* a. 381, 1 Mommsen : *His conss. ingressus est Aithanaricus rex Gothorum Constantinopolim die III id. Ian.*

123. IORD., *Get.*, 142-143 : *Athanaricumque regem, qui tunc Fritigerno successerat, datis sibi muneribus sociavit moribusque suis benignissimis ad se eum in Constantinopolim accedere invitavit. Qui omnino libenter adquiescens regiam urbem ingressus est miransque : 'En, inquid, cerno, quod saepe incredulus audiebam', famam videlicet tantae urbis ; et huc illuc oculos volvens nunc situm urbis commeatumque navium, nunc moenia clara prospectans miratur, populosque diversarum gentium quasi fonte in uno e diversis partibus scaturiente unda, sic quoque militem ordinatum aspiciens : 'Deus,* inquit, *sine dubio terrenus est imperator et quisquis adversus eum manum moverit, ipse sui sanguinis reus existit'.*

124. ZOS., IV, 34, 4 : ὁ δὲ φιλοφρόνως μετὰ τῶν σὺν αὐτῷ βαρβάρων ἐδέξατο, πόρρω που τῆς Κωνσταντινουπόλεως προελθών.

des territoires qu'il occupait[125]. Pourtant, quelques jours plus tard, le 25 janvier, le vieux combattant rendit les armes définitivement[126] :

> *puis, comme il mourut aussitôt,* (Théodose) *l'enterra dans une sépulture royale. Une telle magnificence fut déployée pour cette sépulture que tous les Barbares furent frappés par son faste démesuré.*

La description de Jordanès est un peu plus imaginative, y compris dans la chronologie[127] :

> *le prince, en vertu de l'affection qu'il lui portait, l'honora presque davantage après sa mort que de son vivant. Il lui donna une sépulture digne de son rang et aussi marcha lui-même devant le brancard qui portait sa dépouille au cours des obsèques.*

En général, les Goths désormais s'en tinrent aux décisions prises pour la circonstance, même si la chronique continue à faire état de combats en divers lieux, ainsi

125. Déjà chez Amm., XXVII, 5, 10 (à propos de Valens) : *ubi postea Athanaricus proximorum factione genitalibus terris expulsus,* voir Zos., IV, 34, 3 (à propos d'Alatheus et de Safrac) : « ils jugèrent bon de se procurer auparavant des vivres et de se débarrasser d'Athanaric, qui était le chef de toute la famille royale des Scythes, pour n'avoir personne derrière eux qui les freine dans leur entreprise. Ils s'en prirent donc à lui et l'éloignèrent sans aucune peine des lieux où il résidait » τροφὰς πορίσασθαι ᾠήθησαν πρότερον, Ἀθανάριχόν <τε> παντὸς τοῦ βασιλείου τῶν Σκυθῶν ἄρχοντα γένους ἐκποδὼν ποιήσασθαι πρὸς τὸ μηδένα κατὰ νώτου τὸνκωλύσοντα τὴν αὐτῶν ἐπιχείρησιν ἔχειν. Ἐπιθέμενοι τοίνυν αὐτῷ σὺν οὐδενὶ πόνῳ τῶν τόπων ἐν οἷς ἦν ἀπανέστησαν, avec Paschoud, Fr. (1979), p. 408.

126. Zos., IV, 34, 4-5 : καὶ παραχρῆμα τελευτήσαντα ταφῇ βασιλικῇ περιέστειλε. Τοσαύτη δὲ ἦν ἡ περὶ τὴν ταφὴν πολυτέλεια ὥστε τοὺς βαρβάρους ἅπαντας καταπλαγέντας τῇ ταύτης ὑπερβολῇ, voir *Cons. Const.* a. 381, 2 (*Chron. Min.* I, p. 243 Mommsen) : *Eodem mense functus idem Aithanaricus VIII kal. Feb.*

127. Iord., *Get.*, 144 : *In tali ergo admiratione maioreque a principe honore suffultus paucis mensibus interiectis ab hac luce migravit. Quem princeps affectionis gratia pene plus mortuum quam vivum honorans dignae tradidit sepulturae, ipse quoque in exequiis feretro eins praeiens.*

contre les Skires et les Carpodaces mêlés à des Huns qui furent refoulés au-delà du Danube[128].

La paix avec les Goths Parviendrait-on jamais à gagner quelque stabilité sur le bas Danube ? On ne voit pas que Théodose quitta Constantinople en 382. En revanche, il dépêcha en ambassadeur le maître des milices Saturninus chargé d'obtenir un accord (voir *Or.* 16, 11, 207 b-c ; 15, 210 b-c ; 16, 210 d-211 a). Les clauses en furent signées le 3 octobre 382, mais elles sont fort mal connues et restent discutées sur plus d'un point. Si l'on en croit la chronique, les Goths « se livrèrent ». Evidemment, Zosime offre une vision plus crue des faits[129] :

> (les Goths) *envoyèrent en effet* (à Théodose) *des réfugiés en nombre minime, qui lui promirent bonnes dispositions, alliance et obéissance à tous ses ordres ; or quand, s'étant fié à leurs discours, il les eut acceptés, et comme même sa première expérience ne lui avait pas permis de voir*

128. Zos., IV, 34, 6, voir Paschoud, Fr. (1979), p. 409. Le texte, isolé, n'autorise pas à savoir qui mena le combat, Théodose, un de ses généraux ou même un ou des chefs fédérés goths, MARAVAL, P. (2009), p. 52-53. On ne connaît les Carpodaces que, suivant l'ethnonyme, comme une population dace, PATSCH, art. *Carpi* dans *RE* III, 2 (1899), col. 1608-1610 ; les Skires, dont l'histoire est tout aussi obscure pour nous, sont déjà attestés au IIIe s. av. J.-C. dans le décret des citoyens d'Olbia Pontique en l'honneur de Protogénès, et sont cités dans Pline, *Nat.* IV, 97, ZEHNACKER, H-SILBERMAN, A. (2015), p. 322 ; KRETSCHER, K.. art. *Sciri* dans *RE* 2te R. III (1921), col. 824-825, mais on ne possède sur eux que peu d'informations utilisables.

129. Zos., IV, 33, 3 : Αὐτομόλους γὰρ ἔπεμπον ὡς αὐτὸν ἐλαχίστους, εὔνοιαν καὶ συμμαχίαν καὶ πᾶν τὸ προσταττόμενον ὑπισχνουμένους· καὶ ἐπειδὴ ταῦτα λέγουσι πιστεύσας ἐδέχετο καὶ οὐδὲ ἡ πρώτη πεῖρα δέδωκεν αὐτῷ τὸ λυσιτελοῦν ἰδεῖν, ἐπηκολούθησαν καὶ ἐπὶ τούτοις ἕτεροι, καὶ πάντας προσίετο, καὶ πάλιν ἐπὶ τοῖς αὐτομόλοις τὰ πράγματα ἦν διὰ τὴν τοῦ βασιλέως ἠλιθιότητα, voir Piganiol, A. (1972), p. 235 ; *Cons. Const.* s.a. 382 = *Chr. Min.* I, 243 Mommsen : *Ipso anno universa gens Gothorum cum rege suo in Romaniam se tradiderunt die V non. oct.*

où était son avantage, d'autres encore suivirent de près les premiers ; il les accueillit tous, et l'État fut derechef à la merci des réfugiés, à cause de la stupidité de l'empereur.

On peut douter qu'il y eut formellement un authentique *foedus*. Les Tervinges reçurent le droit de s'installer en Mésie seconde, entre le Danube et les monts Haemus, sur les terres qu'ils avaient eux-mêmes ravagées, avec le statut de nation indépendante, soumise à ses propres lois et exempte d'impôts. Ils devaient fournir des soldats, mais qui servaient, non pas dans l'armée romaine, mais sous leurs propres chefs[130]. En somme, pouvait-on craindre, au flanc de l'Empire s'enkystait une sorte de « Gothie » autonome ou presque dans laquelle néanmoins continuait à s'exercer l'administration impériale pour les Romains qui y habitaient. Inévitablement se produirait l'assimilation qu'entrevoyait ou que souhaitait Thémistios (*Or.* 16, 17, 211 d) : « nous ne mettrons pas longtemps à les trouver à nos libations, à nos tables, dans nos armées en campagnes, dans nos services d'État ». Un peu plus tard, durant l'été 389, Pacatus ne tiendra pas un autre langage[131]

Dirai je les Goths accueillis dans l'empire pour notre survie, qui fournissent des soldats à tes armées, des cultivateurs à nos terres.

La politique de pacification suscita naturellement l'opposition. Elle revenait pour les Romains écrasés par leur fiscalité à appeler les Barbares à la rescousse de l'Empire[132]. Des faits divers trahirent la tension des esprits. On avait assommé un Scythe que l'on lyncha et dont le corps fut jeté à la mer. Théodose châtia

130. Ausbüttel, F. M., « Die Dedition der Westgoten von 382 und ihre historische Bedeutung », dans *Athenaeum. Studi di letteratura e storia dell'antichità* 66 (1988), p. 604-613 ; Maraval, P. (2009), p. 53.

131. *Pan. Lat.* III, 12, 22, 3 : *Dicamne ego receptos servitum Gothos castris tuis militem, terris sufficere cultorem ?*

132. Zos., IV, 32, 3 : τοὺς βαρβάρους ἁπάντων ἀνακαλούντων καὶ τὴν ἐξ ἐκείνων ἐπισπωμένων βοήθειαν.

le crime en privant la population citoyenne de l'annone pour une demi-journée[133]. « Texte scandaleux », « traité honteux » s'écriait A. Piganiol au sujet de Thémistios et de la convention de 382, il est vrai, dans un livre dont la première édition fut achevée en 1944[134].

D'un empereur l'autre En octobre 382, l'Empire était juridiquement entre les mains de trois souverains. Gratien avait transféré sa cour de Trèves à Milan, Valentinien II, à peine adolescent, résidait aussi à Milan, sans disposer d'un pouvoir réel, enfin Théodose Ier, avait sa propre capitale à Constantinople, d'où il administrait la Thrace et l'Orient. Bientôt sonna un nouveau refrain dans la rhétorique du temps : Théodose a fait revenir le temps des Trajan, des Hadrien, des Marc Aurèle, des Antonin le Pieux[135]. De surcroît, on s'efforça de retrouver en lui la physionomie de son prédécesseur, d'après les sources écrites et les portraits[136]. Dans le même sens, Théodose fit l'impossible pour réhabiliter le souvenir de son propre père, Flavius Theodosius, dont on multiplia les statues un peu partout, Canosa (Apulie), Edesse,

133. LIB., *Or.* 20, 14 : τοῖς μὲν καὶ πλήξασι καὶ ἑλκύσασι τὸν Σκύθην καὶ καταποντίσασι τὸν νεκρόν, ὧν καθ' ἕκαστον ἠδικεῖτο βασιλεύς, τῆς μέμψεως ἐπὶ τὸ τῆς πόλεως κοινὸν εἰκότως ἐρχομένης τὸ μὲν τῆς ἡμέρας ἥμισυ τὴν ὀργὴν ἐδέξατο τὴν μέχρι τῶν οὐ δεδομένων ἄρτων, ἔπειτ' ἦν, ὃ πρότερον, καὶ ἡ λῆψις καὶ ἡ δόσις καὶ σὺν ἐκείνοις ἕκαστος οἴκαδε ἤρχετο οἱ ἀπεκτονότες τε καὶ τὰ ἄλλα προστεθεικότες. Le ton et l'insistance sur le détail montrent bien que Libanios n'appréciait pas l'indulgence de Théodose.

134. PIGANIOL, A. (1972), p. 234-235, voir, sur ce point, Schamp, J. (2010), p. 205-226, spécialement p. 225-226.

135. THEM., *Or.* 17, 5, 215 a, cf. 19, 4, 229 c ; 34, 7, MARAVAL, P. (2009), p. 71, voir Charlet, J.-L. (2000), p. 7, n. d.

136. PS.-AUR. VICT., *Epit.* 48, 8 : *Fuit autem Theodosius moribus et corpore Traiano similis, quantum scripta veterum et picturae docent.* Le chapitre contient un long parallèle entre les deux, notamment pour l'esprit et le caractère, FESTY, M. (1999), p. 231 ; MARAVAL, P. (2009), p. 71. Orose (VII, 34, 3) compare lui aussi les deux monarques.

Ephèse, Antioche, Stobi, Limyra (Lycie)[137]. Les panégyristes firent écho à la propagande en vue de sa réhabilitation[138]. Très vite aussi, à condition que la date de 380 soit exacte, on s'avisa que les briques et les pierres avaient au moins autant d'éloquence : la colonne érigée sur le forum de Théodose avait un piédestal et un sommet reproduisant les parties correspondantes de la colonne trajane[139]. De surcroît, Théodose pouvait revendiquer l'avantage de fonder une dynastie : dans la suite qu'il avait amenée d'Espagne figuraient déjà un fils, Arcadius, né en 377, et une fille, Pulchérie († *ca.* 385). Le premier fut proclamé Auguste le 19 janvier 383[140]. Pourtant, le nom du jeune prince est désespérément absent des monnaies occidentales : on peut supposer que l'initiative du commanditaire fut accueillie avec froideur, voire jalousie à Trèves et à Milan[141]. Enfin, Théodose chercha à fonder solidement sa légitimité à la tête de l'Empire. Le 21 février, il fit ensevelir les restes de Valentinien Ier dans l'église des Saints-Apôtres[142] : précisément l'église que Constantin

137. MARAVAL, P. (2009), p. 72 et 329, n. 28.

138. *Pan. Lat.* III, 12, 5, 3 : *illum divinitus extitisse ;* CLAUD., 6-7, 52-60 ; 8, 24-40.

139. JANIN, R. (1964), p. 64-66 ; MANGO C.-SCOTT, R., *The Chronicle of Theophanes Confessor. Byzantine and Near Eastern History AD 284-813*, Oxford, 1997, p. 107, n. 3 ; MARAVAL, P. (2009), *l.l.* et p. 288 ; DESTEPHEN, S. (2016), p. 75 avec la n. 115. Au moins, on peut supposer que l'on commença rapidement à dégager l'emplacement du forum, construit sur celui de l'ancien Forum Tauri aménagé sous Constantin. Sur l'érection de la colonne, THPHN., *a.m.* 5878 : Τῷ δ΄αὐτῷ ἔτει ἔστησεν ὁ βασιλεὺς Θεοδόσιος τὸν κίονα τοῦ Ταύρου. Il s'agissait d'une colonne surmontée par une statue de Théodose. Le Forum Tauri ou Forum de Théodose ne fut inauguré qu'en 393.

140. *Cons. Const.* a. 383, (*MGH Chr. Min.*. I, p. 244 éd. Mommsen) : *His conss. levatus est Arcadius Aug. Constantinopolim in miliario VII in tribunali a Theodosio Aug. patre suo die XVII kal. Feb.* ; Soc., V, 10, 5 ; PHILOST., X, 5.

141. MARAVAL, P. (2009), p. 74.

142. *Cons. Const.*, a. 382, 1 (*MGH Chr. Min.* I, p. 243 éd. Mommsen).

avait destinée à devenir la sépulture des empereurs. En septembre et décembre 383, les restes de Constantia, la fille de Constantin, prirent le même chemin[143]. L'empereur faisait ainsi coup double en se situant dans la ligne à la fois de Constantin et des Pannoniens et damait un nouveau pion à Gratien.

Au début de 383, Gratien se trouvait toujours à Milan. Au printemps, il eut à se rendre, par Padoue et Vérone, à la rencontre des Juthunges qui avaient investi la Rhétie[144], quand il apprit que Maxime (Magnus Maximus) avait été proclamé empereur par ses troupes et qu'il était passé aussitôt en Gaule[145]. En fait, le moment précis où explosa le coup de force n'est pas connu avec la précision souhaitée par les historiens : printemps 383 voire fin 382[146]. L'ampleur des préparatifs exigés par un pronunciamiento n'a sûrement pas dû être sous-évaluée. Le cerveau du projet, Maxime, qui exerçait probablement à ce moment la fonction de *comes Britaniarum,* avait eu auparavant à établir une base ferme d'action : il ne pouvait pas trop dégarnir sa frontière nord et devait pouvoir s'appuyer sur une flotte gagnée à son projet[147].

143. *Cons. Const.*, a. 383, 2 (*MGH Chr. Min.* I, p. 244) ; *Chr. Pasch.*, a. 383, 2 (*MGH Chr. Min.* I, p. 244)

144. Soc., V, 11, 2 ; Soz., VII, 13, 1, cf. Ambr., *Ep.* 18, 21 ; 24, 8 voir Paschoud, Fr. (1979), p. 413.

145. Sulp. Sev., *Chr.* II, 49, 5 ; *Vit. Mart.*, 20, 3 ; Oros., *Hist.* VII, 34, 9 ; Ps.-Aur. Vict., *Ep.* 47, 7 ; Zos., IV, 35, 3-4 ; Rufin., *HE* XI, 14 ; *Pan. Lat.*, XII, 23 ; 38 (Pacatus) ; *Chron. min.*, (Prosp., *Chr.*) I, 461, 1183 ; (*Chron. Gall.*) 629 ; 646, 6, 9 éd. Mommsen, voir *PLRE* I *s.v. Magnus Maximus* 39, p. 588.

146. Palanque, J.-R. (1965), p. 255 ; Maraval, P. (2009), p. 150 : « dans les premiers mois de 383, ou peut-être déjà l'automne 382 ». De façon générale, Palanque, J.-R. (1965), p. 256.

147. On lira de judicieuses remarques critiques chez Baldus, H. R., « Theodosius der Große und die Revolte des Magnus Maimus – das Zeugnis der Münzen », dans *Chiron* 14 (1984), p. 175-192, plus spécialement p. 175. Sur la fonction de Maxime, Ensslin, art. *Maximus* (Usurpator) dans *RE* XIV (1930), col. 2546-2555, particulièrement 2546-2547 ; *PLRE, s.v. Magnus Maximus* 39, p. 588.

L'usurpateur était d'origine espagnole[148] et de naissance modeste. Pacatus lui prête les traits d'un esclave attaché à la maison de Théodose, tout juste capable d'essuyer les tables où ses compagnons de servitude prenaient leur repas[149]. Pourtant, le jeune homme n'était pas sans relations avec l'aristocratique famille[150]. Il avait fait campagne en Bretagne, en même temps que le jeune Théodose[151], et, en 373-375, il avait servi en Afrique durant la guerre dirigée par Théodose l'Ancien contre Firmus[152]. La jalousie fit-elle germer le soulèvement ?

Les récits disponibles ne se développent pas sans quelques variations. Les auteurs chrétiens tendent à soulager de toute faute la conscience de Maxime[153]. Pour Zosime au contraire[154],

148. Zos., IV, 35, 3 : Μάξιμος Ἴβηρ τὸ γένος.

149. *Pan. Lat.*, III, 12, 31, 1 : *ille quondam domus tuae neglegentissimus vernula mensularumque servilium statarius lixa*, voir déjà *supra*, p. XXVIII, n. 57.

150. *Pan. Lat.*, III, 12, 24, 1 : *tua se et adfinitate et favore iactanti.*

151. Zos., IV, 35, 3 : Θεοδοσίῳ τῷ βασιλεῖ κατὰ τὴν Βρεττανίαν συστρατευσάμενος.

152. Amm., XXIX, 5, 6 et 21 ; *Pan. Lat.* III, 12, 23, 3 et 31, 1 ; Lippold, A., art. 10 *Theodosius* I., dans *RE SupplB* XIII (1973), col. 863-864 ; *PLRE*, *s.v. Magnus Maximus* 39, p. 588.

153. Les troupes dont il avait la responsabilité l'auraient forcé à prendre le diadème, Sulp. Sev., *Mart.*, 20, 3 : « Finalement, Maxime affirma qu'il n'avait pas assumé le pouvoir impérial de son plein gré : au contraire, il avait défendu par les armes un pouvoir souverain que la puissance divine lui avait fait imposer de force par ses propres soldats et la volonté de Dieu ne (lui) semblait pas hostile. » *Postremo, cum Maximus se non sponte sumpsisse imperium affirmaret, sed impositam sibi a militibus divino nutu regni necessitatem armis defendisse, et non alienam ab eo Dei voluntatem videri* (t. et trad. J. Fontaine) ; *Dial.*, 2, 6, 2 : « L'empereur Maxime gouvernait la république. C'était un homme dont la conduite eût mérité tous les éloges, s'il lui eût été loisible de repousser le diadème que des soldats mutinés avaient illégalement posé sur son front, ou de s'abstenir de la guerre civile : mais il est aussi impossible de décliner sans péril le pouvoir suprême que de le conserver sans prendre les armes. » *Maximus imperator rem publicam gubernabat, vir omni vita merito praedicandus, si ei vel diadema non legitime tumultuante milite inpositum repudiare vel armis civilibus abstinere licuisset : sed magnum*

ne pouvant supporter que Théodose ait été jugé digne de l'Empire lorsque lui n'avait pas eu la chance d'être promu à un commandement important, il attisa encore plus la haine des soldats contre l'empereur.

Le détail des faits prête à confusions et à discussions chez les historiens. En tout cas, le récit des prémisses ne figure que chez Zosime[155] :

imperium nec sine periculo renui nec sine armis potuit retineri (éd. et trad. J. Fontaine-Nicole Dupré) ; OROS., *Hist.*, VII, 34, 9 : « Pendant ce temps, alors que Théodose, après avoir soumis en Orient les peuples barbares, avait enfin délivré de l'ennemi les provinces de Thrace et avait associé au pouvoir impérial son fils Arcadius, Maxime, homme actif et honnête, et digne d'être Auguste s'il ne s'était élevé à la tyrannie contre la foi du serment, créé empereur par l'armée en Bretagne presque contre son gré, passa en Gaule. » *Interea cum Theodosius in Oriente subactis barbarorum gentibus Thracias tandem ab hoste liberas reddidisset et Arcadium filium suum consortem feecisset imperii, Maximus, vir quidem strenuus et probus, atque Augusto dignus nisi contra sacramenti fidem per tyrannidem emersisset, in Britannia invitus propemodum ab exercitu imperator creatus in Galliam transiit* (t. et trad. Marie-Pierre Arnaud-Lindet). Sensiblement plus tardive, la présentation de Venance Fortunat (*Mart.*, II, 59-63) dépasse largement en acidité celle de son modèle, Sulpice Sévère : « Maxime était Auguste, le plus grand après l'assassinat de l'empereur : il avait conquis le pouvoir par les armes et tirait orgueil d'une défaite de ses concitoyens. Tandis qu'il tenait sans frein les rênes d'un pouvoir illégitime, les évêques le flattaient alors avec une lâche complaisance et, autour de lui, un cercle de clercs marchait au moindre signe du maître. » *Maximus Augustus, nece regis maximus, armis | imperium indeptus, civili clade superbus, | dum regit insolitas frenorum infrenus habenas, | pontificum cui tunc adulatio laxa favebat | principis et nutu cleri tum circulus ibat* (trad. Solange Quesnel, légèrement retouchée). Pour Paschoud, Fr. (1979^2), p. 412, les témoignages de Septime Sévère et d'Orose ne seraient qu' « une version lénifiante répandue ultérieurement par l'usurpateur lui-même ».

154. ZOS., IV, 35, 4 : Οὗτος δυσανασχετῶν ὅτι Θεοδόσιος ἠξίωτο βασιλείας, αὐτὸς δὲ οὐδὲ εἰς ἀρχὴν ἔντιμον ἔτυχε προελθών, ἀνήγειρε πλέον εἰς τὸ κατὰ τοῦ βασιλέως ἔχθος τοὺς στρατιώτας. De nombreux détails du récit de Zosime « paraissent entièrement dignes de foi », PASCHOUD, FR. (1979), p. 413. Le savant genevois est en général peu porté à l'indulgence ou à la naïveté.

155. ZOS., IV, 35, 4 : οἱ δὲ ῥᾳδίως ἐξαναστάντες ἀνεῖπον βασιλέα τὸν Μάξιμον, καὶ περιθέντες τὴν ἁλουργίδα καὶ τὸ διάδημα, παραχρῆμα τὸν

Ceux-ci se révoltèrent sans se faire prier, proclamèrent Maxime empereur et, après l'avoir orné de la pourpre et du diadème, ils traversèrent aussitôt l'Océan sur des navires et abordèrent aux bouches du Rhin ; les légions de Germanie et des régions situées plus loin s'étant ralliées avec un très grand empressement à cette proclamation, Gratien résista avec l'intention de livrer bataille, vu qu'une partie encore assez importante de l'armée lui était fidèle.

Gratien courut à la rencontre de l'usurpateur jusqu'à Lutetia Parisiorum (Paris) et fut trahi par le maître des milices Mérobaud[156]. Cinq jours durant se multiplièrent les escarmouches entre les deux adversaires. Peu à peu, sans qu'il y eut de bataille décisive, Maximus réussit à gagner à son parti les soldats de Gratien, Une fois encore on doit à Zosime le seul compte rendu quelque peu détaillé[157] :

Ὠκεανὸν ναυσὶ διαβάντες ταῖς τοῦ Ῥήνου προσωρμίσθησαν ἐκβολαῖς· τῶν δὲ ἐν Γερμανίᾳ καὶ τοῖς μετὰ ταύτην στρατοπέδων ἀσμενέστατα τῇ ἀναρρήσει θεμένων, ἀντικαθίστατο Γρατιανὸς εἰς μάχην αὐτῷ, μέρος οὐ μικρὸν ἔτι τοῦ στρατοπέδου συναγωνιζόμενον ἔχων. Les données des historiens de l'église sont plus que sommaires et équivalentes entre elles, Soc., V, 11, 2 : « Maxime, à partir des Bretagnes, se souleva contre l'empire des Romains et attaque Gratien, qui était occupé à la guerre contre les Alamans. » Μάξιμος ἐκ τῶν περὶ τὰς Βρεττανίας μερῶν ἐπανέστη τῇ Ῥωμαίων ἀρχῇ, καὶ κάμνοντι Γρατιανῷ εἰς τὸν κατὰ Ἀλαμανῶν πόλεμον ἐπιτίθεται et Soz., VII, 13, 1 : « Vers ce temps-là, alors que Gratien était occupé à la guerre contre les Alamans, Maxime se souleva depuis la Bretagne et il cherchait à mettre l'Empire romain sous son joug. » Ὑπὸ δὲ τοῦτον τὸν χρόνον ἠσχολημένῳ Γρατιανῷ εἰς τὸν πρὸς Ἀλαμανοὺς πόλεμον ἐπανέστη Μάξιμος ἐκ τῆς Βρεττανίας καὶ ὑφ' ἑαυτὸν τὴν Ῥωμαίων ἀρχὴν ποιεῖν ἐσπούδαζεν.

156. *Chr. Min.* I, 461, 1183 éd. Mommsen : *In Britannia per seditionem militum Maximus imperator est factus. Quo mox ad Gallias transferante Gratianus Parisiis Merobaudis magistri militum proditione superatus et fugiens Lugduni captus atque occisus est. Maximus Victorem filium suum consortem regni facit.* La chronique de Prosper est la seule source qui nomme Paris, Stein, E., *Bas-Empire* I, 2, p. 525 (n. 59). Sur le *magister peditum* Mérobaude, *PLRE, s.v. Flavius Merobaudes* 2, p. 598-599.

157. Zos., IV, 35, 5 : Ὡς δὲ συνῆλθον αἱ δυνάμεις ἀλλήλαις, ἀκροβολισμοὶ μὲν ἐπὶ πέντε μόνας ἡμέρας ἐγίνοντο, θεασάμενος δὲ ὁ Γρατιανὸς πρότερον μὲν τὴν Μαυρουσίαν ἅπασαν ἵππον ἀποχωρήσασαν

Lorsque les troupes furent entrées en contact les unes avec les autres, il y eut des escarmouches pendant cinq jours seulement ; puis, quand Gratien eut constaté tout d'abord que l'ensemble de la cavalerie maure avait fait défection et proclamé Maxime Auguste, et après que les autres aussi s'étaient petit à petit ralliés au parti de Maxime, il perdit espoir, prit trois cents cavaliers et s'enfuit précipitamment avec eux en direction des Alpes.

D'autres sources donneront un nom au terme de cette course à l'exécution, Lugdunum (Lyon)[158], menée à toute allure par le *magister equitum* Andragathios. La liquidation de Gratien, le 25 août 383, aurait été la suite d'une ruse[159] :

καὶ Μάξιμον ἀναβοήσαντας Αὔγουστον, εἶτα καὶ τοὺς ἄλλους κατὰ βραχὺ τῇ μερίδι Μαξίμου θεμένους, ἀπογνοὺς ταῖς ἐλπίσι, τριακοσίους ἱππέας ἀναλαβὼν σὺν αὐτοῖς ἔφυγε προτροπάδην ἐπὶ τὰς Ἄλπεις.

158. HIER., *Ep.* 60, 15 : *Gratianus ab exercitu suo proditus et ab obviis urbibus non receptus, ludibrio hosti fuit, cruentaeque manus vestigia parietes tui, Lugdune, testantur ;* RUFIN., *HE* XI, 14 (éd. Mommsen) : *verum is, postquam multa religiose ac fortiter gessit, a Maximo tyranno apud Brittanias exorto per Andragathium ducem Lugduni suorum magis proditione quam vi hostium peremptus est,* voir Enßlin, art. *Maximus* (*Usurpator*) 33 dans *RE* XIV (1930), col. 2546-2555, spécialement col. 2547.

159. SOC., V, 11, 6-8 : Γρατιανὸς δόλῳ τοῦ τυράννου Μαξίμου ἀνῄρητο. Ἐν φορείῳ γὰρ κλίνην μιμουμένῳ καὶ ὑπὸ ἡμιόνων φερομένῳ κατακρυφθεὶς ὁ τοῦ Μαξίμου στρατηγὸς Ἀνδραγάθιος, προλέγειν τοῖς δορυφόροις κελεύσας, ὡς εἴη τοῦ βασιλέως Γρατιανοῦ γαμετή, ὑπαντᾷ τῷ βασιλεῖ πρὸ Λουγδούνου τῆς ἐν Γαλλίᾳ πόλεως ποταμὸν διαβαίνοντι. Ὁ δὲ πιστεύσας τὴν γαμετὴν εἶναι τὸν δόλον οὐκ ἐφυλάξατο, ἀλλ' ὥσπερ τυφλὸς εἰς ὄρυγμα τοῦ πολεμίου εἰς τὰς χεῖρας ἐνέπεσεν · ἐκπηδήσας γὰρ ἐκ τοῦ φερέτρου Ἀνδραγάθιος τὸν Γρατιανὸν διεχειρίσατο. Le récit de Sozomène est presque identique (VII, 13, 8-9) : ἀγγέλλεται δόλῳ Ἀνδραγαθίου, ὃς στρατηγὸς ἦν Μαξίμου, Γρατιανὸν ἀνῃρῆσθαι. ἐφ' ἁρμαμάξης γὰρ βασιλικῆς ὀχούμενος ἀπεκρύβη, καὶ ὡς τοῦ βασιλέως εἴη γαμετὴ τοῖς ἡγουμένοις ἀγγέλλειν ἐκέλευεν. ἀπερισκέπτως δὲ Γρατιανὸς διαβὰς τὸν τῇδε ποταμόν, ὡς ἔναγχος γήμας καὶ νέος ὢν καὶ ἐρωτικῶς περὶ τὴν γυναῖκα διατεθείς, ὑπὸ προθυμίας τοῦ θεάσασθαι αὐτὴν μηδὲν προϊδόμενος εἰς τὰς Ἀνδραγαθίου ἐνέπεσε χεῖρας. καὶ συλληφθεὶς οὐκ εἰς μακρὰν ἀνῃρέθη, ἔτη μὲν ἀμφὶ τὰ εἰκοσιτέσσαρα γεγονώς, δέκα δὲ καὶ πέντε βασιλεύσας.

on annonce à ce moment-là que Gratien avait été tué par ruse par l'usurpateur Maxime. Caché dans une litière qui imitait un lit de repos et que transportaient des mules, le général de Maxime, Andragathios, qui avait donné l'ordre à ses gardes de dire qu'il s'agissait de l'épouse de l'empereur Gratien, vient à la rencontre de l'empereur près de Lyon, une ville de Gaule, alors qu'il traversait le fleuve. Celui-ci, croyant que c'était son épouse, ne se méfia pas de la ruse, mais il tomba entre les mains de l'ennemi, comme un aveugle dans une fosse. Andragathios en effet, bondissant hors du brancard, tua Gratien de sa propre main.

Pour Zosime, le drame se dénoua sur le pont de Singidunum[160]. L'historien laisse entendre qu'Andragathios avait donné à Maxime des gages de loyauté[161]. On devine même un stratagème encore plus hypocrite. On offrit au prince un vêtement parfaitement blanc, comme pour le convier à un banquet[162], puis on lui passa l'habit impérial, juste avant de l'exécuter, afin que ne lui manquât aucun des honneurs auxquels il avait droit. Après quoi, comme pour beaucoup d'usurpateurs, la tête de Gratien fut juchée au bout d'une pique et promenée à travers l'Empire. Dès lors, on refusa toute sépulture à la dépouille que l'on ne remit pas à la famille. Dans une certaine mesure, le jeune prince avait été la victime de son goût excessif pour le tir à l'arc qui l'avait fait s'entourer d'une garde d'Alains : les autres soldats s'étaient sentis dès lors relégués au second plan et abandonnés[163] : ils étaient mûrs pour la trahison.

Ambroise, qui avait dans sa charge la direction religieuse de la part d'empire confiée à Valentinien II,

160. Zos., IV, 35, 6 : τὴν ἐν τῇ Σιγιδούνῳ γέφυραν. Sur la confusion entre Lyon et Singidunum (auj. Belgrade), voir Paschoud, F. (1979²), p. 414 (n. 172).

161. Zos., IV, 35, 6 : δοκοῦντα δὲ εὔνουν εἶναι.

162. Paschoud, Fr., *Eunape, Olympiodore, Zosime. Scripta minora*, Bari, Edipuglia, 2006, p. 67.

163. Zos., IV, 35, 2-5 ; Ps.-Aur. Vict., *Ep.* 47, 7 ; Hier., Ep. 60, 15 ; *Pan. Lat.* III, 12, 23, 4 ; 24, 4 (Pacatus).

fournit des renseignements que l'on ne trouve pas ailleurs. Deux études y ont été récemment consacrées[164]. Dans l'homélie d'Ambroise *Sur les Psaumes*, la ruse du banquet tramée par Andragathios est donnée comme équivalent à la trahison de Judas au cours de la dernière cène[165]. On peut supposer que son rôle à Milan permettait à l'évêque d'être informé de première main. Toujours est-il qu'il y interdit toute évocation officielle ou toute commémoration de l'avènement de Maxime. On le conçoit, des critiques à un souverain n'eussent pu figurer dans un message destiné à la poste officielle[166]. Quand il rencontra Maxime qui avait invité Valentinien II à lui rendre visite à Trèves, c'est-à-dire à faire acte d'allégeance, il eut, peut-on croire, l'occasion de critiquer durement le nouveau souverain[167] :

164. RASCHLE, Ch. R., « Ambrosius in psalm. 61, 6-27 : eine Predigt gegen den Usurpator Magnus Maximus » dans *Göttinger Forum für Altertumswissenschaft* 5 (2002), p. 225-243 ; « Ambrosius'Predigt Gegen Magnus Maximus. Eine historische Interpretation der « explanatio in psalmum » 61 (62) » dans *Historia* 54 (2005), p. 49-67.

165. AMBR., *In Psalm.* 61, 23 : *Nonne tibi videbatur, impie, cum manducares, caedem parares, quod humana sub dentibus tuis ossa crepidarent ? Cum vinum biberes et parricidium cogitares, quod illis poculis sanguinem tibi innocentis infunderes,* voir RASCHLE, CH. R. (2002), p. 226 avec la n. 7. Le savant historien suisse emploie l'édition de Pizzolato, L. F., *Sant'Ambrogio. Opere esegetiche* VII/1. *Commento a dodici Salmi : introduzione, traduzione, note e indici,* Milan, 1980. Nous lui empruntons le texte latin, reproduit dans son article de 2002 (p. 230-242). Cette dernière étude contient aussi une utile traduction allemande.

166. Ambroise rencontra Maxime deux fois à Trèves et en 387-388 à Milan, DUVAL, Y.-M., « Les lettres d'Ambroise de Milan aux empereurs. Les échanges avec Gratien », dans D. Y.-M., DELMAIRE, R., DESMULIIEZ, Janine et GATIER, P.-L., *Correspondances…* Lille-3, 2003, p. 199-226, spécialement p. 200.

167. AMBR., *In Psalm.* 61, 26 : *Addebatur huic tanto sceleri pompa feralis, nisi is, qui inpatienter ista deflebat, cognitis quae parabantur iusto commotus dolore increpasset victorem superbum tyrannis illa, non regibus inferri solere. Sic horror flagitii excitus deposuit taeterrimi sceleris apparatum. Nec petitor igitur sepulturae defuit, etsi Joseph ille qui iustus dicebatur defuit . Sed longe Maximus saevior denegabat quod Pilatus ipse auferre non potuit.* La traduction est personnelle.

À ce crime si énorme s'ajoutait une cérémonie funèbre. Si ce n'est que celui (*sc.* Ambroise) *qui versait des larmes sans retenue, quand il eut appris ce que l'on préparait, s'était mis, ému par une douleur légitime, à vitupérer le vainqueur hautain* (*sc.* Maxime) *pour des gestes que l'on perpètre contre des usurpateurs, mais pas contre des souverains légitimes. Ébranlé par l'horreur qu'inspire l'infamie, il fit interrompre le cérémonial rappelant un crime particulièrement monstrueux. Il ne manqua donc pas à se mettre en quête d'une sépulture, même si manqua à l'appel ce fameux Joseph que l'on appelait le Juste. Mais beaucoup trop cruel, Maxime refusait le droit que Pilate lui-même n'avait pas pu ôter.*

Toujours est-il que, déjà avant l'assassinat de Gratien, Théodose avait réagi. Rien de plus logique a priori : après tout, il lui devait sa part d'empire. Des pièces de monnaie répandues au plus tôt dans les premiers mois de 383 montrent l'empereur (Gratien, Valentinien II ou Théodose ?) « sur un bateau dont la proue est une tête de dragon, avec le casque et le diadème de perles, le bouclier et la lance, avec à sa droite la Victoire ». Le sens est clair : elles annonçaient la mise sur pied d'une expédition à l'ouest et par conséquent la volonté de récupérer la Bretagne, où avait eu lieu le coup de force : déjà la propagande avait pu se mettre à l'œuvre[168]. Loin d'avoir gaspillé des mois avant de se décider à une première mesure d'intimidation contre Maximus, Théodose paraît avoir pris l'initiative de récupérer la Bretagne tombée entre les mains d'un usurpateur et menacée par les raids de barbares venus de la mer. La Bretagne ne rentra pas dans le giron de l'Empire avant 388, c'est-à-dire à la chute de Maxime. Néanmoins Théodose ne s'intéressa pas vraiment à la grande île sur laquelle il ne posa jamais le pied. En

168. MARAVAL, P. (2009), p. 155. C'est de cette page qu'est tirée la citation. Le savant français se sert d'une étude de Baldus, H. R., « Theodosius der Grosse und die Revolte des Magnus Maximus : das Zeugnis der Münze », dans *Chiron,* 14 (1984), p. 175-192, spécialement, p. 182-191.

attendant, le mur d'Hadrien fut franchi par des envahisseurs et ne fut pas restauré. Toutefois, la vie à la romaine continua pendant quelques décennies encore. On le doit à l'action de Stilicon qui fut chantée, mais beaucoup plus tard, dans les vers suivants[169] :

> *Moi aussi, qui mourais sous les peuples voisins, dit-elle* (*sc.* la Bretagne),
> *Stilicon m'a aidée, lorsque le Scot souleva toute l'Hibernie,*
> *Que Téthys écuma sous les rames des ennemis*
> *Ses soins ont empêché que je craigne les traits des Scots,*
> *Que je tremble devant le Picte, que je regarde du rivage*
> *Si ces vents incertains vont nous amener les Saxons.*

L'armée romaine n'abandonna la Grande-Bretagne qu'en 407, au cours de l'usurpation de Constantin III. Les troupes passèrent dès lors en Gaule. L'île, elle, fut conquise par les Saxons quelques dizaines d'année plus tard[170].

Du côté perse En 383, l'année du consulat de Saturninus, un ami de Thémistios, l'empereur menait des négociations avec la Perse (*Or.* 16, 19, 213 a), qui, en raison d'une succession difficile, traversait une méchante passe. Elles laissaient espérer la récupération de parties importantes perdues vingt ans auparavant, lors de la catastrophe de Julien. En Perse, le vieux et redoutable Shapûr II disparu en 379, avait été remplacé par un homme très âgé lui aussi, son beau-frère Ardachir II, qui n'exerça le pouvoir que quatre ans. Le fils et successeur de son homonyme, Shapûr III, aurait-il les mêmes ambitions que son prédécesseur ? Tué au cours d'une mutinerie de soldats, il fut remplacé par

169. CLAUD., 22, 250-255 : « *Me quoque vicinis pereuntem gentibus* », *inquit, / munivit Stilicho, totam cum Scottus Hibernen / movit et infesto spumavit remige Tethys. / Illius effectum curis, ne tela timerem / Scottica, ne Pictum tremerem, ne litore toto / prospicerem dubiis venturum Saxona ventis.* Texte et traduction de Charlet, J.-L.
170. CHARLET, J.-L. (2017), p. 147, n. 39.

son frère Behrâm IV, qui lui-même régna onze ans[171] ? La concomitance des préoccupations graves sur les fronts rhénan et mésopotamien est opportunément soulignée dans une source chrétienne[172] :

L'empereur Théodose était dans une très grande inquiétude et mettait sur pied une très importante armée contre l'usurpateur, car il craignait que l'usurpateur ne projette de tuer aussi le jeune Valentinien. À la même époque arrivait également une ambassade de Perses qui demandait la paix à l'empereur.

Thémistios fait d'ailleurs allusion aux négociations avec l'adversaire perse (*Or.* 19, 2, 227 c). En fait, formellement, le traité de paix ne fut conclu qu'en 387, à Ekeleac – la Persarménie, plus des deux tiers de la Grande Arménie, devenait un protectorat perse, tandis que la partic occidentale, six satrapies situées entre les hautes vallées du Tigre et de l'Euphrate, de Karin (devenue Théodosioupolis, aujourd'hui Erzurum) à Martyropolis, passait sous le contrôle de Rome –, mais il assura plus d'un siècle de paix sur le front oriental[173].

Maxime et Théodose La « très grande inquiétude » de Théodose évoquée par Socrate eut un résultat décevant à première vue. D'abord, l'empereur de la partie orientale était-il correctement informé ? Ce n'est pas si sûr. Aucun historien n'est en mesure de garantir,

171. Agath., IV, 26, 1 : Μετὰ γὰρ Σαβώρην Ἀρταξὴρ ἀδελφὸς ὢν αὐτῷ καὶ μετασχὼν τῆς βασιλείας τεττάρων ἐτῶν χρόνον κατ' αὐτὴν ἀπεβίω. Ὁ δὲ υἱὸς ὁ τούτου, Σαβὼρ δὲ καὶ αὐτὸς ἐπεκέκλητο, ἐν ἔτεσι πέντε τὸ οἰκεῖον ἠρίθμησε κράτος. Sur les successions à la cour de Ctésiphon, Huart, Cl., *La Perse antique et la civilisation iranienne,* Paris, 1925, p. 155.

172. Soc., V, 12, 1-2 : Ὁ δὲ βασιλεὺς Θεοδόσιος ἐν φροντίδι μεγίστῃ καθίστατο, δύναμίν τε μεγίστην κατὰ τοῦ τυράννου ηὐτρέπιζεν, εὐλαβούμενος μὴ καὶ τῷ νέῳ Οὐαλεντινιανῷ ὁ τύραννος φόνον βουλεύσειεν. Κατὰ ταὐτὸν δὲ καὶ πρεσβεία Περσῶν παρῆν εἰρήνην παρὰ τοῦ βασιλέως αἰτοῦσα. La date est donnée dans *Cons. Const.*, 384, 1 (*Chr. Min.*, I, p. 244 éd. Mommsen), sous les consulats de Richomer et de Cléarque : *His conss. introierunt Constantinopolim legati Persarum,* avant la naissance d'Honorius (384, 2).

173. Maraval, P. (2009), p. 185-186.

d'ailleurs, que Maxime avait ordonné la mort de Gratien et qu'il n'eût pas préféré lui laisser la vie sauve[174]. Maxime en fait mettait tout en œuvre pour arriver à une conciliation et ne voulait pas rompre avec la dynastie légitime. En tout cas, l'été 383 fut riche en initiatives diplomatiques, tant depuis Trèves que depuis Milan. Le successeur de Gratien avait une supériorité militaire incontestable sur la partie d'Empire de Valentinien II, que menaçaient sur ses frontières alpestres des troupes d'Alamans entrées en Rhétie[175]. Par l'entremise du comte Victor, Maxime offrait la paix au jeune prince de douze ans, à condition qu'il acceptât de venir auprès de lui, à Trèves, comme un fils au devant de son père ou, mieux, comme un mineur en tutelle. De son côté, Milan ne souhaitait pas davantage l'ouverture d'hostilités, en sorte qu'elle envoya un négociateur en la personne d'Ambroise, l'évêque de Milan[176]. Les deux chargés de mission se croisèrent à Mogontiacum, l'actuelle Mayence[177]. Maxime ne fut pas moins pressant du côté de Théodose[178] :

174. Palanque, J.-R. (1965), p. 256. Maxime avait dit à Ambroise (*Ep.*, 30, 10) : *allegabas quod eum non mandaveris occidi.*

175. Palanque, J.-R. (1933), p. 123-124.

176. On verra sur ce point un passage d'un discours daté de 392, Ambr., *Obitu Valent.* 28, p. 343 éd. Faller : *Ego te suscepi parvulum, cum legatus ad hostem tuum pergerem, ego maternis traditum manibus amplexus sum, ego tuus iterum legatus repetivi Gallias, et mihi dulce illud officium fuit pro salute tua primo, deinde pro pace atque pietate, qua fraternas reliquias postulabas, nondum pro te securus et iam pro fraternae sepulturae honore sollicitus* que cite Dörner, N. (2001), p. 217-244, particulièrement p. 217. Pour la date, 384 ou début 385, voir p. 219-220.

177. Ambr., *Ep.*, 30, 6 : *Nonne intra Gallias iuxta urbem Mogontiacum comes Victor occurrit mihi, quem direxisti, ut pacem rogaret ?;* 30, 7 : *Qui ubi primum veni, cum diceres quod Valentinianus ad te quasi filius ad patrem venire deberet, responderim non esse aequum, ut aspero hiemis puer cum matre vidua penetraret Alpes ; sine matre autem tanto itineri dubiis rebus committeretur ?* Sur Victor, *PLRE* I, *s.v. Victor* 6, p. 959. Je suis la présentation des événements de Palanque, J.-R. (1965), p. 257, voir aussi Piganiol, A. (1972), p. 266.

178. Zos., IV, 37, 1-3 : Μάξιμος δὲ τὴν βασιλείαν ἔχειν ἐν ἐχυρῷ πιστευσάμενος ἔστειλε πρὸς Θεοδόσιον βασιλέα πρεσβείαν οὐ συγγνώμην αἰτοῦσαν ἐφ' οἷς εἰς Γρατιανὸν ἔπραξεν, ἀλλά τι καὶ βαρύτητος ἐν ἑαυτῇ

Quant à Maxime, qui croyait tenir fermement le pouvoir en main, il envoya une ambassade à l'empereur Théodose, non pas pour demander pardon des procédés dont il avait usé envers Gratien, mais bien pour présenter des conditions qui même n'étaient pas légères. (...) L'ambassade proposait à Théodose un traité, un accord de coexistence pacifique et une alliance militaire contre tout ennemi des Romains ; ou bien, en cas de refus, elle annonçait pour l'avenir dispositions hostiles et état de guerre. L'empereur Théodose accepta que Maxime soit empereur et jugea bon de partager avec lui le droit de figurer sur les portraits et le titre d'empereur, mais en secret il préparait la guerre contre lui et manœuvrait pour l'abattre, avec toute l'apparence de le flatter et de le respecter.

Théodose répondit-il à son attente ? Sur la foi de textes juridiques, on a cru longtemps qu'il s'était rendu en Italie, à Vérone, où il aurait rencontré Valentinien II, au début de septembre 384[179]. Or, il était de retour à Constantinople le 16 septembre, sinon plus tôt[180]. L'homme d'ailleurs n'avait pas l'habitude de voyager à toute allure, et du reste, on n'a pas connaissance d'un événement qui l'aurait rappelé de toute urgence sur la rive du Bosphore. En fait, on doit entendre qu'il y eut une simple rencontre

φέρουσαν. (...) Ἤτει δὲ τὸν Θεοδόσιον ἡ πρεσβεία σπονδὰς καὶ ὁμόνοιαν καὶ ὁμαιχμίαν κατὰ παντὸς πολεμίου Ῥωμαίοις, ἢ ἀπειθοῦντι δυσμένειαν καὶ μάχην προήγγελλε. Θεοδόσιος δὲ ὁ βασιλεὺς ἐδέχετό τε βασιλέα Μάξιμον εἶναι, καὶ εἰκόνων αὐτῷ κοινωνεῖν καὶ βασιλέως προσηγορίας ἠξίου, λάθρᾳ μὲν τὸν κατ' αὐτοῦ πραγματευόμενος πόλεμον, παντὶ δὲ θωπείας εἴδει καὶ θεραπείας αὐτὸν καταστρατηγῶν.

179. *CTh* XII, 1, 107 (Vérone, Théodose, 31 août, en fait Béroé, voir *infra,* p. LXVIII) et *CJ* I, 54, 5 (Aquilée, Valentinien et Théodose, 9 septembre 384) : STEIN, E., *Bas-Empire* I, p. 202 ; PIGANIOL, A. (1972), p. 266 et 273 ; pour Vanderspoel, J. (1995), p. 210, Théodose ne serait allé que dans la région du Danube. En un premier temps, Seeck, O. (1906), p. 305 avait admis que Théodose s'était enfin rendu en Gaule. Plus tard, il avait estimé qu'il était allé seulement jusqu'en Italie du nord, à Vérone (*Geschichte des Untergangs der antiken Welts*, I-VI, Stuttgart, 1920-1923, V, p. 514), suivi par Lippold, A., art. 10 *Theodosius* I., dans *RE SupplB* XIII (1973), col. 866.

180. PASCHOUD, F. (1979), p. 422 ; MARAVAL, P. (2009), p. 157, voir *CTh* VII, 8, 3.

entre Théodose, Valentinien II et les ambassadeurs de Maxime, non pas à Vérone, mais à Béroé (Beroe), au nord de la Thrace (aujourd'hui Stara Zagora, en Bulgarie)[181]. Thémistios (*Or.* 18, 6, 220 d ; 11, 224 c) se contente de signaler « une première sortie et campagne sur le Rhin ». Les mots n'indiquent pas que cette manifestation de force alla bien loin ni qu'elle eut un résultat quelconque. Tout au plus donna-t-elle un coup de caveçon aux prétentions de Maxime : Théodose ne fit que jeter un cri comme Achille (cf. *Or.* 18, 6, 221 a). Le seul résultat fut qu'on reconnut provisoirement au maître de Trèves la souveraineté sur l'Espagne, la Bretagne, la Germanie et la Gaule. Il est mentionné, parfois avec son fils Victor, en compagnie de Valentinien II et de Théodose dans des inscriptions à caractère public en Afrique du Nord et en Italie. Des pièces à son nom furent frappées dans des ateliers monétaires d'Orient[182]. Au début de 384, le préfet du prétoire Cynégios montra aux Alexandrins le portrait de Maxime, le fit exposer en public et annonça qu'il avait obtenu de partager l'Empire avec Théodose[183].

La politique religieuse Thémistios ne pipe mot de la politique menée alors pour assurer le triomphe de l'orthodoxie nicéenne. On devine toutefois que le règne ne se déroula pas sans éveiller

181. MARAVAL, P. (2009), p. 157 ; DESTEPHEN, S. (2016), p. 74-75 et 375 (tableau). La confusion avait été déjà indiquée au XVIIIe s., comme l'indique à juste titre Paschoud, F. (1979), p. 422-423, voir Gottofredus, I., *Codex Theodosianus cum perpetuis commentariis*... III, Leipzig, 1738, p. 478, n. i. Pour Schneider, H. (1966), p. 46-47, il y eut seulement un projet de voyage ; selon Vera D., « I rapporti tra Massimo, Teodosio e Valentiniano nel 383-384 », dans *Athenaeum,* 53 (1975), p. 267-301, spécialement, p. 291-292, le voyage n'aurait même pas été entrepris, voir encore McLynn, N. B., *Ambrose of Milan. Church and Court in a Christian Capital,* Birkeley, 1994, p. 163.

182. MARAVAL, P. (2009), p. 158 et p. 340 (n. 32 à la p. 158).

183. ZOS., IV, 37, 3. Pour la date, PASCHOUD, F. (1979), p. 425 ; MARAVAL, P. (2009), p. 159.

des oppositions intérieures. On continuait, comme au temps de Valens, à interroger l'avenir, notamment sans doute sur la durée du gouvernement et par conséquent sur le nom du souverain futur. Ainsi, une loi promulguée le 25 mai 385, sous le premier consulat d'Arcadius et du clarissime Bauto, interdit au cours des sacrifices l'examen du foie ou des entrailles des victimes[184]. » L'occasion de cette loi aurait été, suivant Piganiol, A., « une grave affaire de magie ; on aurait consulté les démons au sujet de l'empereur ; l'enquête fut marquée par des arrestations et des tortures[185]. » On se reportera à une poignée de passages de Thémistios (*Or.* 19, 2, 227 d ; 4, 229 d ; 6, 231 a, cf. *Or.* 34, 14). Ils prouvent en tout cas que la police restait aux aguets prête à sévir à la moindre alerte. Des forfanteries imbéciles ou des propos inconsidérés pouvaient toujours avoir des conséquences fatales, de Constantinople à Antioche. Un ancien élève de Libanios, devenu sénateur à Constantinople, semble avoir été la cause de cette tempête dans laquelle faillit être mouillé jusqu'à son maître lui-même[186]. Revenait-on au temps de la fameuse crise d'Antioche à la fin de 371, sous Valens ? Fort heureusement, l'empereur sut montrer l'indulgence nécessaire.

184. Le texte et la traduction sont données ici meme, Notice D. 19, p. 120-121.

185. Piganiol, A. (1972), p. 275. On rappellera cependant que la lutte contre la magie remonte au moins au Haut Empire. On a produit sur le sujet une vaste littérature, voir Delmaire, R. dans *Lois religieuses* (2005), p. 81, n. 1.

186. Voir, pour les détails, Notice D. 19, p. 120-122.

DISCOURS XIV

NOTICE
DU DISCOURS XIV

Les premières lignes de ce bref discours permettent de jeter quelques lumières sur les circonstances dans desquelles il fut prononcé. Du temps s'était déjà écoulé depuis l'élévation de Théodose Ier (19 janvier 379) quand Constantinople envoya une ambassade chargée de l'accueillir. On ne sait où exactement. En tout cas, la délégation laissa derrière elle Thémistios qui avait eu à lutter contre la maladie (14, 1, 180 c). On peut donc supposer que malgré son retard l'orateur finit par rejoindre ses compatriotes (14, 1, 180 c μοι τῆς πρεσβείας ὑστερίζειν κατηναγκάσθην). Ce ne fut sans doute pas à Sirmium, mais en un lieu que l'on atteignait par voie maritime (θαλάττης … κλύδωνος καὶ τρικυμίας), tout nuage évité (διαφεύξεσθαι τὴν … νεφέλην). Cette dernière indication a-t-elle une signification chronologique ? On ne sait. Toujours est-il que le 17 juin 379 Théodose avait quitté Sirmium et gagné Thessalonique d'où il envoya un décret (*CTh* X, 1, 12) au *comes rerum privatarum* Pancratius autorisant l'alytarque d'Antioche à planter à Daphné des cyprès et à en couper un[1] ; en revanche,

1. Sur l'alytarque d'Antioche qui fut chargé à l'origine de la police des jeux, mais qui était devenu un dignitaire de très haut niveau, un prêtre spécial de la ville et un représentant de Zeus, voir PETIT, P. (1955), p. 134-136 ; sur le droit de couper un cyprès, voir p. 146, n. 85.

le 6 juillet 379, il en signa un autre pour le même destinataire (*CTh* VI, 30, 2) à Scupi, à quelques kilomètres de l'actuelle Skopje, capitale de la Macédoine du Nord, soit à environ 150 km au nord-ouest de Thessalonique. Le document législatif de Scupi est donc un *terminus ante quem* et l'on peut considérer qu'en mai ou en juin le nouveau souverain était en mesure de recevoir des solliciteurs à Thessalonique avant son départ pour la campagne d'été[2]. C'est là probablement que Thémistios prononça son discours[3].

Le regain de santé (ἡβῶν δὲ αὖθις) permettant à l'orateur de prendre part à l'ambassade qui va accueillir Théodose Ier est la prémisse d'un retour des choses à la normale après Andrinople (§ 1). Avant le versement de l'*aurum coronarium* d'usage, Constantinople fait hommage de son dévouement (§ 2). Elle ratifie le choix de Théodose qu'a fait Gratien (§ 3). En fait, Gratien et Théodose tirent avantage l'un de l'autre (§ 4). Constantinople invite les deux empereurs à lui rendre visite en demandant une augmentation des pouvoirs de son sénat (§ 5).

2. Vanderspoel, J. (1995), p. 195-196 ; Leppin, H. (1998), p. 240, voir ici même *infra*, p. 143 (p. 10, n. 18 et 20).

3. Vanderspoel, J. (1995), p. 251.

CONSPECTVS SIGLORVM

Codices

A	Ambrosianus I 22 sup., chartaceus, *ca.* 1326-1333.
Π	Coislinianus gr. 323, chart. s. XIV in.
Ψ	Salmaticus 232, chart., s. XIV.
u	Vaticanus Reginensis gr. 137, s. XVI extr.

Editores et viri docti

Cob.	Cobet, C. G.
Di.	Dindorf, G.
Doehn.	Doehner, T.
Do.	Downey, G.
Ha.	Hardouin, J.
Ma.	Maisano, R.
Pant.	Pantinus, Petrus
Pet.	Petau, D.

DISCOURS XIV

DISCOURS D'AMBASSADE À L'EMPEREUR THÉODOSE

Les circonstances **1.** Jusqu'ici, très divin prince, je me fâchais de ma mauvaise santé parce qu'elle me contraignait à me présenter plus tard que mes collègues d'ambassade[1]* ; mais à présent, j'ai senti combien la joie de l'âme vient à bout de l'incapacité physique ; au moins dans mon cas, elle va jusqu'à faire de la maladie un bien-être et de la vieillesse[2] un sommet de vigueur. De plus, j'avais supputé que ce corps que voici aurait du mal à échapper à l'étreinte des nuages, lorsque je me trouvai plus de forces qu'à la mer, plus de forces qu'au flot et à une triple lame de fond. 2. C'était une nouvelle jeunesse qui me revenait, je l'avais compris, quand des lettres du plus puissant d'entre nos desservants[3] nous apprirent que nous allions voir le retour de l'âge d'or, voir un Empire intact, solidement planté sur ses jambes[4] et resplendissant de beautés sous ses deux formes, celles de l'âme aussi bien que celles du corps.

La rencontre de Théodose 3. De telles paroles n'étaient pas rodomontades jetées dans le vide ; au contraire, on peut voir à notre côté un empereur dont le portrait demanderait les accents d'Homère :

> d'aussi beau en revanche, jamais n'en virent mes yeux,
> ni d'aussi imposant : oui, ton port est d'un roi[5].

* Les notes qui n'ont pu être placées sous les pages sont reléguées en fin de volume, p. 141-232.

1. C'est le premier contact officiel entre Constantinople et Théodose, voir *supra*, p. XXXVI.

<ΙΔ΄> ΠΡΕΣΒΕΥΤΙΚΟΣ ΕΙΣ ΘΕΟΔΟΣΙΟΝ ΑΥΤΟΚΡΑΤΟΡΑ

Ha. 180 b
Di. 222

| **1. Τέως μέν, ὦ θεοειδέστατε βασιλεῦ, ἐδυσχέραινον ἐγὼ πρὸς τὴν ἀρρωστίαν, ὅτι τῶν κοινωνούντων μοι | τῆς πρεσβείας ὑστερίζειν κατηναγκάσθην, νῦν δὲ ᾐσθόμην ὁπόσον ἄρα περίεστιν ἡ τῆς ψυχῆς εὐφροσύνη τῆς τοῦ σώματος ἀδυναμίας· ποιεῖ γοῦν μοι καὶ τὴν νόσον ῥᾳστώνην καὶ τὸ γῆρας ἀκμήν. Καὶ μόλις προσδοκηθεὶς διαφεύξεσθαι τὴν περιέχουσαν τουτὶ τὸ σῶμα νεφέλην ἰσχυρότερος μὲν θαλάττης ἐφάνην, ἰσχυρότερος δὲ κλύδωνος καὶ τρικυμίας.** 2. **Ἥβαν δὲ αὖθις ὑπέλαβον, ἡνίκα ἐπυθόμην ἐν γράμμασι παρὰ τοῦ κρατίστου τῶν ἡμετέρων ζακόρων ὄψεσθαι τὴν χρυ|σῆν γενεὰν ἐπανήκουσαν, ὄψεσθαι ἡμᾶς βασιλείαν ὁλόκληρον καὶ ἀρτίπουν, λάμπουσαν τοῖς κάλλεσιν ἀμφοτέροις, τοῖς τε ψυχῆς καὶ τοῦ σώματος.** 3. **Καὶ ταῦτα οὐκ ἦν ἄρα κόμπος διὰ κενῆς, ἀλλὰ πάρεστιν ὁρᾶν αὐτοκράτορα, ἐφ᾽ οὗ τῆς Ὁμήρου ἐδεόμην φωνῆς,** Do. 260 Ha. 180 c Ha. 180 d

Καλὸν δ᾽ οὕτω ἐγὼν οὔπω ἴδον ὀφθαλμοῖσιν,
| οὐδ᾽ οὕτω γεραρόν· βασιλῆι γὰρ ἀνδρὶ ἔοικας. Ha. 181 a

FONT. 20-21 Hom. Γ 169-170.

APP. 2 αὐτοκράτορα om. ΑΠ u^{ac} || num. ΙΓ΄ add. A in marg. || 8 καὶ^{2}-ἀκμήν om. Ψu || 9 προσδοκηθεὶς ΑΠ Ψ $u^{mg.}$: προδοκ- u^{ac} || 11 ἐφάνην ΑΠ Ψ : νεφέλην u || 13 ἡμετέρων Ψ u : ὑμ- ΑΠ || 15 ἡμᾶς u : ὑμᾶς ΑΠ Ψ || 16 κάλεσιν u^{ac} | τοῖς Α $Ψ^{u}$: τῆς Π || 18 διὰ κενῆς edd. : διακενῆς codd. || 19 ἐδεόμην φωνῆς Ψu : φ. ἐ. ΑΠ || 20 οὕτω ἐγὼν οὔπω Ψu edd. : οὔπω ἐγὼ οὕτως ΑΠ | ἴδον edd. : ἶδον Α ἰδον Π εἶδον Ψu.

Oui, si je suis venu, c'est pour fêter en même temps les prémisses du retour des choses dans leur cours auquel l'œil de la justice ramène les Romains, lui qui fait aussi pencher la balance à leur avantage. 4. Au lieu de tous les autres, tu es devenu pour nous l'homme unique, au lieu de tous les autres, c'est toi que nous regardons, au lieu des Daces, au lieu des Thraces, au lieu des Illyriens, au lieu des fantassins, au lieu de tout cet immense appareil guerrier, qui a disparu plus vite qu'une ombre[6] : même, nous les balayons, cul par-dessus tête, nous qui jusqu'ici étions exposés à leurs poursuites. Grâce aux espérances que nous avons placées en toi, nous voici debout, nous reprenons haleine et nous avons l'assurance de bloquer désormais pour les Scythes la course au succès et d'éteindre, dévorant tout sur son passage, l'incendie que l'Haemus, que les frontières de la Thrace et de l'Illyrie[7] n'ont pas arrêté, alors qu'elles sont malaisées à franchir même pour un voyageur pédestre. Mais voici qu'à présent est de retour grâce aux cavaliers, grâce aux fantassins l'esprit de courage. 5. Tu fais désormais aussi des agriculteurs un objet de crainte pour les barbares et, aux mineurs, tu intimes même d'abandonner[8] leur or pour se mettre à la recherche de fer[9]. Et cette armée qui n'avait pas pris goût à vivre dans la mollesse, elle est volontairement présente en affluence désormais[10] : elle a été entraînée à payer de ses peines les biens qu'elle acquiert. 6. Ce n'était pas légende de poète[11] : Achille avait jeté le trouble, d'un seul cri, dans le camp des barbares victorieux jusque-là. De fait si, sans avoir encore pris position devant les scélérats, tu as réussi, en bivouaquant auprès d'eux seulement[12] et en bloquant leurs mouillages, à briser leur outrecuidance, quels sentiments éprouveront nécessairement ceux qui sont voués à la pire des morts quand ils verront le bois des lances que l'on brandit[13], le bouclier que l'on agite[14] et l'éclat du casque qui étincelle auprès d'eux[15] ?

Καὶ δῆτα ἥκω συνεορτάσων τὰ προοίμια τῆς παλιρροίας, εἰς ἣν ἐπανάγει Ῥωμαίους ὁ τῆς δίκης ὀφθαλμὸς καὶ μεθίστησι τὴν ἐπὶ τὰ ἀμείνω ῥοπήν. 4. Ἀνθ' ἁπάντων ἡμῖν | γέγονας εἷς ἀνήρ, ἀντὶ πάντων Do. 261 εἰς σὲ ὁρῶμεν, | ἀντὶ Δακῶν, ἀντὶ Θρᾳκῶν, ἀντὶ Di. 223 Ἰλλυριῶν, ἀνθ' ὁπλιτῶν, ἀντὶ τῆς ἄλλης παρασκευῆς, ὁπόση σκιᾶς ἀθροώτερον ἠφανίσθη, καὶ προτροπάδην ἐλαύνομεν οἱ τέως καὶ διωκόμενοι. Διὰ τὰς περὶ σοῦ λειπομένας ἡμῖν | ἐλπίδας ἑστήκαμεν, ἀναπνέομεν, Ha. 181 b τὸν δρόμον τῆς εὐπραγίας ἐφέξειν ἤδη Σκύθαις πιστεύομεν καὶ σβέσειν τὴν νεμομένην τὰ πάντα πυρκαϊάν, ἣν οὐκ ἔστησεν Αἷμος, οὐ Θρᾳκῶν ὅρια, καὶ Ἰλλυριῶν, δυσπόρευτα καὶ ὁδοιπόρῳ· ἀλλὰ νῦν ἐπανήκει μὲν τοῖς ἱππεῦσιν, ἐπανήκει δὲ τοῖς ὁπλίταις τὰ φρονήματα. 5. Ποιεῖς δὲ ἤδη καὶ τοὺς γεωργοὺς φοβεροὺς τοῖς βαρβάροις, καὶ τοὺς μεταλλέας καὶ τὸν χρυσὸν ἀφέντας κελεύεις τὸν σίδηρον μεταλλεύειν. Καὶ στρατὸς οὗτος ἄγευστος ἡδυπαθείας ἤδη συνερρύηκεν ἐθελοντὴς | ἐκ πόνων κτήσασθαι τὰ Ha. 181 c ἀγαθὰ πεπαιδευμένος. 6. Οὐκ ἦν μῦθος ποιητικός, τάραχον ἐμβαλεῖν τὸν Ἀχιλλέα καὶ ἐμβοήσαντα μόνον τοῖς βαρβάροις τέως νικῶσιν. Εἰ γὰρ οὔπω πρὸς τοὺς ἀλιτηρίους παραταξάμενος τῷ πλησίον αὐλίζεσθαι μόνον καὶ ἐφορμεῖν ἐνέκοψας αὐτῶν τὴν αὐθάδειαν, τί παθεῖν εἰκὸς τοὺς κάκιστα ἀπολουμένους, ὅταν ἴδωσι πάλλοντα τὸ δόρυ καὶ τὴν ἀσπίδα νωμῶντα καὶ τῆς κόρυθος τὴν ἀστραπὴν ἐγγύθι λαμπομένην;

APP. 3 τὰ ΑΠ : τοὺς Ψu || 5 ἀντὶ^{3} u : ἀντ' ΑΠ Ψ || 6 ἄλλης om. ΑΠ || 8 ἐλαύνομεν οἱ Ψu : ἐλαυνόμενοι ΑΠ | καὶ om. Ψu | περὶ Ψu : παρὰ Α Π || 10 τὸν – εὐπραγίας post πιστεύομεν (v. 11) transp. Ψu Pant. Pet. Ha. | Σκύθαεις Ψ σκύνθαις u^{ac} || 11 νεμομένην Α Ψ Di. Do. : ἐπινε- Ψu Ma. || 12 ἣν om. u | ἔστησεν Α Π : ἀπέστησεν Ψu || 14 ἐπανήκει Di. Do. : ἐπανήει codd. Ma. || 15 ποιεῖς ΑΠ : ποιεῖν Ψu^{ac} || 16 μεταλλέας Ψ^{pc}u : μεταλέας ΑΠ Ψ^{ac} | καὶ sec|. Ha. || 17 μεταλλεύειν edd. : μεταλεύειν ΑΠ καταλαμβάνειν Ψu || 19 κτήσασθαι ΑΠ : κτᾶσθαι Ψu | 20 πεπαιδευμένοι u || 21 ἐμβοήσαντα ΑΠ : βομβήσαντα Ψu | μόνως Ψ ut videtur || 22 εἰ ΑΠ : ὃς Ψ οὓς u || 24 ἐφορμεῖν Ψu : ἐφορμᾶν ΑΠ | ἐνέκοψας Α Ψu : ἀνέκοψας Π || 27 λαμπομένην Ψ^{pc}u : – πομένης ΑΠ Ψ^{ac}.

Les offrandes de Constantinople

2. Au nombre de deux sont les couronnes dont t'est redevable la cité de Constantin ; l'une est faite de son or[16], l'autre, de son dévouement ; la couronne faite de sa richesse, la Cité de Beauté[17] la tient en réserve pour ce jour où elle en ceindra avec éclat, dès son retour de chez les barbares au nom maudit, le front du vainqueur chargé de trophées[18] ; la couronne de son dévouement, s'il revient à la Philosophie de la procurer, la Cité la préserve intacte dans la patrie mais pourtant elle a voulu l'envoyer ici, gage tant de sincérité de la part des donateurs que de joie pour le bénéficiaire. 2. De la monnaie d'or, il serait loisible d'en offrir, même la crainte au cœur ; du dévouement, on n'en a pas la faculté sans un choix délibéré. Le dieu marque aussi sa préférence à ceux qui brûlent souvent de l'encens sur ceux qui consacrent des trépieds[19].

3. Voici que se présente la cité, non pour demander seulement ce dont elle a besoin, mais pour ratifier la première le suffrage menant à la proclamation : sans doute appartient-il à la reine des cités[20] de mettre sa voix en accord avec celle des rois de l'humanité. 2. Des deux métropoles du monde civilisé – j'entends celle de Romulus et celle de Constantin[21] – ce serait plutôt avec toi, dirais-je, que la nôtre est en harmonie. En effet, quoiqu'elle n'ait pas le moindre lien avec la lignée au pouvoir, si elle s'est associée avec la Grande Cité, c'est en raison de la vertu de son souverain[22] ; ce qui t'a promu à la pourpre, c'est, non pas une parenté de lignage[23], mais une supériorité de vertu, non pas une proximité de famille, mais une démonstration de force et de vaillance[24]. 3. Et Gratien a eu un comportement sage et digne de gens aux cheveux blancs, non de

2\. 1. Thémistios met explicitement Constantin sur le même pied que Romulus, c'est-à-dire Constantinople et Rome. Du même coup, il renie Byzas, le fondateur de l'antique Byzance. Autant dire que l'histoire de Constantinople commence avec Rome, DAGRON, G. (1974), p. 15.

| 2. Δύο δὲ ὀφειλούσης σοι τῆς πόλεως τῆς Do. 262
Κωνσταντίνου στεφάνους, τόν τε ἀπὸ τοῦ χρυ|σοῦ Ha. 181 d
καὶ τὸν ἀπὸ τῆς εὐνοίας, τὸν μὲν ἀπὸ τοῦ πλούτου
στέφανον εἰς τὴν ἡμέραν ἐκείνην ἡ καλλίπολις
εὐτρεπίζεται, καθ᾽ ἣν ἀναδήσει λαμπρῶς ἐπανήκοντα
τροπαιοφόρον ἀπὸ τῶν δυσωνύμων βαρβάρων· τὸν δὲ
ἀπὸ τῆς εὐνοίας, ὃν προσήκει φιλοσοφίᾳ διακονεῖν,
οἴκοι τε ἀκέραιον διαφυλάττει καὶ προὔπεμψεν
ὅμως ἐνθάδε καὶ τοῖς διδοῦ|σιν ἀληθινῶς καὶ τῷ Di. 224
λαμβάνοντι κεχαρισμένως. 2. Χρυ|σίον μὲν γὰρ ἄν τις Ha. 182 a
λειτουργήσειε καὶ δεδιώς, εὔνουν δὲ οὐκ ἔνεστιν εἶναι
μὴ προαιρούμενον. Προὔκρινε δὲ καὶ ὁ θεὸς τοὺς
θυμιῶντας πολλάκις τῶν τοὺς τρίποδας ἀνατιθέντων.

3. Πρόσεισι δὲ οὐκ αἰτήσουσα μόνον ὧν δεῖται,
ἀλλὰ βεβαιοῦσα πρώτη τὴν ψῆφον τῆς ἀναρρήσεως·
προσήκει γὰρ δήπου τῇ βασιλευούσῃ τῶν πόλεων
συνᾴδειν τοὺς βασιλεύσαντας τῶν ἀνθρώπων. 2. Καὶ
τῶν γε δυοῖν μητροπόλεων τῆς οἰκουμένης – λέγω δὲ
τῆς Ῥωμύλου καὶ τῆς Κωνσταντίνου – μᾶλλον ἄν σοι
φαίην ἁρ|μόττειν τὴν ἡμετέραν. Καὶ γὰρ ἐκείνη μηδ᾽ Ha. 182 b
ὁτιοῦν τῷ γένει τῶν κρατούντων προσήκουσα κοινωνὸς
γέγονε τῇ μεγάλῃ πόλει τῆς βασιλείας δι᾽ ἀρετήν.
Προήγαγε δέ σε εἰς τὴν ἁλουργίδα οὐκ ἀγχιστεία
γένους, ἀλλ᾽ ἀρετῆς ὑπεροχή, οὐδὲ οἰκειότητος
ἐγγύτης, ἀλλὰ ῥώμης ἀπόδειξις καὶ ἀνδρείας. 3. Καὶ
σοφῶς | Γρατιανὸς καὶ πολιᾶς, οὐ νεότητος ἐπαξίως, Do. 263

MARG. 14 ἡ πόλις ἡ κωνσταντίνου Π.
FONT. 23-24 cf. S., *Ant.*, 174.
APP. 5 ἀναδήσει ΑΠ : -τῆς δήση Ψ^{pc}u || 8 τε ΑΠ : τὸν Ψu | προὔπεμψεν ΑΠ : προὔτρεψεν Ψu || 9 διδοῦσιν ΑΠ : διδάσκουσιν Ψu || 10 κεχαρισμένως Ψu : -μένον ΑΠ || 12 καὶ ΑΠ Ψ Ma. : om. Di. Do. || 14 αἰτήσουσαν u^{sl} fort. in ras. || 15 πρώτην Pant. || 16 τῇ βασιλευούσῃ Ma. coni. Pet. : τῷ βασιλεῖ codd. Di. Do. || 17 βασιλεύσαντας ΑΠ Ψ u : -λευθέντας $u^{mg.}$ || 18 γε ΑΠ : τε Ψu || 19 τῆς τε ῥωμύλου Ψ || 21 τῶν κρατούντων προσήκουσα Ψu : π. τ. κ. ΑΠ || 22 πόλει Ψu : Ῥώμῃ ΑΠ || 23 καὶ προήγαγεν Ψ | προήγαγε (-γεν Ψ) δέ σε Ψu edd. : σὲ τὲ προήγαγεν ΑΠ || 26 σοφῶς ΑΠ : σοφὸς Ψu.

la jeunesse[25], en soutenant comme le meilleur, non pas son parent le plus proche, mais le meilleur comme son parent le plus proche[26]. Et cela a été une belle action de sa part que de prendre pour sien le suffrage déjà émis précédemment par la circonstance. Ce fut de la sorte aussi qu'Épaminondas le Thébain, qui servait alors dans l'infanterie, fut appelé par le danger à la tête des troupes[27]. 4. Le moment où les Romains aussi t'appelèrent à la royauté fut celui où, alors que les Sarmates étaient en furie et envahissaient toute la bande de terre longeant le fleuve, tu les as refoulés à toi seul en résistant avec une force modeste et même pas de premier choix[28].

4. Et maintenant qu'investi d'une si belle confiance tu as été appelé à la tête de l'empire, il serait juste que tu n'eusses en vue que de prouver à tous les hommes que la vertu a fait de toi un empereur et que Gratien a joué le héraut. Il en va de même en effet dans les concours pour ceux qui reçoivent des couronnes ; ce qui en décide l'attribution, c'est la force physique, mais ceux qui les décernent, ce sont les hérauts ; toutefois, en la circonstance, le héraut n'a aucun droit sur la couronne, en sorte qu'il donne ce qu'il ne possède pas. 2. Mais, quand un prince décerne la couronne à un autre prince, il ne se prive pas de la couronne en la donnant, mais il en tire bénéfice : en donnant un honneur, il reçoit pour bénéfice d'en partager les soucis. Voilà donc pourquoi en voyant ta valeur, Gratien n'a pas redouté ton âge, et il n'a pas non plus calculé que ce serait au cadet de décerner la couronne à l'aîné[29], mais qu'on est meilleur comme père qu'un géniteur naturel en le devenant par choix délibéré. 3. Et tous deux ont droit à un éloge identique : l'un, pour avoir proclamé un aîné, l'autre, en qualité d'aîné, pour avoir reçu la mission de gagner l'affection d'un enfant[30].

27. L'*exemplum* figure déjà en *Or.* 5, 5, 66 a. Comme Jovien, Théodose n'avait aucun lien de parenté avec la dynastie précédente.

ὅτι μὴ τὸν οἰκειότατον ἄριστον, ἀλλὰ τὸν ἄριστον ὑπέλαβεν οἰκειότατον. Καὶ καλῶς ἑαυτοῦ πεποίηται ψῆφον, ἣν προλα|βὼν ὁ καιρὸς ἐπεψηφίζετο. Οὕτω Ha. 182 c καὶ τὸν Θηβαῖον Ἐπαμεινώνδαν στρατευόμενον ἐν τοῖς ὁπλίταις ἐκάλεσεν ὁ κίνδυνος εἰς στρατηγίαν. 4. Ἐξ ἐκείνου δὲ καὶ σὲ ἐκάλουν ἐπὶ τὴν βασιλείαν Ῥωμαῖοι, ἐξότου Σαυρομάτας λυττῶντας καὶ τὴν πρὸς τῷ ποταμῷ γῆν ἅπασαν ἐπιδραμόντας μόνος ἀνέστειλας, ὑποστὰς σὺν ὀλίγῃ δυνάμει καὶ οὐδὲ ταύτῃ ἐξειλεγμένῃ.

4. Καὶ νῦν ἐπὶ τοιαύτῃ πίστει παρακεκλημένος εἰς τὴν βασιλείαν δίκαιος εἶ μηδὲν ἄλλο ὁρᾶν, ἀλλ' ἐπιδει|κνύναι πᾶσιν ἀνθρώποις ὅτι ἡ μὲν ἀρετή σε Ha. 182 d ἐποίησεν αὐτοκράτορα, Γρατιανὸς δὲ ἐκήρυξε. Καὶ γὰρ ἐν τοῖς ἀγῶσι τοὺς στεφανηφόρους ποιεῖ μὲν ἡ ῥώμη τοῦ σώμα|τος, ἀναδοῦσι δὲ οἱ κήρυκες. Ἀλλ' ἐκεῖ μὲν Di. 225 οὐ μέτοχός ἐστιν ὁ κήρυξ τοῦ στεφάνου, ὥστε δίδωσιν ὃ μὴ κέκτηται. 2. Βασιλέα δὲ βασιλεὺς ἀναδεῖ καὶ οὐκ ἐλαττοῦται διδούς, ἀλλὰ προσλαμβάνει · διδοὺς γὰρ τιμὴν προσλαμβάνει κοι|νωνίαν φροντίδων. Διὰ τοῦτό Ha. 183 a τοι Γρατιανὸς τὴν ἀρετὴν ὁρῶν οὐχ ὑπείδετο ἡλικίαν, οὐδὲ ὅτι νεώτερος πρεσβύτερον ἀναδήσει λελόγισται, ἀλλ' ὅτι καλλίων ἐστὶ πατὴρ τοῦ τῇ φύσει γεννῶντος ὁ τῇ γνώμῃ προαιρούμενος. 3. Καὶ ἀμφοῖν ἴσος ὁ ἔπαινος, τοῦ μέν, ὅτι πρεσβύτερον ἀνεῖπε, τοῦ δέ, ὅτι πρεσβύτερος ὢν παιδὸς εὔνοιαν ἕξειν ἐπιστεύθη.

APP. 1 ἄριστον[1] om. A || 2 ὑπέλαβεν οἰκειότατον ΑΠ : οἰ. ὑ. Ψ u || 3 ἐπεψηφίζετο Ψu : ἐψ- ΑΠ || 4 Ἐπαμεινώνδαν ΑΠ Ψ Ma. : Ἐπαμιν- Π[sl] Di. Do. -ώνδα u || 5 κίνδυνος ΑΠ : δῆμος Ψu | στρατηγίαν ΑΠ : στρατηγόν Ψu || 6 δὲ om. ΑΠ | καὶ om. u || 8 ἐπιδραμῶντας Ψu || 10 ἐξειλεγμένῃ ΑΠ : ἀπειλημμένη Ψ ἀπηλημμένη u ἀπειληγμένῃ u[mg] || || 13 ἐπιδεικνῦναι Ψu || 16 κήρυκες ΑΠ : κηρύξας Ψu || 19 διδοὺς – προσλαμβάνει om. A in t. sed add. in mg. alia manu || 22 ἀναδήσει ΑΠ Di. Do. : -δεῖ Ψu Ha. || 24 ἶσος Ψu | ὁ om. Ψ || 25 πρεσβύτερον ΑΠ Ψ : -βύτερος u in t. || 26 καὶ πρεσβύτερος Ψu | εὔνοιαν ἕξειν Ψu edd. : ἕ. εὔ. ΑΠ.

La prière de Constantinople

5. Mais il est une prière que la grande cité[31] vous adresse à tous deux, à toi, parce qu'il t'est loisible de l'exaucer, à lui parce qu'il t'a permis de l'avoir eue à loisir : c'est d'abord de recevoir chez elle au plus tôt son défenseur et de devancer tout l'Orient en volant à sa rencontre[32] ; en deuxième lieu, que lui demeurent acquis tous les avantages décrétés par tes aïeux – « tes aïeux » est le nom que je donne, non pas à absolument tous les empereurs qui ont précédé, mais à ceux qui se sont fait un renom de douceur et d'humanité, vertus dont on voit en ta personne l'héritage légitime[33] – ; en troisième lieu, que l'on augmente en même temps les privilèges du Sénat[34] : telle est la plus royale des faveurs qu'elle demande. 2. Car c'est l'unique trésor que l'on dépense sans l'amoindrir et pour lequel vous n'avez pas besoin d'une contribution : plus vous en ferez usage en y puisant largement, plus vous l'aurez, abondant et important, à votre service. Des colonnes, des statues en quantité, de l'eau en abondance nous furent donnés par les princes précédents[35] : à toi de raffermir notre Sénat par ses privilèges et ses dignités et de guérir cette carence qui ne nous fait pas moins de tort que le manque de sources précédemment. Ceux que tu as appelés « les Pères Conscrits »[36], accorde-leur une dignité à la mesure de leur titre. 3. Tu ne prendras certes pas figure moins imposante que Constantin où que tu te fixes[37], si les honneurs que tu confères à la cité la rehaussent davantage que Constantin avec ses monuments. Rome la Grande s'est de même enrichie hier et voici peu de théâtres, de places publiques

37. Les formes ὅποι στήσῃ des manuscrits A et Π ainsi que ὅπῃ στήσεις de Ψ et u donnent un sens acceptable. La première est reçue par Maisano, R. (1995), p. 540 qui traduit « dovunque vorrai risiedere », cf. Dagron, G. (1974), p. 200. De surcroît, l'idée affaiblirait le raisonnement. Thémistios entend bien, naturellement, que Théodose choisira Constantinople comme résidence. On se rappelle aussi que Valens avait quitté Constantinople l'insulte et les menaces à la bouche avant d'aller

| **5. Δεῖται δὲ ἀμφοτέρων ἡ μεγαλόπολις, σοῦ μὲν** Do. 264
ὡς κυρίου διδόναι, τοῦ δὲ ὡς σὲ κύριον πεποιηκότος,
πρῶτον μὲν ὑποδέξασθαι ὡς τάχιστα τὸν προστάτην καὶ
τῆς ἑῴας ἁπά|σης προαπαντῆσαι, δεύτερον δὲ βεβαίας Ha. 183 b
αὐτῇ μένειν τὰς δωρεὰς πάσας, ἃς οἱ σοὶ προπάτορες
ἐψηφίσαντο· προπάτορας δὲ σοὺς ὀνομάζω οὐχ
ἅπαντας ἁπλῶς τοὺς πρότερον αὐτοκράτορας, ἀλλὰ
τοὺς εὐδοκίμους ἐπὶ πρᾳότητι καὶ φιλανθρωπίᾳ, ὧν
δὴ γνήσιον κληρονόμον αὐτὸν ἀποφαίνεις· τρίτον
συναυξηθῆναι τιμαῖς τὴν γερουσίαν, βασιλικωτάτην
ἁπασῶν ταύτην τὴν χάριν αἰτοῦσα. 2. **Μόνος γὰρ**
οὗτος ὁ θησαυρὸς δαπανώμενος οὐκ ἐλαττοῦται
οὐδὲ δεῖσθε πρὸς αὐτὸν εἰσφορᾶς, ἀλλ᾽ ὅσῳπερ ἂν
δαψιλεστέρᾳ χρῆσθε ταύτῃ τῇ δαπάνῃ, το|σούτῳ πλέων Ha. 183 c
καὶ μείζων ὑμῖν περιγίνεται. Κιόνων μὲν γὰρ πλῆθος
καὶ ἀνδριάντων καὶ ὕδατος περιουσίαν οἱ πρότερον
βασιλεῖς ἡμῖν ἐδωρήσαντο, τιμαῖς δὲ καὶ ἀξιώμασι σὺ
καταπύκνωσον ἡμῖν τὴν γερουσίαν καὶ τὴν ἔνδειαν
ἴασαι ταύτην οὐχ ἧττον ἀνιῶσαν ἡμᾶς ἢ πρότερον ἡ τῶν
ναμάτων. Καὶ οὓς πατέρας ὠνόμασας συγγεγραμμένους,
ποίησον ἀξίους τῆς ἐπικλήσεως. 3. **Οὔτοι φανήσῃ**
Κωνσταντίνου καταδεέ|στερος ὅποι στήσῃ, εἰ τιμαῖς Di. 226
τὴν πόλιν ὑψηλοτέραν ποιήσειας ἢ Κωνσταντῖνος
οἰκοδομήμασιν. Οὕτω καὶ | τῇ μεγάλῃ Ῥώμῃ θέατρα Ha. 183 d
μὲν καὶ ἀγοραὶ καὶ γυμνάσια χθές που καὶ πρώην | Do. 265

APP. 1 μεγαλόπολις ΑΠ : μεγάλη πόλις Ψu | μὲν ΑΠ Ψ : γὰρ u || 3 προτοστάτην u || 4 δεύτερον ΑΠ Ψ : δεύτερος u || 5 τὰς δωρεὰς πάσας Ψu : π. τ. δ. ΑΠ || 9 αὐτὸν ΑΠ Ψ Ma. : ἑαυτὸν u σαυτὸν Di. Do. | ἀποφαίνεις Α Π Ψ : -φαίνῃς u || 10 συναυξηθῆναι ΑΠ : ξυναφθῆναι Ψu || 11 τὴν om. ΑΠ | αἰτοῦσα ΑΠ : αἰτοῦσαν Ψu || 14 πλέων edd. : πλείων ΑΠ πλέω Ψu || 15 ὑμῖν περιγίνεται ΑΠ : ἡμῖν περιγίγν- Ψu || 17 βασιλεῖς ἡμῖν ΑΠ : εὗρον β. καὶ ἡ. Ψu | δὲ om. Ψu || 19 ταύτην ΑΠ : τὴν Ψu || 20 ὠνόμασας ΑΠ : ὀνόμασας Ψ ὀνομάσας u || 22 ὅποι στήσῃ Α Di. Do. Ma. : ὅπῃ στήσῃ (-σεις Ψu Pet. Ha.) Π Ψu οἰκιστής coni. Cob. πολιστής coni. Doehn. | εἰ τιμαῖς om. Ψu || 25 καὶ[1] om. u.

et de gymnases[38] ; quant aux honneurs, au pouvoir perpétuel, à la distribution des gouvernements provinciaux par tirage au sort, ils ont leurs racines à son origine, avec la fondation de la cité. 4. Aujourd'hui, la hauteur de nos statues fait notre orgueil, mais les dignités accordées à nos hommes ne nous inspirent aucune fierté[39] : si tu pouvais, tête divine[40], offrir à la haute assemblée du Sénat[41] les fêtes de ta victoire, alors vraiment la cité qui est la tienne sera une seconde Rome, si du moins la cité est formée de ses hommes[42], car jusqu'ici du moins, nous n'avons pas de fondements trop appropriés pour revendiquer une telle dénomination[43].

affronter son destin à Andrinople. L'empereur n'avait jamais pu oublier la part prise par la ville des bords du Bosphore au soulèvement de Procope. Thémistios voulait à toutes forces éviter que Théodose ne fît à nouveau le choix de Valens, qui avait été celui d'Antioche. Comme l'a écrit G. Dagron (1974), p. 71 : « Constantinople est à peu près désertée par Valens au profit d'Antioche. »

38. Valentinien et Gratien s'étaient fait construire notamment un arc, situé un peu au sud du débouché de la *Via Julia,* KRAUTHEIMER, R. (1980), p. 723 ; de façon générale, voir p. 96-97, avec la n. 17, p. 146-147.

42. Allusion à un mot célèbre de Thucydide (VII, 77, 7) : ἄνδρες γὰρ πόλις, καὶ οὐ τείχη οὐδὲ νῆες ἀνδρῶν κεναί, qui permet un jeu de mots sur ἄνδρες et ἀνδριάς, LEPPIN, H. (1998), p. 245, n. 26. En outre, on doit entendre que les hommes auront regagné la ville, la victoire une fois acquise et la paix revenue.

43. Les § 3-9 sont traduits par Dagron, G. (1974), p. 200-201 ; tout le chapitre l'a été par Chausson, F. (2007), p. 208.

προσγέγονε, τιμαὶ δὲ καὶ τὸ ἄρχειν ἀεὶ καὶ τὸ
διαλαγχάνειν τὰς τῶν ἐθνῶν ἐπιτροπείας ἐξ ἀρχῆς
οἰκιζομένῃ τῇ πόλει συνερριζώθησαν. 4. **Νῦν** δὲ ἐπὶ
μὲν τοῖς τῶν ἀνδριάντων μεγέθεσι σεμνυνόμεθα, ἐπὶ
δὲ τοῖς τῶν ἀνδρῶν ἀξιώμασιν οὐ θαρροῦμεν, ἀλλ᾽
εἰ σὺ τοιαῦτα ἀναθείης, ὦ θεία κεφαλή, τῇ μεγάλῃ
βουλῇ | νικητήρια, τότε ἀληθινῶς ἔσται δευτέρα Ha. 184 a
Ῥώμη σὴ πόλις, εἴ γε ἄνδρες ἡ πόλις· ὡς νῦν γε
οὐ λίαν οἰκείως τῇ ἐπικλήσει ταύτῃ φιλοτιμούμεθα.

FONT. 6 Pl., *Phdr.,* 234 d 6 — 8 Th., VII, 77, 7.

APP. 1 προσγέγονε ΑΠ : προγ- Ψu || 2 ἐπιτροπείας ΑΠ : -πίας Ψu || 3 συνερριζώθησαν ΑΠ (-ώσ-) Ψ^{pc} : συνερρίθησαν Ψ^{ac}u || 5 οὐ om. Ψu || 6 μεγάλῃ om. Ψu || 8 εἴ – πόλις om. Ψu.

DISCOURS XV

NOTICE
DU DISCOURS XV

Au moment où le discours fut prononcé, peu après le 12 janvier 381, la saison ne permettait pas encore la mise de troupes en ligne (3, 185 b : οὔπω καιρὸς ἀναστήσαντι τὴν φάλαγγα). Le Sénat réserva un accueil chaleureux à Athanaric, le vieil adversaire de l'Empire (190 d-191 a). Le chef barbare mourut peu de temps après, le 25 janvier. Le discours ne fait aucune allusion à ce décès. C'est ce qui donne à penser que Thémistios avait pris la parole entre le 12 et le 25 janvier, vraisemblablement à l'occasion du troisième anniversaire (7, 190 b ἤδη οὖν τρίτος οὗτος ἐνιαυτὸς) de l'élévation de Théodose, le 19 janvier 379[1]. Le Sénat était présent, de même que l'empereur lui-même (2, 185 b).

La construction du discours est aisée à décrire. Les avertissements d'Hésiode sont plus utiles que les récits de guerre d'Homère ou de Thucydide (§ 1). S'inspirant de Platon et d'Aristote, l'orateur va parler pour l'humaine félicité (§ 2). En période de paix, l'empereur doit se vouer au bonheur de ses sujets, en accord avec la loi qui, comme lui, descend du ciel (§ 3). Il doit être semblable à Dieu, qui est plus haut que tout être (§ 4). L'assimilation à Dieu, c'est-à-dire l'alliance de la justice avec la raison, comporte

1. LEPPIN, H. (1998), p. 246 ; HEATHER, P.-MONCUR, D. (2001), p. 230.

bien des avantages (§ 5). Le souverain est attaché à la justice (§ 6), qu'il observe soigneusement, sans condamner à mort (§ 7). Sa bienfaisance éclabousse de sa lumière tous ceux qui le servent (§ 8), en particulier tout son entourage (§ 9). Il est utile de rappeler ses bienfaits (§ 10), qui permettent d'accéder à une cour proche de celle de Zeus (§ 11), notamment sa sollicitude pour les orphelins (§ 12). Le gouvernement de l'Empire est difficile (§ 13). L'art du pilotage est la première vertu d'un souverain (§ 14) : il y faudra montrer de la vigilance, une agressivité de bon aloi, mais aussi remettre en vigueur l'ordre, l'audace et la docilité (§ 15). Le discours se termine par un appel aux armes (§ 16).

On s'est interrogé autrefois sur cette structure. Revenant sur une idée formulée par l'historien R. Laqueur[2], H. Bouchery[3] y voit une œuvre composite dont la première partie (baptisée XV A) serait consacrée à une propagande pacifiste, alors que l'autre (XV B) serait centrée sur la nécessité d'opposer une résistance énergique aux invasions barbares. Le savant belge s'abstient d'ailleurs d'indiquer avec précision où commence XV B. Rien moins qu'isolée dans l'ensemble des discours, la bipartition apparente s'explique fort aisément par le besoin d'inscrire un programme de réconciliation au sein d'une œuvre prononcée dans un contexte guerrier[4].

2. Laqueur, R., « Das Kaisertum und die Gesellschaft des Reiches » dans *Probleme der Spätantike,* Stuttgart, 1930, p. 27 dans Excurs 2 « Über die Beeinflussung der Reden des Themistius durch die Kaiser » (non vidi).

3. Bouchery, H. (1936²), p. 200-204.

4. Maisano, R. (1995), p. 545.

CONSPECTVS SIGLORVM

Codices

A	Ambrosianus I 22 sup., chartaceus, *ca.* 1326-1333.
Π	Coislinianus gr. 323, chart. s. XIV in. (usque ad 10, 193 a Τίτῳ).

Editores et viri docti

Cob.	Cobet, C. G.
Di.	Dindorf, G.
ego	Schamp, Jacques, nunc primum
Ha.	Hardouin, J.
Hans.	Hansen, G. C. (1967)
Iac.	Jacobs, F.
Ma.	Maisano, R.
Re.	Reiske, J. J.

DISCOURS XV

À THÉODOSE.
LA PLUS IMPÉRIALE DES VERTUS.

1. Si quelqu'un n'a pas un talent comparable à celui du noble Homère ou de l'Athénien Thucydide pour évoquer guerres et combats des hommes, est-ce pour faire silence que pareille personne doit se présenter au Palais impérial ?

Comparaison entre Homère et Hésiode

2. Le premier, après avoir déclaré dès le préambule que Calliope chante la colère d'Achille, dressse par la suite le catalogue des maux que planta cette colère dans le camp des Achéens et celui des souffrances qu'eut à subir le camp des Hellènes, massacré par les Troyens[1]*, tandis que, dans les prémisses à son ouvrage, l'autre n'hésite pas de son côté à annoncer à ses lecteurs, avec un accent plus ferme et plus empreint de grandeur, que son sujet a un aspect attirant et séduisant parce qu'il exposera dans le détail la guerre qui opposa Péloponnésiens et Athéniens – ce fut, à son jugement, celle qui à la fois eut l'importance la plus haute et entraîna le plus gros faix de malheurs entre toutes celles qui ont précédé[2] –, et il suppute par la suite à quel point les faits de son histoire sont plus importants et dignes de mention que la poésie d'Homère[3]. Telle est bien des deux œuvres l'orientation. 3. Hésiode d'Ascra, lui, ne trouvait pas opportun de faire place dans sa poésie au frémissement des lances, au choc des boucliers,

aux pertes tant infligées qu'essuyées[4]

* Les notes qui n'ont pu être placées sous les pages sont reléguées en fin de volume, p. 146-169.

<ΙΕ′> ΕΙΣ ΘΕΟΔΟΣΙΟΝ ΤΙΣ Η ΒΑΣΙΛΙΚΩΤΑΤΗ ΤΩΝ ΑΡΕΤΩΝ

Di. 227
Ha. 184 b

| **1.** Ἆρα εἴ τις Ὁμήρῳ τῷ γενναίῳ καὶ Θουκυδίδῃ Do. 268 τῷ Ἀθηναίῳ μὴ ἱκανὸς ἐξαγγέλλειν παραπλησίως πολέμους καὶ μάχας ἀνθρώπων, σιγῇ τῷ τοιούτῳ ἀνδρὶ παριτέον εἰς τὰ βασίλεια; 2. Ὧν ὁ μὲν εὐθὺς ἐν προοιμίοις τὴν μῆνιν τὴν Ἀχιλλέως παραγγείλας ᾄδειν τὴν Καλλιόπην, ἔπειτα ἐφεξῆς καταλέγει ὁπόσα ἡ μῆνις αὕτη κακὰ ἐφύτευσε τοῖς Ἀχαιοῖς, καὶ ὅσα ἀνέτλη δι᾽ αὐτὴν τὸ Ἑλληνικὸν στρατόπεδον κτεινόμενον ὑπὸ | τῶν Τρῴων, Ha. 184 c ἅτερος δὲ θαρραλεώτερον καὶ μεγαλειότερον ἐναρχόμενος τοῦ λόγου προαγγέλλειν οὐκ ὀκνεῖ τοῖς ἐντευξομένοις ὡς ἐφολκόν τι καὶ ἐπαγωγόν, ὅτι τὸν πόλεμον ἐξηγήσεται τῶν Πελοποννησίων καὶ Ἀθηναίων, μέγιστόν τε καὶ βαρυσυμφορώτατον ἁπάντων κρίνας τῶν πρὸ αὐτοῦ γεγενημένων, καὶ ἐκλογίζεται ἐφεξῆς ὁπόσῳ μείζω καὶ ἀξιολογώτερα τὰ κατὰ τὴν ἑαυτοῦ συγγραφὴν ἢ τῆς Ὁμήρου ποιήσεως. Καὶ τούτοιν μὲν δὴ ἀμφοῖν οὗτος ὁ τρόπος. 3. Ἡσιόδῳ δὲ τῷ Ἀσκραίῳ δόρατα μὲν φρίττοντα καὶ ἀσπίδας συνερειδούσας καὶ

ὀλλύντας τε καὶ ὀλλυμένους

FONT. 7-11 Hom. Α 1-3 — 11-15 Th., I, 1 — 22 Hom. Θ 65 ; Λ 83.
APP. 1 titulo numerum ΙΗ praeposuit A in mg. || 6 ἀνδρὶ om. Ha. || 14 τὸν om. Ha. || 18 ἢ A Π Do. Ma. : om. cett. || 22 τε A edd. : τὲ Π.

et à la terre ruisselante de sang[5], mais il privilégiait les thèmes humbles, paisibles et qu'accueillent plus volontiers les hommes : la date des labours, la date des semailles, la date d'émondement des vignes et la longueur de l'essieu à tailler ainsi que celle d'une houe[6]. 4. Tel était le sujet de ses chants des hauteurs de l'Hélicon : en lui prêtant l'oreille, les Hellènes étaient sous le charme, et ils se disaient que n'étaient pas moins utiles les avertissements d'Hésiode que les massacres d'Homère.

L'auditoire du discours **2.** Si j'étais un historien[7], j'aurais à cœur dès lors moi aussi d'être l'un d'entre eux, tant pour l'orientation que pour le fini de son art[8]. 2. Mais puisque j'ai à tenir en guise de contribution des discours plus paisibles que ceux d'Homère et plus royaux que ceux d'Hésiode, pourquoi ma langue devra-t-elle rester exclue de la cour et ne pourrait-elle pas[9], comme à l'accoutumée, me laisser le soin de cueillir dans les prés de Platon et d'Aristote des fleurs immaculées[10] que ne touche pas le fer, afin d'en tresser en l'honneur de notre prince des couronnes pour l'humaine félicité ? 3. Cependant, votre auditoire[11], devant lequel je me présente en porteur de dons, n'est pas moins aimable ni cultivé ni sage que celui dont les faveurs m'avaient été accordées autrefois ; la différence, c'est que siège à la première place un homme qui est, si je n'ai pas battu la campagne sans m'en rendre compte[12],

> ensemble serviteur du dieu Ényale
> et dans le don charmant des Muses passé maître ;

alors que se dressent et siègent en cercle autour de lui ses compagnons de chœur et de thiase : leur gloire à tous tient plus aux Muses qu'à leur puissance militaire.

10. Pour une expression analogue, voir *Or.* 4, 6, 54 b, avec la note.

καὶ αἵματι ῥεομένην τὴν | γῆν οὐκ ἐδόκει εἰσενεγκεῖν Ha. 184 d
εἰς τὴν ποίησιν, τὰ δὲ χαμαίζηλα ταῦτα καὶ εἰρηνικὰ
καὶ ἀσπαστότερα τοῖς ἀνθρώποις, ὁπηνίκα μὲν χρὴ
ἀροῦν, ὁπηνίκα δὲ σπείρειν, ὁπηνίκα δὲ κλᾶν τὰς | Di. 228
ἀμπέλους καὶ ἡλίκον τὸν ἄξονα τέμνειν καὶ ἡλίκην
σφῦραν. 4. Καὶ ταῦτα ᾄδοντι αὐτῷ ἐκ τοῦ Ἑλικῶνος
τὰ ὦτα ὑπεῖχον οἱ Ἕλληνες καὶ ἐκηλοῦντο καὶ ᾤοντο
ὠφελίμους οὐχ ἧττον εἶναι τὰς Ἡσιόδου νουθεσίας
ἢ τὰς Ὁμήρου ἀνδροκτασίας.

| 2. Εἴπερ οὖν ἦν τις λογοποιός, ἐν σπουδῇ κἀμοὶ | Do. 269
ἦν <ἂν> ἕτερος τούτων τὸν τρόπον καὶ <τὸ> ἔργον τῆς Ha. 185 a
τέχνης. 2. Ἐπειδὴ δὲ ἔχω λόγους εἰσφέρειν τῶν Ὁμήρου
εἰρηνικωτέρους, τῶν δὲ Ἡσιόδου βασιλικωτέρους, διὰ τί μοι
τῆς αὐλῆς ἡ γλῶττα ἀποκεκλείσεται καὶ οὐκ ἐπιτρέψειε,
καθάπερ μοι ἔθος, ἐκ τῶν Πλάτωνος καὶ Ἀριστοτέλους
λειμώνων δρεψαμένῳ ἄνθη ἀκήρατα καὶ ὧν σίδηρος
οὐ θιγγάνει, στεφάνους πλέξαι τῷ βασιλεῖ ἀνθρωπίνης
εὐδαιμονίας; 3. Καίτοι οὐδὲ τὸ θέατρον ὑμῶν, οὗ εἴσειμι
δωροφορήσων, ἧττον ἀγαπητὸν οὐδ᾽ ἀμουσότερόν τε
καὶ ἀσοφώτερον τοῦ πάλαι δὴ κεχαρισμένου, ἀλλὰ
προκάθηται μὲν | ἀνήρ, εἰ μὴ λέληθα βουκολούμενος, Ha. 105 b

Ἀμφότερον, θεράπων <μὲν> Ἐνυαλίοιο θεοῖο
καὶ Μουσέων ἐρατὸν δῶρον ἐπιστάμενος,

παρεστήκασι δὲ ἐν κύκλῳ καὶ περικάθηνται οἱ συγχορευταὶ καὶ συνθιασῶται, κυδρούμενοι ἅπαντες μᾶλλον ταῖς Μούσαις ἢ ταῖς δυνάμεσιν.

MARG. 10 Εἴπερ οὖν φησι ὑπῆρχον τις ποιητὴς κἀγὼ ΑΠ.

FONT. 16 E., *Hipp.*, 73-74. — 22-23 ARCHIL., fr. 8 e PLU., *Phoc.*, 7, 6.

APP. 2 εἰρηνικὰ Α Π Do. Ma. : εἰρηναῖα Ha. Di || 3-4 ὁπηνίκα[1] – σπείρειν om. Ha. || 4 δὲ κλᾶν Α Π Di. Do. Ma. : δεῖ κλᾶν Ha. qui δ. κλαδεύειν coni. || 6 σφῦραν Di. Do. Ma. : σφύραν Α Π Ha. || 10 τις edd. : τίς Α Π || 11 ἦν Α Π : om. Ha. | ἂν supplevi sec. Iac. | τὸν τρόπον Re. : τῶν τρόπων Α Π vide adnot. | τὸ supplevi || 12 τῶν Ὁμήρου Α Π Di. Do. Ma. : τοὺς τ. μὲν Ὁ. coni. Ha. || 18 καίτοι οὐδὲ Π edd. : καὶ τοιοῦδε Α || 19 δωροφορήσων edd. : δορυφορήσων Α Π || 22 μὲν supplevi metri causa | θεοῖο Α Π Plu. : ἄνακτος Ath. || 23 Μουσέων Di. Do. Ma. : -σάων Α Π Ha. || 25 καὶ om. Ha.

Le prince soucieux de justice et de légalité

3. Tant qu'il n'est pas l'heure pour celui qui a levé la phalange et ses escadrons de faire sonner l'attaque contre ces scélérats de Scythes[13], au moment où Terreur et Panique sont dans l'oisiveté à cause de la saison et où il n'est pas commode pour l'instant de faire danser sur les airs d'Arès[14], ce sera aux Muses de mener le chœur en l'honneur du prince entraînant dans leur ronde Apollon leur chef. 2. Car ce dieu est tout à la fois archer et guide des Muses – il a même double harnachement, pour la paix autant que pour la guerre – et, sur les deux terrains[15], il favorise un prince. 3. Un prince en effet a besoin de ses traits pour l'ennemi, mais (aussi) de la cithare pour ses sujets, de façon à leur donner le la, à mettre leurs voix en accord et à les préparer pour la lutte ; ainsi procèdent les maîtres d'éducation physique avec leurs athlètes : ils ne donnent pas de la voix seulement dans la poussière de l'arène, ni au cours des phases du pugilat ou du pancrace, mais aussi durant les périodes de repos à domicile, voire davantage à ce moment là ; c'est pendant la période de repos que les gens sensés préparent leurs occupations, tout comme les concurrents véritables : ces derniers n'attendent pas le son éclatant[16] de la trompette qui les appelle à Pise, sur l'Isthme ou à Delphes pour tâter dans les palestres des techniques de la lutte, du régime de rigueur, des prises avec les bras, et des haltères avec force sueur qu'ils dépensent volontiers avant que nécessaire. Et toutes ces épreuves, ils les supportent, non pour la défense d'enfants ou de femmes ni pour soustraire durablement la cité de leurs pères au pillage, mais pour l'olivier, le persil ou le pin qu'ils ont en vue[17], sans y rien rechercher d'autre avantage comme enseignement ou comme objet d'étude que tout ce qui conduit à la couronne et à la proclamation.

14. Rappel d'Homère (H 241) : « Je sais danser, au corps à corps, la danse du cruel Arès. » οἶδα δ' ἐνὶ σταδίῃ δηΐῳ μέλπεσθαι Ἄρηϊ. Thémistios fait allusion à l'hiver, durant lequel étaient suspendues les activités militaires.

3. Ἕως οὖν οὔπω καιρὸς ἀναστήσαντι τὴν φάλαγγα
καὶ τοὺς οὐλαμοὺς βοηδρομεῖν ἐπὶ Σκύθας τοὺς
ἀλιτηρίους, καὶ ἡνίκα ὁ Δεῖμός τε καὶ ὁ Φόβος
σχολὴν ἄγετον διὰ τὴν ὥραν καὶ μέλπεσθαι τῷ
Ἄρει τέως οὐκ | εὐμαρές, αἱ Μοῦσαι εἰσαγέτωσαν τῷ Ha. 185 c
βασιλεῖ τὸν χορόν, συμπαραλαβοῦσαι εἰς τὴν χορείαν
τὸν ἡγεμόνα αὐτῶν τὸν Ἀπόλλω. 2. Καὶ γὰρ ἐκεῖνος
ὁ θεὸς τοξοφόρος τε ἅμα καὶ μουσηγέτης, καὶ διπλῆ
αὐτῷ ἡ σκευή, πρὸς εἰρήνην τε καὶ πολέμους, καὶ | Do. 270
<κατ᾽> ἀμφότερα βασιλεῖ ἐπιτήδειος. 3. Δεῖται γὰρ
βασιλεὺς τῶν βελῶν μὲν πρὸς τοὺς πολεμίους, τῆς
κιθάρας δὲ πρὸς τοὺς ὑπηκόους, ᾗ ἁρμόσει | αὐτοὺς Di. 229
καὶ συμφώνους ἀπεργάσεται καὶ παρασκευάσει
ἑτοίμους πρὸς τὸν ἀγῶνα, ὥσπερ οἱ παιδοτρίβαι
τοῖς ἀθληταῖς οὐκ ἐν τῇ κονίστρᾳ | μόνον ἐμβοῶσιν, Ha. 185 d
οὐδ᾽ ὅταν πυκτεύωσιν οὐδ᾽ ὅταν παγκρατιάζωσιν,
ἀλλὰ καὶ ὅταν οἴκοι διατρίβωσιν ἐπὶ σχολῆς, καὶ
μᾶλλόν γε ἐν τῷ καιρῷ τούτῳ· ἐν γὰρ τῇ σχολῇ τοῖς
σωφρονοῦσιν ἡ παρασκευὴ πρὸς τὴν ἀσχολίαν, καὶ οἱ
τῷ ὄντι ἀγωνισταὶ οὔπω τῆς σάλπιγγος ὀξὺ βοώσης
οὐδὲ καλούσης εἰς Πῖσαν ἢ Ἰσθμὸν ἢ εἰς Δελφοὺς
ἐν ταῖς παλαίστραις διαπειρῶνται τῶν ἀθλημάτων
καὶ τῆς ἀναγ|κοφαγίας καὶ τῶν ἀκροχειρισμῶν καὶ Ha. 186 a
τῶν ἁλτήρων σὺν πολλῷ τῷ ἑκουσίῳ ἱδρῶτι πρὸ τοῦ
ἀναγκαίου. Καὶ ταῦτα ἅπαντα ὑπομένουσιν οὔτε πρὸ
παίδων οὔτε πρὸ γυναικῶν οὔτε ὅπως ἂν αὐτοῖς
ἀπόρθητοι μείνειαν αἱ πατρίδες, ἀλλὰ πρὸς τὸν
κότινον ὁρῶντες ἢ τὸ σέλινον ἢ τὴν πίτυν, ἄλλο δὲ
οὐδὲν προὔργου αὐτοῖς οὔτε δίδαγμα οὔτε ἄσκημα
ἢ ὅσα φέρει εἰς τὸν στέφανον καὶ τὸ κήρυγμα.

FONT. 3 cf. Hom. O 119 — 4-5 cf. Hom. H241 — 20 Hom. P 89.

APP. 10 κατ᾽ suppl. Ma. sec. Hans. || 11 βελῶν A edd. : μελῶν Π || 12 ᾗ edd. : ᾑ codd. || 15 τῇ om. Ha. || 16 οὐδ᾽[1] om. Ha. | πυκτεύωσιν Π Di. Do. Ma. : πυκτεύωσι A πυκτεύωνται Ha. || 21 Πῖσαν Di. Do. Ma. : πίσσαν A Π Πῖσσαν Ha. || 23 ἀναγκοφαγίας edd. : ἀναγκοφάσεως A Π || 29 αὐτοῖς οὔτε Π : οὔτε αὐτοῖς A.

4. Mais un homme qui commande à quantité de terres et à quantité de mers, qui possède des sujets et des cités innombrables avec une foule indescriptible de peuples ne doit pas, lui, avoir pour unique souci d'expulser les barbares de cette portion de l'empire où, déjà avant son accession au pouvoir, ils avaient multiplié débordements et outrages ; il doit aussi veiller, pour les terres sujettes de l'Empire qu'ils ont conservées sans leur infliger ni épreuves ni saccages, une superficie beaucoup plus étendue qui va du Bosphore au Tigre[18], à y établir l'harmonie et la garder jusqu'au bout intacte et indemne des infirmités gagnant non pas seulement par l'extérieur, mais aussi par l'intérieur. Il en est de même, je crois, pour les pâtres et les bouviers qui doivent nécessairement contre les fauves se soucier des chiens autant que des javelots[19], non moins, sinon davantage, que d'un herbage sain ou de sources nourricières, en plus de la traite à heure dite ou de la tonte à date fixe[20], car la négligence en l'espèce et l'incurie pour la mesure appropriée sont bien plus dommageables que les loups pour le gros bétail et les moutons. En effet, après avoir capturé leurs proies dans le troupeau, les loups n'ont qu'à échapper aux chiens et aux surveillants, tandis que si un pâtre est négligent ou malfaisant, les bêtes n'ont aucune possibilité ni de lui échapper ni de s'en défendre[21]. 5. Toutefois, il n'y a pas égalité de souci entre un pâtre chargé de bétail et un pâtre chargé de peuples[22] ; au contraire, cet art de gouverner les hommes[23], que l'on doit nommer royal et politique, a pour préoccupation un animal plus divers et plus complexe que les bêtes d'un troupeau.

21. À la forme ἀλέξασθαι donnée par les deux manuscrits, les éditeurs, hormis Maisano, ont préféré l'infinitif futur ἀλέξεσθαι. Ce dernier est rarissime. En dehors du présent texte, je n'en connais qu'une seule occurrence, GAL., *In Hippocratis de natura hominis* III, dans KÜHN, XV, p. 182, 13. On ne peut que donner raison aux manuscrits et à l'éditeur italien, d'autant plus que la phrase contient deux autres infinitifs aoristes, διαφυγεῖν et ἐκφυγεῖν.

4. **Ἀνδρὶ δὲ ἄρχοντι πολλῆς μὲν γῆς, πολλῆς δὲ θαλάττης, ὑπηκόους δὲ ἔχοντι καὶ πόλεις ἀναριθ|μήτους καὶ δήμους ἀδιηγήτους, οὐ τοῦτο** Ha. 186 b **ἄρα μόνον φροντιστέον ἐστίν, ὅπως ἂν ἐκείνης τῆς μοίρας ἐξελάσειε τοὺς βαρβάρους εἰς ὅσην ἤδη πρὸ τῆς ἑαυτοῦ ἐπιτροπείας παρῴνησαν καὶ ἐξύβρισαν, ἀλλὰ καὶ ὁπόσην τῆς ὑπηκόου διετήρησαν ἀπαθῆ καὶ ἀλώβητον πολυπλασίω οὖσαν καὶ ἐκ τοῦ Βοσπόρου εἰς Τίγρητα, ὅπως ταύτην ἁρμόσηται καὶ εἰς τέλος διαφυλάξῃ ἄθικτον καὶ ἀκέραιον οὐ τῶν ἔξωθεν μόνον, ἀλλὰ καὶ τῶν ἔνδοθεν ἀρρωστημάτων· | καθάπερ, οἶμαι, τοῖς ποιμέσι καὶ** Ha. 186 c **τοῖς | βουκόλοις ἀναγκαῖον μέν που καὶ κυνῶν** Do. 271 **φροντίζειν καὶ ἀκοντίων πρὸς τὰ θηρία, οὐχ ἧττον δέ, εἰ μὴ καὶ μᾶλλον, πόας ὑγιεινῆς καὶ ναμάτων ὀνησιφόρων, καὶ | τοῦ ἐν καιρῷ μὲν βδάλλειν, ἐν** Di. 230 **καιρῷ δὲ ἀποκείρειν, ὡς ἡ περὶ ταῦτα ὀλιγωρία καὶ τοῦ συμμέτρου ἀφροντιστία πολὺ χαλεπωτέρα τῶν λύκων τοῖς βουσὶ καὶ τοῖς προβάτοις · τοῖς μὲν γὰρ λύκοις ἀγαπητὸν ἁρπάσασιν ἐκ τοῦ ποιμνίου διαφυγεῖν τοὺς κύνας καὶ τοὺς ἀλκτῆρας, ποιμένα δὲ ὀλίγωρον ἢ κακοῦργον οὔτε ἐκφυ|γεῖν δυνατὸν** Ha. 186 d **τοῖς βοσκήμασιν οὔτε ἀλέξασθαι.** 5. **Καίτοι οὐκ ἴση ἡ φροντὶς ποιμένι τε προβάτων καὶ ποιμένι λαῶν, ἀλλ᾽ ἡ ἀνθρωπονομικὴ αὕτη τέχνη, ἣν βασιλικήν τε καὶ πολιτικὴν χρεὼν ὀνομάζειν, ζῴου ἐπιμέλειαν ἔχει ποικιλωτέρου τε καὶ πολυπλοκωτέρου ἢ τὰ θρέμματα.**

MARG. 16 βδάλλειν] ἤγουν γαλοκομεῖν Π.

FONT. 24 Hom. A 263, B 85 ; 105, cf. [Pl.], *Min.*, 321 b 10-c 2 ; D. Chr., 1, 13 ; 2, 6 ; 4, 44 — 25-26 cf. Pl., *Plt.*, 266 e 8.

APP. 8 τοῦ om. Ha. || 10 ἀκέραιον καὶ A Π delev. edd. || 12 τοῖς Di. No. : καὶ τοῖς A Π ἐν τ. Ha. || 18 ἀφροντιστία A Π Di. Do. Ma. : -τισία Ha. || 21 ἀλκτῆρας A Π Ha. Do. Ma. : ἀλτῆρας Di. || 23 ἀλέξασθαι A Π Ma. : ἀλέξεσθαι edd. cett. || 25 ἀνθρωπονομικὴ Ma. e coni. Hans. sec Pl. : -κομικὴ A Π Ha. Di. Do.

Les bêtes n'ont ni procès les unes contre les autres, ni lois, ni plaintes en justice, elles n'ont pas besoin de tribunaux ni de décrets ; chez les hommes, la querelle se déroule entre gens de même famille plus souvent qu'entre ennemis, et celui qui les dirigera avec justice aura à se montrer vigilant sur les deux fronts et à ne pas monter moins la garde contre les fauves sévissant à l'intérieur des murs : ils sont plus nombreux, plus traîtres et plus durs à combattre que ceux de l'extérieur. 6. Celle qui a la première place et partage le trône avec l'empire, la loi, descendue avec lui du haut du ciel pour le salut de l'humanité, contient en elle le pouvoir exercé sur les sujets, dans les limites prescrites par l'autorité ; la justice et la légalité collaborent avec l'empereur devant cet ennemi de l'intérieur, et non pas devant l'ennemi massé à nos portes.

La justice et l'assimilation à Dieu

4. Bien qu'il ait plus d'inclination pour Arès, le divin Homère me semble au demeurant savoir[24] aussi bien que nous qu'un roi doit, en sa qualité de roi, prendre plutôt la part de Thémis que celle d'Ényo[25]. Telle est bien la tâche qui lui est propre et pour laquelle il reçoit des hommes le titre de roi, mais elle ne répond pas à un souhait, mais à une nécessité. En faisant l'éloge d'Agamemnon, Homère dit que sur un double plan, il est

> un roi glorieux et bon ainsi qu'un valeureux lancier[26] ;

s'exprimant de la sorte, il semble distinguer l'art royal de celui de la guerre et ne pas inclure dans la notion de bon roi celle de valeureux lancier. 2. Les deux qualités

24. Comme Portmann, W. (1998), p. 251, n. 26, je corrige le participe γιγνώσκων des manuscrits en suivant Reiske. L'erreur tient à une confusion d'abréviations.

Θρέμμασι μὲν γὰρ πρὸς ἄλληλα οὔτε δίκαι εἰσὶν οὔτε
νόμοι οὔτε | ἐγκλήματα, οὔτε δέονται δικαστηρίων ἢ Ha. 187 a
ψηφισμάτων, ἀνθρώποις δὲ ὁ πλείων ἀγὼν πρὸς τοὺς
συμφύλους ἢ τοὺς πολεμίους, καὶ τῷ ἐπιστατήσοντι
αὐτῶν κατὰ δίκην ἀγρύπνῳ μὲν εἶναι δι᾽ ἄμφω
προσήκει, φυλακτέον δὲ οὐχ ἧττον τὰ εἴσω τοῦ
τείχους θηρία, πλείω ὄντα καὶ ἐπιβουλότερα καὶ
δυσμαχώτερα τῶν θυραίων. 6. Ὁ γάρ τοι πρόεδρος
καὶ σύνθακος τῆς βασιλείας ὁ νόμος, συγκατελθὼν
αὐτῇ ἐκ τοῦ οὐρανοῦ πρὸς σωτηρίαν ἀνθρώπων, εἴσω
τὴν δύναμιν ἔχει πρὸς τοὺς ὑπηκόους καὶ | ἐν τοῖς Ha. 187 b
ὁρίοις τῆς ἀρχῆς, καὶ ἡ δίκη τε καὶ θέμις πρὸς
τούτους συνεργοὶ τῷ βασιλεῖ, οὐ πρὸς τοὺς θύραθεν
πολεμίους.

4. Δοκεῖ δέ μοι καὶ ὁ θεσπέσιος Ὅμηρος εἰ καὶ πρὸς
τὸν Ἄρην μᾶλλον ἐπικλινής ἐστιν, ἀλλὰ γινώσκειν γε
ὥσπερ ἡμεῖς | ὅτι μᾶλλον μεταποιητέον τῷ βασιλεῖ Do. 272
ᾗ βασιλεὺς τῆς Θέμιδος ἢ τῆς Ἐνυοῦς. Καὶ τοῦτο
μὲν αὐτοῦ τὸ ἔργον οἰκεῖον καὶ ἐφ᾽ ᾧ βασιλεὺς
ὀνομάζεται ὑπὸ τῶν ἀνθρώπων, ἐκεῖνο δὲ οὐκ εὐκτόν,
ἀλλὰ ἀναγκαῖον. Ἐπαινῶν γὰρ τὸν Ἀγαμέμνονά
φησιν ὅτι κατ᾽ | ἄμφω, Ha. 187 c

εὐδόκιμος βασιλεύς τ᾽ ἀγαθὸς κρατερός τ᾽ αἰχμη|τής, Di. 231

οὕτω δὴ λέγων, διαιρεῖν ἔοικε τὴν βασιλικὴν τέχνην τῆς
πολεμικῆς καὶ μὴ ἐν τῷ ἀγαθῷ βασιλεῖ συλλαμβάνειν
καὶ τὸν κρατερὸν αἰχμητήν. 2. Τὸ γὰρ ἀμφότερον

FONT. 23 Hom. Γ 179.

APP. 8 δυσμαχώτερα Π edd. : -μαχότερα A || 11 καὶ (κ et ι in ras.) Π || 16 γινώσκειν ego sec. Re. : γινώσκων Di. Do. γιγνώσκων A Π Ma. || 21 γὰρ om. Π || 22 φησιν A Di. Do. Ma. : φησὶν Π om. Ha. || 23 τ'^{1} edd. ex Hom. : om. A Π || 24 δὴ edd. : δὲ A Π || 25 καὶ-συλλαμβάνειν iter. A.

ne s'associaient pas chez lui, sauf en considérant qu'autre chose est de bien gérer le pouvoir, autre chose de se distinguer la lance au poing. Car il n'est pas vrai que l'une relève de l'autre : il appartient au roi d'exercer le commandement tant sur son infanterie que sur ses cavaliers, ses généraux ou ses chefs de corps, mais il a aussi, au besoin, à être bon comme soldat d'infanterie, comme cavalier et à tirer juste en tant qu'archer ou lanceur de javelot[27], comme tu l'es, toi et ton archégète[28], des cavaliers et des tireurs accomplis tous les deux,

> de bons lanciers l'un et l'autre, nous le savons tous bien[29],

autant de qualités au demeurant que vous possédez à parts égales en abondance.

Pourtant, la tâche du roi en tant que roi était autre chose, semble-t-il, à ce que croyait Homère. Lorsqu'il fait l'éloge d'un des généraux, il ajoute aussitôt, en guise de preuve, une épithète tirée de ses armes, de son cri ou de son physique, pour Hector, « au casque étincelant »[30], pour Diomède, « au bon cri »[31], pour Achille, « aux pieds agiles »[32] et pour Ajax, qui avait une taille colossale, « énorme rempart des Achéens »[33]; il se contente, pour l'éloge d'un général, de mentionner l'habileté équestre, ou, d'autre part, l'ardeur à la tâche et la résistance à la peine : Ulysse et Nestor doivent à ses éloges leur renom. 3. Mais, dans le cas d'un roi, pour dire son admiration, pour le louer et donner à son nom une place dans le poème, il ne mentionne alors ni casque ni lance ni vitesse, mais il est dit que le roi est « nourrisson de Zeus », « rejeton de Zeus »[34], « égal de Zeus en sagesse »[35] et que sa tâche en tant que roi consiste à s'assimiler à Zeus[36]. Le roi est en effet son ministre et son interprète[37], et ce qui a été confié à son commandement n'est pas une mince part : le cheptel qu'est l'humanité[38].

> Toi, mon cher, beau et grand, comme je te vois là[39],

οὐχ ἥρμοττεν αὐτῷ, εἰ μὴ ὡς ἄλλο καὶ ἄλλο τό τε
ἄρχειν εὖ καὶ τὸ διαφέρειν ἐν τῇ αἰχμῇ. Ἀλλ' οὐ γὰρ
θάτερον θατέρῳ, ἀλλ' ἄρχειν μὲν τῷ βασιλεῖ προσήκει
καὶ τῶν ὁπλιτῶν καὶ | τῶν ἱππέων καὶ τῶν στρατηγῶν Ha. 187 d
καὶ τῶν ταξιαρχῶν, καὶ αὐτοῦ δέ, ἂν οὕτω τύχῃ, καὶ
ὁπλιτεύειν καλῶς καὶ ἱππεύειν καὶ τοξεύειν ἐπίσκοπα
καὶ ἀκοντίζειν, ὥσπερ σὺ καὶ ὁ σὸς ἀρχηγέτης ἄμφω
μὲν ἱππικωτάτω καὶ εὐστοχωτάτω,

Ἄμφω δ' αἰχμητά· τό γε δὴ καὶ ἴδμεν ἅπαντες,

ἀλλὰ ταῦτα σφῷν μὲν ἴσως ἐν περιουσίᾳ. | Τὸ μέντοι Ha. 188 a
γε ἔργον τοῦ βασιλέως ᾗ βασιλεὺς ἄλλο τι, ὡς ἔοικεν,
Ὅμηρος ᾤετο. Αὐτίκα ὅταν μέν τινα τῶν στρατηγῶν
ἐγκωμιάζῃ, ὥσπερ σημεῖόν τι αὐτῷ ἐπιτίθησιν ἐκ τῶν
ὅπλων ἢ τῆς βοῆς ἢ τοῦ σώματος, τὸν μὲν Ἕκτορα
κορυθαίολον, τὸν δὲ Διομήδην βοὴν ἀγαθὸν καὶ τὸν
Ἀχιλλέα ποδάρκην καὶ τὸν Αἴαντα ὅτι πάμμεγάς τις
ἦν, πελώριον ἕρκος Ἀχαιῶν· ἀρκεῖ δὲ αὐτῷ πρὸς
ἔπαινον στρατηγοῦ καὶ ἱππηλασία, φιλοπονία γε
αὖ καὶ | τλημοσύνη· ὁ γὰρ Ὀδυσσεὺς αὐτῷ καὶ ὁ Ha. 188 b
Νέστωρ ἐκ τούτων τῶν ἐπαίνων ὀνομαστοί. 3. Ὅταν
δὲ ὡς βασιλέα θαυμάζῃ τινὰ καὶ ἐπαινῇ καὶ τάττῃ
τὸ ὄνομα αὐτοῦ ἐν τῇ ποιήσει, οὔτε κόρυς αὐτῷ
ἐνταῦθα ἐν μνήμῃ οὔτε δόρυ οὔτε ὠκύτης, | ἀλλ' Do. 273
ὅτι διοτρεφὴς καὶ διογενὴς καὶ Διὶ μῆτιν ἀτάλαντος,
καὶ τὸ ἔργον αὐτοῦ ᾗ βασιλεὺς τοῦτό ἐστι, τὸ Διὶ
ὁμοιωθῆναι. Ἐκείνου γὰρ ὑποδρηστὴρ καὶ ὑποφήτης,
καὶ τῆς ἐκείνου ἀρχῆς οὐ φαύλην ἐπιτέτραπται | Ha. 188 c
μοῖραν τὴν ἀνθρωπίνην ἀγέλην.

Καὶ σύ, φίλος· μάλα γάρ σ' ὁρόω καλόν τε μέγαν τε,

FONT. 9 Hom. H 281 — 14-15 Hom. B 816 — 15 Hom. B 563 — 16 Hom. A 121, B 688, etc. — 16-17 Hom. Γ 229, H 211 — Hom. B 196 — 24 Hom. B 173, 196, Δ 358 – Hom. B 169 — 26 HOM. ο 330 — 29 HOM. α 301.

APP. 9 αἰχμητά A Π Ha. Di. Do. : αἱ αἰχμητά Ma. perperam || 16 τις edd. : τε A Π. || 29 σ' ὁρόω A Π Di. Do. Ma. : σε ὁρῶ Ha.

et je n'aurai garde d'omettre

Sois vaillant[40].

4. Déjà, il n'y avait pas d'ambiguïté dans les signes qui t'ont déjà permis de faire tes preuves. En effet, ce pouvoir, tu l'avais même exercé successivement comme chef de corps et général, quand, en te décernant la couronne impériale, Gratien t'a proclamé[41]. Mais, sache le bien, noble Sire, ce ne sont ni la beauté ni la grandeur ni la vitesse ni la force qui font un roi digne de ce nom, s'il ne porte pas dans son âme un reflet de sa ressemblance avec Dieu. 5. À nous dès lors de rechercher par nous-même et d'appeler à la rescousse le poète pour qu'il nous enseigne comment marchant sur la terre et revêtu de chair, un homme pourrait porter, croit-on, le reflet de ce qui a son fondement au-delà de la voûte suprême, plus haut que tout être. Écoutons le donc de sa bouche, car il ne met pas longtemps à nous rappeler à quels indices, selon lui, se reconnaît le roi semblable à Dieu :

« Et l'on parle de toi », dit-il, « comme d'un roi parfait, semblable aux dieux,
vivant dans le bon droit ; pour lui, les noirs sillons
portent le blé et l'orge ; l'arbre est chargé de fruits,
le monde croît sans cesse ; la mer porte ses poissons
dans la paix, et les peuples ont la prospérité »[42].

Le droit, le bon droit sont donc la tâche de cet art (royal) et de là viennent « semblable à Dieu » et « pareil à Dieu »[43].

5. Et il y a des chances pour que le divin Platon tienne d'Homère ce savoir ; c'est lui en effet qui dit que la justice alliée avec la raison constitue la ressemblance avec Dieu.

41. Les mots rappellent en filigrane les conditions particulières de l'élévation de Théodose, voir *supra,* p. XXXI-XXXIV.

43. Voir déjà 6, 10, 79 a et 19, 5, 230 a et la note.

| καὶ οὐ παρελεύσομαι Di. 232
ἄλκιμος ἔσσο.

4. Οὐ γὰρ ἀμφισβητήσιμα τὰ τεκμήρια, δι᾿ ὧν ἤδη ἐπεδείξω. Καὶ γὰρ τὴν ἀρχὴν ἐφεξῆς ταξιαρχοῦντα καὶ στρατηγοῦντα τῷ τῆς βασιλείας στεφάνῳ Γρατιανὸς ἀνεκήρυξεν. Ἀλλ᾿ εὖ τοι γίνωσκε, ὦ χρηστέ, ὡς οὔτε κάλλος οὔτε μέγεθος οὔτε ὠκύτης οὔτε ἀλκὴ τὸν ἀγαθὸν ποιεῖ βασιλέα, εἰ μή τι ἴνδαλ|μα φέροι ἐν τῇ Ha. 188 d
ψυχῇ τῆς πρὸς τὸν θεὸν ὁμοιώσεως. 5. Τοὐντεῦθεν οὖν καὶ αὐτοὶ ζητῶμεν καὶ τὸν ποιητὴν παρακαλῶμεν διδάσκειν ἡμᾶς ὅπως ἄν τις χαμαὶ βαδίζων καὶ σάρκα ἠμφιεσμένος ἔχειν τὸ ἴνδαλμα νομισθείη τοῦ ὑπὲρ τῆς ἄκρας ἁψῖδος καὶ ὑπὲρ ἅπαν τὸ ὂν ἱδρυμένου. Ἀκούωμεν τοίνυν αὐτοῦ· οὐ γὰρ εἰς μακρὰν ἡμᾶς ἀνακαλεῖται, ὁπόθεν οἴεται γνωματεύειν τὸν θεοειδῆ βασιλέα·

Ὥς τε τευ <ἤ>, φησί, | βασιλῆος ἀμύμονος, ὅς τε θεουδὴς Ha. 189 a
εὐδικίας ἀνέχῃσι· φέρῃσι δὲ γαῖα μέλαινα
πυροὺς καὶ κριθάς· βρίθῃσι δὲ δένδρεα καρπῷ,
τίκτῃι δ᾿ ἔμπεδα πάντα, θάλασσα δὲ παρέχῃ ἰχθῦς
ἐξ εὐηγεσίης· ἀρετῶσι δὲ λαοὶ ὑπ᾿ αὐτοῦ.

Ἡ δίκη οὖν καὶ ἡ εὐδικία τὸ ἔργον τῆς τέχνης ταύτης ἐστί, καὶ ἐντεῦθεν τὸ θεοείκελον καὶ θεοειδές.

| 5. Καὶ κινδυνεύει ὁ θεῖος Πλάτων παρ᾿ Ὁμήρου
αὐτὸ μεμαθηκέναι· καὶ γὰρ ἐκεῖνος τὴν δικαιοσύνην Do. 274
μετὰ φρονήσεως ὁμοίωσιν λέγει πρὸς τὸν θεόν.

FONT. 2 Hom. α 302 — 12-13 Pl., *Phdr.*, 247 a 8-b 1 — 16-20 Hom. τ 109-114 sed vide adnot. — 22 Hom. A 131, cf. Pl., *R.*, VI, 501 b 7 – Hom. B 623, 862, etc., cf. Pl., *Ibid.* — 26 Pl., *Tht.*, 176 b 1, cf. *R.*, X, 613 b 1 ; *Lg.* IV, 716 d 1-2 ; Isocr., fr. 34 ; 2 ; Plu., *Mor.*, 780 E.

APP. 2 ἔσσο edd. : ἔσο A Π ἔσσ᾿ Hom. || 13 ἁψῖδος ego : ἀψῖδος Di. Do. Ma. ἀψίδος A Π Ha. | ἀκούωμεν edd. : ἀκούομεν A Π || 16 ὥς τε τευ Ma. : ὥστε τευ Di. Do. ὡς εὖ A Π Ha. | ἤ supp|ev. ex Hom. | ὅς τε ego : ὅστε Π edd. ός τε A. || 17 ἀνέχῃσι scripsi ex Hom. : ἀνέχησι A Π edd. || 19 πάντα : μῆλα Pl.

2. Pour celui qui prône cette justice et l'érige en idéal, hourrah ! hourrah ! que de biens s'ensuivent pour lui, au dire de Calliope[44] ! chez lui, les moissons sont opulentes, les arbres et les vignes sont opulents, nombreux sont les animaux à naître, nombreux les hommes, tous solides sur les jambes et aptes à vivre ; pour offrir des dons, il n'y a pas la terre seulement, avec ses produits, mais aussi la mer, avec ses poissons. Sapristi ! que de puissance recèle le bon droit pour que le profit en parvienne non pas seulement aux cours des magistrats et aux tribunaux, mais aussi aux animaux, aux plantes, aux semences et aux embryons. 3. Qu'il est bienheureux celui sur qui se fonde ce bon droit ! il a les mêmes pouvoirs que Zeus et la maîtrise non seulement sur les hommes, mais aussi sur les éléments, au point d'en accroître largement la productivité, la fertilité et l'utilité pour les hommes.

6. Oui, mon cher, par Zeus en personne, c'est à cette déesse Justice que nous devons nous attacher, bec et ongles[45] : ainsi, cette série de biens nous sera fournie sans contestation et nous ne laisserons pas la déesse, par haine des affaires humaines, s'envoler vers le ciel, mais au contraire, elle se plaira ici-bas, trouvera sa place à ton côté, dans sa pureté sur un trône pur, et dirigera avec toi les affaires humaines[46]. 2. Pour la garder, tu n'auras nul besoin d'hoplites ni, par Zeus, de frondeurs, d'archers, de compagnies d'Arméniens ou d'Ibères[47], de soldats armés de boucliers ou de gardes du corps[48], non ! tu te suffis à toi-même : à elle seule, ta résolution détient la maîtrise sur cette tâche. 3. Il n'y a aucune échappatoire pour le souverain qui néglige la justice, ni la lâcheté des soldats ni le relâchement des généraux, mais au contraire, cette tâche est si bien la tienne et la seule qu'assis sur le trône tu n'as

47. Des troupes auxiliaires recrutées chez les Arméniens et chez les Ibères sont attestées, JONES, A. H. M., *LRE* I, p. 619.

48. Pour le procédé, voir la note à *Or.* 3, 8, 45 c.

2. Τῷ οὖν τὴν δίκην ταύτην ἀνέχον|τι καὶ ἀνορθοῦντι Ha. 189 b ἰοὺ ἰοὺ ὁπόσα λέγει ἀγαθὰ ἀκολουθεῖν ἡ Καλλιόπη· εὐθηνεῖσθαι μὲν αὐτῷ τὰ λήια, εὐθηνεῖσθαι δὲ τὰ δένδρα καὶ τὰς ἀμπέλους, τίκτεσθαι δὲ πολλὰ μὲν ζῷα, πολλοὺς δὲ ἀνθρώπους, ἅπαντα ἔμπεδα καὶ βιώσιμα· δωροφορεῖν δὲ οὐ μόνον τὴν γῆν τοὺς καρπούς, ἀλλὰ καὶ τὴν θάλασ|σαν τοὺς ἰχθύας. Βαβαί, Di. 233 ὁπόση δύναμις τῆς εὐδικίας, ἧς διικνεῖται τὸ κέρδος οὐ μόνον εἰς τὰ ἀρχεῖα καὶ τὰ δικαστήρια, ἀλλὰ καὶ εἰς τὰ ζῷα καὶ εἰς τὰ φυτὰ καὶ τὰ σπέρματα καὶ τὰ ἔμβρυα; 3. Ὡς μακάριος, ᾧ αὕτη ὑπάρχει ἡ εὐδικία, καὶ τὰ αὐτὰ δύναται τῷ | Διί, καὶ κύριός ἐστιν οὐ Ha. 189 c μόνον τῶν ἀνθρώπων, ἀλλὰ δὴ καὶ τῶν στοιχείων, ὥστε καὶ ταῦτα ποιεῖν ἐγκαρπότερα καὶ γονιμώτερα καὶ πολυωφελέστερα τοῖς ἀνθρώποις;

6. Ταύτης οὖν, ὦ φίλε, πρὸς αὐτοῦ τοῦ Διὸς ἐχώμεθα ἀπρὶξ τῆς θεοῦ, ἵνα ἡμῖν ὁ ὁρμαθὸς οὗτος τῶν ἀγαθῶν ἀνεπίληπτος χορηγῆται καὶ μὴ συγχωρῶμεν ἀπομισήσασαν τὰ ἀνθρώπινα ἀναπτάσθαι εἰς τὸν οὐρανόν, ἀλλὰ φιλοχωρεῖν καὶ συμπαρακαθίζειν ἁγνὴν ἐν ἁγνῷ θρόνῳ, συνδιοικοῦσάν σοι τὰ ἀνθρώπινα. 2. Πρὸς ταύτης δέ σοι τὴν φυλακὴν οὐδὲν οἱ | ὁπλῖται, οὐδὲ μὰ Δία οἱ σφενδονῆται καὶ Ha. 189 d οἱ τοξόται οὐδὲ Ἀρμενίων ἶλαι οὐδὲ Ἰβήρων οὐδὲ τῶν ὑπασπιστῶν οὐδὲ τῶν δορυφόρων δεήσει, ἀλλ᾽ αὐτάρκης σὺ σεαυτῷ· μόνη γὰρ ἡ γνώμη τούτου τοῦ ἔργου κυρία. 3. Οὐδέ ἐστιν ἀποφυγὴ οὐδεμία βασιλεῖ ἀμελοῦντι τῆς δίκης, οὐκ εἰς δειλίαν στρατιωτῶν, οὐκ εἰς ῥᾳθυμίαν στρατηγῶν, ἀλλ᾽ οὕτως ἄρα ἴδιον σοῦ καὶ μόνου τὸ ἔργον ἐστίν, ὥστε | καὶ καθημένου σοῦ Do. 275

FONT. 10 Pl., *R.* VII, 532 b 8-9 — 18-19 Arat., 110-113 — 19-22 Arat., 101-107 — 26 Pl., *R.* III, 387 d 12.

APP. 9 ἀρχεῖα A Π Di. Do. : ἀρκεῖα Ma. || 12 κύριός ἐστιν edd. : κύριος ἐστὶν A Π || 19 ἀπομισήσασαν A edd. : ἀπομισήσαντα Π | ἀναπτάσθαι edd. : – πτᾶσθαι A Π || 25 ἀλλ᾽ edd. : ἀλλὰ A Π.

qu'à prononcer des mots brefs, faire de simples hochements de tête pour protéger la justice et, couvert de cette protection, tenir ferme le pouvoir pour tous. 4. Considère en effet, dans ta haute sagesse, que si je me suis présenté aujourd'hui devant toi, ce n'est ni pour la flatterie ni pour l'adulation. En effet, il ne siérait guère à un homme de mon âge et qui a déjà eu commerce avec tant d'empereurs, récents aussi bien que plus anciens, quand il a affaire à celui qu'il connaît pour le plus indulgent, le plus clément et le plus doux de tous, de se livrer à la bassesse et à l'adulation et, lorsque la franchise n'est point dangereuse du tout, d'opter alors pour le langage de la fourberie et de la servilité ; il en va de même pour une bête de race : si elle est sauvage, on doit la dompter ; si elle a dès sa naissance un naturel pacifique, on serait ridicule de la flatter de la main et de ne point se contenter de ses qualités naturelles.

Philanthropie de Théodose

7. Voici venue déjà la troisième année (de ton règne)[49] et à travers les lettres que tu signes[50], ton calame n'a pas gagné le goût de la mort : souvent se présente à toi en noir le verdict d'une condamnation portée par la loi[51] ; chaque fois c'est changé en blanc qu'il quitte le palais. Toi qui es l'empereur le plus féru de législation en toute matière[52], tu sais les cas dans lesquels il est plus digne d'un souverain d'enfreindre la loi que de s'y asservir. 2. Personne ne rend des visites régulières au palais impérial avec le cœur qui bat, les dents qui claquent ou vert de peur ; on y va au contraire l'esprit plein d'espérances et d'élévation, comme à l'asile des sanctuaires, tant chez toi le regard est avenant, la voix rassurante et le visage tout empreint de tranquillité. Et il n'y aura non plus personne pour y avoir audience auprès de toi sans bannir toute peur de son âme ; aussi voit-on même tel de tes ennemis qui jusque-là regardait les trêves avec suspicion[53] et que ses soupçons décourageaient de venir facilement partager ta table s'y présenter aujourd'hui désarmé et sans le fer de

ἐπὶ θρόνου καὶ ῥήμασι | σμικροῖς καὶ νεύμασι ψιλοῖς Ha. 190 a
ἔνεστι φυλάττειν τὴν δίκην καὶ τῇ φυλακῇ ταύτῃ
ἀνέχειν ἅπασι τὴν ἀρχήν. 4. Ἄθρει γάρ, ὦ σοφώτατε,
ὡς ἐγὼ εἰσελήλυθα τήμερον οὐ κολακεύσων οὐδὲ
θωπεύσων. Οὐ γὰρ ἂν πρέποι ἀνδρὶ τηλικῷδε καὶ
ὁμιλήσαντι ἤδη πρὸς τοσούτους αὐτοκράτορας
νέους τε καὶ πρεσβυτέρους, ὃν πάντων ἠπίστατο
ἠπιώτατον καὶ ἀνεξικακώτατον καὶ πρᾳότατον,
τοῦτον καὶ ὑποτρέχειν καὶ θωπεύειν, καὶ ὅτε μάλιστα
ἀνεπισφαλὴς ἡ παρρησία, τότε τὴν κακοῦρ|γόν τε Ha. 190 b
καὶ ἀνελεύθερον φωνὴν ἀνθαιρεῖσθαι, ὥσπερ πῶλον
εὐγενῆ ἀγριαίνοντα μὲν ἡμεροῦν προσήκει, ἥμερον
δὲ φύντα ἐξ ἀρχῆς γελοῖος ὁ | καταψήχειν ἐπιχειρῶν Di. 234
καὶ μὴ τῷ φύσει ἀγαθῷ ἀποχρώμενος.

7. Ἤδη οὖν τρίτος οὗτος ἐνιαυτὸς καὶ ἄγευστός σοι
ὁ κάλαμος γραμμάτων θανατηφόρων, ὥστε εἴσεισι μὲν
παρὰ τοῦ νόμου πολλάκις ἡ μέλαινα ψῆφος, ἔξεισι δὲ
ἀεὶ μεταβάλλουσα εἰς λευκὴν ἐκ τῶν βασιλείων. Ὧν
γὰρ τἆλλα νομιμώτατος αὐτοκρατόρων οἶσθα ὅπου
βασιλικώτερον παραρρῆξαι τὸν νόμον | ἢ ἐμπεδῶσαι. Ha. 190 c
2. Εἰσφοιτᾷ δὲ εἰς τὰ βασίλεια πατάσσων οὐδεὶς τὴν
καρδίαν οὐδὲ τοὺς ὀδόντας ἀράσσων οὐδὲ χλωρὸς
ὑπὸ δέους, ἀλλ᾽ εὐέλπιδι τῇ γνώμῃ καὶ ἀνεστηκυίᾳ
ὥσπερ εἰς τὰ ἄσυλα τῶν ἱερῶν· οὕτω σοι ἵλεω μὲν τὰ
ὄμματα, ἀθόρυβος δὲ ἡ φωνή, γαλήνη δὲ ἐπικέχυται
παντὶ τῷ προσώπῳ. Οὐδ᾽ ἂν προσιδών σέ τις μὴ
ἅπαν ἐκβάλῃ τὸ δεῖμα ἐκ τῆς ψυχῆς· ὥστε καὶ τῶν
πολεμίων ὁ τέως τὰς σπονδὰς ὑφορώμενος καὶ μηδὲ
τραπέζης ῥᾳδίως κοινωνῆσαι θαρρήσας δι᾽ ὑποψίαν

FONT. 22-23 Hom. K 376, O 4.
APP. 1 καὶ^2 om. Ha. || 9 καὶ ^{2} om. A Π || 13 καταψήχειν Π edd. : -ψύχειν A Ha. || 15 σοι om. A add. m.^{2} || 27 τὸ om. A Π.

son glaive[54] : il s'en remet à ta merci en sachant que tu n'en useras pas avec lui comme avec un adversaire, mais comme Alexandre en avait usé avec Porus l'Indien[55], Artaxerxès avec Thémistocle l'Athénien[56] et les Romains avec le Libyen Massinissa[57]. 3. Dès lors, ceux que, les armes à la main, nous n'avons pas maîtrisés, ce sont eux que, grâce à ta loyauté, nous faisions venir à nous sans invitation ; comme l'aimant attire doucement la limaille de fer, tu as toi-même, sans coup férir, attiré à toi le chef des Gètes : voici en suppliant devant toi l'orgueilleux et le hautain d'autrefois qui s'est rendu volontairement dans la capitale d'Empire, lui dont le très grand Constantin avait amadoué le père au moyen d'une statue qui se dresse de nos jours contre le mur arrière du Sénat[58]. Ainsi, le bon renom pour un prince est plus puissant qu'une foule de boucliers et amène la soumission volontaire de ceux qui narguent la nécessité, et s'il n'est

pas de sage plan qui ne vainque les bras par milliers[59],

la piété et la philanthropie, elles, ne se contentent pas de vaincre, mais elles préservent en plus les bras par milliers.

8. « Il me souvient de cette histoire d'autrefois, – elle n'est pas d'hier »[60] .

L'empereur de Rome Antonin, celui qui portait précisément le surnom de « pieux »[61], se trouvait avec son armée souffrant de la soif[62]. Levant les mains au ciel, le prince dit : « Avec cette main, je t'invoque ; je supplie le donneur de vie[63] ; avec elle, je n'ai pas ôté la vie »; la prière fit honte au dieu, si bien qu'en plein ciel bleu arrivèrent des nuages porteurs d'eau pour les soldats. Et j'ai vu de mes propres yeux une représentation peinte de cette action : l'empereur adressait la prière au beau milieu de la phalange ; les soldats présentaient leur casque à l'averse et les remplissaient de la source offerte par le dieu[64]. 2. Oui ! telle est la somme des biens que vaut à ses sujets le sens de la justice qu'a leur chef, alors qu'en

νῦν πρόσεισιν ἄνοπλος καὶ | ἄνευ σιδήρου, διδοὺς Ha. 190 d
ἑαυτὸν χρῆσθαι ὅ τι ἂν ἐθέλῃς, εἰδὼς ὅτι οὐχ ὡς
ἐχθρῷ ἐθελήσεις, ἀλλ᾽ ὡς Ἀλέξανδρος Πώρῳ τῷ
Ἰνδῷ καὶ Ἀρταξέρξης | Θεμιστοκλεῖ τῷ Ἀθηναίῳ καὶ Do. 276
Ῥωμαῖοι τῷ Λίβυϊ Μασσανάσσῃ. 3. Τοιγαροῦν ὧν
τοῖς ὅπλοις οὐκ ἐκρατήσαμεν, τούτους τῇ σῇ πίστει
προσηγαγόμεθα αὐτοκλήτους, καὶ ὥσπερ ἡ μαγνῆτις
λίθος ἡσυχῆ ἐφέλκεται τὰ σιδήρια, οὕτω καὶ αὐτὸς
ἀκονιτὶ ἐφειλκύσω τὸν Γέτην δυνάστην, καὶ ἥκει
σοι ἐθελοντὴς ὁ πάλαι σεμνὸς καὶ ὑψηλογνώ|μων Ha. 191 a
ἱκέτης εἰς τὴν πόλιν τὴν βασιλίδα, οὗ τὸν πατέρα
ὁ παμμεγέθης Κωνσταντῖνος εἰκόνι ἀπεμειλίσσετο
τῇ νῦν ἔτι ἀνακειμένῃ πρὸς τῷ ὀπισθοδόμῳ τοῦ
βουλευτηρίου. Οὕτω δόξα ἀγαθὴ βασιλεῖ πολλῶν
ἀσπίδων δυνατωτέρα καὶ ὑπάγεται ἐθελουσίους τοὺς
τῆς ἀνάγκης καταφρονοῦντας, καὶ οὐχ οὕτω

σοφὸν βούλευμα τὰς πολλὰς χεῖρας | νικᾷ Di. 235

ὡς εὐσέβεια, καὶ φιλανθρωπία οὐ μόνον νικᾷ τὰς
πολλὰς χεῖρας, ἀλλὰ καὶ σῴζει.

8. Μέμνημαι τόδε ἔργον ἐγὼ πάλαι, οὔτι νέον γε.

Ἀντωνίνῳ τῷ Ῥωμαίων αὐτοκρά|τορι, ᾧ τοῦτο Ha. 191 b
αὐτὸ ἐπώνυμον ὁ εὐσεβὴς ἦν, τοῦ στρατεύματος
ὑπὸ δίψους [αὐτῷ]ι πιεζομένου, ἀνασχὼν τὼ χεῖρε
ὁ βασιλεὺς πρὸς τὸν οὐρανόν, ταύτῃ, ἔφη, τῇ χειρὶ
προὐτρεψάμην σε καὶ ἱκέτευσα τὸν ζωῆς δοτῆρα, ᾗ
ζωὴν οὐκ ἀφειλόμην · καὶ οὕτω κατῄδεσε τὸν θεὸν

MARG. 25 προὐτρεψάμην] ἤγουν παρεκάλεσα Α Π.

FONT. 17 E., *Ant.*, 22, cf. Pol., I, 35, 4 ; Plu., *Mor.*, 790 A — 20 Hom. I 527 — 21-2 immo Marcus Aurelius, vid. D. C., LXXI, 8, 3.

APP. 5 Μασσανάσσῃ edd. : μασσανάσῃ Α Π Μασανάσσῃ Ha. || 17 ἓν post σοφὸν addend. esse stat. perperam Cob. ex E., vid. adnotat. || 20 πάλαι edd. : πάλαιὸν Α Π Ha. || 23 αὐτῷ sec|. Ma. sec. Hans.

récompense, dans le cas de celui que le dieu n'agrée pas et qui n'est pas pour leur être agréable, le juste châtiment ne commence pas d'emblée par lui mais par ceux qu'il commande[65].

3. « Pendant neuf jours, les traits du dieu criblaient l'armée »[66].

Et pourtant cette armée n'accompagnait pas Agamemnon dans l'exaspération contre Chrysès ; au contraire même

« Lors, d'une seule voix, ils approuvèrent tous
qu'on traite avec honneur le prêtre en acceptant la splendide rançon »[67].

Mais si au contraire l'armée elle aussi s'associait à l'injustice parce qu'elle donnait son assentiment, qu'en fut-il des mulets et des chiens qui n'en pouvaient mais ; pourquoi du moins, la flèche du dieu les avait-elle transpercés parmi les premiers[68] ? 4. Ce qu'Homère nous enseigne, à ce qu'il semble, c'est que les fautes des simples particuliers se dressent contre ceux qui les commettent[69], et que l'aveuglement des princes oblige à rendre des comptes aussi tout ce qui leur est assujetti[70]. Alors, comme une lumière pure coulant d'un pur luminaire, la bienfaisance que produit ton esprit éclaire tous les êtres, lointains et proches, mais de façon plus nette les gens de ta cour.

9. Dès lors, le chœur formant ton entourage et les chefs de file de ce chœur ne se montrent ni inaccessibles ni ombrageux[71] ni, tranchons le mot, abrupts[72], comme le sont, dit-on, les serpents dans leurs repaires, où ils ont

68. Allusion à Hom. A 50 : οὐρῆας μὲν πρῶτον ἐπῴχετο καὶ κύνας ἀργούς.

71. Sur la signification du mot συννεφής, notamment à travers la physiognomonie, voir la note à *Or.* 7, 10, 90 b, t. II, p. 546, n. 79.

72. Platon (*Cra.,* 394 e 8-11) étudie le mot « Oreste » dont il dépeint l'aspect et la signification : « sa nature farouche, son caractère sauvage et montagnard se manifestent par son nom » τὸ θηριῶδες τῆς φύσεως καὶ τὸ ἄγριον αὐτοῦ καὶ τὸ ὀρεινὸν ἐνδεικνύμενος τῷ ὀνόματι.

τῇ εὐχῇ ὥστε ἐξ αἰθρίας ἧκον νεφέλαι ὑδροφοροῦσαι τοῖς στρατιώταις. Καὶ εἶδον ἐγὼ ἐν γραφῇ εἰκόνα τοῦ ἔργου, τὸν μὲν αὐτοκράτορα προσευχόμενον ἐν τῇ φάλαγγι, τοὺς στρατιώτας δὲ τὰ κράνη τῷ ὄμβρῳ ὑποτιθέντας καὶ ἐμπιπλαμέ|νους τοῦ νάματος τοῦ Ha. 191 c θεοσδότου. 2. Τοσοῦτόν ἐστιν ἀγαθὸν τοῖς ὑπηκόοις δικαιότης τοῦ ἡγεμόνος, ὥσπερ αὖ πάλιν τοῦ μὴ ἀρεστοῦ τῷ θεῷ, μηδὲ ἀρεστὰ ἐργαζομένου ἄρχεται ἡ δίκη οὐκ ἀπ᾽ αὐτοῦ εὐθύς, ἀλλὰ ἀπὸ τῶν ἀρχομένων.

| 3. Ἐννῆμαρ μὲν ἀνὰ στρατὸν ᾤχετο κῆλα θεοῖο, Do. 277

καίτοι ὁ στρατὸς οὗτος οὐ συνηγρίαινε πρὸς τὸν Χρύσην τῷ Ἀγαμέμνονι, ἀλλὰ τοὐναντίον

καὶ ἐπευφήμησαν ἅπαντες
αἰδεῖσθαί θ᾽ ἱερῆα καὶ ἀγλαὰ δέχθαι | ἄποινα. Ha. 191 d

Εἰ δ᾽ αὖ καὶ ὁ στρατὸς ξυνηδίκει, ὅτι συνεχώρει, ἀλλὰ τούς γε ὀρεῖς καὶ τοὺς κύνας τί τοὺς ἀθῴους ὁ ὀϊστὸς ἐν τοῖς πρώτοις ἐπεπορεύετο; 4. Ἀλλὰ διδάσκει, ὡς ἔοικεν, Ὅμηρος ἡμᾶς τὰ μὲν τῶν ἰδιωτῶν πλημμελήματα εἰς αὐτοὺς ἵστασθαι τοὺς πλημμελοῦντας, ταῖς δὲ τῶν βασιλέων ἀγνωμοσύναις ὑπεύθυνον γίνεσθαι καὶ τὸ ὑπήκοον. Εἶτα ὥσπερ φῶς ἐκ|χεόμενον ἀκήρατον ἐξ Ha. 192 a ἀκηράτου λαμπτῆρος ἡ τῆς σῆς γνώμης ἀγαθοεργία ἅπαντας μὲν καταυγάζει καὶ τοὺς πόρρω καὶ τοὺς πλησίον, ἐνδηλότερον δὲ τοὺς ἀγχοῦ ἑστῶτας.

| 9. Οὐκοῦν οὐδὲ ὁ περιεστώς σε οὗτος χορὸς οὐδὲ Di. 236 οἱ τοῦ χοροῦ κορυφαῖοι δυσπρόσιτοί τε καὶ συννεφεῖς καὶ ὀρέστεροι ἀτεχνῶς, ὥσπερ τοὺς δράκοντάς φασιν

MARG. 16 ἀθῴους] γρ. καὶ τί μαθών A.

FONT. 10 Hom. A 53 — 13-14 Hom. A 22-23 — 16 Hom. A 50 — 27 Pl., *Cra.*, 394 e 8 — 27-1 Hom. X 93-94.

APP. 1 ἧκον A Π Di. Do. Ma. : ἦλθον Ha. || 13 καὶ om. Ha. || 14 δέχθαι Π edd. : δέχθε A || 24 ἐνδηλότερον A Π Ma. : ἐκδ- Ha. Di. Do. || 25 οὐκοῦν edd. : οὔκουν A Π || 27 ὀρέστεροι Ma. post Cob. : οὐ ῥᾳότεροι A Π Ha. Di. Do.

englouti de méchants poisons et où ils guettent la proie pour lui inoculer leur produit mortel[73], non, les choreutes portent tous la marque de ton effigie, comme des pièces de monnaie, et ta frappe resplendit à une seule fin, faciliter l'accès au bien ; chacun d'eux imite, comme il le peut, son chef de lignée, comme ce dernier chef de lignée lui-même fait avec Dieu. 2. Ce qui fait des hommes une image de Dieu, c'est, aux dires de Pythagore, la bienfaisance, la seule, semble-t-il, vers laquelle ton âme prenne son essor naturel et spontané, et l'on renoncerait plus vite à demander que toi à donner et à accorder ton assentiment[74]. 3. Pour l'argent cependant, tu t'y entends à faire des dons à tes sujets autant que des remises aux assujettis pour reddition de compte[75], et ton plaisir, c'est justement d'acquitter les arriérés en matière de bronze, de fer, de chevaux et de tissus.

10. Il n'est que pour les arriérés en matière d'éloquence que tu ne souffres ni concession ni report à une date ultérieure ; pour ces contributions seulement, tu te montrais intraitable et inflexible, et tu n'en confies pas la perception à une magistrature quelconque ou à une autorité militaire ; c'est toi en personne qui donnes le commandement, toi qui récoltes les recettes de ce type, toi qui en assures la gestion ; tu ne laisses même pas à d'autres la garde des contributions que tu fais rentrer : c'est dans le tréfonds même de ton âme que tu scelles ce trésor et que tu le mets en réserve. 2. Telle est la raison pour laquelle brûle en toi un désir inépuisable et insatiable de faire le bien : la bienfaisance fournit matière à de la beauté pour des éloges sans adulation et en toute liberté, moyen grâce auquel tu consolides ton règne chaque jour et chaque heure. 3. Si l'on devait énumérer tous ceux que tu as soustraits à un exil perpétuel, arrachés à la mort, rendus

75. On a essayé de rendre le jeu de mots ὑπήκοος | ὑπεύθυνος, sur lequel Portmann, W. (1998), p. 256, n. 44 attire aussi l'attention.

ἐν ταῖς χειαῖς κακὰ φάρμακα βεβρωκότας ζητεῖν ὅτῳ ἂν ἐγχριψαιντο τὴν τοῦ ὀλέθρου παρασκευήν, ἀλλὰ ἅπασιν αὐτοῖς ὥσπερ νομίσμασιν ἡ σὴ εἰκὼν σεσήμανται καὶ εἰς ἓν λάμπει ὁ σὸς | χαρακτὴρ τῇ Ha. 192 b πρὸς τὸ καλὸν εὐαγωγίᾳ, καὶ μεμίμηται ἕκαστος ᾗ δύναται τὸν ἀρχηγέτην ὥσπερ ὁ ἀρχηγέτης αὐτὸς τὸν θεόν. 2. Ἣν γὰρ ἔφη Πυθαγόρας ὁ Σάμιος εἰκόνα πρὸς θεὸν εἶναι ἀνθρώπους, μόνη, ὡς ἔοικεν, ἐστὶν εὐποιία, πρὸς ἣν ἀνεπτέρωταί σοι αὐτοφυὴς καὶ αὐτοκέλευστος ἡ ψυχή, καὶ θᾶττον ἄν τις ἀπείποι ἀπαιτῶν ἢ σὺ διδοὺς καὶ ἐπινεύων. 3. Ἀλλ᾽ ὅμως χρυσίον μὲν οἶσθα καὶ δωρεῖσθαι τοῖς ὑπηκόοις καὶ ἀφιέναι τοῖς ὑπευθύνοις, | γλυκὺ δέ σοι καὶ τὰ Do. 278 ἐλλείμματα ἀπολύειν χαλ|κοῦ καὶ σιδήρου καὶ ἵππων Ha. 192 c καὶ ὑφασμάτων.

10. Μόνα δὲ τὰ τῶν λόγων ἐλλείμματα οὐκ ἀνέχῃ οὔτε συγχωρεῖν οὔτε εἰς χρόνον τινὰ ἀνατίθεσθαι, ἀλλ᾽ ἐπὶ ταύτης μόνης τῆς εἰσφορᾶς δυσίατος ἄρα ἦσθα καὶ ἀπαραίτητος, καὶ οὐκ ἐπιτρέπεις τὴν εἴσπραξιν ταύτην ἀρχῇ τινι οὐδὲ στρατιώτῃ, ἀλλ᾽ αὐτὸς στρατηγός, αὐτὸς ἀποδοχεὺς τῶν ὀφλημάτων τούτων, αὐτὸς ταμίας· οὐδὲ παραδίδως ἑτέροις φυλάττειν αὐτὰ ἃ ἂν εἰσπράξῃ, ἀλλ᾽ ἐν τῇ ψυχῇ τῇ σεαυτοῦ κατασημαίνῃ καὶ θησαυρίζεις. 2. Καὶ διὰ τοῦτο | ἄρα τοῦ εὖ ποιεῖν ἄπληστός σοι καὶ ἀκόρεστος Ha. 192 d ἐντέτηκεν ἐπιθυμία, ὅτι καλοῦ εὐποιία δίδωσιν ἀφορμὰς τοῖς ἀθωπεύτοις ἐπαίνοις καὶ ἐλευ|θέροις, Ha. 193 a ᾗ σὺ καταπυκνοῖς τὴν βασιλείαν ὅσαι ἡμέραι καὶ ὅσαι ὧραι. 3. Ὥστε εἴ τις ἀπαριθμήσειεν ὅσους μὲν ἐρρύσω ἀειφυγίας, ὅσους δὲ ἐξείλου θανάτου, ὅσοις δὲ

MARG. 14 ἐλλειμματα] ἤγουν χρέα Π τὰ χρέα λεγ᾽ Α.
FONT. 7-9 Pythag. fr. fortasse ineditum, vid. adnot.
APP. 8 ἀνθρώπους Di. Do. Ma. post Re. : ἀνθρώποις Α Π || 13 τὰ Α edd. : om. Π. || 16 ἀνέχῃ Α Π Di. Do. Ma. : ἀνέχει coni. Re. ἀνέχεις Ha.

au foyer de leurs pères ou tirés du dénuement avec les ressources du trésor impérial, on trouverait un nombre qui n'est pas inférieur à celui des jours de ton règne. 4. Oui, à l'empereur Titus, avec son mot beau et impérial, tu lances le pari de le surpasser dans ton action : ne pas laisser passer sans t'être montré empereur non seulement un jour, où il n'y ait pas place pour un geste de bienfaisance, mais ne fût-ce qu'une heure, oui, voilà le défi que tu portes[76]. 5. Je passe le fait qu'en régnant tu n'as point de nuits ténébreuses et sans clarté, où il est loisible de dormir sur ses deux oreilles, débarrassé des craintes et des soucis[77] ; dès lors, si, comme le croyait Titus, la durée de ton règne devait se mesurer à la fréquence de tes bonnes actions, tu serais bien près de dépasser Auguste en nombre d'années[78].

11. Pour ma part, je n'en tiens pas le nombre pour moins impressionnant que celui des trophées d'Alexandre ; pour le mettre en balance, il y avait Antipater[79], Parménion[80], les soldats de son infanterie et les Agrianes[81]. 2. Mais celle-ci est l'unique victoire dont à toi seul tu es l'artisan et le maître[82] : si tu la construis dans la continuité et si tu l'élargis, tu monteras haut, en employant comme autant de degrés tes gestes de bienfaisance, jusqu'au sommet, tout proche de la cour de Zeus. 3. Ces degrés sont les seuls à permettre l'ascension au ciel, à la différence de l'Ossa, de l'Olympe ou du Pélion[83], symboles de volontés et d'espérances opposées entre elles chez des hommes qui le sont tout autant ; seul peut monter au ciel celui qui a la faculté de construire cette montée sur les bienfaits qu'il accorde aux hommes ; c'est lui plutôt qui fournirait à la Pythie matière à balancer[84]

« dans le doute ne sais si tu es un homme ou un dieu »,

82. On rend ici αὐτουργός et αὐτοκράτωρ par un seul terme chaque fois. Pour le second, j'aurais aimé pouvoir écrire « le maître en qualité d'empereur ».

ἐπανῆρας τοὺς πατρῴους οἴκους, ὅσοις δὲ ἐχορήγησας ἐκ τῶν ταμιείων ἀπορουμένοις, οὐκ ἐλάττονας τὸν ἀριθμὸν εὑρήσει τῶν ἡμερῶν ὧν βασιλεύεις. | Di. 237 4. Καλὸν οὖν λόγον καὶ βασιλικὸν τὸν Τίτου τοῦ αὐτοκράτορος ἔργῳ ἁμιλλᾷ παραδραμεῖν, οὐ μόνον ἡμέραν ἀβασίλευτον μὴ παρελθεῖν, ᾗ οὐκ ἔνεστιν εὐποιία, ἀλλὰ μηδὲ ὥραν φιλονεικῶν. 5. Ἐῶ γὰρ ὅτι μηδὲ αἱ νύκτες αἱ σκοτειναὶ καὶ ἀφεγγεῖς τῆς σῆς βασιλείας, ἐν αἷς καθεύδειν ἐπ᾿ ἄμφω ἔνεστι δειμάτων τε καὶ φροντίδων ἀπηλλαγμένους, ὥστε εἰ καθάπερ Τίτῳ ἐδόκει τοσαυτάκις καὶ σὺ βασιλεύεις ὁσάκις εὖ ποιεῖς, ἐγγὺς ἂν εἴης τοῦ ὑπεραίρειν τῷ πλήθει τοῦ χρόνου τὸν Σεβαστόν.

| 11. Ἐγὼ δὲ οὐ φαυλότερον τίθημι τούτων τὸν Ha. 193 b ἀριθμὸν τῶν Ἀλεξάνδρου τροπαίων· ἐκείνῳ μὲν γὰρ Do. 279 καὶ Ἀντίπατρος ἠμφισβήτει καὶ Παρμενίων καὶ οἱ πεζέταιροι καὶ οἱ Ἀγριᾶνες. 2. Ταύτης δὲ μόνης τῆς νίκης αὐτουργὸς σὺ καὶ αὐτοκράτωρ, καὶ ταύτην ἐποικοδομῶν ἀεὶ καὶ συναύξων ἀναβήσῃ, ὥσπερ βαθμοῖς χρώμενος ταῖς εὐποιίαις, ὑψοῦ ἄνω καὶ ἐγγὺς τῆς αὐλῆς τοῦ Διός. 3. Οὗτοι γὰρ μόνοι οἱ βαθμοὶ ἀνάγουσιν εἰς τὸν οὐρανόν, οὐκ Ὄσσα οὐδὲ Ὄλυμπος οὐδὲ Πήλιον, ἀλλόκοτοι ἀλλοκότων ἀν|θρώπων βουλαὶ καὶ ἐλπίδες· μόνῳ δὲ ἀμβατὸς Ha. 193 c οὐρανὸς ὅτῳ ἔνεστιν οἰκοδομεῖν τὴν ἀνάβασιν ταύτην εὐεργεσίαις ἀνθρώπων. καὶ περὶ τούτου μᾶλλον προσήκει ἀμφισβητεῖν τὴν Πυθίαν,

Δίζω εἴ σε θεὸν μαντεύσομαι ἢ ἄνθρωπον

MARG. 6 ἀβασίλευτ'] τοῦτο ἐλλειπτικῶς A Π.

FONT. 21-23 Hom. λ 315-316 — 28 Hdt. I, 65, 15.

APP. 3 τὸν ἀριθμὸν om. Ha. || 8 αἱ^{1} om. Ha. Di. || 9 ἐπ᾿ ἄμφω A Π Ha. Di. Do. : ἑκάστῳ Ma. post Hans. || 10 ἀπηλλαγμένους A Π Ha. Di. Do. : -γμένῳ Ma. post Hans. || 11 τίτω des. Π. || 17 πεζέταιροι Di. Do. Ma. : πεζαίτ- A Ha. | ἀγριᾶνες edd. : ἀγριάνες A || 24 βουλαὶ A Ha. Di. Do. : βαυλαὶ Ma. perperam || 25 ταύτην A edd. : αὐτὴν Ha.

plutôt que Lycurgue le Spartiate. 4. Bien que Lacédémone fût creusée de profondes ravines[85], Lycurgue n'eut affaire qu'à une seule cité qu'il tira d'une vie dans le désordre pour l'unir dans un bon gouvernement[86], alors que toi, tu as des cités sujettes en nombre plus grand qu'il n'y eut d'hommes à Sparte : si tu les remplis de bonheur, il n'y aura plus de notre part ni flatterie ni tromperie à conférer à ta personne ce titre en or, celui de divinité, mais recherche d'une sincérité dénuée de flatterie autant que faire se peut. 5. Les dieux en effet sont « dispensateurs de biens », et toi, en prenant part à leur action, tu seras inscrit dans le chœur qu'ils forment et c'est à cela que tu devras tous tes surnoms, « Sauveur », « Patron de la cité », « Protecteur des étrangers », « Propice aux suppliants »[87], titres plus élevés que ceux de « Germanique » et de « Sarmatique »[88]. 6. Certes, ces qualifications te viendront sous peu elles aussi, mais quand elles te viendront, ce sera en compagnie de Deimos[89] et d'Ényo[90], des démons infernaux séjournant sur la terre et rendus nécessaires par la méchanceté des hommes. Mais au ciel, il n'y a ni Épouvante, ni Guerre, ni Kudoimos[91] naturellement, ni Kères[92] : depuis les sources de vie, depuis les sources de bonheur, la distance est grande jusqu'à ce chœur qui en a été expulsé. 7. Non, les deux fameuses jarres ne se trouvent pas non plus à demeure[93]

> sur le sol de Zeus,
> toutes pleines de sorts, l'une, de bons, et l'autre, de fâcheux,

car les maux ne se trouvent pas au ciel entreposés dans une réserve[94] ; au contraire, nous nous chargeons nous-mêmes de remplir la seconde de ces jarres et aussi nous-mêmes de la vider[95]. Ou bien que l'on montre au Sénat du prince une jarre contenant des gémissements et des larmes ! je pourrais quant à moi présenter beaucoup de grandes jarres renfermant jusqu'à ras bord vie, félicité, richesse, douceur et bon droit. 8. C'est d'elles que, depuis qu'il a endossé la pourpre, le prince tire et puise les biens qu'il ne cesse

ἢ περὶ Λυκούργου τοῦ Σπαρτιάτου. 4. Λυκοῦργος μὲν γάρ, εἰ καὶ λίαν κητώεσσα ἦν ἡ Λακεδαίμων, ἀλλὰ μίαν γε πόλιν ἐκ βίου ἀτάκτου συνήρμοσεν | Ha. 193 d εἰς εὐνομίαν, σοὶ δὲ τῶν ἐν Σπάρτῃ ἀνθρώπων πλείους αἱ ὑπήκοοι πόλεις, καὶ εἰ ταύτας ἐμπλήσειας εὐδαιμονίας, οὐκέτι θωπεύοντες οὐδὲ ἐξαπατῶντες τὸ χρυσοῦν ὄνομά σοι τοῦτο προσάψομεν, τὴν θεότητα, ἀλλ᾽ ὡς οἷόν τε ἀληθινῶς καὶ ἀθωπεύτως. 5. Θεοὶ γὰρ δοτῆρες ἐάων, καὶ τοῦ αὐτοῦ ἔργου αὐτοῖς κοινωνῶν ἐν τῷ αὐτῶν χορῷ ἐγγραφήσῃ, καὶ πᾶσαι ἔσονταί σοι ἐκεῖθεν αἱ ἐπω|νυμίαι, | ὁ σωτήρ, ὁ πολιεύς, ὁ ξένιος, Ha. 194 a ὁ ἱκέσιος, τοῦ Γερμανικοῦ ὑψηλότερα ὀνόματα καὶ Di. 238 τοῦ Σαρματικοῦ. 6. Ἥξουσι μὲν γὰρ καὶ αὗται αἱ ἐπιρρήσεις οὐκ εἰς μακράν, ἀλλ᾽ ἥξουσί σοι σὺν τῷ Δείμῳ καὶ τῇ Ἐνυοῖ, δαίμοσι χθονίοις καὶ ἐπὶ γῆς διαιτωμένοις, οὓς ἀναγκαίους ποιεῖ κάκη ἀνθρώπων. Ἐν οὐρανῷ δὲ οὔτε Δεῖμος οὔτε Ἐνυὼ οὔτε μὴν Κυδοιμὸς οὔτε Κῆρες · ἵνα γὰρ πηγαὶ ζωῆς, ἵνα πηγαὶ εὐδαιμονίας, πόρρω ἐκεῖθεν οὗτος ὁ | χορὸς Do. 280 ἀπελήλαται.

7. Ἀλλ᾽ οὔτε οἱ δύο πίθοι κατάκεινται
ἐν Διὸς οὔδει,
κηρῶν ἔμπλειοι ὁ μὲν ἐσθλῶν αὐτὰρ ὁ δειλῶν·

κακῶν γὰρ οὐκ ἔνεστιν ἐν | τῷ οὐρανῷ ταμιεῖον, ἀλλὰ Ha. 194 b τὸν ἕτερον πίθον αὐτοὶ μὲν ἐμπίπλαμεν, αὐτοὶ δὲ καὶ ἐκκενοῦμεν. Ἢ δειξάτωσαν ἐν τῇ βουλῇ τοῦ βασιλέως πίθον καὶ στεναγμῶν καὶ δακρύων, ὥσπερ ἐγὼ ἂν ἐπιδείξαιμι ζωῆς καὶ ὄλβου καὶ πλούτου καὶ πρᾳότητος καὶ εὐδικίας πολλοὺς καὶ μεγάλους καὶ ὑπερχειλεῖς. 8. |Ὧν ἀρυόμενος καὶ ἀπαντλῶν, ἐξ ὅσου τὴν Ha. 194 c ἁλουργίδα ἐνήψατο, οὐ λήγει ἐποχετεύων καὶ ἐπάρδων

FONT. 2 Hom. B 581 δ 1 — 9 Hom. θ 325 — 17-18 Hom. E 592-593, Σ 535 — 22-23 Hom. Ω 527-528 e Pl., *R.* III, 397 c vide dnot. — 25-26 Pl., *R.* III, 397 e 1 — 26-27 cf. Hes., *Op.* 94-95.

APP. 2 κητώεσσα edd. : κητόεσσα A. || 23 ἔμπλειοι … αὐτὰρ ὁ scripsi sec. Pl. : ἔμπλεοι … ὁ δὲ codd. || 27 ἐγὼ om. Ha.

de canaliser et de déverser sur ses sujets. Pour le sang, il n'a pas de jarre à sa disposition, pas plus que pour la terreur et pour l'effroi ; et, pour le cas même où cette jarre serait demeurée enfouie sous terre à pourrir, elle porte son couvercle qui la tient fermement close[96] ; non, il n'est pas vrai[97] que l'espérance soit seule à y rester enfermée alors que les maux se trouvent répandus chez les hommes ; emprisonnés, ils y sont enfermés tout au contraire sous le sceau de « chaînes infrangibles », ou encore, faites d'acier[98], et seule entre les biens s'est envolée l'espérance : pour cette raison, tout est plein d'une bonne espérance.

Son sens de la justice

12. « Orphelin » est un nom sorti de l'usage, et il n'est personne qui soit dépourvu de père à l'heure actuelle ; même les tout petits, à qui une nécessité mal disposée avait tissu cet infortuné destin, troquaient un simple particulier, leur père, contre un prince[99]. 2. L'héritage des parents va aux enfants dans sa totalité avec ton accord, à la seule exception des plaintes déposées contre eux en justice auxquelles tu ne consens pas ; au contraire, elles meurent en même temps que les fautes commises et ne survivent pas aux coupables, et tu n'intentes pas non plus à ceux qui vont être châtiés des procès pour des délits commis à une époque antérieure[100].

Un empire bicéphale

13. Nous voguons comme sur un navire avec deux capitaines[101] pour diriger la manœuvre contre la tempête qui s'est abattue soudain ; les flots ici sont redevenus étales désormais, là, ils n'ont pas atteint des sommets dans le gonflement et la sauvagerie. Vous avez bien fait de quitter l'entre-pont tous les deux pour grimper sur le gaillard[102] qui donne à voir la haute mer tout entière, là où la houle est rude et là où commence la bonace. Vous jetez donc les yeux aux alentours et vous êtes attentifs avant de mettre les mains au timon ; le navire que

τοὺς ὑπηκόους. Αἵματος δὲ οὐκ ἔνι πίθος αὐτῷ οὐδὲ δείματος οὐδὲ φρί|κης, ἀλλὰ καὶ ὅπου ἔλαθε κατορωρυγμένος μένει εὐρωτιῶν, καὶ τὸ πῶμα αὐτῷ ἐπίκειται καὶ συνήλειπται, καὶ οὐκ ἀποκέκλεισται ἡ ἐλπὶς μόνη, τὰ δὲ κακὰ ἐκκέχυται εἰς τοὺς ἀνθρώπους, ἀλλὰ τοὐναντίον τὰ μὲν καθειργμένα κατασεσήμανται δεσμοῖς ἀλύτοις ἢ καὶ ἀδαμαντίνοις, ἐξέπτη δὲ ἡ ἐλπὶς μόνη τῶν ἀγαθῶν, καὶ διὰ τοῦτο ἅπαντα πλέα ἐστὶν ἐλπίδος ἀγαθῆς.

12. Ὀρφανία δὲ ὄνομα φροῦδον καὶ οὐδεὶς ἀπάτωρ τά γε νῦν, ἀλλὰ καὶ οἷς ἀνάγκη τις οὐκ εὐδαίμων νηπίοις ταύτην ἐπέκλωσε τὴν δυσποτμίαν ἀντὶ ἰδιώτου πατρὸς ἀντηλλάττοντο βα|σιλέα. 2. Κληρονομεῖν δὲ Ha. 194 d
παῖδας γονέων τὰ μὲν ἄλλα σύμπαντα ἐᾷς, τὰ δὲ ἐγκλήματα μόνα οὐ συγχωρεῖς, ἀλλὰ συναποθνῄσκει τοῖς πλημμελήσασι καὶ οὐ γίνεται τῶν πταισάντων μακροβιώτερα, οὐδὲ εἰσπράττῃ δίκας ἀδικημάτων τοὺς κολασθησομένους προγενεστέρων.

| **13.** Πλέομεν δὲ ὥσπερ ἐν νηὶ δυοῖν κυβερνήταιν Di. 239
ἐφεστηκότων τῇ ναυτιλίᾳ πρὸς τὸν ἐξαίφνης ἐπιπεσόντα χειμῶνα, καὶ τῶν κυμάτων τὰ μὲν κατεστόρεσται ἤδη, | τὰ δὲ οὐχ οὕτω κορυφοῦται Ha. 195 a
καὶ ἀγριαίνει. Εὖ γὰρ ποιοῦντες ἐκ | κοίλης νεὼς ἐπὶ Do. 281
τὰ ἰκρία ἄμφω ἀναβεβήκατον, ἔνθεν ἄποπτον ἅπαν τὸ πέλαγος, οὗ μὲν τραχὺς ὁ κλύδων, οὗ δὲ ἄρχεται γαληνιᾶν. Περισκοποῦντε οὖν κύκλῳ καὶ περιαθροῦντε ἀντιλαμβάνεσθον τῶν οἰάκων· παρειλήφατον γὰρ

FONT. 7 Hom. θ 274-275 et A., *Pr.* 6 et 155 — 23-24 Hom. μ 229.

APP. 4 συνήλειπται (ή et ει in ras.) A edd. : συναλήλιπται Cob. || 7 ἢ sec|. Ma. post Hans. || 20 ναυτιλίᾳ A Di. Do. Ma. : ναυτηλ- Ha. || 20-21 πρὸς – χειμῶνα om. Ha.

vous avez pris en mains n'a pas de mouillage dans des ports tranquilles, et il ne vogue pas par vent arrière bien tempéré, voiles gonflées[103], mais des vagues terribles se sont coalisées de toute part contre lui et la mer bouillonne ici et là contre sa coque qui a déjà souffert[104], et les deux pilotes doivent mettre en œuvre la fine pointe de leur science et de leur hardiesse, davantage qu'Antiochos ou qu'Ariston[105]. 2. Oui, voyez la taille du navire que vous pilotez, le nombre de ceux qui voguent à bord et la violence des bourrasques qui menacent l'esquif ! Ce n'est pas encore le moment propice au sommeil, au relâchement, aux chants et aux cratères de vin : autant de divertissements et d'agréments pour temps de bonace, lorsque sans danger le capitaine peut se rasséréner[106], les marins laisser leurs rames de côté ; alors il n'y a aucun mal si tel cuistot ou si tel rameur de bas étage[107] met la main au timon, car il n'est pas besoin d'un art consommé au beau milieu de la bonace. 3. Mais lorsque

> ensemble souffle l'Euros avec le Notos et le zéphyr hurlant »[108]

non, alors, non

> chaque homme ne pourra voguer jusqu'à Corinthe[109],

mais (seulement) celui qui est parfaitement rompu au pilotage et aux nuits sans sommeil[110], qui a gagné l'obéissance des rameurs, l'obéissance du chef de proue, qui fait répondre à ses signes de tête même le maître de poupe et qui tient à ses pieds les câbles, les drisses et les écoutes, séparés avec soin et science, pour les avoir sous la main en cas de besoin urgent ou de grains violents.

110. Sur le thème de la vigilance impériale, voir déjà *Dem.,* 1, 2 et la note 2. Le substantif ἀγρυπνητικός qui précédemment ne figure que chez Galien et Oribase est d'origine médicale. Il y apparaît d'ailleurs aussi sous la forme du superlatif. Κυβερνητικώτατος est une création de Xénophon (*Mem.,* III, 3, 9).

τὴν ναῦν οὐχ ὁρμοῦσαν ἐν λιμέσιν ἐφ' ἡσυχίας οὐδὲ πλέουσαν οὔρῳ εὐκραεῖ καὶ πλησιστίῳ, ἀλλὰ τρικυμίας ἁπανταχόθεν ἐπηγερμένης καὶ ζεούσης τῆς θαλάσσης ἔνθεν καὶ ἔνθεν καὶ τῶν τοίχων ἤδη πεπονηκότων· καὶ δεῖ σφῷν τῆς ἄκρας ἐπιστήμης καὶ τλημοσύνης μᾶλλον ἢ Ἀν|τιόχῳ τε καὶ Ἀρίστωνι. Ha. 195 b
2. Ἰδοὺ γὰρ πηλίκη ἡ ναῦς, ἣν κυβερνᾶτον, καὶ ὁπόσοι οἱ ἐν τῇ νηὶ ταύτῃ ἐμπλέοντες καὶ ὁπηλίκαι τῷ σκάφει ἐπικρέμανται καταιγίδες; Ὕπνου οὖν οὔπω καιρὸς οὐδὲ ῥᾳστώνης οὐδὲ ᾠδῆς οὐδὲ κρατήρων, ἀλλὰ ταῦτα ἅπαντα γαλήνης παραμυθία καὶ ἡδύσματα, ἡνίκα οὐ κίνδυνος καὶ τῷ κυβερνήτῃ ἀποθαρρεῖν καὶ τοῖς ναύταις παρεῖναι τὰς κώπας, τηνικαῦτα δὲ οὐ χαλεπὸν καὶ τῷ ἐσχαρεῖ καὶ τῷ θαλαμίᾳ μεταλαμβάνειν τοὺς οἴακας· οὐ γὰρ δεῖται ἀκρι|βοῦς τέχνης ἡ πολλὴ γαλήνη. 3. Ὅταν δὲ Ha. 195 c

Σὺν δ' Εὖρός τε Νότος [τε] πνεύσῃ Ζέφυρός τε δυσαής,

τότε δὴ τότε

Οὐ παντὸς ἀνδρὸς εἰς Κόρινθόν ἐσθ' ὁ πλοῦς,

ἀλλὰ τοῦ κυβερνητικωτάτου καὶ ἀγρυπνητικωτάτου, καὶ ᾧ πειθήνιοι μὲν οἱ ἐρέται, πειθήνιος δὲ ὁ πρῳρεύς, εἴκει δὲ αὐτοῦ τοῖς νεύμασι καὶ ὁ τῇ πρύμνῃ ἐπιστατῶν, κεῖνται δὲ οἱ κάλοι καὶ οἱ πρότονοι καὶ οἱ πόδες εὖ καὶ ἐπισταμένως διακεκριμένοι, ὥστε πρόχειροι εἶναι | πρὸς τὴν ἐπιοῦσαν χρείαν καὶ τὰς Di. 240
ἐμβολὰς τῶν πνευμάτων.

MARG. 24 ἐπισταμένως] γρ. καὶ ἐπιστημόνως A.

FONT. 2 Hom. λ 7, μ 149 — 6 X., *HG*, I, 5, 11-13 – Th., VII, 39, 2 — 17 Hom. ε 295 — 19 Aristoph. Gr., fr. 902, 1 Nauck, cf. Str., VIII, 6, 20, p. 378 C etc.

APP. 13 ἀποθαρρεῖν A edd. : ἀποδαρθεῖν Cob. || 17 δ' A Di. Do. Ma. : τ' Ha. | τε^{2} delevi metri causa || 19 εἰς A : ἐς Str. | ἐσθ' edd. : ἔσται A || 22 δὲ edd. : δ' A.

La vertu génératrice de victoire

14. Ce qui est, dans un navire, l'art du pilotage correspond donc dans une cité à la vertu du souverain qui doit à la fois obtenir une obéissance spontanée et, malgré elle, exercer la contrainte, pour ne pas être écartée trop de la gestion de l'État. 2. La vertu qu'attirent les affaires d'État y pousse mieux et s'y exerce à fond, car on y cultive constamment ce que l'on apprécie, et l'on y néglige ce que l'on déprécie[111]. C'est ce qui fait l'évidente pertinence du mot :

« prospèrent dans la vertu les peuples »

vivant sous de bons rois[112]. En effet, on y a tôt fait, même dans la masse, de progresser vers l'honnêteté. Mais ce qui entretient la vertu, ce n'est pas l'honorabilité seulement, mais c'est aussi l'exercice, l'assiduité, la persévérance dans la tâche que l'on a prise en mains. 3. Si, à peine montée à la tribune, la vertu vide le plancher en n'y faisant briller et valoir, le temps d'un clin d'œil, qu'un fugace avorton de beauté, elle ne saurait émouvoir le cœur de nombreux amants. Il faut donc qu'elle soit semblable au coureur de fond plutôt que de vitesse, et qu'elle n'arrête pas son effort dès la première borne mais qu'elle fasse plus d'un tour de stade : c'est davantage ainsi qu'elle pourra faire ressortir sa puissance et son éclat.

15. Mais nous voyons aussi que les auriges mettent du temps à comprendre leurs chevaux et le rôle à donner à chacun. Un homme attelé à la conduite de cités et de populations doit posséder une expérience plus riche que ses sujets ; autrement, force lui sera de changer souvent de rênes et de mors sans avoir de vue bien dégagée vers

111. Phrase d'origine platonicienne, voir la note 46 à *Or.* 4, 6, 54 d, t. I, p. 280.

112. HOM. τ 114 : ἐξ εὐηγεσίης, ἀρετῶσι δὲ λαοὶ ὑπ' αὐτοῦ. Le passage vient dans le premier entretien entre Pénélope et Ulysse.

| **14.** Ὅπερ οὖν ἐν νηὶ κυβερνητικὴ τέχνη ἐστί, Ha. 195 d
τοῦτο ἐν πόλει ἀρχικὴ ἀρετή, καὶ δεῖ ταύτην καὶ Do. 282
ἑκοῦσαν πείθεσθαι καὶ ἄκουσαν συναναγκάζειν, ὡς ἂν μὴ πόρρω ἀποστατοίη τῆς τῶν κοινῶν ἐπιμελείας. 2. Ἀρετὴ δὲ εἰς τὰ κοινὰ ἑλκομένη καὶ φύεται μᾶλλον καὶ ἐκπονεῖται· ἀσκεῖται γὰρ ἀεὶ τὸ τιμώμενον, ἀμελεῖται δὲ τὸ ἀτιμαζόμενον. Καὶ τηνικαῦτα δῆλόν ἐστι σοφῶς εἰρημένον τό,

ἀρετῶσι δὲ λαοὶ

ὑπὸ τῶν ἀγαθῶν βασιλέων. Ταχεῖα γὰρ ἦν καὶ τῷ
πλή|θει πρὸς τὰ ἔντιμα ἡ ἐπίδοσις. Τρέφει δὲ ἀρετὴν Ha. 196 a
οὐ τιμὴ μόνον, ἀλλὰ καὶ μελέτη καὶ προσεδρεία, καὶ τὸ ἐνδιατρίβειν τῷ ἔργῳ ὃ προχειρίζεται. 3. Εἰ δὲ ἅμα τε ἀναβαίνοι ἐπὶ τὸ βῆμα καὶ ἀπαλλάττοιτο, ἐκλάμπουσα ἀκαρῆ καὶ σεμνυνομένη ὠκύμορον καὶ ἠλιτόμηνον κάλλος, οὐ πολλοὺς ἂν κινήσειεν ἐραστάς. Χρὴ οὖν αὐτὴν ἐοικέναι δολιχοδρόμῳ μᾶλλον ἢ σταδιεῖ, καὶ μὴ πρώτῃ εὐθὺς νύσσῃ καταπαύειν, ἀλλ᾽ ἐπιέναι πλείονας κύκλους · οὕτω γὰρ ἂν μᾶλλον ἐκφήνειε τὴν δύναμιν καὶ τὴν ἀγλαΐαν.

| **15.** Ὁρῶμεν δὲ καὶ τοὺς ἡνιόχους ὅτι ἐν χρόνῳ τοὺς Ha. 196 b
ἵππους καταμανθάνουσι καὶ πρὸς ὅ τι ἔργον ἑκάστῳ χρηστέον. Ἀνδρὶ δὲ πόλεις καὶ δήμους ἡνιοχοῦντι πλείονος δεῖ ἐμπειρίας τῶν ὑπηκόων, ἢ ἀνάγκη αὐτῷ ἔσται πολλάκις τὰ χαλινὰ ἐπαλλάττειν καὶ τὰς ἡνίας,

MARG. 17 δολιχοδρόμῳ] δολιχοδρόμος λέγεται ὁ πεζοδρόμος, σταδιεὺς δὲ ὁ τὸ στάδιον ἀνύων. Ἢ δολιχοδρόμος ὁ πολλοὺς κύκλους ἑλί´σσων δρόμου A.

FONT. 6-7 Pl., *R.*, VIII, 551 a — 9 Hom. τ 114.

APP. 2 πόλει ἀρχικὴ Di. Do. Ma. : πολιαρχικῇ A Ha. || 7 ἀμελεῖται – ἀτιμαζόμενον om. Ha. || 13 ὃ A Di. Do. Ma. : ᾧ Ha. || 19 ἐπιέναι Di. Do. Ma. : ἐφιέναι A Ha. περιιέναι Cob.

l'avant, et il aura l'esprit constamment tourné vers l'arrière sur ses poursuivants guettant le moment où, arrivés à sa hauteur, ils le jetteront à bas du char sur lequel il est juché. 2. Il ne pourra donc, sans prendre du temps, les amener à une tâche qui, il le sait, demande du temps, ni émettre ou des jugements avec clémence ou des exigences avec bienveillance ; car la clémence en général ne trouvera pas place chez lui en raison de sa hâte et de la peur inspirée par les concurrents sur ses talons. Toutes les entreprises de pareils chefs seront donc tronquées et inachevées, tranchons le mot, elles avorteront, parce qu'ils sont eux-mêmes des avortons[113]. 3. Vous n'avez pas autant besoin de chevaux ou d'armes aussi parfaitement au point que tous les hommes qui ont reçu dans leur lot la tutelle sur les peuples[114]. Car un dieu n'a à son service ni des yeux ni des oreilles ni une pensée enchaînée à un corps, mais il est présent sur tous les terrains, où il ne connaît nulle entrave ni empêchement à la tête de l'ordre sur lequel il règne[115]. C'est pourquoi il a toute facilité aussi, suivant

sans un bruit son chemin,

113. Le mot ἠλιτόμηνος se trouve pour la première fois chez Homère (τ 118), qui raconte la naissance d'Eurysthée, fils de Sthénélos. Grâce aux machinations d'Héra, l'enfant naquit après sept mois seulement. En même temps, la déesse retardait la naissance d'Héraclès. Elle entendait contrecarrer les projets que Zeus avait conçus pour le second. Comme le notent finement Heather, P.-Moncur, D. (2001), p. 251, n. 145, le trait vise Valens érigé à la tête de l'Empire. Or, son inexpérience des hautes charges était notoire (§ 2). On ne peut donc s'étonner qu'il ait eu des chevaux rétifs à son attelage. Qu'il suffise de se rappeler l'insurrection de Procope en 365/366 et surtout sans doute les procès d'Antioche en 371/372, suivis d'importantes purges. On comprendrait alors les remarques de Thémistios sur la législation réparatrice de Théodose Ier (§ 12).

114. La conjecture ἐθνῶν de Cobet est pratiquement sûre. Dans l'onciale, la confusion E | Θ est classique. On trouve en effet en *Or.* 14, 5, 183 d une locution presque identique : τὸ διαλαγχάνειν τὰς τῶν ἐθνῶν ἐπιτροπείας. On suivra donc Portmann, W. (1998), p. 261, n. 63. On notera le passage de la deuxième personne du singulier au pluriel ὑμῖν. On doit comprendre que le conseil s'adresse à Gratien aussi bien.

καὶ τὰ μὲν πρόσω μὴ πάνυ ὁρᾶν, ὀπίσω δὲ ἀεὶ τετράφθαι τῇ γνώμῃ πρὸς τοὺς διώκοντας, ὁπότε ἐπιδραμόντες τοῦ δίφρου αὐτὸν ἐκβαλοῦσιν οὗ ἐπιβέβηκεν. 2. Οὔτ᾽ οὖν ἔργον ὑπάξεται ἀχρόνως ὃ χρόνου δεόμενον οἶδεν οὔτε δι|κάσει πρᾴως οὔτε (Ha. 196 c) εἰσπράξεται εὐμενῶς · . τὸ γὰρ πρᾴως αὐτῷ πανταχοῦ ἡ σπουδὴ | οὐ συγχωρήσει καὶ τὸ δέος | τῶν (Do. 283) κατὰ πόδας ἐπελαυνόντων. Κολοβὰ οὖν καὶ ἀτελῆ (Di. 241) σύμπαντα τὰ τῶν τοιούτων ἀρχόντων ἐγχειρήματα καὶ ἠλιτόμηνα ἀτεχνῶς, ἅτε καὶ αὐτῶν ἠλιτομήνων. 3. Δεῖ δὲ οὔτε ἵππων οὔτε ὅπλων ὑμῖν οὕτως ἀκριβῶς ἐξητασμένων ὡς ἀνδρῶν, ὅσοι διαλαγχάνουσι τὰς τῶν ἐθνῶν ἐπιτροπείας. Θεῷ μὲν γὰρ οὔτε ὀφθαλμοὶ οὔτε ὦτα διακονοῦνται οὔτε γνώμη σώματι ἐνδεδεμένη, ἀλλὰ πάρεστιν ἁπανταχοῦ, ὅλως ἄφετος καὶ | (Ha. 196 d) ἀκώλυτος, τῷ κόσμῳ ἐπιστατῶν, οὗ βασιλεύει. Καὶ διὰ τοῦτο αὐτῷ πολλὴ ῥᾳστώνη καὶ βαίνοντι

δι᾽ ἀψόφου κελεύθου κατὰ δίκην τὰ θνήτ᾽
ἄγειν.

FONT. 18-19 E., *Tr.*, 887-888.

APP. 4 ἐπιβέβηκεν A edd. : – βέβηκε edd. || 13 ἐθνῶν ego post Cob. : θεῶν A edd. || 18 δι ᾽ ἀψόφου A Di. Do. Ma. : διαφόρους κελεύθους Ha. | θνήτ ᾽ ego post Cob. : θνητῶν A edd.

à mener dans le droit les actions des mortels[116].

Celui qui commande et partage le commandement presque sur l'ensemble des terres et des mers a nécessairement à sa disposition une foule d'oreilles et d'une foule d'yeux. Autrement, il ne sera pas de taille en raison de la grandeur de l'Empire. [Il lui faut donc surtout des yeux en bonne santé, car ce qu'il faut surtout pour toi, c'est une bonne santé de l'ouïe et de la vue][117]. 4. Ainsi, princes bardés de telles protections, en marchant tous deux vers l'Orient et l'Occident du même pas, avec le même dessein, en vous jetant le même noble défi[118], vous n'aurez pas grand-peine à ramener à son ancienne ordonnance le pouvoir exercé par Rome et vous guérirez à fond les blessures essuyées avant votre arrivée au gouvernement, lorsque vous aurez choisi chacun un point de départ pour vos opérations et broyé au centre les pauvres résidus qui survivraient d'une race maudite et hors-la-loi. 5. Mais il faudra faire montre d'une agressivité de bon aloi, car les barbares n'ont pas encore le pouvoir à Rome, non, l'ordre a pris, on l'a vu, le dessus sur le désordre, la discipline sur l'indiscipline, l'assurance sur la terreur et la docilité sur l'entêtement : telles sont les armes qui donnent aux hommes la victoire des uns sur les autres. Des boucliers chargés d'or et d'argent, des pierres resplendissantes ou une cavalerie revêtue de fer ne représentent pas des armes dès lors, mais des prix pour ceux qui savent vaincre :

le valeureux Achille reçut l'or pour butin[119].

118. Sugars, J.M. (1997), p. 231 voit ici une allusion à un passage chrétien, voir Gr. Naz., *Or.* 45, 24 dans *PG* 36, col. 657, 5-8 : « Fais de toi un Pierre ou un Jean, hâte-toi vers la tombe, en étant pour eux un adversaire ou un concurrent sur le stade, en relevant leur beau défi » Γενοῦ Πέτρος, ἢ Ἰωάννης· ἐπὶ τὸν τάφον ἐπείχθητι, ἀντιτρέχων, συντρέχων, τὴν καλὴν ἅμιλλαν ἁμιλλώμενος (la traduction est personnelle). Je ne connais pas d'occurrence antérieure de la *iunctura.* Pour les expressions ἴσα βαίνοντε, ἴσα φρονοῦντε, voir *Or.* 4, 12, 59 a ; 9, 12, 128 a.

Ἀνθρώπῳ δὲ ἄρχοντι καὶ συνάρχοντι σχεδὸν ἁπάσης γῆς καὶ θαλάσσης πολλὰ μὲν ὦτα ὑπηρετοῦντα ἔχειν ἀνάγκη, πολλοὺς δὲ ὀφθαλμούς· ἦ οὐκ ἂν ἄλλως ἐξαρκοίη πρὸς τὸ μέγεθος τῆς ἀρχῆς. [Χρὴ οὖν μάλιστα ὑγιαίνειν τούτου τοὺς ὀφ|θαλμούς, ὅτι Ha. 197 a χρὴ μάλιστα ὑγιαίνειν τὰς <σὰς> ἀκοὰς καὶ τὰ σὰ ὄμματα.] 4. Καὶ οὕτω δὴ πεφραγμένω ἄμφω πρός τε ἕω καὶ πρὸς ἑσπέραν ἴσα βαίνοντε, <ἴσα> φρονοῦντε, τὴν ἀγαθὴν ἅμιλλαν ἁμιλλωμένω, ἐπανάξετον οὐ σὺν πολλῷ πόνῳ εἰς τὴν προτέραν τάξιν τὴν Ῥωμαίων ἡγεμονίαν καὶ τὰ τραύματα ἐξακέσεσθον, ἃ τέτρωται πρὸ τῆς σφῶν ἐπιστασίας, ὁρμηθέντες ἔνθεν καὶ ἔνθεν καὶ εἰσθλίψαντες εἴ τι ἐν μέσῳ τοῦ δυσωνύμου καὶ ἀθεμίτου φύλου ἀπορραγὲν λείψανον ἐμμεμένηκεν. 5. Ἔχειν | δὲ χρὴ θυμὸν ἀγαθόν. Ῥωμαίων γὰρ Ha. 197 b οὔπω βάρβαροι κεκρατήκασιν, ἀλλὰ τάξις ἀταξίας κρείττων ἐφάνη καὶ κόσμος ἀκοσμίας καὶ θάμβους θαρραλεότης καὶ τὸ εὐπειθὲς τοῦ δυσηκόου · ταῦτα γὰρ τὰ ὅπλα, οἷς νικῶσιν ἄνθρωποι ἀνθρώπους. Ἀσπίδες δὲ ἐπίχρυσοι καὶ ἐπάργυροι καὶ λίθοι | Do. 284 ἀστράπτοντες καὶ ἵππος σιδήρῳ ἠμφιεσμένη οὐχ ὅπλα ἄρα ἐστίν, ἀλλ' ἆθλα τῶν νικᾶν ἐπισταμένων ·

Χρυσὸν δ' Ἀχιλεὺς ἐκόμισσε δαΐφρων.

FONT. 1-3 cf. D. Chr., I, 32 ; 3, 104-105 — 9 cf. Gr. Naz., *Or.* 45 *PG* 36, col. 657, 5-8 — 23 Hom. B 875.

APP. 4-7 χρὴ – ὄμματα delevi || 5 ὅτι sec|. Ma. || 6 σὰς suppl. Ma. post Re. Gas. || 8 ἴσα suppl. Ma. post Hans. || 11 ἐξακέσεσθον edd. : – κέσασθον A || 19 τὰ A Ha. Di. : om. Do. Ma. || 22 ἀλλ' edd. : ἀλλὰ A.

On ne s'étonnera en rien que les armes de la vertu soient dès lors plus fortes et plus sûres que les produits des manufactures de boucliers ou de bronze. La discipline[120], l'audace et la docilité sont les qualités que vous devez faire revenir dans la phalange et, une fois qu'elles seront de retour, reviendra aussitôt avec elles la victoire ; en effet, ce sont des sœurs les unes des autres qui, la plupart du temps, dans les camps, partagent campagnes et bivouacs, et il est rare que des tentes distinctes abritent jamais la victoire et la vertu.

Une agressivité de bon aloi

16. Les Lacédémoniens de l'Antiquité lors d'une guerre étaient harcelés par les Messéniens ; lors d'une consultation, le dieu leur recommanda de demander à Athènes des renforts pour le combat. Aux ambassadeurs laconiens qui leur demandaient des renforts suivant l'oracle pythien, les Athéniens ne donnèrent ni des hoplites ni des cavaliers ni, par Zeus, des troupes d'infanterie légère ou sans équipement de protection, mais Tyrtée le poète. 2. Dans leur sagesse, les Athéniens savaient bien que physiquement les Lacédémoniens n'auraient pas le dessous sur les Messéniens, mais que ce seraient le cran et l'enthousiasme qui donneraient le succès à égalité d'effectifs, et même à la large infériorité en nombre sur la supériorité : ainsi, à quatre cents, ces mêmes Laconiens ne cédèrent pas devant d'innombrables dizaines de milliers de barbares[121], pas plus que Lucullus devant Tigrane[122], Pompée devant Mithridate[123], César devant les Gaulois[124] ou toi en commandant de cavalerie devant les Sarmates[125]. 3. Remettre droits ces hommes recroquevillés sur eux-mêmes, réveiller leur fierté et les ramener à leur ardeur ancienne était aussi dans les capacités de Tyrtée, et plus dans celles de la philosophie.

Oui, j'ai connu jadis aussi d'autres princes
lors de maintes rencontres – et jamais n'arriva qu'ils me prissent de haut –[126],

| Καὶ οὐδὲν θαυμαστὸν τὰ τῆς ἀρετῆς ὅπλα Ha. 197 c
ἐπικρατέστερα | καὶ ἐγγυώτερα εἶναι ὧν δημιουργοῦσιν Di. 242
ἀσπιδοπηγοὶ καὶ χαλκοτύποι. Τάξιν καὶ τόλμαν καὶ εὐπείθειαν εἰς τὴν φάλαγγα ὑμῖν ἐπανακτέον, καὶ ταύταις ἐπανιούσαις συνεπανήξει εὐθὺς καὶ ἡ νίκη · ἀδελφαὶ γὰρ ἀλλήλων καὶ συστρατιώτιδες καὶ συναυλίζονται τὰ πολλὰ ἐν τοῖς στρατοπέδοις, καὶ σπάνιον εἴ ποτε ἀποσκηνοῖτο νίκη καὶ ἀρετή.

16. Λακεδαιμονίοις τοῖς πάλαι πολέμῳ πιεζομένοις
ὑπὸ Μεσσηνίων ἀνεῖλεν ὁ θεὸς συμμα|χίαν αἰτεῖσθαι Ha. 197 d
Ἀθήνηθεν. Πρεσβευσαμένοις δὲ τοῖς Λάκωσιν οἱ Ἀθηναῖοι καὶ συμμαχίαν τὴν πυθόχρηστον αἰτησαμένοις οὐχ ὁπλίτας ἔδοσαν οὐδὲ ἱππέας οὐδὲ μὰ Δία ψιλοὺς ἢ γυμνῆτας, ἀλλὰ Τυρταῖον τὸν ποιητήν. 2. Ἤιδεσαν γὰρ ἅτε σοφοὶ ὄντες Ἀθηναῖοι τοῖς μὲν σώμασι Λακεδαιμονίους Μεσσηνίων οὐχ ἡττωμένους, θάρσει δὲ καὶ προθυμίᾳ βελτίους γίνεσθαι καὶ ἰσαρίθμους
ἰσαρίθμων καὶ πολλῷ ἐλάττους πλειόνων, ὥσπερ | Ha. 198 a
αὐτοὶ οὗτοι οἱ Λάκωνες τετρακόσιοι ὄντες οὐκ εἶξαν μυριάσι βαρβάρων ἀναριθμήτοις, οὐ Λούκουλλος Τιγράνῃ, οὐδὲ Πομπήιος Μιθριδάτῃ, οὐδὲ Καῖσαρ Γαλάταις οὐδὲ ἱππάρχων <σὺ> Σαυρομάταις. 3. Ἀναστῆσαι δὲ τούτους ἐπτηχότας καὶ ἀνεγεῖραι αὐτῶν τὰ φρονήματα καὶ πρὸς τὸν ἀρχαῖον ζῆλον ἀναγαγεῖν ἱκανὸς μὲν ἦν καὶ Τυρταῖος, ἱκανωτέρα δὲ φιλοσοφία.

Ἤδη γάρ ποτ' ἐγὼ καὶ ἄλλοισιν βασιλεῦσι
πολλάκις ὡμίλησα· καὶ οὔ ποτέ μ' οἵ γ' ἀθέριζον,

FONT. 1 Hom. B 875 — 9-14 Lycurg., 105-106 — 27-28 Hom. A 260-261 (cum I 346).

APP. 8 ἀποσκηνοῖτο A Ma. : – νοῖντο Ha. Di. Do. || 19 οὗτοι om. Ha. || 20-22 οὐ – Σαυρομάταις sec|. Ma. post Gas. || 21-22 οὐδὲ[1] – Γαλάταις om. Ha. || 21 καίσαρ A || 22 σὺ supp|evi Errington secutus || 25 ἱκανωτέρα edd. : ἱκανώτερος A || 27 ἄλλοισιν edd. : ἄλλοισι A.

et dès lors aussi ton chef de lignée[127]. 4. Et le jeune homme m'avait paru à tous égards merveilleusement digne d'admiration mais surtout en quête de son semblable ; il ne situe pas du moins dans les liens du sang la parenté, mais dans l'inclination à aimer la vérité. Par conséquent, si vos personnes ne faisaient pas l'échange de leur beauté respective, au moins pour la beauté de l'âme[128], je n'avais, dirais-je, rencontré qu'un seul prince, à la fois sur le Rhin et sur le Tigre. En effet, vous avez étendu tous deux depuis l'Océan jusqu'au Tigre, du Couchant à l'Orient[129], comme une corne d'Amalthée unique[130], une seule âme, un seul dessein sur un bige d'empereurs[131], qu'accompagnera aussi leur cheval de volée[132], autant de dispensateurs de vie[133], de dispensateurs de prospérité[134] et de champions en rivalité pour l'amour du genre humain. 5. Toutefois, mes bons princes, le grain de chassie[135] voilant la sollicitude que vous accordez, vous devez l'ôter : comme il demeure sous-jacent et s'accroche à la place où il tarde à mourir ! Après Tyrtée, je cite donc le témoignage d'Homère à la voix plus expressive que la sienne[136] :

> « Ah ! malheur ! quel prodige immense, épouvantable à mes yeux,
> se présente, que je disais ne devoir se produire jamais :
> les Troyens dans nos villes ! Naguère
> on les prenait pour des biches promptes à la fuite ! »

et

> « Atride, toi du moins, demeure en tes desseins toujours inébranlable.
> Commande les Argiens dans les rudes mêlées. »[137]

Fais passer aux soldats le mot d'ordre d'Homère :

> « Que chacun aiguise bien sa lance, prépare son écu »[138] ;

celui de la philosophie est que l'on aiguise bien sa lance, oui, mais qu'avant la lance, on aiguise l'ardeur ; que l'on

138. La citation (HOM. B 382) est parfaitement fidèle.

| Ἀτὰρ δὴ καὶ τῷ σῷ ἀρχηγέτῃ. 4. Καί μοι ἔδοξεν Do. 285
ὑπερφυῶς ὁ νεανίας τά τε ἄλλα ἀγαστὸς εἶναι | Ha. 198 b
καὶ ἐξεταστὴς τοῦ ὁμοίου, ὅς γε οὐκ ἐν αἵματος
ἀγχιστείᾳ τίθεται τὸ ξυγγενές, ἀλλ᾽ ἐν τρόπου
φιλαληθείᾳ. Ὥστε εἰ μὴ τῷ κάλλει τοῦ σώματος
διηλλάττετον, κατά γε τὸ κάλλος τῆς ψυχῆς ἑνὶ
ἂν ἔφην βασιλεῖ ἐντετυχηκέναι, πρός τε | τῷ Ῥήνῳ Di. 243
καὶ πρὸς τῷ Τίγρητι. Τώ τοι διατέτατον ἐκ τοῦ
Ὠκεανοῦ πρὸς τὸν Τίγρητα καὶ ἐκ τῆς ἑσπέρας εἰς
ἕω ὥσπερ κέρας ἓν Ἀμαλθείας, μία ψυχὴ καὶ μία
γνώμη, ἐν ξυνωρίδι αὐτοκρατόρων, ᾗ καὶ ὁ παρήορος
ἀκολουθήσει, ζωοδόται καὶ ὀλβοδόται, ἐφάμιλλοι
ἀγωνισταὶ | φιλανθρωπίας. 5. Ἀλλ᾽, ὦ ἀγαθοί, τὴν Ha. 198 c
λήμην ὑμῶν ἀφαιρετέον ἧς χορηγεῖτε κηδεμονίας,
ὅση ὑποβέβηκεν ἔτι καὶ ἐγκάθηται δυσθανατῶσα.
Λέγω οὖν παραστησάμενος τὸν Τυρταῖον καὶ τὸν
Τυρταίου μεγαλοφωνότερον Ὅμηρον·

Ὢ πόποι, ἦ μέγα θαῦμα τόδ᾽ ὀφθαλμοῖσιν ὁρῶμαι
δεινόν, ὃ οὔποτ᾽ ἔγωγε τελευτήσεσθαι ἔφασκον,
Τρῶας ἐφ᾽ ἡμετέρας ἰέναι πόλις, οἳ τὸ πάρος περ
| φυζακινῇς ἐλάφοισιν ἐῴκεσαν. Ha. 198 d

καὶ

Ἀτρείδη, σὺ δ᾽ ἔθ᾽ ὡς πρὶν ἔχων ἀστεμφέα βουλήν,
ἄρχευ Ἀργείοισι κατὰ κρατερὰς ὑσμίνας.

παράγγελλε δὲ ἐξ Ὁμήρου μὲν τοῖς στρατιώταις,

Εὖ μέν τις δόρυ θηξάσθω, εὖ δ᾽ ἀσπίδα θέσθω.

MARG. 8 διατέτατον] ἤγουν φθανοῦσιν A.

FONT. 13-14 Arist., *Rhet.*, 1411 a 15-16 cf. Plu. 186 c — 18-21 Hom. N 99-102 — 23-24 Hom. B 344-345 — 26 Hom. B 382.

APP. 2 ἀγαστὸς A Di. Do. Ma. : ἀγαθὸς Ha. || 6 διηλλάττετον edd. : δηλάτ- A || 8 τώ A Do. Ma. : τῷ Ha. Di. | διατέτατον A Do. Ma. : – τέτασθον Ha. Di. || 11 ὁ om. Ha. || 13 τὴν edd. : ἣν A || 14 ὑμῶν A Di. Do. Ma. : ἡμῶν Ha. qui coni. ὑμῖν || 18 θαῦμα om. A | τόδ᾽ edd. : τόδε A || 20 πόλις scripsi : πόλεις A νέας Hom. | τὸ edd. : το A || 21 φυζακινῇς Hom. : -κινοῖς A edd. || 23 δ΄ἔθ΄ A : δὲ edd. perperam || 26 μέν A alia manu edd. : om. A in t.

prépare son écu, oui, mais qu'avant l'écu, on prépare le courage de l'âme. Avec un tel mot d'ordre et une telle injonction[139],

> tu chasseras d'ici ces chiens voués aux Kères,
> [ceux qu'emportent les Kères].

et on les repoussera sur l'Ister

> afin que désormais et dans tout l'avenir, chacun tremble
> de nuire à l'hôte qui offre son amitié[140].

139. Hom. Θ 527-528 : ἐξελάαν ἐνθένδε κύνας κηρεσσιφορήτους, | οὓς κῆρες φορέουσι μελαινάων ἐπὶ νηῶν. Toutefois, aucun des commentateurs de Thémistios ne paraît s'être aperçu que l'épithète κηρεσσιφορήτους était typiquement destinée à un long parcours chez les grammairiens et lexicographes de tout poil. Θ 528 n'est pas traduit par P. Mazon sur la partie noble de la page, mais uniquement en note de son édition, p. 47 (« que les déesses du trépas apportent sur les nefs noires ») et κηρεσσιφορήτους en Θ 527 est un hapax homérique. En revanche, il n'est pratiquement aucun grammairien, lexicographe ou commentateur qui ne lui consacre une explication que l'on devine aisément. Mazon fait remarquer que « l'état du texte laisse fort à désirer dans cette fin de chant. Les critiques anciens y supprimaient nombre de vers, et notre tradition manuscrite porte les marques d'un réel flottement. » En va-t-il de même ici pour Thémistios? Je suis enclin à le croire. L'hémistiche οὓς κῆρες φορέουσι répète inutilement la fin du vers précédent. Je le tiens pour une glose introduite par un lecteur ou un copiste amateur de littérature homérique grammaticale. Il n'a rien à faire dans le discours.

140. Hom. Γ 353-354. La citation est parfaitement fidèle. C'est Ménélas qui parle de Pâris en adressant une prière à Zeus. Thémistios vise Athanaric.

| Ἐκ φιλοσοφίας δέ, ὅτι θηξάσθω μὲν καὶ τὸ Ha. 199 a
δόρυ εὖ, θηξάσθω δὲ πρὸ τοῦ δόρατος τὸν θυμόν,
καὶ θέσθω μὲν | εὖ τὴν ἀσπίδα, θέσθω δὲ πρὸ τῆς Do. 286
ἀσπίδος τὴν εὐψυχίαν, καὶ ταῦτα παραγγέλ λων
καὶ παρεγγυῶν,

Ἐξελάσεις ἐνθένδε κύνας κηρεσσιφορήτους
[οὓς κῆρες φορέουσι],

καὶ οἴσουσ᾽ ἐπὶ τὸν Ἴστρον,

Ὄφρα τις ἐρρίγῃσι καὶ ὀψιγόνων ἀνθρώπων
ξεινοδόχον κακὰ ῥέξαι, ὅ κεν φιλότητα παράσχῃ.

FONT. 6-7 Hom. Θ 527-528 — 9-10 Hom. Γ 353-354.

APP. 7 οὓς … φορέουσι ut glossema damnavi || 8 οἴσουσ᾽ A edd. : οἴσεις Gas. | Ἴστρον edd. : Ἵστρον A || 10 ξεινοδόχον edd. : – δόκον A | ὅ κεν edd. : ὅς κε A.

DISCOURS XVI

NOTICE
DU DISCOURS XVI

La présence de Gratien ne se perçoit plus pratiquement dans le discours XVI : l'empereur occidental n'est que le héraut transmettant le message venu d'en-haut[1]. L'élévation de Saturninus au consulat a éveillé des controverses parmi les épigraphistes. L'usage voulait qu'entrant dans le collège impérial Théodose Ier revêtît lors de sa deuxième année le consulat en association avec celui qui avait favorisé son arrivée au pouvoir. Jusqu'en 384 la succession des consulats telle qu'elle ressort des documents disponibles peut donc se représenter comme suit[2] :

	Occident	Orient
380	Gratianus V	Theodosius I
381	Fl. Syagrius	Fl. Eucherius
382	Fl. Claudius Antonius	Fl. Afranius Syagrius
383	Fl. Merobaudes II	Fl. Saturninus
384	Fl. Richomeres	Clearchus

En qualité de premier Auguste, Gratien a désigné le collège consulaire conformément à la préséance

1. Maraval, P. (2009), p. 70, voir *Or.* 16, 11, 207 b : κηρύττει δὲ Γρατιανὸς τὴν ἄνωθεν ψῆφον.
2. Voir *PLRE* I, p. 1045 (*Fasti*).

qui lui revenait. En 381, l'élévation de Fl. Eucherius[3] peut passer aussi pour un début de réhabilitation de l'oncle de Théodose Ier, le frère de Théodose l'Ancien. Manifestement, le personnage prépondérant ici était Fl. Syagrius. Les empereurs durent conclure une sorte d'accord au terme duquel le parent d'un empereur ne pourrait occuper que le rôle mineur au sein d'un collège consulaire[4]. Pour l'année suivante, 382, un des deux consulats revint à Fl. Claudius Antonius, lui aussi un parent de Théodose : sa soeur, Maria, avait peut-être épousé Honorius, un frère aîné de Théodose. Toutefois, préfet du prétoire des Gaules (376-peut-être 377), il avait pris la préfecture du prétoire d'Italie en 377-378. Le second rôle alla cette année-là à Fl. Afranius Syagrius qui, après plusieurs hautes charges, occupa aussi la préfecture du prétoire d'Italie en 382[5]. Pour 383, les données se compliquent car un groupe d'inscriptions donne un consulat de Théodose et de Mérobaude[6], soit Theodosius Aug. II et Merobaudes II pour le trimestre de janvier à fin février ou au début de mars, puis Fl. Merobaudes II et Fl. Saturninus[7]. En fait, au début de l'année, la seule combinaison connue à Rome aurait été Theodosius Aug. II et Merobaudes II. D'ailleurs, Thémistios déclare que l'on supposait en un premier temps que le consul oriental attendu était Théodose, et non pas Saturninus, son maître de milice (16, 5, 202 d : ἀνθ΄ἑαυτοῦ … αὐτὸν ἀνεκήρυξε) et que l'empereur avait transféré la dignité de consul qu'il avait revêtue sur les épaules de son général (6, 203 a).

3. Sur Eucherius, *PLRE* I, *s.v. Flavius Eucherius* 2, p. 288-289. Il avait été *comes sacrarum largitionum* pour les années 377-379. Créature de Gratien, Syagrius était préfet du prétoire pour l'Italie pour les années 380-382, *PLRE* I, *s.v. Flavius Syagrius* 3, p. 862-863.

4. Bagnall, R.C. (1987), p. 297.

5. *PLRE* I, *s.v. Flavius Afranius Syagrius* 2, p. 862.

6. Bagnall, R.C. (1987), p. 651.

7. Bagnall, R.C. (1987), p. 383.

Le destinataire du discours 16, prononcé le 1er janvier 383[8], est un des officiers supérieurs rescapés de la bataille d'Andrinople. Au moment où Thémistios l'évoque, il a déjà derrière lui une carrière longue et tourmentée[9]. Il était déjà en fonction sous le règne de Constance II quand Thémistios lui-même fut admis à fréquenter le palais impérial à Constantinople[10]. Il fut, en qualité d'intendant du palais[11], condamné à l'exil lors du procès de Chalcédoine, au début du règne de Julien en même temps, qu'Evagrius, comte de la fortune privée et Cyrinus, un ancien notaire[12].

Vers 373, il était comte résidant à Antioche où il accueillit chez lui l'évêque Abramios, évêque de Batnas[13]. On le voit, Saturninus était un chrétien de vieille roche. En tout cas, peu avant le désastre d'Andrinople, Valens se trouvait à Constantinople quand se dressa devant lui un certain Isaac qui en vociférant lui annonça la défaite prochaine. L'empereur n'avait aucune raison de prêter une oreille accueillante à un personnage à l'accoutrement étrange, un ermite syrien installé depuis peu dans les faubourgs de la ville. Aussi le fit-il arrêter par deux

8. MAISANO, R. (1995), p. 579.

9. *PLRE* I, *s.v. Flavius Saturninus* 10, p. 807-808. Le nom complet est connu par les inscriptions.

10. *Or.* 16, 2, 200 b.

11. La charge de diriger les chambellans du palais impérial devait être plutôt modeste, JONES, A. H. M., *LRE* I, p. 372-373 et II, p. 1148.

12. AMM., XXII, 3, 7 : *Pari sorte Evagrius comes rei privatae et Saturninus ex cura palatii et Cyrinus ex notario portati sunt in exilium.*

13. BAS., *Ep.* 132, p. 46, 7-8 Courtonne : Νῦν δὲ μαθὼν ἐν Ἀντιοχείᾳ διάγειν ἐν τῇ οἰκίᾳ τοῦ αἰδεσιμωτάτου Σατορνίνου τοῦ κόμητος. On peut supposer que la cité en question n'est autre que Batnai, une cité d'Osrhoène, proche d'Édesse et peu éloignée de l'Euphrate, qui fut fondée par les Macédoniens et détruite sous Trajan. Selon Ammien (XIV, 3, 3) elle était le siège en septembre d'un marché fameux par les produits indiens et chinois en liaison avec une fête religieuse. Malgré les références à de très nombreux textes antiques, Fraenkel ne donne pas celui de Basile de Césarée (art. *Batnai,* dans *RE* V (1897), col. 140-141).

officiers proches, Saturninus et Victor[14]. Quelques mois plus tard, Saturninus et Victor eurent l'occasion de mettre en relation la disparition de Valens et le sort d'Isaac, une fois libéré de ses chaînes[15]. Son devoir accompli, Isaac n'avait-il plus désormais qu'à se retirer dans son désert syrien, afin d'y renouer avec son existence érémitique coutumière ? Saturninus trouva en 382 une solution intermédiaire qui permit à Isaac d'éviter les pièges de la future capitale : il lui fit construire une cellule dans une propriété qu'il possédait hors de l'enceinte constantinienne, non loin de la porte du Xérolophos, dans la partie orientale du quartier de Psamathia. Ce fut le premier monastère construit à Constantinople. Isaac mourut beaucoup plus tard, sous Théodose II, en 406[16].

En tout cas, désespéré par la multiplication des guerres et des pillages de toute sorte, Valens confia temporairement la charge de la cavalerie à Saturninus en lui demandant de prêter main forte au *magister peditum* Traianus et à Profuturus sur le front thrace[17]. Exaspérés par la famine, les barbares menaçaient de se répandre sur tout l'Hémimont

14. *Vita Isaacii* (*BHG* 955 B), II, 8, dans *AASS. Mai* VII, p. 251 προσκαλεσάμενος δύο τῶν μεγιστάνων αὐτοῦ ὄνομα τῷ ἑνὶ Σατορνῖνος καὶ ὄνομα τῷ δευτέρῳ Οὐίκτωρ παρέδωκε τὸν ὅσιον.

15. *Vita Isaacii* (*BHG* 955 B), III, 10, dans *AASS. Mai* VII, p. 252. Pour tout ceci, voir DAGRON, G., « Les moines et la ville. Le monachisme à Constantinople jusqu'au concile de Chalcédoine (451) », dans *TM* 4 (1970), p. 229-276 repris dans *Idées byzantines* I, Paris, 2012, p. 111-154 (qui sera cité ici), plus spécialement p. 112-113.

16. ἐν τῷ παραθαλασσίῳ μέρει τῆς πόλεως πλησίον Ἑλενιανῶν εἰς τὴν καλουμένην Ψαμαθείαν, voir *Vita Isaacii* (*BHG* 955 B), III, 10, dans *AASS. Mai* VII, p. 256. Pour la localisation et l'histoire du sanctuaire, JANIN, R., *Le siège de Constantinople et le patriarcat œcuménique*. III *Les églises et les monastères*, Paris, 1969, p. 82-84; *Constantinople byzantine*, 2e éd., Paris, 1964, p. 333-334; DAGRON, G., *Idées byzantines* I, p. 113.

17. AMM., XXXI, 8, 3 *Inter quae Valens audito lugubri bellorum direptionumque eventu Saturninum equestris exercitus ad tempus cura commissa suppetias Traiano ferentem misit et Profuturo*. En 377-378, Traianus était *magister peditum* en Thrace (*PLRE* I, *s.v. Traianus* 2,

en le submergeant y compris ceux qui surveillaient les zones les plus exposées. Saturninus qui avait pris les devants sur place et disposait des cordons de troupes et des postes en rase campagne rassemblait graduellement ses soldats afin d'organiser la retraite dans les meilleures conditions[18]. Sans doute avait-il ainsi gagné une position relativement favorable, ce qui lui sauva la vie[19].

De retour à Constantinople, il fut en relations avec Grégoire de Nazianze qui venait d'abdiquer du patriarcat (juillet 38)[20]. Le patriarche démissionnaire priait (été 382) Saturninus de lui accorder son soutien pour un nouveau concile qui était en préparation. Il faudrait que le soldat acceptât d'être le champion de la bonne cause, c'est-à-dire celui de l'orthodoxie nicéenne[21]. Quelques mois plus tard, en 383, il fut élu au consulat pour l'Orient, en même temps que Merobaudes pour l'Occident. En 388, il gardait toujours une influence considérable à la cour[22].

p. 921-922) ; Profuturus était probablement *comes rei militaris* (*PLRE* I, *s.v. Profuturus* 2, p. 749).

18. Amm., XXXI, 8, 5 : *Quo cognito Saturninus – iam enim aderat et praetenturas stationesque disponebat agrarias – paulatim conligens suos, digredi parabat consilio non absurdo: ne subita multitudo ut immanis pulsus undarum obicibus ruptis emissus, convelleret levi negotio cunctos, suspecta loca acutius observantes.*

19. Ammien (XXXI, 13, 9) mentionne trois hauts gradés qui réussirent à tirer leur épingle du jeu à Andrinople, Richomer, Saturninus et Victor.

20. Pour la date, Bernardi, J. dans Tuilier, A.-Bady, G.-B. J., *Saint Grégoire de Nazianze. Œuvres poétiques* I 1re partie *Poèmes personnels,* Paris, 2004, p. XXXIX.

21. Gr. Naz., *Ep.* 132, 3 Ταύταις ὅτι ἂν δυνηθῇς εἰσενεγκεῖν, μὴ κατοκνήσῃς τὴν κοινὴνόμόνοιαν καὶ λόγῳ καὶ ἔργῳ βραβεῦσαι, ἐπειδὴ πάλιν ἐπισκόπων σύνοδος καὶ δέος πάλιν μὴ καὶ νῦν αἰσχυνθῶμεν, πικρὸν καὶ ταύτης λαβούσης τὸ τέλος, ὥσπερ τῆς πρότερον. Au même moment, Grégoire écrivait (Ep. 133) à Victor pour obtenir sa collaboratiion afin de l'aider à juguler les menées des hérétiques (Ariens, Apollinaristes) et le schisme d'Antioche qui avait provoqué de grandes difficultés au concile de 381, Gallay, P., *Saint Grégoire de Nazianze Lettres* II, Paris, 1967, p. 22, n. 5.

22. Lib., *Ep.* 857 ; 897.

En 396, il fut conduit à émettre un jugement à propos de Timasius dont il obtint la condamnation malgré son collègue Procopios. Dans son récit, Zosime a sur lui quelques phrases très critiques. Christianisme oblige, peut-on supposer[23] :

il avait atteint un âge fort avancé, obtenu de grands honneurs, et pourtant n'était pas exempt de flagornerie, mais avait coutume dans les procès de tenir compte des désirs et des intentions de ceux qui gouvernaient avec l'empereur.

En 400, le *magister utriusque militiae* Gainas obtint d'Arcadius que le vieux héros fût condamné à l'exil, en même temps que le consul de l'année, Aurelianus, et un certain Jean, mal connu par ailleurs. En fait, tous trois devenaient, de fait, les otages de l'arien Gainas[24]. Toutefois, en 404, il avait disparu[25].

Sur le plan formel, le discours se donne comme un éloge double (2, 200 c).

Malgré son délabrement physique, l'orateur a assisté à la signature de la paix, dont il doit parler (§ 1), mais il a aussi à évoquer le consulat éponyme de Saturninus qui l'a aidé au début de sa carrière (§ 2). Solennelle, la séance se tient devant l'empereur et tous ses ministres (§ 3). Les félicitations émanent d'abord de la philosophie (§ 4), mais en fait, c'est l'empereur qui a décerné le titre de consul (§ 5). Originalité du consulat conféré par Théodose à Saturninus (§ 6). En donnant la priorité à la valeur,

23. Zos., V, 9, 3 : εἰς γῆρας ἦν βαθὺ προελθὼν καὶ μεγάλαις τετιμημένος ἀξίαις, οὐκ ἔξω δὲ κολακείας, ἀλλ' εἰωθὼς ἐν ταῖς κρίσεσι τὰς τῶν βασιλεῖ παραδυναστευόντων θεραπεύειν ὁρμάς τε καὶ γνώμας.

24. J. Chr., *PG* 52, col. 413-420 ; Socr., VI, 6, 9-10 ; Soz., VIII, 4, 5 ; Joh. Ant., fr. 284 éd. Roberto; Zos., V, 18, 7-9, voir, sur ce point, la note très précise de Paschoud, Fr. (1986), p. 149-151.

25. Pall., *V. Chr.,* 4, 93 *p.* 94 éd. Malingrey. Palladios mentionne Castricia, veuve de Saturninus, donnée en même temps qu'Eugraphia, une folle furieuse (ἀμφιμανής). Parmi les femmes de la cour, elles appartenaient au parti de Théophile et donc des adversaires de Jean Chrysostome.

le souverain favorise l'émulation (§ 7) et il suit l'exemple de Trajan (§ 8). La distinction est d'autant plus remarquable que Théodose devrait faire célébrer durant l'année ses *Quinquennalia* (§ 9). En fait, Saturninus a mené une carrière régulière jusqu'à son aboutissement (§ 10). Rappel des hauts faits militaires de Saturninus (§ 11, 1-3) et des pouvoirs de persuasion de l'empereur (§ 11, 4-6). Ce dernier charge Saturninus de conclure la paix avec les Goths (§ 12-15). Epargnés, ces derniers désormais contribuent à la vie économique (§ 16). Autres exemples pris au passé (§ 17). Les conséquences en sont bénéfiques pour l'Empire (§ 18). Rappel de l'action bénéfique de Théodose, qui aura d'immenses conséquences sur le plan mondial (§ 19). L'orateur fait des offres de service pour la formation du jeune Arcadius (§ 20).

CONSPECTVS SIGLORVM

Codices

A	Ambrosianus I 22 sup., chartaceus, *ca.* 1326-1333.
Π	Coislinianus gr. 323, s. XIV in.
v	Vindobonensis Theolog. Gr. 21, s. XVI extr.

Editores et viri docti

Cob.	Cobet, C. G.
Di.	Dindorf, G.
Do.	Downey, G.
Doehn.	Doehner, T.
ego	Schamp, J., nunc primum
Gas.	Gasda
Ha.	Hardouin, J.
Hans.	Hansen
Iac.	Jacobs, F.
Ma.	Maisano, R.
Re.	Reiske, J. J.
Roul.	Roulez, J. I. G.
Sch.	Schenkl, H.

DISCOURS XVI

DISCOURS DE REMERCIEMENT À L'EMPEREUR POUR LA PAIX ET POUR LE CONSULAT DU MAÎTRE DE MILICE SATURNINUS

1. Souvent, je me suis dit en mon for intérieur que la souffrance physique et l'avancement de mon âge[1] devraient désormais me faire déposer l'écritoire[2] et m'abstenir de casser encore les oreilles du souverain avec mes discours. Et même s'il doit décidément recevoir une contribution quelconque de la philosophie, elle a été versée suffisamment à l'avance.

Signature d'un traité de paix

2. Mais puisque me voici devenu le témoin oculaire de cette journée où il a introduit la paix, comme on le fait au cours d'une cérémonie à mystère, sans bruit et sans tintamarre, chez des gens qui avaient déjà complètement perdu toute espérance, qu'il (leur) a livré les barbares lesquels, volontairement, avaient renoncé à user du fer, et que nous avons eu sous les yeux, largement ouverts et en toute clarté, un spectacle[3] que nous ne voyions jusqu'ici que sur la peinture des tablettes[4], non, je ne suis pas en mesure de garder ma contenance et[5],

sans rougir de mes ans, comme dit Euripide, vais entrer dans la danse.

3. Ce serait même scandaleux en effet d'adresser encore des encouragements au champion de la lutte contre l'ennemi et de ne point lui décerner, quand il l'a

* Les notes qui n'ont pu être placées sous les pages sont reléguées en fin de volume, p. 169-193.

<ΙΣ'> ΧΑΡΙΣΤΗΡΙΟΣ ΤΩΙ ΑΥΤΟΚΡΑΤΟΡΙ ΥΠΕΡ ΤΗΣ ΕΙΡΗΝΗΣ ΚΑΙ ΤΗΣ ΥΠΑΤΕΙΑΣ ΤΟΥ ΣΤΡΑΤΗΓΟΥ ΣΑΤΟΡΝΙΝΟΥ

Ha. 199 b
Di. 244

| **1.** Πολλάκις ἐβουλευσάμην | κατ᾽ ἐμαυτὸν ὅτι μοι καὶ Do. 288
τοῦ σώματος πεπονηκότος καὶ τοῦ γήρως ἐπιδιδόντος Ha. 199 c
καταθετέον ἤδη τὴν πινακίδα καὶ ἀφεκτέον τοῦ διοχλεῖν ἔτι τὰς βασιλέως ἀκοὰς ἐπὶ τοῖς λόγοις. Καὶ γὰρ εἴ τινα χρὴ αὐτῷ γενέσθαι παρὰ φιλοσοφίας συντέλειαν, αὐτὴ προεκτέτισται ἱκανῶς. 2. Ἀλλ᾽ ἐπειδὴ τῆς ἡμέρας ἐκείνης αὐτόπτης κατέστην, ἐν ᾗ τὴν εἰρήνην εἰσῆγεν, ὥσπερ ἐν τελετῇ ἀψοφητὶ καὶ ἀπραγμόνως, ἤδη παντελῶς δυσελπιστοῦσι καὶ παρέδωκε τοὺς βαρβάρους ἐξισταμένους ἐθελοντὰς τοῦ σιδήρου, καὶ ταῦτα εἴδομεν ὕπαρ καὶ ἐναργῶς, ἃ τέως ἐπὶ τῶν πινάκων γραφέντα | ἐθεώμεθα, οὐχ Ha. 199 d
οἷός τέ εἰμι κατέχειν ἐμαυτόν, οὐδὲ

τὸ γῆρας αἰσχύνομαι κατ᾽ Εὐριπίδην μέλλων χορεύειν.

3. Καὶ γὰρ ἂν σχέτλιον εἴη ἀντέχοντι μὲν ἔτι πρὸς τοὺς πολεμίους ἐπικελεύεσθαι, κρατήσαντα δὲ μὴ στεφανοῦν, καὶ πραγματευόμενον μὲν τὴν εἰρήνην τεθαυμακέναι, τοὔργον δὲ ἐπιθέντος ὀλιγωρεῖν, ὥσπερ

MARG. 7 καταθετέον] ἤγουν καταλειπτέον (-ληπ- A) ἤδη τὸ λογογραφεῖν · τοῦτο γὰρ διὰ τῆς πινακίδος ἐμφαίνεται A Π – 19 σχέτλιον] ἤγουν ἄδικον Π – 20 ἐπικελεύεσθαι] διεγείρειν παρορμᾶν Aν Π.

FONT. 18 E., *Bacch.*, 204-205.

APP. 1-4 Titulus deest in Π || 4 ῑς A || 10 αὐτὴ edd. : αὕτη codd. || 15 ἐναργῶς A Π : ἐνερ- ν || 16 γραφέντα ἐθεώμεθα Cob. : γράφοντες ἐγενόμεθα Di. Do. Ma. codd. || 18 χορεύειν A Π : χωρ- ν.

maîtrisé, de couronne, d'avoir été l'admirateur de qui négocie la paix et de l'oublier une fois l'affaire conclue : on dirait d'un lutteur dans le stade que l'on applaudit quand il affronte ses adversaires dans la poussière, mais que l'on hésite, quand il l'a immobilisé à terre et a assis sa supériorité, à proclamer vainqueur.

Le consulat de Saturninus

2. J'étais donc déjà disposé à mettre la main à mon petit texte et à tenter de voir s'il m'était resté, malgré mes troubles de santé, quelque puissance oratoire, lorsque le souverain m'imposa une autre douce contrainte en élevant au consulat éponyme de l'année son maître de milice ; depuis longtemps, j'étais le débiteur de ce dernier[6] et je cherchais une occasion de m'acquitter, mais pas seulement de la dette publique contractée à juste titre par les lettres envers les armes qui ont marché devant elles au premier rang et leur font un rempart de boucliers ; c'est que ma dette personnelle est encore plus importante et, vieille de plus de trente ans, elle a grossi des intérêts[7]. 2. Je commençais tout juste à fréquenter le palais impérial, quand il me servait de guide ; j'étais déjà connu, quand il s'efforçait de renforcer ma position et, finalement, au cours de l'heureux exercice de cette charge[8], il n'a pas un seul instant manqué, avec l'assentiment du prince, tant <devant le prince>[9] que devant la majorité des gens, de rehausser peu ou prou mon prestige.

9. Le texte est évidemment corrompu. Le τε des manuscrits impose la présence d'un premier terme, qui manque, à moins de supposer que la conjonction elle-même ait été altérée. C'est ce qu'ont supposé Hardouin, qui propose de construire la suite comme une consécutive avec ὥστε, et Reiske, aux yeux de qui elle a pris la place du pronom personnel ἐμέ. On avouera que les deux conjectures donnent un texte passablement plat. Ni Leppin, H. (1998), p. 268, n. 14, qui retient celle de Reiske, ni Heather, P.-Moncur, D. (2001), p. 266, n. 193, qui signalent le problème sans offrir de véritable solution, ne prennent la peine de discuter la brillante correction de Doehner, adoptée par Maisano.

εἴ τινα ἐν τοῖς σταδίοις ἀγωνιστὴν προσμαχόμενον μὲν ἐν τῇ κονίστρᾳ τοῖς ἀντιπάλοις ἐπῄνουν, καταβαλόν|τα δὲ καὶ κρείττω γεγενημένον κηρύττειν Ha. 200 a ἀπώκνουν.

| 2. Ἤδη δὲ ἐπὶ τούτοις προθυμουμένῳ προσάγειν Di. 245 τὴν χεῖρα τῷ γραμματίῳ καὶ ἀναπειρᾶσθαι, εἰ ἐμοὶ τοῦ λέγειν | ἡ δύναμις τοσούτῳ κλύδωνι τοῦ Do. 289 σώματος παραμε μένηκεν, ἐπάγει βασιλεὺς ἑτέραν γλυκεῖαν ἀνάγκην, τὸν στρατηγὸν ἀνειπὼν εἰς τὴν ἐπώνυμον τοῦ ἔτους ἀρχήν· ᾧ πάλαι μὲν ὑπόχρεως ἦν, καιρὸν δὲ ἐζήτουν ἐπιτήδειον τῆς ἐκτίσεως, οὐ κατὰ μόνον τὸ κοινὸν ὄφλημα τῶν λόγων, ὃ τοῖς ὅπλοις ὀφλισκάνουσι δικαίως | προβεβηκόσιν αὐτῶν Ha. 200 b καὶ προασπίζουσιν, ἀλλ᾽ ἦν ἄρα καὶ τἀμὰ ἴδια πλείω καὶ πλεῖν ἢ τριάκοντα ὅλων ἐνιαυτῶν χρέως ηὐξημένον. 2. Ἄρτι τε γὰρ ἀρχόμενον παριέναι εἰς τὰ βασίλεια ἐξενάγει καὶ γνώριμον ἤδη γεγενημένον συνεπηνώρθου, καὶ τὰ τελευταῖα ταῦτα ἐπὶ τῆς εὐδαίμονος ταύτης ἀρχῆς οὔτε μέγα οὔτε μικρὸν ἐκλέλοιπε συμπροθυμουμένου βασιλέως <βασιλεῖ> τε καὶ τοῖς πολλοῖς ἐντιμότερον καταστῆσαι.

APP. 1-2 τοῖς – κονίστρᾳ om. Ha. || 7 ἐν ante τοσούτῳ addendum esse cens. Gas. || 15 ὅλων om. Π[in t.] | χρέως Di. Do. Ma. : χρέος Αν Π om. Ha. || 16 ηὐξημένα Ha. || 19 οὔτε[1] Di. Do. Ma. : οὐ Αν Π || 20 βασιλεῖ suppl. Ma. post Doehn. || 21 τε Αν Π : ὥστε coni. Ha. coni. alii alia.

3. Oui, bien sûr, la chose a paru étrange à mes yeux : le Sénat, dès son entrée en séance, lui accordait, après que l'empereur l'eut élevé au consulat, les actions de grâce d'usage, tandis que nous, même à ce moment, nous y manquions, bien à contre-cœur, alors qu'à présent, de propos délibéré, nous marquerions de l'hésitation[10], à prononcer dans un discours, non pas unique, mais celui que voici, un éloge, celui du maître de milice certes, mais bien davantage encore celui du prince[11]. Lorsque le bénéficiaire mérite les hautes charges qu'on lui accorde, on admire la décision du donateur ; recevoir des honneurs à juste titre rapporte aussi des éloges qui ne sont pas moindres[12] pour celui qui les a reçus qu'à celui qui les lui confère.

L'auditoire

3. Voici qu'entre en séance à présent le sénat en notre personne et, aux paroles requises par les circonstances, il joint celles que fournit l'étude. Car on doit tenir notre voix pour celle de la vénérable assemblée : elle ne nous octroie de priorité que pour nos discours, en sorte que, si les mots que je prononce sont également les miens, la pensée, elle, est commune aux auditeurs : c'est avec elle en tête uniquement que nous nous sommes tous présentés. 2. Reste qu'il existe un mot fréquemment répété : le verbe est l'ombre d'une action[13] et en aucun façon un remerciement au poids équivalent. 3. Mais, pour ma part, lorsque je regarde le chœur qui m'entoure et celui qui le préside[14], je crois pouvoir dire que, loin de me borner à la mesure même[15], ce que je rends a bien plus de valeur.

10. La langue du passage est passablement précieuse ; on peut donc hésiter, cf. Matino, Giuseppina (1985), p. 138, sur la politique d'édition à tenir. Les deux manuscrits donnent la leçon ἀποκνήσασθαι que Cobet a proposé de corriger en ἀποκνήσεσθαι. À ma connaissance, la forme d'infinitif aoriste ne figure qu'ici, alors que l'infinitif futur n'apparaît pas ailleurs dans la littérature conservée.

3. Καὶ δῆτά μοι δεινὸν κατεφάνη τὴν μὲν βουλὴν εὐθὺς εἰσελθοῦσαν, ἡνίκα αὐτὸν ἀνεῖπεν ὁ αὐτοκράτωρ, δοῦναι τὰ πρέποντα χαριστήρια, | ἡμᾶς δὲ καὶ τότε Ha. 200 c ἄκοντας ἐλλείπειν, καὶ νῦν ἑκόντας ἀποκνήσασθαι, ἀλλὰ μὴ δι᾽ ἑνὸς τοῦ παρόντος λόγου, καὶ τὸν στρατηγὸν ἄρα ἐπαινήσασθαι καὶ πολλῷ μᾶλλον τὸν βασιλέα. Ὅταν γὰρ ὁ λαβὼν ἄξιος φαίνηται τῶν τηλικούτων, θαυμαστὴ τοῦ διδόντος ἡ ψῆφος · καὶ τὸ δικαίως τιμῆς τυχεῖν <οὐ> μείζων ἔπαινος τοῦ τετυχηκότος ἢ τοῦ διδόντος.

3. Εἴσεισι δὲ νῦν ἡ βουλὴ δι᾽ ἡμῶν καὶ τοῖς ἐπὶ καιροῦ τότε ῥηθεῖσι προστίθησι τὰ ἐκ τῆς σχολῆς. Τὴν γὰρ ἡμετέ | ραν φωνὴν τῆς γερουσίας φωνὴν Ha. 200 d νομιστέον · οὐ γὰρ ἐπ᾽ ἄλλῳ τῳ προΐσταται ἡμᾶς ἢ ἐπὶ τοῖς λόγοις, ὥστε τὰ μὲν | ῥήματα ἴσως ἐμαυτοῦ Do. 290 φθέγγομαι, ἡ γνώμη δὲ κοινὴκαὶ τῶν ἀκουόντων ἐστίν, ἣν μίαν | ἔχοντες ἅπαντες εἰσεληλυθαμεν. Di. 246 2. Λέγεται μὲν οὖν παρὰ πολλῶν ὡς λόγος ἐστὶν ἔργου σκιὴ καὶ οὐδαμῶς ἀντίρροπον χαριστήριον. 3. Ἐγὼ δὲ ὅταν ἴδω τὸν περιεστῶτα χορὸν καὶ | τὸν Ha. 201 a τοῦ χοροῦ προκαθήμενον, οὐκ αὐτῷ μόνῳ φαίην ἂν τῷ μέτρῳ, ἀλλὰ πολὺ καὶ λῷον ἀποδιδόναι.

MARG. 14 προΐσταται] ἀντέχεται ἡμῶν Α Π.

FONT. 18-19 Plu., *Mor.* 9 F, cf. D. L. IX, 37 = Democr. 68 B 145 D.-K.^{6} – 22 cf. Hes., *Op.*, 349-350.

APP. 6 ἄρα ἐπαινήσασθαι edd. : ἀράσασθαι (ἐπαιν super –άσα-)Α v Π ἅμα ἐ. coni. Ha. ἄ. ἐπαινέσασθαι Cob. gravius mendum subesse susp. Gas. || 9 τὸ ΑΠ : τῷ v | οὐ suppl. post Ha. | μείζων ΑΠv : μείων Di. Do. Ma. || 11-12 ἐπὶ καιροῦ Di. post Ha. : ἐπικούρου ΑΠv Ha. || 14 τῳ edd. : τω ΑΠ τὸ v | παρίσταται coni. Ha. | ἡμᾶς ego post Brons : ἡμῶν ΑΠv edd. ἡμῖν coni. Ha. || 15 τοῖς ΑΠ : τῆς v. || 19 σκιὴ ego cf. 11, 3, 143 b : σκιὰ codd. edd. || 22 λώϊον Α Π v.

4. C'est qu'il ne s'agissait pas de convoquer un groupe quelconque de gens de tous les horizons ni de s'introduire dans un auditoire exilé de province[16], comme un orateur ou un sophiste débitant un texte préparé d'avance, non : sacrée y est la parole, sacré l'art qui fait la parole, comme est sacré le temple où j'ai pénétré[17]. Zeus le Royal l'écoute et, en même temps que Zeus, le souverain en personne et toute la garde entourant sa personne ; ces magistratures de l'État sont présentes[18], qui sont dans chaque cas les plus élevées et qui rivalisent de dévouement : la paire des maîtres de milice – l'un cède le pas aux anciens pour l'âge[19] et voit un gage des honneurs qui l'attendent dans la préséance accordée à son confrère[20] ; l'autre n'a pas eu à désespérer de recevoir le prix de ses efforts –, Justice, qui siège à côté du souverain[21], l'ornement de la cour[22], les pourvoyeur de munificence[23] et intendant[24] attaché à la magnificence. 5. Avec un tel coryphée, avec un tel auditoire, lorsque entre en séance le discours d'action de grâce inspiré par la philosophie dont les souverains eux-mêmes prisent grandement les offrandes, non, on ne saurait plus tenir pour mince le cadeau rendu ni le placer dans la même série que les autres ni lui prêter même valeur qu'à des talents d'or ou d'argent et à des attelages de chevaux d'un grand prix. Ce ne sont pas les dons de la cavale Aithé par le Sicyonien Échépôlos pour prix de sa désertion[25] ou de sa cuirasse par Cinyras qui ont rendu célèbre la campagne d'Agamemnon[26], mais bien Homère, grâce à qui les actions se conservent intactes et vivantes dans le souvenir.

17. Dans l'idéologie du temps, l'empereur était considéré comme choisi par les dieux ; du coup, il revêtait une valeur sacrée, ainsi que tout ce qui le touchait de près, ses dignitaires, le sénat et même le palais, voir Heather, P.-Moncur, D. (2001), p. 267, n. 198.

4. **Οὐ γὰρ σύλλογόν τινα παντοδαπῶν ἀνθρώπων συναγαγὼν οὐδὲ εἰς θέατρον ἀποπεμπόμενον εἰσφρήσας, ὥσπερ τις ῥήτωρ ἢ σοφιστής, περαίνων τὸ προκείμενον, ἀλλ᾽ ἱερὸς μὲν ὁ λόγος, ἱερὰ δὲ ἡ ποιήσασα τέχνη τὸν λόγον, ἱερὸς δὲ ὁ νεώς, εἰς ὃν ἐλήλυθα. Ζεὺς δὲ βασίλειος ἀκροατὴς καὶ μετὰ τοῦ Διὸς αὐτὸς βασιλεὺς καὶ πᾶσα ἡ μετ᾽ αὐτὸν δορυφορία, ἀρχαὶ μὲν αὗται ἀεὶ μέγισται πάρεισι καὶ | ἐφάμιλλοι, ξυνωρὶς δὲ τῶν στρατηγῶν, ὧν ὁ μὲν** Ha. 201 b **ξυγχωρεῖ τοῖς πρεσβείοις τῆς ἡλικίας καὶ νενόμικεν ἐνέχυρον τῆς αὐτοῦ τιμῆς τὴν τοῦδε προειληφυῖαν, τῷ δὲ οὐκ ἀπ᾽ ἐλπίδος ἐστὶ τὸ ἔπαθλον, δίκη δὲ πάρεδρος βασιλείας καὶ κόσμος τῆς αὐλῆς καὶ μεγαλοδωρίας χορηγοὶ καὶ μεγαλοπρεπείας ταμίαι.**

5. **Ἐπὶ τοιούτου μὲν τοῦ κορυφαίου, τοιούτου δὲ τοῦ θεάτρου, ἐκ φιλοσοφίας δὲ εἰσιόντος τοῦ χαριστηρίου, ἧς καὶ αὐτοὶ βασιλεῖς ἐν μεγάλῳ ποιοῦνται τὰ ἀναθήματα, οὐ μικρὰν ἔτι τὴν ἀντίδοσιν ὑπολη|πτέον οὐδὲ ἐνάριθμον ταῖς λοιπαῖς** Ha. 201 c **οὐδὲ χρυσίου πάρισον ἢ ἀργυρίου ταλάντοις οὐδὲ ἵππων ζεύγεσι πολυτιμήτοις. Οὐδὲ γὰρ ὁ τὴν ἵππον τὴν Αἴθην δωρησάμενος Ἀγαμέμνονι Σικυώνιος Ἐχέπωλος τοῦ λειποστρατίου οὐδὲ Κινύρας ὁ τὸν θώρακα ἀοίδιμον αὐτοῦ τὴν στρατείαν ποιοῦσιν, ἀλλ᾽ | Ὅμηρός ἐστι δι᾽ ὃν παρέστηκεν ἔτι τῶν** Do. 291 **πράξεων ἐκείνων ἀκραιφνὴς καὶ ζῶσα ἡ μνήμη.**

MARG. 1 παντοδαπῶν] τουτέστι περισυνηγμένον Α Π – 2 ἀποπεμπόμενον] ἤγουν μισούμενον (m.^{1} mg.) Α Π gl. immo μισοῦν coni. Gas. – 23 λειποστρατίου] οὐδὲ τὴν αἴθην τὴν ἵππον δωρησάμενος τῷ ἀγαμέμνονι ἕνεκεν τῆς ἀστρατείας Π.

FONT. 21-23 Hom. Ψ 295-299 – 23-24 Hom. Λ 19-20.

APP. 2 ἀποπεμπόμενος coni. Ha. || 3 περαίνω coni. Ha. || 5 τέχνη Α Π v : τύχη coni. Re. || 7 αὐτὸν Α Π v^{pc} : αὐτοῦ v^{ac} Gas. || 8 ἀεὶ Α Π v : αἱ coni. Iac. | πάρεισι edd. : πάρισοι Α Π v || 11 αὑτοῦ Α Π : αὐτοῦ v | προειληφυῖαν Cob. || 15 τοιούτου edd. : τοσού- Α Π v || 16 φυλοσοφίας v || 19 οὐδὲ – λοιπαῖς bis in v || 22 Αἴθην Α Π : ἤθην v.

Le consulat décerné par Théodose

4. Si c'était un honneur pour Alcibiade[27], Périclès[28] et Thémistocle[29] de recevoir du héraut officiel une couronne au théâtre d'Athènes et d'avoir pour témoins l'Aréopage[30], le Conseil des Cinq-Cents[31] ou la population non soumise à recensement, comment ne serait-ce pas beaucoup plus considérable et plus honorifique de prendre le maître et le patron de toutes choses pour témoin de ses paroles et de ses actions et de lui faire entendre la proclamation que fait la philosophie, ou plutôt, de la faire résonner d'abord dans sa bouche et y prendre son premier éclat, comme dans la formule « Plaise au Ciel ! » gravée en tête des décrets[32]. 2. En effet, la matière même de tels discours, qui d'autre l'a donnée que le souverain ? qui nous a rappelé les actions de grâce que nous devons au maître de milice ? n'est-il pas le premier à avoir payé à cet homme son dû d'actions de grâce ? Donner à la valeur la récompense qu'elle mérite est la prérogative première de l'Empire et de la philosophie, car libre et impartial est le témoignage qu'ils portent. Les flatteries fondées sur l'argent[33] et les acrobaties verbales sont toutes basses, perfides et éveillent les soupçons des auditeurs. 3. La branche d'olivier que voici, elle, vient tout droit d'Olympie, et la couronne est le fait du Zeus de Pisa[34] : la loi ne tolère en effet le mensonge pour l'octroi des faveurs ni au détenteur de tous les pouvoirs ni au fervent de vérité. Aussi le bénéficiaire d'un tel ouvrage, comme l'astre d'Homère[35], brille de tout son éclat, et ses rayons resplendissent[36], et ne sauraient les ternir ni obscurité ni nuage : non, l'oubli se dissipe plus tôt que la ténèbre sous l'effet du grand soleil.

33. Thémistios lui-même donne l'exemple du cliquetis verbal en jouant sur la paronomase χρήμασι | ῥήμασι. On a essayé de le rendre *Marte suo*. On peut multiplier dans les panégyriques les témoignages favorables soit parce qu'on y a intérêt soit par souci de montrer son habileté. Il n'y a donc aucune nécessité de corriger en χρώμασι, comme l'avait proposé Doehner, ni de suivre Heather, P.-Moncur, D. (2001), p. 268, n. 206.

4. Εἰ δὲ σεμνὸν ἦν Ἀλκιβιάδῃ καὶ Περικλεῖ καὶ Θεμιστοκλεῖ τὸ στεφανοῦ|σθαι Ἀθήνησιν ἐν τῷ θεάτρῳ | ὑπὸ κήρυκι δημοσίῳ καὶ μάρτυρα ποιεῖσθαι τὸν Ἄρειον πάγον ἢ τὴν βουλὴν τῶν πεντακοσίων Ha. 201 d ἢ τὸν ἀνεξέταστον δῆμον, πῶς οὐ μείζω πολλῷ καὶ Di. 247 σεμνότερον τὸν ἁπάντων κύριον καὶ προστάτην καὶ λόγων καὶ ἔργων μάρτυρα ποιεῖσθαι καὶ ἀκουστὴν τοῦ παρὰ φιλοσοφίας κηρύγματος, μᾶλλον δὲ αὐτὸν πρῶτον προηχοῦντα καὶ προεκλάμποντα, ὥσπερ τὴν ἀγαθὴν τύχην προ|γράφουσι τῶν ψηφισμάτων. 2. Αὐτὴν γὰρ δὴ τοῖς λόγοις τούτοις τὴν ἀφορμὴν τίς ἄλλος δέδωκεν ἢ βασιλεύς; τίς Ha. 202 a δὲ ὑπέμνησεν ἡμᾶς τῶν ὀφειλομένων τῷ στρατηγῷ χαριστηρίων; οὐχ ὁ πρῶτος ἐκτίσας τῷ ἀνδρὶ τὰ χαριστήρια; Ἀρετὴν δὲ ἀμείβεσθαι ἐπαξίως μόνης βασιλείας καὶ φιλοσοφίας ἐστίν · ἐλευθέρα γὰρ παρὰ τούτων καὶ ἀδέκαστος ἡ μαρτυρία. Αἱ δὲ ἐν χρήμασι καὶ ῥήμασι κομψευομένοις ἀγεννεῖς ἅπασαι κολακεῖαι καὶ ἄπιστοι καὶ ὕποπτοι τοῖς ἀκούουσιν. 3. Οὗτος | δὲ Ὀλυμπιακὸς ἀτεχνῶς κότινος καὶ ὁ στέφανος παρὰ τῷ Πισαίῳ Διί · οὐ γὰρ θέμις ψευδῶς τι καταχαρίσασθαι οὔτε τῷ κρατοῦντι τῶν Ha. 202 b ὅλων οὔτε τῷ διώκοντι τὴν ἀλήθειαν. Καὶ ὁ ταύτης τυχὼν τῆς ἐργασίας κατὰ τὸν Ὁμηρικὸν ἀστέρα λαμπρὸν παμφαίνῃσι καὶ ἀρίζηλοι αὐτοῦ αἱ αὐγαί, καὶ οὐκ ἂν αὐτὰς ὑποδράμοι οὔτε ζόφος οὔτε νεφέλη, ἀλλὰ διωθεῖται τὴν λήθην μᾶλλον ἢ τὴν ἀχλὺν ὁ μέγας ἥλιος.

FONT. 25-29 Hom. E 6, X 27.

APP. 3 Θεμισθοκλεῖ v[ac] || 6 μεῖζον coni. Gas. || 12 δέδωκεν A v : ἐνδέ- Π || 18 παρὰ τούτων om. Ha. | παρὰ A Π : περὶ v || 19 χρώμασι coni. Doehn. || 21 ὁ ante Ὀλυμπιακὸς addendum esse vol. Gas. || 22 Πισαίῳ Π : πισσαίῳ A v || 26 λαμπρῶς Ha.

5. Homère interroge les Muses sur le meilleur des Hellènes ; ensuite il ne révèle pas sa pensée de façon tranchée, mais il met Achille sur la touche à cause de sa colère, donne la première place, au lieu de la seconde, à Ajax et rend ainsi son suffrage ambigu[37]. Il recourt encore à propos des chevaux au même procédé : il accorde la première place aux juments d'Eumélos, sans en priver celles de Pélée[38]. 2. Mais au lieu de revêtir d'obscurité son suffrage ou de lui prêter un caractère équivoque et ambigu, quand il devait révéler le meilleur, le prince a révélé celui qu'il tient pour tel de sa voix éclatante. 3. Voilà qui distingue sa proclamation. Au lieu de sa propre personne, ce fut lui qu'il fit proclamer par le héraut, et il a transféré au simple particulier l'honneur qui lui avait été conféré par son confrère à l'Empire[39] : que la collation de cette dignité fût de son ressort, il en avait la conviction, mais il cherchait à faire un don comme jamais n'en avait fait un empereur à celui qu'il honore au plus haut point et à en paraître lui-même tant l'inventeur que le donateur.

Originalité de ce consulat

6. Le consulat, oui, sans doute, nous savons qu'il fut confié par de nombreux empereurs à nombre de dignitaires de rang égal, mais un consulat transféré par celui qui l'a reçu sur les épaules d'un autre, il n'y a pas d'autre cas que celui-ci. 2. Si l'on disait que le présent honneur a la même supériorité sur ceux de même figure et dénomination qu'un souverain sur de simples particuliers, on ne commettrait pas de faute par conséquent, de même que le surcroît de respectabilité et de prestige se mesure à la différence entre une charge donnée une seule fois et celle qui l'a été avec une modification[40] pareille.

37. Hom. B 768-769 : « Des hommes, en revanche, le meilleur, de beaucoup, est Ajax, fils de Télamon, aussi longtemps que dure la colère d'Achille : Achille est en effet bien au-dessus de lui » ἀνδρῶν αὖ μέγ' ἄριστος ἔην Τελαμώνιος Αἴας | ὄφρ' Ἀχιλεὺς μήνιεν· ὃ γὰρ πολὺ φέρτατος ἦεν. L'allusion est commentée.

5. Ὅμηρος μὲν οὖν ἐρωτῶν τὰς Μούσας, | ὅστις Ha. 202 c
ἄριστος ἦν τῶν Ἑλλήνων, εἶτα οὐκ ἀποτόμως
ἀποφαινόμενος τὰ δοκοῦντα, ἀλλ᾽ ἐξελόμενος τὸν
Ἀχιλλέα διὰ τὴν μῆνιν, καὶ τὰ πρῶτα δοὺς ἀντὶ
δευτερείων τῷ Αἴαντι, ἀμφίβολον | πεποίηκεν αὐτοῦ Do. 292
τὴν ψῆφον. Πλέκει δὲ καὶ περὶ τῶν ἵππων τὴν
αὐτὴν μηχανήν, ἀποδιδοὺς μὲν ταῖς Εὐμήλου τὰ
ἀριστεῖα, τῶν δὲ τοῦ Πηλέως μὴ ἀφαιρούμενος.
2. Βασιλεὺς δὲ οὐκ ἐπισκοτήσας τῇ ψήφῳ οὐδὲ
λοξὴν καὶ ἀμφίβολον ἐνεγκών, ἡνίκα ἐχρῆν τὸν
ἄριστον ἀνειπεῖν, ἀνεῖπεν ὃν οἴεται λαμπρᾷ τῇ
φωνῇ. 3. Καὶ τό γε διαφέρον τῆς ἀναρρή|σεως· ἀνθ᾽ Ha. 202 d
ἑαυτοῦ γὰρ | αὐτὸν ἀνεκήρυξε καὶ μετέθηκε τὴν Di. 248
αὐτῷ προσενηνεγμένην τιμὴν ὑπὸ τοῦ κοινωνοῦ τῆς
βασιλείας εἰς τὸν ἰδιώτην, αὐτῷ μὲν ἐπ᾽ ἐξουσίας
κεῖσθαι τὸ γέρας τοῦτο πεπιστευκώς, ζητῶν δὲ
ὅπως ἂν ὃ μηδεὶς πώποτε ἐδωρήσατο βασιλεὺς
τῷ λίαν ὑπ᾽ αὐτοῦ τιμηθέντι, τοῦτο αὐτὸς φανείη
καὶ ἐξευρὼν καὶ δωρησάμενος.

| **6.** Ὑπατείαν μὲν οὖν δὴ πολλοὺς αὐτοκράτορας Ha. 203 a
πολλοῖς τῶν ὁμοτίμων ἴσμεν παρεσχημένους,
ὑπατείαν δὲ τὴν αὐτῷ λαχοῦσαν μεταθέντα
εἰς ἕτερον οὐδένα πλὴν αὐτοῦ. 2. Ὥστε εἴ τις
τοσούτῳ μείζω ταύτην εἶναι φαίη τὴν τιμὴν τῶν
ἐπὶ ταὐτοῦ σχήματος καὶ ὀνόματος, ὅσῳ βασιλεὺς
ἰδιωτῶν, οὐκ ἂν πλημμελοίη, καὶ τοσούτῳ
σεμνοτέραν εἶναι καὶ γεραρωτέραν, ὅσῳ τῆς ἁπλῶς
διδομένης ἡ μετὰ τοιαύτης ἀπαλλαγῆς διενήνοχεν.

FONT. 3-6 Hom. B 768-769 – 6-8 Hom. B 763-764.

APP. 9 ἐπισκοτίσας coni. Re. || 12 ἀναρρήσεως ΑΠ : ἀναρίσ- v || 13 αὐτὸν ΑΠ : αὐτῶν v || 14 προσενηνεγμένην Αv Π Ma. : προσενενηγ- Ha. Di. Do. || 18 τιμηθέντι ΑΠv^{pc} : τιμηθέντα v^{ac} || 19 ξευρὼν v || 27 εἶναι om. Ha. || 28 τοιαύτης Α v : τοσαύ- Π.

3. Car nous ne trouverons plus à l'avenir aucun simple particulier pour revêtir un honneur destiné à un souverain. Partant il n'y a pas moyen, je crois, de forcer l'ordre de préséance des noms, même si nous le voulions[41], non ! viendra en premier celui qui a reçu le rang du premier. 4. Oh ! prince, tu as imaginé des merveilles défiant toute description : merveilleux dans ton dédain des honneurs, tu t'es révélé plus merveilleux encore en les offrant en partage.

7. Interrogé sur l'endroit où il détenait le trésor de ses richesses, Alexandre de Macédoine répondit donc en désignant ses amis : « Dans leur personne ! »[42]. Toi, pour les honneurs qui te reviennent, tu imagines un trésor dans la personne de tes amis, ou plutôt, tes dons te les procurent. 2. Un honneur ne se dépense pas comme une pièce d'or ; le donne-t-on après mûre réflexion, pour un temps infiniment long, il demeure en réserve, chez le donateur autant que chez le bénéficiaire, voire (mieux) chez celui qui a déposé davantage, d'autant que le bonheur consiste à donner plutôt qu'à recevoir les bienfaits les plus beaux[43]. 3. Or, l'honneur le plus beau chez les hommes, c'est le consulat, qui donne aussi la mesure du temps. Sans elle, le temps progresse, privé de nom et de limite, comme s'il s'avançait sans frappe. Grâce à cette mesure entre du même coup dans le comput le nom de ton maître de milice et, après les parents par le sang, on comptera celui qui l'est par sa valeur. 4. Après avoir donné la priorité dans les honneurs à la proximité dans le lignage, j'entends ton oncle paternel et ton beau-frère[44], tu n'as pas laissé d'intervalle, mais, associant bravoure et liens de famille, tu as bien montré dans la réalité qu'aux yeux du maître de toutes choses la supériorité dans la valeur n'a pas moins de droits aux honneurs que les relations au sein de la lignée, et que ce n'est pas la parenté qui fait l'excellence, mais l'excellence qui fait la parenté la plus proche[45].

3. **Οὐδένα γὰρ εὑρή|σομεν ἐκ τοῦ παντὸς αἰῶνος** Ha. 203 b **ἰδιώτην βασιλεῖ παρεσκευασμένην τιμὴν ὑποδύντα. Ὅθεν, οἶμαι, καὶ τὴν τάξιν τῶν ὀνομάτων ἀμήχανον βιάσασθαι, κἂν βουλώμεθα, ἀλλὰ πρότερος ὁ λαβὼν τὴν τοῦ προτέρου.** 4. **Ὦ θαυμαστὰ βασιλεῦ ἐπινοήσας καὶ λόγου κρείττω; οἷς γὰρ ὑπερεῖδες θαυμαστὸς ὤν, οἷς μετέδωκας ἐφάνης θαυμασιώτερος.**

7. Ἀλέξανδρος τοίνυν ὁ Μακεδὼν ἐρωτηθεὶς ὅπου τοὺς θησαυροὺς ἔχει τοὺς τῶν | χρημάτων, τοὺς Ha. 203 c **φίλους δείξας, εἶπεν, ἐν τούτοις. Σὺ δὲ τὰς τιμὰς τάς σοι προσηκούσας ἐν τοῖς φίλοις θησαυρίζειν ἐπινοεῖς καὶ διδοὺς μᾶλλον περιποιῇ.** 2. **Τιμὴ γὰρ οὐκ ἀναλίσκεται ὥσπερ χρυσίον, ἀλλ᾽ εἰ διδῷτο ἐξητασμένως, ἀπείρως παραμένει καὶ τῷ δόντι | καὶ** Do. 293 **τῷ λαβόντι, καὶ τῷ μεῖζόν τι παραδόντι ὅσῳ καὶ τὸ διδόναι τὰ μέγιστα τοῦ λαμβάνειν μακαριώτερον.** 3. **Μεγίστη δὲ τῶν ἀνθρωπίνων τιμῶν ὑπατεία, ἣ καὶ τοῦ χρόνου γίνεται | μέτρον. Ἄνευ δὲ ταύτης ἀνώνυμος** Ha. 203 d **καὶ ἀόριστος ὥσπερ ἐπισήμου χωρὶς προϊών. | Τούτῳ** Di. 249 **τῷ μέτρῳ συναριθμηθήσεται τοὔνομα τοῦ σοῦ στρατηγοῦ καὶ μετὰ τοὺς ἀφ᾽ αἵματος συγγενεῖς ὁ ἐκ τῆς ἀρετῆς καταλεγήσεται.** 4. **Τὴν γὰρ τοῦ γένους ἀγχιστείαν πρώτην τιμήσας, τὸν πατράδελφον λέγω καὶ τὸν κηδεστήν, οὐκ ἔδωκας διάστημα μεταξύ, ἀλλὰ συνάψας οἰκειότησιν ἀνδραγαθίαν, ἔργῳ φανερὸν κατέστησας ὅτι τῷ κρατοῦντι τῶν ὅλων οὐχ ἧττον ἔντιμον εἶναι προσήκει τὸ κατ᾽ ἀρετὴν ὑπερέχον τῶν κατὰ γέ|νεσιν ἐγγυτάτω, καὶ μὴ τὸν οἰκεῖον ἄριστον** Ha. 204 a **ὑπολαμβάνειν, ἀλλὰ τὸν ἄριστον οἰκειότατον.**

FONT. 9-11 Aelius Th., 3, 100, 11-13 éd. Patillon – 17 Ac 20, 35 – 27-30 cf. D. Chr., *Or.* 3, 113.

APP. 6 λόγου A v Π Di. Do. Ma. : λόγῳ Ha. || 14 διδῷτο Di. Sch. Ma. : -δῶτο Av -δότω Π -δῶται Ha. || 15 δόντι A v : διδόντι Π || 16 ὅσον Π^{pc} || 17 τοῦ ΑΠ^{pc}v : τὸ Π^{ac} fort. || 21-22 μέτρῳ – καὶ om. Ha. || 21 συναριθμήσεται Di. || 28 τῶν edd. : τοῦ Av Π.

5. De cette façon, le prince incitera au même zèle la majorité des hommes. On met en pratique, dit le divin Platon, ce que l'on apprécie, mais ce que l'on déprécie, on le néglige[46]. 6. Au contraire, les liens de parenté ne donnent pas lieu à mise en pratique et à exercice et, en héritant des honneurs qui leur reviennent, ils ne gagnent pas en efflorescence et en prospérité ; en conférant des honneurs à son propre frère, à un gendre ou à un enfant, on ne crée pas davantage de frères, de beaux-pères ou de fils qui au contraire demeurent au nombre accordé par la nature. Mais en élevant un homme de bien et en lui conférant un surcroît de gloire, immédiatement on crée une foule de gens poursuivant semblables objectifs.

L'exemple de Trajan

8. Que ces facteurs ne sortent pas de notre imagination, mais que tu les as considérés toi-même avant nous se peut prouver en toute clarté. 2. Il t'aurait été loisible, si tu avais jugé inopportun d'accepter l'honneur pour toi-même, d'élire le flambeau chéri de l'univers, dont je voudrais pour ma part faire un Alexandre et que la philosophie serait fière de compter pour un nouvel élève[47], il t'aurait été loisible de le promouvoir à ta place ; c'était l'usage établi chez les empereurs tant de l'Antiquité qu'à date récente d'investir leurs propres enfants, en prélude au destin qui les attend, de la toge prétexte avant la pourpre impériale. 3. Et nous n'évoquerons pas des faits de l'Antiquité, mais de presque hier ou avant-hier : l'un, encore dans ses langes, a revêtu la toge[48], l'autre l'a reçue à peine au même âge[49] que celui qui nous dispense sa lumière, et personne n'en aurait éprouvé ni ressentiment ni dépit.

48. Pour Hardouin, DINDORF, W. (1832), p. 621, il s'agit du fils de Valens, Valentinien dit « le Galate », voir le discours 9 et la notice, t. II, p. 358 et 361-364. Comme l'indique Maisano, R. (1995), p. 591 (suite de la n. 19, p. 590), on peut penser aussi à Varronianus, le fils de Jovien, dont il est question, sans que le nom soit cité, *Or.* 5, 3, 64 d-65 a, t. II, p. 49-51, avec la n. 146, et p. 62-63.

5. **Οὕτω γὰρ πρὸς τὸν ὅμοιον ἐκκαλέσεται ζῆλον τοὺς πλείονας. Ἀσκεῖται γάρ, φησὶν ὁ θεσπέσιος Πλάτων, τὸ τιμώμενον, τὸ δὲ ἀτιμαζόμενον ὀλιγωρεῖται.** 6. **Ἀλλὰ συγγενείας μὲν ἄσκησις οὐκ ἔστι καὶ μελέτη, καὶ τὴν τιμὴν ἀπολαμβάνουσα τὴν οἰκείαν οὐ φύεται μᾶλλον καὶ εὐθηνεῖται · καὶ ἀδελφόν τις αὐτοῦ τιμήσας ἢ γαμβρὸν ἢ παῖδα οὐ ποιεῖ πλείονας ἀδελφοὺς οὐδὲ κηδεστὰς | οὐδὲ** Ha. 204 b **υἱέας, ἀλλ᾽ ἐν τῷ ἀριθμῷ διαμένουσι τῷ δοθέντι παρὰ τῆς φύσεως. Ἄνδρα δὲ ἀγαθὸν ἐπάρας καὶ ἐνδοξότερον καταστήσας εὐθὺς ποιεῖ πλῆθος τῶν τὰ ὅμοια διωκόντων.**

8. Ὅτι δὲ ταῦτα οὐχ ἡμεῖς σοφιζόμεθα, ἀλλὰ προλαβὼν αὐτὸς γινώσκεις, ἐναργὲς πάρεστι δεῖξαι τεκμήριον. 2. **Ἐξὸν γάρ σοι, εἴπερ οὐκ ἐδοκίμαζες εὔκαιρον εἶναι σαυτῷ τὴν τιμήν, προχειρίσασθαι τὸν ἀγαπητὸν λαμπτῆρα |τῆς οἰκουμένης, ὃν** Ha. 204 c **ἐγὼ ποιήσαιμι Ἀλέξανδρον καὶ θρέμμα αὖ|θις** Do. 294 **αὐχήσειε τοιοῦτον φιλοσοφία, τοῦτον ἐξὸν ἀνθ ἑαυτοῦ προβαλέσθαι, ὃ καὶ τοῖς πάλαι καὶ τοῖς ἔναγχος τῶν αὐτοκρατόρων νενυμισμένον ἐστίν, ὥσπερ τι προοίμιον τῆς μελλούσης τύχης περιτιθέναι τοῖς αὐτῶν παισὶ πρὸ τῆς πορφύρας τὴν περιπόρφυρον.** 3. **Καὶ οὐ παλαιὰ μνημονεύσομεν, ἀλλὰ σχεδὸν χθὲς καὶ πρώην, ὁ μὲν ἐν τοῖς σπαργάνοις τὴν τήβεννον ἠμφιάσατο, ὁ δὲ μόλις ἡλικιώτης τῷ φωστῆρι τῷ ἡμετέρῳ· καὶ οὐδεὶς ἂν πρὸς τοῦτο ἐνεμέσησεν οὐδὲ | ἠνιάθη.** Ha. 204 d

Di. 250

FONT. 2-3 Pl., *R.*, VIII, 551 a.

APP. 8 ποιεῖται Ha || 16 τὴν Π[sl] || 18 θρέμμια Di. | 19 αὐχήσειε – φιλοσοφία A v Π edd. : αὐχήσειεν ἡ φ. Re. || 21 αὐτόρων v || 23 τύχης Av Π : ἀρχῆς edd. || 24 τὴν περιπόρφυρον om. Ha. || 26 ἀμφιάσατο v.

4. Autant de solutions licites qui ne furent pas ton choix, et même si tu t'es mis en quête pour toi-même d'une occasion plus propice à la prise de cette charge, tu n'as pas poussé le cynisme au point de l'accaparer pour ton enfant, comme si tu n'étais pas sûr par la suite de pouvoir répéter le même geste en toute liberté, mais, avec sous les yeux ton fils bien aimé, déjà un enfant, déjà un jeune homme, lui qui est déjà parfaitement maître de sa langue et capable peut-être de tenir même une harangue. 5. Tu t'es – avec quelle fermeté d'âme ! – incliné devant la valeur plus que devant la nature. Il en alla de même pour ton aïeul et le fondateur de ta lignée[50], qui n'avait pas d'enfants, mais des enfants de frères et de neveux. Mais ce ne fut aucun d'eux pourtant qu'il honora de sa bienveillance de préférence à Lusius ; l'homme n'était pas un Romain, ni même un Libyen originaire de la Libye assujettie, mais il provenait d'un canton perdu, obscur et reculé ; après sa campagne victorieuse contre les Mardes, (le prince) l'éleva d'abord au consulat, puis il fit de lui son successeur à l'empire[51] : tant les empereurs de l'époque avaient à cœur de ne jamais priver la valeur des prix qui lui sont dus. 6. Quant aux exemples tirés d'Homère, qui ont perdu leur sel et sont trop anciens, je les laisse de côté : Agamemnon y donne toujours à Ajax la préséance sur Ménélas et en accueillant son frère à sa table il fait passer avant lui son général[52].

Les quinquennalia de Théodose

9. Oui, telles sont bien les raisons qui fondent l'importance du présent honneur, mais il est plus important (encore), comme vous allez l'entendre. 2. Suivant une habitude invariable, les empereurs précédents considéraient comme inadmissible de marquer leurs cycles de cinq ou de dix ans en accordant à un autre l'éponymat de l'année[53], mais l'empereur que voici a voulu ajouter ce nouveau privilège en conférant le consulat qui ne se comptabilise pas avec les autres, mais qui les surpasse en importance autant que le fait pour les précédentes l'actuelle cinquième année du cycle.

4. **Ταῦτ᾽ οὖν ἅπαντα ἐξὸν οὐ προείλω, οὐδὲ ἐπειδὴ σαυτῷ βελτίω καιρὸν τῆς τιμῆς ταύτης ἐζήτησας, ἥρπασας εἰς τὸν παῖδα αὐτὴν ἀπειροκάλως, ὥσπερ ἀπιστῶν εἰ μετὰ ταῦτα ἔσται ταὐτὸ τοῦτο δρᾶσαι ἐπ᾽ ἐξουσίας, ἀλλ᾽ ἔχων ἐν ὀφθαλμοῖς υἱὸν ἀγαπητόν, ἤδη παῖδα, ἤδη μειράκιον, ἤδη φθεγγόμενον ὁλοκλήρως, τάχα οἷόν τε καὶ δημηγορῆσαι.** 5. **Ὦ τῆς καρτερίας· ἡττήθης μᾶλλον τῆς ἀρετῆς ἢ τῆς φύ|σεως.** Ha. 205 a **Οὕτω καὶ ὁ σὸς πρόγονος καὶ ἀρχηγέτης · παῖδες μὲν οὐκ ἦσαν αὐτῷ, παῖδες δὲ ἀδελφῶν καὶ ἀδελφιδῶν, ἀλλ᾽ ὅμως οὐδένα ἐκείνων τῆς εὐνοίας Λουσίου προὐτίμησεν, ἀλλ᾽ οὐδὲ Ῥωμαῖον ὄντα τὸν ἄνδρα, ἀλλ᾽ οὐδὲ Λίβυν ἐκ τῆς ὑπηκόου Λιβύης, ἀλλ᾽ ἐξ ἀδόξου καὶ ἀπῳκισμένης ἐσχατιᾶς, ἐπειδὴ Μάρδους κατεστρατήγησεν, ἀνέδειξε πρότερον ὕπατον, εἶτα τῆς βασιλείας διάδοχον κατεστήσατο · οὕτω τοῖς τότε ἦν αὐτοκράτορσι περὶ πολλοῦ μηδεπώποτε ἀποστερεῖν τῶν προση|κόντων ἄθλων τὴν ἀρετήν.** Ha. 205 b 6. **Τὰ γὰρ ἐξ Ὁμήρου παραδείγματα ὡς ἕωλα παραιτοῦμαι καὶ λίαν ἀρχαῖα, ὅτι τὸν Αἴαντα αὐτῷ Ἀγαμέμνων ἀεὶ προτιμᾷ τοῦ Μενέλεω καὶ συνεστιωμένου τοῦ ἀδελφοῦ τὸν στρατηγὸν ἐπίπροσθεν ἄγει.**

9. Μεγάλη μὲν οὖν καὶ ἐκ τούτων ἡ παροῦσα τιμή, μείζων δὲ ἐξ ὧν ἀκούσεσθε. 2. **Εἰωθότων γὰρ ἀεὶ τῶν πρότερον | αὐτοκρατόρων ὥσπερ ἀπώμοτον** Do. 295 **ὑπολαμβάνειν τὸν κύκλον τῆς πεντάδος ἢ τῆς δεκάδος ἑτέρῳ συγχω|ρεῖν τὴν ἐπωνυμίαν τοῦ ἔτους,** Ha. 205 c **ὅδε καὶ ταύτην αὐτῷ προσέθηκε τὴν ὑπεροχὴν καὶ δίδωσι τὴν ὑπατείαν οὐ συναριθμουμένην ταῖς ἄλλαις, ἀλλ᾽ ἔχουσαν τοσοῦτον πλέον ὅσον ἡ παροῦσα πενταετηρὶς τῶν προλαβόντων ἐνιαυτῶν.**

FONT. 8-16 cf. D. C. (Xiph.), LXVIII, 32, 4-5.

APP. 4 δρᾶσαι edd. : δράσ- Αν Π || 6 ἤδη μειράκιον om. v || 10 αὐτῷ Α Π : αὐτῶν v || 11 Λουσίου Ma. post Hans. : Λυσ- Α v Π Di. Do. || 14 Μάρδους Ma. post Re. Hans. : -δυς Α v Π edd. an legendum Μαρκομήδους, vid. adnot. || 15 κατεστρατήγησεν Α v : κατε***στρατήγησεν Π || 20 αὐτῷ Αv Π edd. : αὐτὸς Ha. || 27 Α Π : δεκάλος v.

3. Or voici qui n'était arrivé à personne dans le passé : un simple particulier occupe la première place de l'État dans le cycle impérial, et non pas n'importe quand, mais durant la première année et, en tant que première, la plus en vue. Celui que (le prince) a nommé à sa place, et ce, de sa propre initiative et ce, durant la première période de son règne[54], comment en raison d'un nombre si capital[55] n'inspirerait-il pas l'envie[56] en surpassant à ce point ceux qui sont parvenus au même honneur ?

Progression régulière de la carrière de Saturninus

10. Et il est normal que tous ces événements se produisent. (Le maître de milice) lui-même est en effet presque le seul de nos contemporains illustres et célèbres dont la personne ne subisse pas les aboiements habituels de l'envie se déchaînant contre tous ceux qui sont au faîte du pouvoir ; au contraire, cette dernière marque son consentement en joignant son suffrage à la succession de ses honneurs. 2. Ce n'est pas pour avoir progressé à grands bonds ni pour s'être à partir d'une position modeste et humble trouvé soudain à la cime

qu'il s'est heurté le front contre le firmament[57] ;

il en va de sa carrière comme des figures géométriques. Le second élément y est solidaire du premier et le troisième des deux autres, l'élément solidaire étant plus proche de l'achèvement que le précédent, mais il n'est point d'intervalle qui échappe à notre connaissance ; de même les honneurs chez cet homme tiennent les uns aux autres dans la continuité et le second à chaque fois gagne en prestige sur le premier. 3. Ne manque à sa carrière aucune forme de commandement militaire, et l'on ne saurait y trouver un grade prestigieux sous les armes qu'il n'eût franchi par promotion.

57. Le personnage dont il s'agit est Discorde, sœur et compagne d'Arès. La citation de l'hémistiche d'Homère (D 443) est d'une parfaite fidélité.

3. Καὶ τὸ μηδενὶ πρόσθεν ὑπάρξαν, προπολιτεύεται ἰδιώτης κύκλου βασιλικοῦ· καὶ οὐδὲ τοῦτο ἁπλῶς, ἀλλὰ τοῦ πρώτου, καὶ διότι πρώτου, ἀσμενιστοῦ. Ὃν τοίνυν ἀνθ' ἑαυτοῦ πεποίηται, ὃν αὐτός, ὃν ἐν τῇ | πρώτῃ περιόδῳ τῆς βασιλείας, πῶς οὐ ζηλωτὸς Ha. 205 d νικῶν | ἀριθμῷ τοσούτῳ τοὺς ἐπὶ τῆς αὐτῆς τιμῆς Di. 251 γεγενημένους;

10. Καὶ ταῦτα ἅπαντα εἰκότως συμβαίνει. Μόνῳ γὰρ αὐτῷ σχεδὸν τῶν νῦν λαμπρῶν καὶ περιβοήτων οὐδὲ ὁ πᾶσιν εἰωθὼς προσυλακτεῖν φθόνος τοῖς ἐν ὑπεροχῇ δυνάμεως ἐπανίσταται, ἀλλὰ συγχωρεῖ καὶ σύμψηφός ἐστι τῇ τῶν | τιμῶν Ha. 206 a ἀκολουθίᾳ. 2. Οὐ γὰρ μακρὰ ἀναπηδήσας οὐδὲ ἐξ ὀλίγου καὶ χθαμαλοῦ ἐξαίφνης ὑψηλὸς γεγονὼς

οὐρανῷ ἐστήριξε κάρη,

ἀλλ' ὥσπερ ἐν τοῖς διαγράμμασι γεωμετρίας τὸ δεύτερον ἔχεται τοῦ προτέρου, τὸ δὲ τρίτον ἀμφοῖν, τοῦ προλαβόντος δὲ ἀεὶ τὸ ἐχόμενον τελεώτερον, μεταξὺ δὲ οὐκ ἔστι χώρα κενὴ τῆς ἐπιστήμης, οὕτω καὶ τιμαὶ τἀνδρὸς ἐφεξῆς ἀλλήλαις καὶ συνεχεῖς καὶ τῆς προτέρας ἡ δευτέρα ἀεὶ σεμνοτέρα. 3. Ἐλλιπὲς δὲ οὐδὲν εἶδος στρατιωτικῆς ἡγεμονίας, οὐδ' ἂν ἔχοι τις ὄνομα ἐξευρεῖν σεμνόν, ὃ | μὴ ἐν τοῖς ὅπλοις ὑπερβέβηκε. Ha. 206 b

MARG. 24 ὑπερβέβηκε] πᾶσαν γὰρ διῆλθε τάξιν στρατιωτικὴν καὶ πᾶσαν ἰδέαν (-μὴν A) βαθμοῦ A Π.

FONT. 15 Hom. Δ 443.

APP. 1 τὸ om. Ha. || 3 τοῦ v^{sl} || 4 αὐτός edd. : ἄνθος A v Π || 5 ζηλωτὸς A v Π Ha. Ma. : ζηλωτὴς Di. Do. || 20 αἱ ante τιμαὶ addendum esse cens. Gas.

4. Ceux qui doivent au sort un tel chemin et montent pas à pas du piémont jusqu'au sommet[58] ne rencontrent pas l'envie[59], mais quand Agoracritos, Hyperbolos ou Démade[60] sont au comble du succès, la comédie fait bien aussi de les fustiger :

« Tel qui hier n'était rien demain est un surhomme »[61].

Est intolérable pour tous chaque parcours extraordinaire, mais celui qui obéit en tout point à la norme n'agace personne. 5. Car si l'on considérait les compagnons de ses campagnes depuis la jeunesse, qui ont parcouru la même voie au service de l'Empire, ceux qui depuis longtemps ont dans le bien et la justice mérité cet honneur[62], on incriminerait le retard plus que la précocité.

Les hauts faits de Saturninus

11. Je puis pour cet homme décrire aussi par le menu ses prouesses guerrières, mais je préfère les laisser aux poètes et aux historiens qui ont pour tâche de chanter et d'exalter[63] combats et tueries.

2. Amoureux de la paix et des discours de paix et de tranquillité, c'est à eux encore que je passerai pour ma part, non sans un bref rappel préalable, afin que vous preniez conscience plutôt des jalons marquant le chemin que nous avons parcouru grâce à la prévoyance du souverain. 3. Après l'indicible Iliade des maux[64] devant l'Ister et l'irruption de la flambée extraordinaire, quand un empereur romain n'avait pas encore pris en mains la direction des affaires, alors qu'avaient été enlevées les Thraces, enlevées les Illyries, que des armées entières avaient disparu comme une ombre[65], que ne se dressait plus la barrière ni de montagnes inaccessibles ni de fleuves impraticables ni de terrains inabordables, mais que d'un seul mouvement avaient couru enfin au-devant des barbares presque toute la terre et toute la mer[66] et que s'étaient soulevés de toutes parts à côté (de l'ennemi)

4. Τοῖς δὲ οὕτω πορευθεῖσι διὰ τῆς τύχης καὶ ἀνελθοῦσιν ἐκ τῶν προπόδων ἀτρέμα ἐπὶ τὴν κορυφὴν φθόνος οὐκ ἀπαντᾷ, ἀλλ᾽ ὅταν Do. 296 | Ἀγοράκριτος εὐπραγῇ καὶ Ὑπέρβολος ἢ Δημάδης, ἐπιρραπίζει καλῶς ποιοῦσα καὶ ἡ κωμῳδία

Ὁ χθὲς μὲν οὐδείς, αὔριον δ᾽ ὑπέρμεγας.

Βαρὺ γὰρ πᾶσι τὸ παράλογον, πρὸς δὲ τὸ λίαν ἀκόλουθον οὐδεὶς ἀγανακτεῖ. 5. Ἐπεὶ καὶ εἴ τις γινώσκοι τοὺς ἀφ᾽ ἡλικίας αὐτῷ συν|εστρατευμένους Ha. 206 c καὶ τὴν αὐτὴν ὁδὸν βαδίσαντας ἐν τοῖς βασιλείοις, οἳ πάλαι καλῶς καὶ δικαίως ταύτης ἠξίωνται τῆς τιμῆς, τὸ ὀψὲ μᾶλλον αἰτιάσαιτ᾽ ἂν ἐφ᾽ ἡμῶν, οὐχὶ τὸ πρωΐ.

11. Ἔχων δὲ τοῦ ἀνδρὸς καὶ τὰς ἐν τῷ πολέμῳ ἀνδραγαθίας διεξιέναι, ταύτας μὲν ἐάσειν μοι δοκῶ τοῖς ποιηταῖς καὶ τοῖς λογογράφοις, οἷς ἔργον ὑμνεῖν καὶ ἐπαίρειν

μάχας <τ᾽> ἀνδροκτασίας τε.

2. Ἐγὼ δέ, ἅτε εἰρήνης ὢν ἐραστὴς καὶ λόγων εἰρηνικῶν καὶ ἀθορύβων, ἐπὶ τούτους καὶ βαδιοῦμαι, σμικρὰ πρῶτον ὑπομνήσας, ὅπως | ἂν αἴσθοισθε Ha. 206 d μᾶλλον ἐξ οἵων εἰς οἷα τῇ βασιλέως προμηθείᾳ Di. 252 μετεληλυθαμεν. 3. Μετὰ γὰρ τὴν ἀδιήγητον τῶν ἐπὶ Ἴστρῳ κακῶν Ἰλιάδα καὶ τῆς ἀτόπου φλογὸς τὴν ἐπιδρομήν, οὔπω βασιλέως τοῖς Ῥωμαίων πράγμασιν ἐφεστηκότος, ἀνηρπασμένων μὲν Θρᾳκῶν, ἀνηρπασμένων δὲ Ἰλλυριῶν, στρατοπέδων δὲ ὁλοκλήρων ἀφανισθέντων ὥσπερ σκιᾶς, οὐκ ἀντισχόντων δὲ οὐκ ὀρῶν ἀδιαβάτων, οὐ ποταμῶν

FONT. 6 Ar., *Eq.*, 158 – 16 Hom. H 237.

APP. 1 οὕτω Π edd. : οὕτως A v || 4 καὶ ἢ Ὑπέρβολος v | Δημάδης Di. Do. Ma. : δημάδουσις A v Π Ha. || 6 ὁ codd. : ὢ Ar. | χθὲς codd. : νῦν Ar. | δ᾽ edd. : δὲ A v Π || 10 ἠξείωνται v || 11 ἐφ᾽ ἡμῖν coni. Re. || 14 τοῖς A v Π Ma. : om. Di. Do. || 16 τ᾽ ex Hom. supp|evi || 21 τῶν om. Π || 23 τοῖς A v΄ Π Ma. : om. Di. Do.

les Celtes, les Assyriens, les Arméniens, les Libyens, les Ibères, autant de peuples dont les Romains s'étaient fait un rempart d'une extrémité de la terre à l'autre, devant tous ces soulèvements, la situation nous parut alors excellente, quand nous n'eûmes rien de plus grave à supporter.

La persuasion de Théodose

4. Le nombre et l'importance des obstacles avaient presque mis sens dessus dessous le cœur des généraux et des soldats qui se demandaient à quoi mènerait cette catastrophe, et personne ne prenait en mains la résistance, quand dieu appelle au pouvoir[67] le seul à être en mesure de faire face à une telle déferlante d'échecs, et Gratien est le héraut publiant le suffrage émis là-haut[68] ; la terre et le ciel acceptent la proclamation en guise d'espoirs, d'auspices favorables. 5. Il prit les rênes en mains et, après avoir tâté d'abord ses chevaux, comme le font les auriges les plus experts, afin de mesurer leur force et leur impétuosité[69], avec cran, il fut le premier à se mettre dans l'idée que le pouvoir de Rome ne résidait plus à ce moment dans le fer ni dans des cuirasses ou des boucliers ni dans des effectifs innombrables[70], mais qu'il fallait recourir à une autre puissance, à un autre équipement – celui qu'offre dieu sans bruit à ceux qui règnent selon son esprit : domptant tous les peuples, apprivoisant tout ce qui est sauvage, il est le seul devant lequel cèdent

87. Le substantif προστασία n'a pas dans ce passage un sens technique. Il apparaît ici pour la première fois dans l'œuvre ; on le retrouvera au discours 34, mais dans un contexte polémique (*Or.* 34, 13 ; 16). Chez Libanios, le mot peut revêtir un triple sens, celui de « patronage », au sens technique, celui qu'illustre en particulier le discours 47 ; celui de protecteur (προστάτης), au sens où l'on protège un individu dont on est le patron et enfin le patronage qu'un curiale exerce sur une cité. De façon semblable, l'empereur exerce sa προστασία sur l'Empire, comme le gouverneur sur les villes ou les cités, voir Petit, P. (1955), p. 180.

ἀπεράτων, οὐ δυσχωριῶν ἀδιοδεύτων, ἀλλὰ | καὶ Ha. 207 a
συνελθούσης ἐπὶ τοὺς βαρβάρους τὰ τελευταῖα
σχεδὸν ἁπάσης γῆς καὶ θαλάττης καὶ περιστάντων
αὐτοὺς ἔνθεν καὶ ἔνθεν Κελτῶν, Ἀσσυρίων, Ἀρμενίων,
Λιβύων, Ἰβήρων, ὅσοι Ῥωμαίων προβέβληνται ἐξ
ἐσχάτων εἰς ἔσχατα γῆς, τούτων ἁπάντων αὐτοὺς
περιστάντων τότε ἄριστα πράττειν ἐδόξαμεν ὅτε
μηδὲν προσπεπόνθαμεν χαλεπώτερον.

| 4. Ἐπὶ τοσούτοις οὖν προσκρούσμασι καὶ
τηλικούτοις ἀνατετραμμένων σχεδὸν ἁπάντων Do. 297
τὰς γνώμας καὶ στρατηγῶν καὶ στρατιωτῶν, καὶ
σκοπούντων εἰς ὅ τι τὸ κα|κὸν τοῦτο ἐκβήσεται,
κωλύειν δὲ οὐδενὸς ἐγχειροῦντος, καλεῖ μὲν ὁ θεὸς Ha. 207 b
εἰς προστασίαν τὸν μόνον οἷόν τε ἀντισχεῖν τοιούτῳ
κατακλυσμῷ δυσπραγίας· κηρύττει δὲ Γρατιανὸς
τὴν ἄνωθεν ψῆφον· δέχεται δὲ γῆ καὶ θάλασσα
τὴν ἀνάρρησιν ἀντὶ ἀγαθῶν ἐλπίδων καὶ ἀγαθῶν
οἰωνισμάτων. 5. Κατασχὼν δὲ τὰς ἡνίας καὶ ὥσπερ
οἱ σοφώτατοι τῶν ἡνιόχων πρῶτον ἀποπειράσας τῶν
ἵππων, ὅπως αὐτῷ ῥώμης ἔχουσι καὶ προθυμίας,
ἐθάρρησε πρῶτος εἰς νοῦν ἐμβαλέσθαι μὴ κεῖσθαι
Ῥωμαίοις τὴν δύναμιν τανῦν ἐν σι|δήρῳ μηδὲ ἐν
θώραξι καὶ ἀσπίσι, μηδὲ ἐν σώμασιν ἀναριθμήτοις, Ha. 207 c
ἀλλὰ δεῖν γὰρ ἑτέρας δυνάμεως καὶ παρασκευῆς,
ἣ τοῖς κατὰ νοῦν τοῦ θεοῦ βασιλεύουσιν ἐκεῖθεν
ἀψοφητὶ παραγίγνεται, καὶ πάντα μὲν ἔθνη
χειροῦται, πάντα δὲ ἥμερα καθίστησιν ἐξ ἀγρίων,

APP. 9 τοσούτοις extra v. sed atramento paene eraso Π || 13 κωλύειν A v Π edd. : κολούειν coni. Roul. || 16 θάλασσα edd. : – λαττα A Π v || 17 ἀντὶ edd. : ἀντ ʼ A v Π || 26 παραγίγνεται A v : παραγίν- Π edd. || 26-27 πάντα – χειροῦται scr. bis v || 27 χειροῦται Π edd. : χειροῦνται A v.

les armes, les arcs, la cavalerie, l'arrogance des Scythes, l'audace des Alains[71], la folle témérité des Massagètes[72] –, et autrefois les poètes avaient raison de nous en instruire dès l'enfance :

> Car un seul conseil sage bat en rase campagne
> mille bras »[73]

ou

> « Le verbe lève maints obstacles,
> comme le fait aussi le fer d'un ennemi[74]

ou

> L'habileté du bûcheron vaut bien mieux que sa force[75]

ou

> L'esprit sage résout toujours les situations impossibles,
> et il adoucit tout, y eut-il même serment[76].

6. Dans un poème, le fabuliste Ésope met en scène un concours entre Persuasion et Violence, et Persuasion l'emporte sur Violence dans le récit ; le soleil réussit à mettre à nu plus tôt que les vents impétueux[77]. De même, disent les poètes, lors du combat contre les dieux, les géants avaient contre Arès résisté jusqu'au bout, mais devant Hermès et son caducée, ils avaient succombé au sommeil[78].

96. La citation provient d'une tragédie inconnue, voir déjà NAUCK, A. (1964), fr. 566, p. 951. Pour la forme, le premier vers a donné de la tablature aux philologues. La leçon πάντα ὁ des manuscrits est irrecevable. Nauck éditait le vers ainsi : πάντας σοφὸς νοῦς ἐξ ἀμηχάνων ἄγει. Pappageorgius avait conjecturé πάντα δ'ὁ, F. G. Schmidt (*Kritische Studien,* 3, p. 36) πάντας. C'est cette dernière leçon que retiennent Kannicht-Snell. On peut croire que s'est produite à la copie une faute de prononciation (πάνθ΄ὁ) qui a engendré une banalisation sur le plan formel (πάντα ὁ). D'après Heather, P.-Moncur, D. (2001), p. 276, n. 235, selon Eunape (fr. 59 Blockley), les Goths se seraient engagés par serment à ne pas cesser leurs activités avant d'avoir détruit l'Empire romain.

εἴκει δὲ αὐτῇ μόνῃ καὶ ὅπλα καὶ τόξα καὶ ἵπποι καὶ αὐθάδεια Σκυθικὴ καὶ τόλμα |Ἀλανῶν καὶ ἀπόνοια Di. 253
Μασσαγετῶν, καὶ ταύτην πάλαι καλῶς ποιοῦντας τοὺς ποιητὰς ἐκ μειρακίων ἡμᾶς διδάσκειν,

Σοφὸν γὰρ ἓν βούλευμα τὰς πολλὰς | χέρας Ha. 207 d
νικᾷ

| καὶ

Πόλλ ' ἐξαίρει λόγος,
ὃ καὶ σίδηρος πολεμίων δράσειεν ἄν

καὶ

Μήτι τοι δρυτόμος μέγ' ἀμείνων ἠὲ βίηφι

καὶ

| Πάνθ ὁ σοφὸς νοῦς ἐξ ἀμηχάνων ἄγει, Do. 298
| καὶ πάντα κηλεῖ, κἂν ἀπώμοτός τις ᾖ. Ha. 208 a

6. Πεποίηται δὲ καὶ Αἰσώπῳ τῷ μυθοποιῷ ἅμιλλά τις Πειθοῦς καὶ Βίας, καὶ ἀνύει τι μᾶλλον ἡ Πειθὼ τῆς Βίας ἐν τῷ μύθῳ · καὶ γυμνοῖ πρόσθεν ὁ ἥλιος τῶν λάβρων πνευμάτων. Οὕτως δέ φασι καὶ τοὺς γίγαντας ποιηταὶ ἐν τῇ μάχῃ τῇ πρὸς τοὺς θεοὺς τῷ μὲν Ἄρει μέχρι παντὸς ἀντισχεῖν, ὑπὸ δὲ τοῦ Ἑρμοῦ καὶ τῆς ῥάβδου κατακοιμισθῆναι.

MARG. 11 καὶ ὁ δρυτόμος, φησίν, ἀμείνων ἐστὶ τῇ μήτει καὶ τῇ βουλεῖ καὶ σκέψει παρὸ τῇ δυνάμει Π.

FONT. 5-6 E., *Antiop.*, fr. 22 Jouan-Van Looy – 8-9 E., *Phoen.*, 516-517, cf. Jul., *Or.* 2, 73 c – 11 Hom. Ψ 315 – 13-14 Adesp. 566 Kannicht-Snell – 15-18 Aesop., *Fab.*, 46 Hausrath – 18-21 Ps.-Apollod., *Bibl.* I, 6 –

APP. 4 τοὺς om. v | μειρακίων ΑΠ edd. : – κείων v || 5 χέρας edd. : χεῖρας A v Π || 8 πόλλ ' ego : πολλὰ codd. edd. | ἐξαιρεῖ coni. Gas. | λόγος edd. : ὁ λ. A v Π || 11 μήτι scrips. ex Hom. : μήτει codd. edd || 13 πάνθ΄ὁ scripsi : πάντα ὁ A v Π Di. Do. πάντας Nauck e coni. Schmidt πᾶν τοι Ma. e coni. Nauck, vid. adnotat. || 18 λάβρων edd. : λαύρων codd.

Saturninus signe la paix avec les Goths

12. Le très sage souverain trouvait dans la persuasion la seule possibilité restant aux Romains de se soustraire aux coups et aux reproches des barbares, et il constatait que plus s'aggraveraient leurs avanies, plus ces derniers y trouveraient intérêt : il en conclut que le pardon des fautes valait mieux que l'affrontement jusqu'à toute extrémité[79]. 2. De plus, quand il se mit en quête de l'homme qui le servirait pour remporter une telle victoire, vainqueur tant par son intelligence que par sa bonne volonté, il n'eut pas besoin de temps pour découvrir le plus capable, non, celui de ses généraux qu'il savait de longue date gagné à son propre dessein, à ses propres aspirations ; il le charge de faire la tentative sans retard et il l'envoie, comme Achille l'avait fait avec son compagnon[80], sous de meilleurs auspices et adressant ses souhaits « Plaise au ciel »[81] pour son mandant et « Plaise au ciel » pour toutes les affaires en cours, non afin d'éteindre le feu qui vient de prendre à un seul bateau thessalien ni de chasser l'ennemi d'un seul bastion récalcitrant, mais pour le cas où un dernier aurait échappé même aux attaques précédentes quand s'abattait sur lui la nuée barbaresque. 3. Oui, il l'envoie en le munissant, comme l'avait fait le fils de Pélée, de ses propres armes, des armes tout simplement célestes, patience, mansuétude et philanthropie ; elles sont toutes parfaitement adaptées à sa main, et non pas de celles qui le sont dans un cas et pas dans l'autre, comme la lance de Pélée dans la main du fils de Ménoitios[82].

12. Ταύτην εὑρίσκων ὁ σοφώτατος βασιλεὺς μόνην περιλείπεσθαι δύναμιν Ῥωμαίοις | ἄτρωτον (Ha. 208 b) καὶ ἀνέλεγκτον ὑπὸ τῶν βαρβάρων, καὶ γινώσκων ὅτι ὅσῳπερ ἂν μείζονα ἀδικήσωσι, τοσούτῳ μᾶλλον ἂν ἐγνώκασιν ἑαυτοῖς συνοισόμενον, ἔγνω βελτίονα εἶναι τὴν ἐπὶ τοῖς ἡμαρτημένοις συγγνώμην τῆς ἄχρι τῶν ἐσχάτων φιλονεικίας. 2. Καὶ ζητῶν ὅστις αὐτῷ πρὸς τὴν νίκην ταύτην διακονήσεται καὶ φρονήσει νικῶν καὶ εὐνοίᾳ, οὐκ ἐδεήθη χρόνου πρὸς εὕρεσιν τοῦ μάλιστα ἐπιτηδείου, ἀλλ᾽ ὃν ᾔδει πάλαι τῶν στρατηγῶν τὰ αὐτὰ φρονοῦντα αὐ|τῷ (Di. 254) καὶ τὰ αὐτὰ ἐζηλωκότα, προχειρίζεται τοῦτον ἐπὶ τὴν πεῖραν ταύτην ἀμελλητί, καὶ πέμ|πει καθάπερ (Ha. 208 c) Ἀχιλλεὺς τὸν ἑταῖρον ἐπ᾽ ἀμείνοσιν οἰωνοῖς καὶ ἀγαθῇ μὲν τύχῃ τοῦ στείλαντος, ἀγαθῇ δὲ τύχῃ τῶν ὅλων πραγμάτων, οὐ μιᾶς ἄρτι νεὼς Θετταλικῆς ἐμπιπραμένης σβέσοντα τὴν φλόγα, οὐδὲ ἑνὸς προτειχίσματος ἀπειρηκότος, τοὺς πολεμίους ἐκεῖθεν ἀποσοβήσοντα, ἀλλ᾽ εἴ τι καὶ περιλιπὲς ἦν καὶ τὰς πρότερον ἐπιδρομὰς ἐπεφεύγει, τούτῳ τοῦ βαρβαρικοῦ νέφους ἐγκατασκήψαντος. 3. Πέμπει δὲ ὥσπερ ὁ Πηλέως ἐνσκευάσας τοῖς ὅπλοις τοῖς ἑαυτοῦ τοῖς ἀτεχνῶς οὐρανίοις, ἀνεξι|κακίᾳ, | (Ha. 208 d) πρᾳότητι, φιλανθρωπίᾳ, τῷ δὲ ἡρμοσμένα πάντα (Do. 299) ἀκριβῶς καὶ οὐ τὸ μέν, τὸ δὲ οὔ, καθάπερ

FONT. 13-14 cf. Hom. Π 130-144.

APP. 4 ὅσῳπερ A v Π Di. Do. Ma. : ὥσπερ Ha. | ἂν || 5 ἐγνώκασιν edd. : ἀνεγνώκασιν A v Π | ἑαυτοῖς edd. : ἑαυτῷ A v Π | συνοισόμενον edd. : συνοισομ A v Π spatio vac. rel. συνοῖσον Ha. || 11 αὐτῷ edd. : αὑτῷ Av Π || 13 ἀμελλητί edd. : ἀμελη- A v Π || 18 πολεμίους Av edd. : πολέμους Π ut vid.

13. L'homme s'en alla à l'instant, plein de courage, sans une phalange d'infanterie à sa suite, sans escadrons de cavalerie comme cortège, sans son attirail de cinq généraux en seconds[83] : il n'avait que les ordres de l'empereur comme cuirasse, et ils lui servaient d'avant-garde et de troupe d'escorte. 2. Il n'eut pas besoin de temps non plus pour remporter cette victoire ; il n'eut qu'à paraître et à faire ressortir la bienveillance de sa mission pour faire plier la nuque aussitôt à l'impétuosité des Scythes, pour décapiter leur audace[84], pour réduire leur agressivité, pour faire tomber spontanément le fer de leurs mains et pour les conduire à sa suite devant le souverain : comme dans un cortège de fête, ils avaient honte de marcher sur le sol, qu'ils insultaient précédemment, ils épargnaient les restes de leurs dévastations comme s'ils étaient sacrés et ils ne portaient devant eux que les sabres qu'ils allaient présenter au souverain en guise de rameaux de supplication ; pour le reste, ils étaient dépouillés et pacifiques, défaits dans leur esprit, non dans leur personne. 3. Quelle drogue de Polydamna l'Égyptienne, mêlée à du vin dans un cratère, ou quel ceste d'Aphrodite[85] eut jamais action vive et puissante au point de rendre leurs remparts plus solides que l'acier, plus malléables que la cire ?

Le suivant de Zeus avait une drogue ingénieuse
et bonne que lui avait donnée l'immortel souverain ?[86].

Elle retient non le chagrin ni les larmes, mais les maux qui produisent les larmes[87].

84. Utilisation d'un passage de Platon (*Chrm.*, 155 c 5-6) : καί μου ἡ πρόσθεν θρασύτης ἐξεκέκοπτο.

87. Rappel de la suite du passage d'Homère (δ 220-223) « Soudain, (Hélène) jeta une drogue au cratère où l'on puisait à boire : cette drogue, calmant la douleur, la colère, dissolvait tous les maux ; une dose au cratère empêchait tout le jour quiconque en avait bu de verser une larme » αὐτίκ' ἄρ' εἰς οἶνον βάλε φάρμακον, ἔνθεν ἔπινον, | νηπενθές τ' ἄχολόν τε, κακῶν ἐπίληθον ἁπάντων. | ὃς τὸ καταβρόξειεν, ἐπὴν κρητῆρι μιγείη, | οὔ κεν ἐφημέριός γε βάλοι κατὰ δάκρυ παρειῶν.

ἢ Πηλιὰς τῷ Μενοιτίου.

13. Καὶ αὐτίκα ἀπῄει τεθαρρηκώς, οὐ φάλαγγος πεζῶν ἑπομένης, οὐδ' ἱππικῶν λόχων παραπεμπόντων, οὐδὲ πέντε ὑποστρατήγους ἐφελκόμενος, ἀλλὰ μόνον τοῖς βασιλέως παραγγέλμασι πεφραγμένος, καὶ τούτοις προπομποῖς χρώμενος καὶ παραπομποῖς. | Ha. 209 a
2. Οὐκοῦν οὐδὲ ἐδέησεν αὐτῷ χρόνου πρὸς ταύτην τὴν νίκην, ἀλλὰ φανέντι μόνον καὶ προδείξαντι τὴν τοῦ πέμψαντος εὐμένειαν ὑπέκυπτε μὲν εὐθὺς ἡ θρασύτης Σκυθῶν, ἐξεκόπτετο δὲ ἡ τόλμα, συνεστέλλετο δὲ ὁ θυμός, ἐξέπιπτε δὲ ὁ σίδηρος ἑκοντὶ ταῖν χεροῖν, εἵποντο δὲ ἄγοντι πρὸς βασιλέα καθάπερ ἐν πομπῇ καὶ πανηγύρει αἰσχυνόμενοι τὴν γῆν, εἰς ἣν πρότερον ἐπαρῴνησαν, καὶ φειδόμενοι τῶν λειψάνων ὡς ἱερῶν, μόνας ἐπιφερόμενοι τὰς μαχαίρας, ἃς ἔμελλον βασιλεῖ προ|σοίσειν ἀνθ' ἱκετηρίας· τὰ δὲ Ha. 209 b
ἄλλα γυμνοὶ καὶ εἰρηνικοί, ἡττημένοι ταῖς γνώμαις, οὐχὶ τοῖς σώμασι. 3. Ποῖον φάρμακον Πολυδάμνας τῆς Αἰγυπτίας ἐγκερασθὲν οἴνου κρατῆρι ἢ ποῖος κεστὸς Ἀφροδίτης οὕτως ὀξὺ καὶ δραστήριον ὥστε τοὺς πύργους ὄντας τοῦ ἀδάμαντος στερεωτέρους, κηροῦ μαλακωτέρους ποιῆσαι;

| Τοῖα Διὸς θεράπων ἔχε φάρμακα μητιόεντα, Di. 255
ἐσθλά, τά οἱ βασιλεὺς πόρεν ἄφθιτος, | Ha. 209 c

οὐ λύπης καθεκτικὰ οὐδὲ δακρύων, ἀλλὰ τῶν δάκρυα ποιούντων κακῶν.

FONT. 1 cf. Hom. Π 140-144 – 10 Pl., *Chrm.*, 155 c 6 – 18-19 cf. Hom. δ 220-222 – 19-20 cf. Hom. Ξ 214-215 – 23-24 Hom. δ 227-228.

APP. 7 οὐκοῦν edd. : οὔκουν A v Π || 10 ἐξεκόπετο v | δὲ edd. : δ' A v Π || 12 εἵποντο A Π : εἵπονται v || 19 ἐγκερασθὲν A Π : ἐγκλασθὲν v | κρατῆρι A v Π Di. Do. Ma. : -ρσι Ha.

14. Autrefois, en Thrace, la puissance locale de la musique était supérieure à celle des armes, et l'on ne pourrait mettre en doute que les sangliers ne suivissent les airs d'Orphée[88], que tant des arbres que des rochers ne l'accompagnassent partout où les menaient ses accents[89]. 2. Orphée, à ce qu'il semble, était capable de charmer des fauves, mais n'était pas en mesure d'apaiser la malveillance des hommes ; au contraire, des femmes de Thrace réduisirent au silence sa musique : non seulement elles ne furent pas captivées par ses accents, mais elles en devinrent encore plus sauvages et exécutèrent le musicien lui-même en même temps que sa musique[90]. 3. L'interprète et serviteur de l'Orphée céleste, le maître de la musique inspirée de Dieu, des mots attirants et coulants plus doux que le miel, dont on l'avait pourvu lors de son envoi en mission, s'en servit pour enchanter, pour séduire, pour conseiller, pour éveiller des espérances favorables dans l'avenir, pour lever la suspicion née des avanies commises, pour brandir comme un rameau d'olivier[91] la philanthropie du souverain[92] : ceux qu'il menait étaient apprivoisés et dociles ; c'était tout juste s'il ne les faisait pas défiler, bras attachés dans le dos, en sorte que l'on pouvait se demander s'il avait triomphé des hommes au cours d'une guerre ou d'une discussion[93].

15. Le général Corbulon, qui avait persuadé l'Arménien Tiridate de confier la direction de ses affaires à Néron, un homme haï des dieux[94], un scélérat indigne de tant de bienveillance, avait senti qu'il avait fait la preuve de sa valeur de façon inopportune et collaboré à la gloire d'un souverain qui n'était pas authentique[95].

88. Le § 1 jusqu'à « Orphée » forme 921 T de Bernabé, A. (2005), p. 418.

89. Depuis « que tant des arbres » à « accents », la phrase forme 954 T de Bernabé, A. (2005), p. 433.

92. Le § 3 forme 1078 (II) de Bernabé, A. (2005), p. 510. Le découpage ne se justifie guère que par la technique d'édition utilisée par A. Bernabé.

14. Ἦν ἄρα πάλαι τῇ Θρᾴκῃ ἡ τῆς μουσικῆς δύναμις ἐπιχώριος μᾶλλον τῶν ὅπλων, καὶ ἀπιστεῖν οὐκέτι προσῆκε τοῖς κρούμασι τοῖς Ὀρφέως ἕπεσθαι μὲν κάπρους, συνακολουθεῖν δὲ καὶ δένδρα καὶ πέτρας, ὅπῃ ἂν ἐκεῖνος | τοῖς μέλεσιν ἄγοι. Do. 300

2. Ἀλλ᾽ Ὀρφεὺς μέν, ὡς ἔοικε, θηρία κηλεῖν ἱκανὸς ἦν, ἀνθρώπων δὲ χαλεπότητα θέλγειν οὐκ εἶχεν, ἀλλ᾽ ἢ διήλεγξαν αὐτοῦ τὴν μουσικὴν Θρᾷσσαι γυναῖκες, οὐχ ὅπως ἁλοῦσαι τοῖς μέλεσιν, ἀλλ᾽ ἐξαγριωθεῖσαι προσέτι καὶ | δράσασαι τὸν Ha. 209 d μελῳδὸν αὐτὸν ἅπερ καὶ ἔδρασαν. 3. Ὁ δὲ τοῦ οὐρανόθεν Ὀρφέως ὑποφήτης καὶ θεραπευτής, ὁ τῇ θεοσδότῳ χρώμενος μουσικῇ, λόγοις ἐπαγωγοῖς καὶ γλύκιον μέλιτος ῥέουσιν, οἵοις ἐστάλη παρὰ τοῦ πέμψαντος ἐσκευασμένος, τούτοις ἐπᾴδων, τούτοις κηλῶν, τούτοις παραινῶν, τὰς ἀγαθὰς ὑποτιθεὶς ὑπὲρ τῶν μελλόντων ἐλπίδας, ἀφαιρούμενος τῆς ἐφ᾽ οἷς ἠδίκησαν ὑπο|ψίας, προσείων ὥσπερ Ha. 210 a θαλλὸν τὴν βασιλέως φιλανθρωπίαν, ἦγε τιθασοὺς καὶ χειροήθεις, μονονοὺ τὼ χεῖρε περιαγαγὼν εἰς τοὐπίσω, ὥστε ἀμφισβητήσιμον εἶναι πότερον κατεπολέμησε τοὺς ἀνθρώπους ἢ καθωμίλησε.

15. Κορβούλων μὲν οὖν ὁ στρατηγὸς ἀναπείσας τὸν Ἀρμένιον Τηριδάτην Νέρωνι τὰ καθ᾽ ἑαυτὸν ἐπιτρέψειν, ἀνθρώπῳ θεομισεῖ καὶ παλαμναίῳ καὶ ἀναξίῳ τοσαύτης εὐνοίας, ᾔσθετο οὐκ ἐν καιρῷ τὴν ἀρετὴν ἐπιδεδειγμένος οὐδὲ ἀληθινῷ βασιλεῖ πρὸς εὔκλειαν συναράμενος.

MARG. 2 λείπει ἰσχὺς ἐπιχώριος A Π.

FONT. 13-14 Pl., *Phdr.*, 230 d 7 – 23-24 D. C. (Xiph.), LXII, 23, 2.

APP. 4 μὲν edd. : δὲ A v Π | καὶ^{1} A : om. Π v || 6 θηρὶ v || 11 αὐτὸν A Π^{ac} edd. : αὐτῶν AΠ^{pc} v | ἔδρασα v || 14 οἵοις A Π^{pc} v edd. : οἷς Π^{ac} || 16 κηλῶν A Π edd. : κάλων v || 18 προσείων Π edd. : προσσείων A v || 22 τοὺς – καθωμίλησε om. V. || 23 Κορβούλων Ma. post Hans. : Κερ- A v Π Di. Do.

2. Mais béni est l'homme que voici[96] d'avoir mis son ambition au service d'un tel prince, béni est-il d'avoir reçu d'un tel prince des remerciements, et non sans raison ! Ce n'est pas Tiridate en effet qu'il a charmé pour nous ni un Arménien facile à convaincre et à captiver, et encore moins un barbare de ces contrées chez qui est habituelle l'outrance vaniteuse, habituelle la pusillanimité[97], et qui ne distingue guère la servitude de la liberté, mais des gens à qui on inculque depuis l'enfance l'inflexibilité de caractère et qui trouvent une légère inclination du corps plus dure que la mort. 3. Et ce que nous voyions, c'étaient leurs chefs de files et de groupes[98], non pas rendant une loque avec réticence, mais se débarrassant en plus du fer de leurs épées, qui avaient fondé jusqu'à ce jour leur domination, et se plantant aux genoux du souverain – plus fermement que, dit Homère, Thétis s'était plantée autrefois aux genoux de Zeus, lorsqu'elle le suppliait pour son fils[99] –, jusqu'à ce qu'ils obtinssent un geste bienveillant, une parole qui n'éveillât pas la guerre, mais qui fût entièrement propice, entièrement paisible, entièrement bonne, et qui signifiât le pardon intégral pour les avanies commises[100] :

Il dit. Les noirs sourcils[101] du Cronide s'abaissent
et ses cheveux divins voltigent un instant
sur sa tête immortelle ; tout l'Olympe en frémit[102].

Et il n'y eut mot de sa bouche « qui fût révoqué, trompeur ou sans effet »[103].

98. Heather, P.-Moncur, D. (2001), p. 279, n. 246 font remarquer que l'on n'entend plus parler après 380 des principaux chefs Goths qui avaient pris part à la bataille d'Andrinople, Fritigern, pour les Tervinges, Alatheus et Saphrax pour les Greuthinges. Leur chute fut-elle une des conditions du traité de paix ou le résultat de la guerre qui y conduisit ?

99. Hom. A 512-513 : « Thétis, qui, dès l'abord, a saisi ses genoux, insistante, les presse et de nouveau supplie » Θέτις δ' ὡς ἥψατο γούνων | ὣς ἔχετ' ἐμπεφυυῖα, καὶ εἴρετο δεύτερον αὖτις.

2. **<Οὗτος δὲ> μακαριστὸς μὲν | τῆς εἰς** Ha. 210 b **τοιοῦτον φιλοτιμίας, μακαριστὸς δὲ τῶν παρὰ τοιούτου χαριστηρίων, καὶ μηδὲ ἀπεικότως. Οὐ γὰρ Τηριδάτην ἡμῖν ἐκήλησεν οὐδὲ | Ἀρμένιον** Di. 256 **ἄνθρωπον εὐκαταγώνιστον καὶ εὐάλωτον καὶ προσέτι γε ἐκ τῶν ἐκείνῃ βαρβάρων, οἷς ἐν ἔθει μὲν τὸ ἐξογκοῦσθαι, ἐν ἔθει δὲ τὸ ὑποπτήσσειν, δουλεία δὲ ἐλευθερίας οὐ πολὺ διενήνοχεν, ἀλλ' οἷς ἐκ παίδων συντρέφεται φρόνημα ἀκλινές, | καὶ** Do. 301 **οἷς τὸ μικρὸν ὑποκύψαι χαλεπώτερον τοῦ τεθνάναι.**

3. **Τούτων ἑωρῶμεν τοὺς ἐξάρχους καὶ κορυφαίους οὐ ῥακίου παραχωροῦντας σὺν | εἰρωνείᾳ, ἀλλὰ** Ha. 210 c **τοῦ σιδήρου καὶ τῶν ξιφῶν ἐξισταμένους, οἷς μέχρι τῆς ἡμέρας ἐκείνης ἐκράτουν, καὶ τοῖς γόνασιν ἐμφυομένους τοῦ βασιλέως μᾶλλον, ἢ πρὶν τὴν Θέτιν φησὶν Ὅμηρος τοῖς γόνασιν ἐμφῦναι τοῖς τοῦ Διός, ἡνίκα ὑπὲρ τοῦ παιδὸς αὐτὸν ἐλιπάρει, ἕως ἔτυχον νεύματος εὐμενοῦς καὶ φωνῆς οὐ πόλεμον ἐγειρούσης, ἀλλ' ὅλης ἵλεω, ὅλης εἰρηνικῆς, ὅλης εὐγνώμονος, ὅλης ἀφείσης τὰ ἀδικήματα ·**

Ἦ καὶ κυανέῃσιν ἐπ' ὀφρύσι νεῦσε Κρονίων.
Ἀμβρόσιαι δ' ἄρα χαῖται ἐπερρώσαν | το ἄνακτος Ha. 210 d
κρατὸς ἀπ' ἀθανάτοιο· μέγαν δ' ἐλέλιξεν Ὄλυμπον,

καὶ οὐδὲν ῥῆμα αὐτοῦ παλινάγρετον οὐδ' ἀπατηλὸν οὐδ' ἀτέλεστον.

FONT. 15-20 Hom. A 500-501, 514 – 21-23 Hom. A 528-530 – 24-25 Hom. A 526-527.

APP. 1 οὗτος δὲ supplevi : σὺ δὲ suppl. Ma. post Re. ἀλλ' ἔστι ὁ Σατουρνῖνος suppl. Ha., vid. adnotat. || 3 χαριστηρίων edd. : – τηρίου A v Π | μηδὲ ἀπεικότως edd. : μηδείας εἰκότως Av Π || 4 Ἀρμαίνιον v || 6 ἔθει A Π : ἔθα v || 7 ὑποπτήσσειν ego sec. Cob. : ὑποπτεύειν A Π v Di. Do. ὑποκύπτειν Ma. ὑποπίπτειν Jac || 12 οὐ ῥακίου A Π : οὐραμέν κίου v || 16 ἐμφῦναι Di. Do. Ma. : – φύναι A v Π Ha. || 17 αὐτὸν om. Di. || 23 μέγαν edd. : μέγα A v Π || 25 ἀτέλεστον A v edd. : – λεύτητον Π.

Avantages de la paix pour l'économie

16. Mais voilà, odieux entre tous, lancé le nom de Scythes : qu'il est bienvenu de nos jours, qu'il est en faveur, comme il est familier ! 2. Ils se joignent à nous pour la cérémonie organisée en l'honneur du maître de milice, par qui ils ont bien fait de se laisser prendre, ils se joignent à la fête marquant la victoire remportée sur eux-mêmes[104]. 3. S'ils n'ont pas disparu de façon tout à fait radicale, on ne doit pas le déplorer. La parole et la philanthropie ont des victoires qui consistent, non pas à supprimer, mais à rendre meilleurs les fauteurs de torts[105]. 4. Mettons qu'il eût été loisible de les supprimer et de les traiter à notre guise, sans avoir eu de dommage à subir en contrepartie – encore que l'expérience ait prouvé maintes fois qu'une telle conséquence ne serait pas normale – mais mettons, comme je l'ai dit, que nous en ayons eu le pouvoir. 5. Vaudrait-il mieux remplir la Thrace de cadavres que de paysans ? Et la montrer pleine de tombes plutôt que d'hommes ? Et marcher sur une terre sauvage plutôt que cultivée ? Et y compter les tués plutôt que les cultivateurs ? Et y déporter, le cas échéant[106], Phrygiens et Bithyniens ou y faire cohabiter ceux qui sont entre nos mains ? 6. J'entends de la bouche de ceux qui viennent de la région qu'ils tranforment le fer de leurs glaives et de leurs cuirasses et qu'ils en font aujourd'hui des hoyaux et des faux[107] et que, saluant Arès de loin[108], ils adressent leurs prières à Déméter et à Dionysos[109].

Un exemple du passé

17. Souvent des événements du même genre se sont déjà produits au cours de l'histoire, et nous ne sommes pas les premiers à avoir vu le pardon accordé à des fautifs rendre service par la suite à leurs victimes. 2. Voyez plutôt l'exemple de ces Galates du Pont. Lorsque, en raison des lois de la guerre, ils eurent fait la traversée vers l'Asie et soulevé tout le pays jusqu'à l'Halys, ils s'installèrent dans

16. Ἀλλ᾽ ἰδοὺ τὸ ἔχθιστον ὄνομα Σκύθαι ὅπως νῦν ἀγαπητόν, πῶς νῦν κεχαρισμένον, πῶς νῦν προσήγορον; 2. Συμπανηγυρίζουσιν ἡμῖν τὴν τοῦ στρατηγοῦ πανήγυριν, ὑφ᾽ οὗ καλῶς ποιοῦντες ἑάλωσαν, καὶ συνεορτάζουσι τὰ καθ᾽ ἑαυ|τῶν ἐπινίκια. 3. Εἰ δὲ μὴ πρόρριζοι παντελῶς Ha. 211 a ἀπολώλασιν, οὐ χρὴ δυσχεραίνειν· λόγου γὰρ καὶ φιλανθρωπίας αἱ νῖκαι τοιαῦται, οὐκ ἀνελεῖν, ἀλλὰ βελτίους ποιῆσαι τοὺς λελυπηκότας. 4. Ἔστω γὰρ ὅτι καὶ τὸ ἀνελεῖν ἦν ἐν ῥᾳστώνῃ καὶ δρᾶσαι πάντα ὑπῆρξεν ἂν ἡμῖν, ἀντιπαθεῖν δὲ μηδ᾽ ὁτιοῦν, καίτοι γε ἐκ τῶν πολλάκις συμβεβηκότων οὐ ταῦτα ἦν ἀκόλουθα καὶ εἰκότα, ἀλλ᾽, ὅπερ εἶπον, ἔστω καὶ τοῦτο κεῖσθαι ἡμῖν ἐπ᾽ ἐξουσίας. 5. Πότερον οὖν βέλτιον νεκρῶν ἐμπλῆσαι τὴν | Θρᾴκην ἢ γεωργῶν; Di. 257 καὶ τάφων ἀπο|δεῖξαι μεστὴν ἢ ἀνθρώπων; καὶ Ha. 211 b βαδίζειν δι᾽ ἀγρίας ἢ δι᾽ εἰργα|σμένης; καὶ Do. 302 ἀριθμεῖν τοὺς πεφονευμένους ἢ τοὺς ἀροῦντας; καὶ μετοικίζειν, εἰ τύχοι, Φρύγας καὶ Βιθυνοὺς ἢ συνοικίζειν οὓς κεχειρώμεθα; 6. Ἀκούω παρὰ τῶν ἐκεῖθεν ἀφικνουμένων ὅτι μεταποιοῦσι τὸν σίδηρον ἐκ τῶν ξιφῶν καὶ τῶν θωράκων εἰς δικέλλας νῦν καὶ δρεπάνας, καὶ τὸν Ἄρην πόρρωθεν ἀσπαζόμενοι προσεύχονται Δήμητρι καὶ Διονύσῳ.

17. Πολλὰ τοιαῦτα καὶ πρότερον ὁ βίος ἤνεγκεν ὁ ἀνθρώπινος, καὶ οὐκ ἐφ᾽ ἡμῶν πρώτων ἀπήντησε τὸ συγγνώμης τυχόντας τοὺς ἠδι|κηκότας ἐν χρείᾳ Ha. 211 c μετὰ ταῦτα γενέσθαι τοῖς ἠδικημένοις. 2. Ἀλλ᾽ ὁρᾶτε τουτουσὶ Γαλάτας τοὺς ἐπὶ Πόντῳ. Οὗτοι μέντοι

FONT. 23-24 E., *Hipp.*, 102 apud Pl., *R.*, VI, 499 a 9.

APP. 10 δρᾶσαι edd. : δράσ- Av Π || 17 εἰργασμένης A Π edd. : ἠρ- v || 19 καὶ om. Ha. | τύχοι Di. Do. Ma. : τύχῃ Av Π Ha.

la région qu'ils habitent aujourd'hui, et ils n'en furent arrachés ni par Pompée ni par Lucullus, qui l'eussent fort bien pu, ni par Auguste ni par les empereurs postérieurs, qui, au contraire, oublièrent les avanies commises pour faire d'eux une partie de l'empire. 3. Et aujourd'hui il n'y aurait plus personne pour appeler barbares les Galates, mais, au contraire, Romains, de plein droit ; leur ancien nom leur est resté, mais leur vie épouse les cadres de la nôtre désormais. Ils versent les contributions que nous versons, servent dans les campagnes où nous servons, reçoivent des chefs à égalité avec les autres, et c'est aux mêmes lois qu'ils obéissent[110]. 4. Nous verrons aussi sous peu les Scythes du même œil. Aujourd'hui sans doute les heurts avec eux sont encore récents, mais nous ne mettrons pas longtemps à les trouver à nos libations, à nos tables, dans nos armées en campagnes, dans nos services d'État[111]. S'ils avaient été supprimés complètement, en plus de la Thrace, la Scythie aussi était perdue pour nous.

Conséquences bénéfiques

18. Massinissa le Libyen, qui leur avait porté de nombreux coups terribles, avait été pris vivant par les Romains : ils ne l'avaient pas liquidé, mais gardé sain et sauf ; aussi Massinissa devint-il pour eux devant l'ennemi à venir une défense et une sauvegarde[112]. 2. À présent, le continent repose tout entier sur son assise ; la terre et la mer couronnent leurs maîtres, et, comme un immense cargo après de multiples avaries sous l'effet de la tempête et de la houle funeste, l'empire se remet et se fortifie. Des routes s'y ouvrent, les montagnes se libèrent de la peur, les plaines y portent des récoltes désormais, et le territoire proche de l'Ister ne saute pas non plus sur la scène des guerres[113], mais il s'offre aux semailles et aux

111. Comme le signale à juste titre Maisano, R. (1995), p. 606, n. 46, le verbe λειτουργεῖν est ambigu, car il signifie tout à la fois « supporter des obligations financières » et « assumer des charges publiques ». La traduction cherche à ne pas lever l'ambiguïté.

πολέμου νόμῳ διαβάντες εἰς τὴν Ἀσίαν καὶ πᾶσαν
τὴν ἐντὸς Ἅλυος ἀναστήσαντες ἐγκατέμειναν ταύτῃ
τῇ χώρᾳ, ἣν νῦν κατοικοῦσι, καὶ οὐκ ἐξέτριψεν
αὐτοὺς Πομπήιος οὐδὲ Λούκουλλος, λίαν ἐξόν,
οὐδὲ ὁ Σεβαστὸς οὐδὲ οἱ μετ᾽ αὐτὸν αὐτοκράτορες,
ἀλλὰ ἀφέντες τὰ ἀδικήματα ἐν μέρει τῆς ἀρχῆς
ἐποιήσαντο. 3. Καὶ νῦν οὐκέτι βαρβάρους Γαλάτας
ἄν τις προσείποι, ἀλλὰ | καὶ πάνυ Ῥωμαίους· Ha. 211 d
τοὔνομα γὰρ αὐτοῖς τὸ πάλαι παραμεμένηκεν, ὁ
βίος δὲ σύμφυλος ἤδη · καὶ εἰσφέρουσιν ἃς ἡμεῖς
εἰσφορὰς καὶ στρατεύονται ἃς ἡμεῖς στρατείας καὶ
ἄρχοντας δέχονται ἐξ ἴσου τοῖς ἄλλοις καὶ νόμοις τοῖς
αὐτοῖς ὑπακούουσιν. 4. Οὕτω καὶ Σκύθας ὀψόμεθα
ὀλίγου χρόνου. Νῦν μὲν γὰρ ἔτι τὰ προσκρούσματα
αὐτῶν νέα, ληψόμεθα δ᾽ οὖν οὐκ εἰς μακρὰν
ὁμοσπόνδους, ὁμοτραπέζους, ὁμοῦ στρατευομένους,
ὁμοῦ λειτουργοῦντας. Εἰ δὲ | ἀνῄρηντο ἄρδην, πρὸς Ha. 212 a
Θρᾳξὶ καὶ Σκύθας ἐζημιώθημεν.

18. Ῥωμαῖοι Μασινίσσαν τὸν Λίβυν πολλὰ
καὶ δεινὰ αὐτοὺς εἰργασμένον ζῶντα λαβόντες
οὐ διέφθειραν, | ἀλλὰ ἐφύλαξαν· καὶ γέγονε Di. 258
Μασινίσσας αὐτοῖς πρὸς τοὺς ὕστερον | πολε-μίους Do. 303
πρόβολος καὶ φυλακτήριον. 2. Καὶ νῦν καθέστηκε
μὲν ἅπασα ἤπειρος, γῆ δὲ καὶ θάλαττα τοὺς
προστάτας στεφανοῦσιν, ἡ δὲ ἀρχὴ καθάπερ ναῦς
μυριοφόρος πολλὰ δὴ πονηθεῖσα ὑπὸ χειμῶνος
καὶ τρικυμίας ἀναλαμβάνει καὶ ὀχυροῦται. Καὶ
ἀνοίγνυνται μὲν ὁδοί, ἐλευθεροῦνται δὲ ὄρη φόβου,| Ha. 212 b

APP. 3 κατοικοῦσι Π : – κοῦσιν A v | γὰρ post καὶ add. v || 12 ἐξ ἴσου v : ἐξίσου A Π || 13 οὕτω edd. : οὕτως Av Π || 16-17 ὁμοῦ-λειτουργοῦντας om. Π || 18 ἂν ante ἐζημιώθημεν addendum esse cens. Gas. || 24-25 γῆ – στεφανοῦσιν om. Ha. || 23 ἐλευθεροῦνται A v : -ροῦται Π.

charrues ; des résidences et des villas ressuscitent et se multiplient avec l'aisance d'autrefois[114]. L'empire entier respire au même rythme et partage les mêmes émotions, comme un être animé unique, sans plus connaître ni ruptures ni tiraillements partout[115]. 3. L'Hellade sous l'étreinte de la sécheresse a-t-elle bénéficié, à la prière d'Éaque, de rien de semblable – et même pas l'Hellade entière, mais (seulement) le district proche d'Égine[116] –, lorsque que sur la plus grande part de la terre tu as diffusé la lumière ? 4. Car ce n'est pas pour un unique moment que tu as élevé ta prière : ton règne entier n'a été pour nous qu'une prière. Une prière, oui, voilà ce que sont, non des mots ou des titres, mais la piété, la justice et la douceur, qui te font toujours apparaître le visage tourné vers Dieu.

Bienfaits de Théodose **19.** En effet, quel autre empereur a promulgué des lois plus clémentes, relevé des maisons en souffrance, consolé dans le malheur, soulagé dans l'affliction, pris la jeunesse en pitié, respecté la vieillesse ou s'est mué en père pour les orphelins[117] ? Sous quel prince a-t-on vu l'or des caisses du gouvernement rentrer dans la poche de ceux qui avaient dû le verser contre toute justice[118] ? Qui a érigé un trophée à la persuasion ? Qui a assuré à la parole son triomphe sur le fer ? Qui a remporté la victoire à laquelle aucun soldat n'a prêté la main ? Qui a offert meilleur recours aux malheureux ? 2. Je passe le reste ; hier et avant-hier il y a eu les malheureux jeunes hommes de Galatie – et à deux doigts de leur perte[119] en vertu des lois –, dont tu as garanti en bloc la survie et la sauvegarde, non pas en brisant les lois, mais en les adoucissant, parce que tu es en personne la loi vivante[120], bien au-dessus des textes[121].

114. Voir, pour un développement analogue, *Or.* 34, 24.
115. Voir *Or.* 34, 24.
117. Sur Théodose protecteur des orphelins, voir déjà la note à *Or.* 15, 12, 194 c.

πεδία δὲ ἔγκαρπα ἤδη, οὐδ᾽ ὁ πρὸς Ἴστρῳ ἅλλεται χῶρος ἐπὶ πολέμων ὀρχήστρᾳ, ἀλλ᾽ ἀνεῖται τοῖς σπέρμασι καὶ τοῖς ἀρότροις· σταθμοὶ δὲ ἐγείρονται καὶ ἐπαύλεις καὶ τῇ πάλαι καταπυκνοῦνται ῥᾳστώνῃ· σύμπνους δὲ ἡ ἀρχὴ ἅπασα καὶ ὁμοπαθὴς ὥσπερ ἓν ζῷον καὶ οὐκέτι διέρρωγε καὶ διέσπασται πολλαχοῦ. 3. Τί τηλικοῦτον ἀπέλαυσεν ἡ Ἑλλὰς τῆς εὐχῆς Αἰακοῦ αὐχμῷ πιεσθεῖσα, καὶ οὐδὲ ἅπασα ἡ Ἑλλάς, ἀλλ᾽ ὅση αὐτῆς πρὸς Αἰγίνῃ, ἡλίκον σὺ τῇ πλείστῃ μοίρᾳ τῆς γῆς φῶς ἀνεπέτασας; 4. Οὐ γὰρ ἐφ᾽ ἑνὸς και|ροῦ ταύτην ἐποιήσω τὴν εὐχήν, ἀλλ᾽ ὅλη (Ha. 212 c) γέγονεν ἡμῖν ἀντ᾽ εὐχῆς ἡ σὴ βασιλεία. Εὐχὴ γάρ, οὐ ῥήματα καὶ ὀνόματα, ἀλλ᾽ εὐσέβεια, δικαιοσύνη, πρᾳότης, αἷς προτρεπόμενος ἀεὶ δῆλος εἶ τὸν θεόν.

19. Τίς γὰρ ἄλλος αὐτοκρατόρων ἢ νόμους ἔθηκεν ἡμερωτέρους, ἢ οἴκους ὤρθωσε πεπονηκότας, ἢ συμφορὰς παρεμυθήσατο, ἢ δυστυχήματα ἐπεκούφισεν, ἢ νεότητα ᾤκτειρεν ἢ γῆρας ᾐδέσθη ἢ γέγονεν ἀντὶ πατρὸς ὀρφανοῖς; Ἐπὶ τίνος δὲ ἐκ τῶν ταμιείων πρὸς τοὺς μὴ δικαίως καταβαλόντας χρυσὸς ἐπανῆκε; τίς πειθοῦς ἔστησε τρόπαιον; Τίς ἔδωκε λόγῳ τὰ ἀριστεῖα κατὰ σι|δήρου; Τίς (Ha. 212 d) νίκην ἐνίκησε τηλικαύτην, ἧς οὐδεὶς συνεφήψατο στρατιώτης; Ποία δὲ ἀνέῳκται μᾶλλον καταφυγὴ τοῖς δυσπραγοῦσιν. 2. Ἵνα γὰρ τὰ ἄλλα παρῶ, ἀλλὰ χθὲς καὶ πρώην τὰ δυστυχῆ μειράκια ἐκ Γαλατίας, | οὐχ ὅσον ἐπὶ τοῖς νόμοις ἀπολωλότα, (Di. 259) συνδιετήρησας καὶ διεφύλαξας, οὐ παραρρήξας τοὺς νόμους, ἀλλὰ πραΰνας, ὅτι καὶ αὐτὸς νόμος ἔμψυχος εἶ καὶ ὑπεράνω τῶν γεγραμμένων.

FONT. 7-9 cf. Isocr., *Or.* 9, 14-15 ; Paus., II, 29, 7-8 — 29-30 cf. Plu., *Mor.* 780 C.

APP. 4 τῇ Di. Do. Ma. : γῇ A v Π Ha. | καταπυκνοῦνται Di. Do. Ma. : – κνοῦται A v Π Ηα. || 7 ἀπέλαυσεν Di. Do. Ma. : ἀπήλ- A v Π Ηα. || 9 σὺ edd. : σὺν A v Π || 12-13 εὐχὴ – εὐσέβεια om. Ha. || 18 ἢ γῆρας ᾐδέσθη om. Ha. || 23 ἐνίκησε A Π edd. : νίκ- v.

3. Si nos efforts vont dans ce sens, si nous multiplions les actions dans ce sens, comme nous avons maîtrisé la Scythie sans verser de sang ou de larme, ainsi, nous attirerons encore la Perse sans retard dans notre camp, nous récupérerons encore l'Arménie, nous recouvrerons encore la Mésopotamie dans la partie que d'autres ont abandonnée[122], nous proclamerons encore des consuls en nombre pour la qualité de leurs actes et de leurs services.

Formation d'Arcadius

20. Tels sont les enseignements dans lesquels nous voudrions élever aussi l'astre aimé de l'univers, et j'aimerais pour ma part devenir pour lui (un autre) Phoenix en l'asseyant sur mes genoux ; je ne le rassasierais ni de viandes ni de friandises[123], mais je le charmerais désormais avec les prouesses des hommes[124] et les hauts faits des souverains, mais surtout avec de nombreux exploits comme ceux de son père[125]. 2. Ces leçons seront plus agréables et plus nourrissantes pour lui que les autres ; elles constitueront aussi une assise parfaitement ferme qui demeurera[126] dans sa mémoire, indélébile et ineffaçable.

122. Allusion à la défaite de Julien en 363 et au traité conclu presque immédiatement après. Sur les clauses de ce traité, voir Schamp, J. (2006[5]), p. XXXI-XXXII.

123. Sur Phoenix, voir Hom. I 488. *Or.* 9, 6, 123 c et les notes. Thémistios s'est attaché à renouveler l'expression. En effet, la locution οὐδὲ ὄψα ἀποτεμῶ καὶ` οἶνον ἐφέξω devient οὐκ ὄψων κορεννὺς οὐδὲ πεμμάτων, que l'on ne retrouve pas ailleurs.

3. Ἂν ταῦτα ἐκπονῶμεν, ἂν ταῦτα πλείω ποιῶμεν, ὥσ|περ Σκυθῶν ἐκρατήσαμεν ἀναιμωτὶ καὶ ἀδακρυτί, Ha. 213 a οὕτω καὶ Πέρσας οὐκ εἰς μακρὰν προσαξόμεθα, οὕτω καὶ Ἀρμενίους ἀναληψόμεθα, οὕτω καὶ τῆς μέσης τῶν ποταμῶν ὁπόσον ἄλλοι προήκαντο ἀνασώσομεν, οὕτω πολλοὺς ἀνεροῦμεν ὑπάτους ἐπ' ἀγαθοῖς ἔργοις καὶ ἀγαθαῖς διακονίαις.

20. Ἐν τούτοις τρέφοιμεν τοῖς μαθήμασι καὶ τὸν ἀγαπητὸν ἀστέρα τῆς οἰκουμένης, καὶ γενοίμην αὐτῷ Φοίνιξ ἐγώ, καθίζων ἐπὶ τοῖς γόνασιν, οὐκ ὄψων κορεννὺς οὐδὲ πεμμάτων, ἀλλ' ἐπᾴδων κλέα ἀνδρῶν καὶ βα|σιλέων ἀγαθὰ ἔργα, μάλιστα δὲ Ha. 213 b οἷα πολλὰ τὰ πατρῷα. 2. Ἡδίω γὰρ ταῦτα αὐτῷ καὶ συντροφώτερα τῶν λοιπῶν, καὶ ταῦτα μάλιστα προσκαθεδεῖται καὶ ἐμμενεῖ τῇ μνήμῃ ἀνεξάλειπτα καὶ ἀνέκπλυτα.

MARG. 5 ὁπόσον μέρος (om. v) ἄλλοι προήκαντο βασιλεῖς (βασιλ ' A) καὶ (ἤγουν Π) ἀπεβάλοντο ἀνασώσομεν Av Π – 6 ἀνεροῦμεν] ἀντὶ τοῦ ἀναγορεύσομεν A – 10 γόνασιν] γρ. καὶ τοῖς σώμασιν A.

FONT. 10 Hom. I 488 – 11-12 Hom. I 189.

APP. 4 οὕτω[1] A Π edd. : οὕτως v || 8 τρέφοιμεν A v Π edd. : τρέφομεν Ha. || 15 ἐμμενεῖ ego sec. Iac. : ἐμμείνῃ A v Π Di. Do. Ma.

DISCOURS XVII

NOTICE
DU DISCOURS XVII

Le discours indique que l'orateur a accepté formellement d'exercer la préfecture de Constantinople. Très logiquement, il remercie l'empereur qui l'a désigné[1].

L'œuvre fut composée quand Thémistios était devenu un vieillard (*Or.* 17, 2, 214 b ἐν γήρᾳ cf. 34, 12 εἰς τουτὶ τὸ γῆρας)[2]. Certainement, ses adversaires politiques avaient soutenu qu'il ne devait pas accepter la magistrature confiée par Théodose Ier[3] : autrement, il n'eût pas éprouvé le besoin de se justifier (17, 3, 214 a)[4]. D'autre part, il prie chaque sénateur de lui prêter son appui (6, 215 c) et de se conformer librement à la discipline d'assemblée (8, 216 b). On en tirera aisément la conclusion que dans les rangs des Pères il se trouvait des adversaires qui à l'occasion pouvaient mener grand tapage. La tempête de protestations n'aurait eu aucun sens si Thémistios avait déjà exercé précédemment une magistrature[5].

1. Penella, R. J. (2000), p. 35.
2. Penella, R. J. (2000), p. 35.
3. Théodose avait au préalable fait lire au Sénat un éloge de Thémistios (*Or.* 31, 5, 355 a), voir Bouchery, H. (1936²), p. 207 : ποιοῦμαι τὰς τοῦ θεοειδεστάτου Θεοδοσίου φωνὰς τὰς πρώην ὑμῖν ἀναγνωσθείσας.
4. Penella, R. J. (2000), p. 36.
5. Dagron, G. (1968), p. 215.

On ne cherchera pas dans les discours d'élément propre à dater avec précision la préfecture de la Ville, si ce n'est qu'elle fut accordée pendant la sixième année du règne, soit en calcul inclusif 384 (*Or.* 18, 2, 217 d : ἤδη ἕκτον ἔτος)[6]. D'autre part, nous n'avons conservé aucun document législatif adressé à Thémistios. Force fut donc de conjuguer deux modes d'approche. Le premier consiste à insérer la préfecture de Thémistios dans la série de ceux qui, sous le règne de Théodose, l'ont précédé et suivi. Le premier, Sophronias ou Sophronios, au temps de Procope, quand il était encore simple notaire, avait fait preuve d'un loyalisme exceptionnel en refusant de se rallier à l'usurpateur ; il avait gagné les rangs des sujets de Valens à qui il avait tout raconté[7]. Basile de Césarée[8] envoie des lettres en lui donnant du μαγίστρῳ, maître des offices. Grégoire de Nazianze fut aussi en correspondance avec lui[9], mais la tradition des lettres hésite en donnant simplement le nom propre ou en le complétant avec les titres μαγίστρῳ ou ὑπάρχῳ. Des lettres de Basile il ressort, semble-t-il, que Sophronios fut maître des offices de 369 environ à septembre 378, date à

6. Heather, P.-Moncur, D. (2001), 285, n. 3.

7. Amm., XXVI, 7, 2 : « Sophronios ; alors notaire et plus tard préfet de Constantinople, exposa l'enchaînement des événements à Valens, qui était bouleversé et abasourdi par les perspectives d'un avenir incertain, et le décida à se détourner vers la Galatie, afin de prendre en main une situation encore indécise. » *Hos omnes Sophronias vivacissimo cursu praegressus, tunc notarius, praefectus postea Constantinopoleos, Valentem (…) textu narrato gestorum, spe dubia et in talibus percitum et stupentem, avertit Galatiam, res adhuc trepidas arrepturum.*

8. Bas., *Ep.* 32 ; 76 [371, d'après Courtonne, Y. (1957), p. 178] ; 96 [372, Courtonne, Y. (1957), p. 208] ; 177 et 180 [374, Courtonne, Y. (1961), p. 113 et 115] ; 272 [dernières années de s. Basile, Courtonne, Y. (1966), p. 144]. Je ne comprends pas la remarque de Dagron, G. (1974), p. 251, d'après qui la lettre 32 serait adressée à un magistrat (ce qui est la traduction erronée de Courtonne). Partout, la titulature est la même.

9. Gr. Naz., *Ep.,* 21, 22, 29, 93, 135.

laquelle est décédé le prélat[10]. Dans ses dernières lettres (93, 135) postérieures à sa retraite de Constantinople en 381, Grégoire choisit un ton plus intime ; en particulier, il regrette d'être désormais loin de son amitié et de sa compagnie[11]. Sophronios aurait-il, en qualité de préfet de la Ville, joué un rôle dans les mésaventures de Grégoire sur le Bosphore ? De toute façon, il avait exercé la fonction entre septembre 378 et 388, date à laquelle il se retira dans sa patrie, Césarée en Cappadoce[12].

En revanche, deux autres préfets ne sont connus que par des textes législatifs, Restitutus[13] (24 juin-14 juillet 380) et Pancratius[14] (30 juillet 381-4 avril 382). Il en aurait été de même d'un troisième (22 juin 382-début 384), Cléarque[15], l'ami de Thémistios, sans les violentes attaques que lui adressa son ennemi, le païen Optatus. Peu soucieux de culture, ce dernier, qui avait réussi un beau mariage, avait montré dans l'exercice de la préfecture

10. Pour cette date, voir Perrot, A., dans *HLittGC* IV, p. 231.

11. Gr. Naz., *Ep.* 93, 1 : τὸ τῆς ὑμετέρας χωρίζειν φιλίας καὶ συνουσίας τοσούτου πράγματος.

12. Lib., *Ep.* 883, voir Seeck, O. (1906), p. 280.

13. *CTh* VI, 7, 2 ; 9, 2 [24 juin 380 ; référence à corriger dans Dagron, G. (1974), p. 252] ; XIV, 17, 8 (14 juillet 380), voir *PLRE* I, *s.v. Rest(it)utus* 1, p. 764.

14. *PLRE* I, *s.v. Pancratius* 4, p. 664 ; Dagron, G., (1974), p. 252. Le personnage fut *comes rerum privatarum* entre le 17 juin 379 et le 20 septembre 380 (*CTh* X, 1, 12 ; 10, 14). Il est préfet lorsqu'il reçoit *CTh* IX, 17, 6 (30 juillet 381) ; XIV, 10, 1 (12 janvier 382) ; II, 12, 3 et *CJ* VIII, 4, 6. *CTh* XV, 2, 4 lui est adressée, mais la date de 389 doit être corrigée en 381 ou 382.

15. *CTh* XV, 2, 3 (22 juin 382) ; IV, 17, 2 (23 août, où il est donné comme préfet de la ville) ; XII, 1, 93 (25 novembre, où il est donné comme préfet du prétoire) ; IV, 17, 3 (17 décembre, où il est donné comme préfet du prétoire) ; VI, 5, 1 (29 décembre 383) ; 2, 14 (août-septembre 384, selon Mommsen ; début 384, *PLRE* I, *s. v. Clearchus* 1, p. 212. Or, pour la dernière année de sa préfecture, Cléarque est donné comme consul ordinaire en même temps que Richomer, au moins pour août/septembre.

d'Égypte[16] un mépris absolu des lois en faisant donner du fouet à un décurion d'Alexandrie déjà âgé, le philosophe Ptolémaios[17]. Cléarque usa de toute son influence pour le faire condamner lors du procès qu'on lui intenta à Constantinople : rien n'y fit. Le parti des sénateurs ou des curiales et celui des intellectuels durent s'incliner[18]. Si l'on tient compte du temps nécessaire pour l'instruction du procès, l'affaire prit au moins plusieurs semaines, en sorte que la chute de Cléarque dut au plus tôt avoir lieu au printemps 384. Ce dernier avait eu précédemment une longue carrière de serviteur de l'État, notamment sous Valens[19].

La préfecture de la Ville eut un titulaire chrétien en la personne de Nébridius, un des successeurs datables de Thémistios. Déjà *comes privatarum* sous Théodose, au moins du 20 mai 382 au 30 mars 384[20], il reçut des textes

16. Il est donné comme préfet Augustal dans *Const. Sirm.* 3 (4 février 384), Seeck, O. (1919), *p.* 265.

17. Lib., *Or.* 42, 15 : ἐπὶ δικαστήριον μετέθηκεν, ἀνεκρέμασε, χερσὶ βαρείαις ἔδραμε διὰ πλευρῶν τὴν τῶν οὐδαμοῦ πεπραγμένων ζητῶν ὁμολογίαν, μόνον οὐ πίνων τοῦ αἵματος οὐδὲ τὰς πολιὰς αἰδούμενος, voir Seeck, O. (1906), p. 226 ; *PLRE* I, *s.vv. Optatus* 1, p. 649-650 et *Ptolemaeus* 3, p. 753 ; Dagron, G. (1974), p. 252 ; Petit, P. (1994), p. 183-185 ; Maraval, P., art. P 316 *Ptolémée d'Alexandrie* dans *DPhA* V b, p. 1736.

18. Lib., *Or.* 42, 18-19 : Ἐλθὼν τοίνυν εἰς τὴν μεγάλην πόλιν καὶ πανταχόθεν ἄξιος εἶναι δοκῶν τεθνάναι οἷς τε αὐτὸς ἐδεδράκει καὶ οἷς ἄλλων κατεψεύσατο, συμμάχων ὅμως εὐπόρησε τῶν Κλεάρχῳ μὲν ἐχθρῶς ἐχόντων, εἰδότων δὲ ὅτι τοῦτον ἐκεῖνος βούλοιτ' ἂν ἀπολέσθαι. Ἐσώζετ' οὖν τῇ τινων δυνάμει ὁ τεθνάναι μὲν δίκαιος ὤν, ζῶν δέ, ὅπως ἀνιῷτο Κλέαρχος. Διαφυγὼν τοίνυν ἐγγὺς ὂν τὸ ξίφος ἁπάντων αὐτὸν οἰομένων εἴσω τε θυρῶν βιώσεσθαι καὶ σχήσειν ἡσυχίαν καὶ λήξειν τῆς κατὰ τῶν κρειττόνων παροινίας αὐτῷ τῷ παρ' ἐλπίδα σεσῶσθαι μιαρώτερος ἦν. Καὶ τῶν ἐν τῇ βουλῇ τοὺς ἀρίστους ὑλακτῶν ἠγάλλετο νομίζων ἐντεῦθεν γοῦν ἔσεσθαι περιφανὴς δικαίας οὐκ οὔσης ἀφορμῆς, οἷόν τι τὸ τοῦ Θερσίτου περὶ Τροίαν ἦν.

19. On peut retenir au moins un vicariat d'Asie (363-366), un proconsulat d'Asie (366-367) et une première préfecture de la Ville (372-373).

20. Nebridius est donné comme *comes rerum privatarum* dans *CTh* X, 10, 16 [20 mai 382 ; référence à corriger dans Dagron, G. (1974), p. 253] et le *CJ* XI, 62, 6 (30 mars 384).

de loi en qualité de préfet de la ville entre le 30 janvier et le 29 juin 386[21]. Il resterait donc le 31 mars 384 pour situer dans le temps une élévation de Thémistios à la préfecture.

Les discours eux-mêmes n'apportent qu'un fort maigre tribut d'informations. Thémistios souligne que son désir est de faire bénéficier le prince-héritier, Arcadius en l'occurrence, de l'éducation qui fut celle d'Alexandre, c'est-à-dire de jouer auprès de lui le même rôle qu'Aristote (*Or.* 16, 8, 204 c)[22]. La première allusion doit-elle s'entendre comme une offre de service en qualité de candidat à la préfecture de la Ville ? C'eût été de la dernière indélicatesse à l'endroit de son ami Cléarque, préfet en place le 1er janvier 383, quand fut prononcé le discours 16[23]. Né vers 377, mais élevé au rang d'Auguste le 17 janvier 383, Arcadius ne fut jamais en mesure de suivre des leçons de Thémistios[24]. Ce qui est en cause dans l'*Or.* 18, 11, 224 c, c'est l'exercice d'une magistrature qui a l'éducation, notamment celle d'un prince ou d'un Auguste, dans son cahier des charges, la préfecture de la Ville. La promotion à la préfecture fut décidée à un moment où l'Empereur avait résolu de partir pour l'Occident (*Or.* 18, 11, 225 c : ἡνίκα ἐλαύνειν ὥρμητο ἐπὶ τὴν ἑσπέραν). Logiquement, elle doit être mise en rapport avec la situation prévalant en Occident, où l'assassinat de Gratien (25 août 383) réclamait une réaction ferme qui a pu prendre quelques mois

21. *CTh* XIV, 12, 1 (30 janvier 386) et III, 4, 1 (29 juin 386) ; *CJ* I, 43, 1 a trait à l'interdiction de porter devant le préfet des vigiles des causes capitales ; la loi a donc été promulguée entre 385 et 387, DAGRON, G. (1974), p. 253-254. Nébridius fut plus tard uni à Olympias, l'amie de Jean d'Antioche, c'est-à-dire Jean Chrysostome, mais le mariage ne fut peut-être jamais consommé, car Nébridius mourut quelques jours après la décision.

22. DAGRON, G. (1968), p. 11, n. 57 renvoie aussi à l'*Or.* 18, 6, 221 d. La référence est controuvée, car il s'agit seulement du salut de l'héritier de l'empire, et non pas de son éducation.

23. Pour la date, voir Notice 16, *supra*, p. 83.

24. *PLRE* I, *s.v. Flavius Arcadius* 5, p. 99 ; KIENAST, D. (1990), p. 335 ; SCHAMP, J. (2006⁵), p. XLVII-LII.

(*Or.* 18, 6, 220 d : οἷα που καὶ ἡ πρώτη ἦν ἐκστρατεία τε καὶ ὁρμὴ ἐπὶ τὸν Ῥῆνον) de même que l'organisation d'un voyage impérial. Or le 31 août 384, Théodose se trouvait à Béroé[25] au nord de la Thrace avec l'objectif de rencontrer les représentants de Valentinien II et de Maxime[26]. D'autre part, les discours de Thémistios ne font aucune allusion à la naissance d'Honorius, le second fils de Théodose, le 9 septembre 384[27]. Autant que l'on puisse voir, l'orateur reçut sa dignité entre le 31 mars et la mi-août 384 ; l'absence de tout document administratif incite à croire qu'il ne l'occupa que pour peu de temps.

Le souverain a élevé l'orateur à la magistrature (§ 1), dont le contenu est esquissé (§ 2). La charge est offerte à un authentique Constantinopolitain (§ 3). À un empereur-philosophe, Thémistios ne pouvait dire non sous peine de trahir l'idée même de philosophie (§ 4). Le passé offre de nombreux exemples de philosophes élevés au pouvoir politique (§ 5). En donnant leur assentiment, les sénateurs transforment leur assemblée en temple des Muses (§ 6). Le sénat doit suivre la philanthropie de l'empereur (§ 7) et ramener le bon ordre en son sein (§ 8).

25. Seeck, O. (1919), *p.* 153 et 265.
26. Voir, pour les détails, *supra*, p. LXVII-LXVIII.
27. *PLRE* s.v. *Fl. Honorius* 3, p. 442. Pour la date, voir *Cons. Const.* dans *MGH AA* I, s.a. 384, p. 244 ; Socr., V, 12, 3.

CONSPECTVS SIGLORVM

Codices

A	Ambrosianus I 22 sup., chart., *ca.* 1326-1333.
Π	Coislinianus gr. 323, s. XIV in.
K	Palatinus (Heidelbergensis) gr. 129, chart., s. XV.

Excerptum (215 c) invenitur in K (64^{r})

Editores et viri docti

Di.	Dindorf, G.
Do.	Downey, G.
Ha.	Hardouin, J.
Hans.	Hansen, G. Ch.
Ma.	Maisano, R.

DISCOURS XVII

POUR SA NOMINATION À LA PRÉFECTURE DE LA VILLE[1]*

1. Voici à nouveau[2] accompli après longtemps le retour de la philosophie grâce à l'empereur tout pareil aux dieux, qui lui confie le soin des affaires publiques plus franchement que les princes ses prédécesseurs immédiats ; ils se contentaient de lui rendre hommage en raison de ses discours, et quand à plusieurs reprises ils l'eurent mise au premier plan[3] pour ses actes, ils ne conçurent aucun regret de l'avoir fait descendre sur le terrain, mais la charge politique se limitait jusqu'alors à des ambassades et au service de la patrie de tous[4]. 2. Mais voici que notre prince, lui, la revêt en plus de la magistrature et lui garantit le droit d'exécuter elle-même les fonctions dont il gratifiait d'autres jusqu'ici. 3. Or, autrefois, il était loisible à la Philosophie[5], qui entraînait les athlètes candidats aux concours publics, d'assister au spectacle, tranquille et inactive. 4. Voici qu'un prince la fait descendre et lui fait échanger sa place de spectatrice contre la poussière de l'arène : il lui enjoint de persuader la masse des hommes que la philosophie n'est pas un raisonnement à l'écart de l'action, mais des démonstrations[6] que le raisonnement guide les actions un pas après l'autre, ni un enseignement dépourvu de risques sur les préceptes de gouvernement, mais la mise en œuvre de ce qu'il préconise[7].

* Les notes qui n'ont pu être placées sous les pages sont reléguées en fin de volume, p. 193-202.

2. La locution adverbiale αὖθις διὰ μακροῦ χρόνου fait allusion aux premiers actes politiques de Thémistios sous le règne de Constance II, 24 ans auparavant.

<IZ´> ΕΠΙ ΤΗΙ ΧΕΙΡΟΤΟΝΙΑΙ ΤΗΣ ΠΟΛΙΑΡΧΙΑΣ | Di. 260 Ha. 215 c

| **1.** Ἐπανήγαγεν αὖθις διὰ μακροῦ χρόνου Do. 306 φιλοσοφίαν ὁ θεοειδέστατος αὐτοκράτωρ εἰς τὴν τῶν κοινῶν ἐπιμέλειαν, ἐκδηλότερον τῶν ἔναγχος βεβασιλευκότων· οἱ μὲν γὰρ ἐτίμων μόνον ἐπὶ τοῖς λόγοις, εἰς δὲ τὰ ἔργα προελόμενοι πολλάκις κατελθεῖν οὐκ ἐδυσώπησαν, ἀλλ᾽ ἄχρι τῶν πρεσβειῶν τέως ἐπολι|τεύετο καὶ ἐλειτούργει τῇ κοινῇ Ha. 215 d πατρίδι. 2. **Βασιλεὺς δὲ καὶ τὴν ἀρχὴν αὐτῇ περιτίθησι καὶ παρεγγυᾷ γίνεσθαι αὐτουργὸν ὑπὲρ ὧν τέως ἄλλους ἠξίου.** 3. **Καὶ πάλαι μὲν ἐξῆν φιλοσοφίαν καθηγουμένην τοῖς ἀθλοῦσι τοὺς δημοσίους ἀγῶνας αὐτὴν θεωρεῖν ἡσυχῇ καὶ ἀπραγμόνως.** 4. **Κατάγει δὲ ταύτην βασιλεὺς ἀντὶ τῆς θεωρίας εἰς τὴν κονίστραν καὶ δίδωσι πείθειν τοὺς πολλοὺς ἀνθρώπους ὅτι οὐ λό|γος** Ha. 214 a **ἦν ἄρα ἔργων χωρίς, ἀλλ᾽ ἔργων ἀποδείξεις ὑπὸ λόγου ποδηγουμένων, οὐδὲ ἀκίνδυνος διδασκαλία τῶν ἀρχικῶν παραγγελμάτων, ἀλλὰ καὶ πρᾶξις ὧν παραγγέλλει.**

1 **Tit.** ιε´ add. A.

APP. 5 ἐκδηλότερον Α Π : ἐνδ- Di. Do. εὐδ- Ma. || 7 προελόμενοι Α Π : -ελομένην edd. e coni. Hans. || 8 ἀλλ᾽ edd. : ἀλλὰ Α Π || 8-9 πρεσβειῶν edd. : -βείων ΑΠ || 18 ἀποδείξεις edd. : ἀπόδειξις Α Π.

La charge de préfet de la Ville

2. Ce que nous a apporté l'époque contemporaine, c'est un pouvoir sensible aux vues des gens de l'Antiquité – ils considéraient que dans le gouvernement des cités, les affaires marchent bien, quand la latitude d'agir va de concert avec l'aptitude à discourir et qu'avancent toutes deux vers le même but puissance politique et philosophie[8] ; 2. Ces dernières marchent en tête main dans la main dans sa propre personne : l'empereur philosophe entre tous[9] montre en lui cette association par l'invitation qu'il nous lance[10] ; 3. en tout cas, c'est à nous aussi, un vieillard[11], qu'il confie l'accompagnement de la jeunesse vouée à la philosophie[12], et qu'il attribue celui de ses ministères le plus propre à la liberté, cette vénérable et noble préfecture de la cité, parente et suite des dix ambassades et des voyages au-delà des frontières que, pour votre défense, dans la mesure de nos possibilités, nous avons menés à chef depuis notre jeunesse jusqu'à l'âge qui est le nôtre[13] ; ce fut sans avoir démérité de vos suffrages[14] et non sans résultat profitable.

Présentation de l'orateur

3. Aussi l'empereur surpasse-t-il ses prédécesseurs ; au lieu de ces deux statues[15] et de cette suite ininterrompue d'assessorats[16], il nous offre en hommage une charge effective et considérable, qui nous oblige à lui rendre hommage à notre tour : 2. loin d'être un nouveau venu et un étranger, celui que sa main porte à la tête de la cité impériale est un homme de votre souche ; il a été élevé, il a grandi, il habite parmi vous[17], en sorte que la présente magistrature n'a rien de bon qui ne se révèle un avantage pour toute la communauté. 3. Dès lors, je n'avais pas le droit de repousser cette décision.

15. Sur la première de ces statues, voir *Or.* 4, 6, 54 b-c, avec la note 42, voir t. I, p. 278-279.

2. Καὶ ἤνεγκεν ὁ καθ' ἡμᾶς χρόνος βασιλείαν αἰσθανομένην τῶν τοῖς παλαιοῖς δεδογμένων, οἳ καλῶς ἕξειν τηνικαῦτα ταῖς πόλεσι τὰ πράγματα ὑπελάμβανον, ὅταν τῇ τοῦ λέγειν ἀρετῇ ἡ τοῦ πράττειν ἐξουσία συνδράμῃ καὶ εἰς ταὐτὸν ἔλθωσιν ἄμφω, δύναμίς τε πολιτικὴ καὶ φιλοσοφία, 2. ἃς πρώτας ἐν ἑαυτῷ δεικνὺς συντρεχούσας ὁ | φιλοσοφώτατος αὐτοκράτωρ παρακελεύεται · Ha. 214 b 3. Καὶ ἡμῖν ἐν γήρᾳ γοῦν ἀκολουθῆσαι νεότητι φιλοσο|φούσῃ καὶ ἀπονέμει τὴν ἐλευθεριωτάτην Di. 261 τῶν ἑαυτοῦ φροντίδων ἡμῖν, τὴν σεμνὴν ταύτην καὶ εὐγενῆ πολιαρχίαν οἰκείαν τε καὶ ἀκόλουθον ταῖς δέκα πρεσβείαις καὶ ταῖς ὑπερορίοις ἀποδημίαις, ἃς ὑπὲρ ὑμῶν, | ὡς οἷόν τε ἦν, ἐκ Do. 307 νεότητος εἰς ταύτην τὴν ἡλικίαν οὐκ ἀναξίως τῆς χειροτονίας τῆς ὑμετέρας οὐδὲ ἀνωφελῶς διηνύσαμεν.

3. Καὶ παρατρέχει τοὺς πρότερον αὐτοκράτορας ἀντὶ τῶν δυοῖν ἀνδριάντων καὶ τῶν συνεχῶν παρεδριῶν, ἐνεργῷ τιμῇ καὶ τηλικαύτῃ κοσ|μῶν Ha. 214 c τε ἡμᾶς καὶ παρ' ἡμῶν κοσμεῖσθαι καταναγκάζων, 2. οὐκ ἔπηλυν οὐδὲ ὀθνεῖον τὸν ἄρχοντα τῆς πόλεως τῆς βασιλίδος χειροτονῶν, ἀλλ' ἐγγενῆ καὶ ἐντεθραμμένον ὑμῖν καὶ ἐναυξηθέντα καὶ ἐνοικοῦντα, ὡς μηδὲν εἶναι τῆς παρούσης ἀρχῆς ἀγαθόν, ὃ μὴ κοινὸν ἁπάντων ἀναφανεῖται. 3. Οὐκοῦν οὐδὲ ἐμοὶ θεμιτὸν ἦν ἀπώσασθαι ταύτην τὴν ψῆφον.

APP. 5 ταὐτὸν A : ταυτὸν Π || 20 κοσμῶν edd. : κοσμεῖν A Π || 21 ἡμᾶς A Π coni. Ha. Di. Do. : ὑμᾶς Ha. || 24 καὶ om. Ha. Di. || 27 ἦν A^{sl}.

Le prince et le philosophe

4. Sous un prince philosophe[18], un philosophe, lorsqu'il rejette un poste politique accordé par suffrage, se montre d'entrée de jeu étranger à la dénomination qu'on lui donne, 2. sauf si nous considérons que la philosophie se fonde sur la langue seulement, et non pas principalement sur l'âme, quand l'agressivité est en sommeil, la colère sous le frein de la raison, l'amour de l'argent banni de l'âme, la cruauté bien loin, sous une tente, et que partout la loi, la justice et le droit exercent la préséance. 3. Considérer qu'un tel prince ne pratique pas la philosophie, c'est non seulement n'avoir rien entendu ni à Platon, ni à Pythagore, mais c'est aussi ignorer une donnée à la portée de tous – savoir, que la philosophie est tout entière quête de vertu –, et réduire la plus divine des disciplines au port d'une coiffure, si l'on veut, d'une barbe ou d'un mantelet[19].

Passé politique des philosophes

5. Par conséquent puisse notre époque voir avec profit le retour des années de Trajan, d'Hadrien, de Marc (Aurèle) et d'Antonin (le Pieux)[20], qui surent tirer Arrien[21] et Rusticus[22] des pages de leurs livres pour les faire participer et collaborer à l'administration des affaires publiques : il n'y eut pas dans leur chef la moindre innovation ni l'introduction d'une pratique inhabituelle dans la gestion de l'État, mais une imitation de l'ancienne Rome, où, tout philosophes qu'ils étaient, des Scipions[23], des Varrons[24] et des Catons[25] prenaient part aux affaires publiques et y exerçaient les pouvoirs les plus élevés, où Thraséa[26], Priscus[27], Bibulus[28] et Favonius[29] revêtaient tour à tour le manteau (du philosophe) et la toge ; de même façon chez les Hellènes, Xénophon et Socrate furent respectivement stratège et prytane[30].

19. Les mots « barbe » et « mantelet » font penser respectivement au *Misopôgôn* de Julien et à Marc Aurèle.

4. Βασιλέως γὰρ φιλοσόφου φιλόσοφος διακρουόμενος πολιτικὴν χειροτονίαν ἀλλότριον ἑαυτὸν εὐθὺς δείκνυσι τοῦ προσρήματος, 2. εἰ μὴ φιλοσοφίαν ἡμεῖς ἐν τῇ γλώττῃ μόνον κεῖσθαι | [Ha. 214 d] ὑπολαμβάνομεν καὶ οὐ πολλῷ μᾶλλον ἐν τῇ ψυχῇ, ὅταν θυμὸς μὲν ᾖ κεκοιμισμένος, ὀργὴ δὲ ἐγκεχαλινωμένη τῷ λόγῳ, φιλοχρηματία δὲ ἐξοικίζηται τῆς ψυχῆς, ὠμότης δὲ μακράν που σκηνῇ, πανταχοῦ δὲ ὁ νόμος καὶ ἡ δίκη καὶ ἡ θέμις ἔχωσι τὴν προεδρίαν. 3. Ὁ τοιοῦτον βασιλέα μὴ φιλοσοφεῖν ὑπολαμβάνων οὐ μόνον Πλάτωνος ἀνήκοος οὐδὲ Πυθαγόρου, ἀλλ᾽ οὐδὲ τὰ πρόχειρα ταῦτα | γινώσκει, ὅτι πᾶσα ἀρετῆς [Ha. 215 a] ἐπιθυμία φιλοσοφία, καὶ περιάγει τὴν θειοτάτην τῶν ἐπιστημῶν εἰς κόμην ἴσως καὶ πώγωνα καὶ τριβώνιον.

5. Ἀπολαυέτω τοίνυν ὁ καθ᾽ ἡμᾶς χρόνος τῶν Τραϊανοῦ καιρῶν ἐπανιόντων, τῶν Ἀδριανοῦ, τῶν Μάρκου, | τῶν Ἀντωνίνου, οἳ τὸν Ἀρειανὸν καὶ [Di. 262] τὸν Ῥούστικον ἐξαναστήσαντες ἐκ τῶν βιβλίων μεριστὰς ἐποιοῦντο καὶ συνεργοὺς τῆς τῶν κοινῶν ἐπιτροπείας, οὐδὲν οὗτοι καινουργοῦντες | οὐδὲ [Do. 308] εἰσάγοντες πρᾶγμα ἄηθες εἰς τὴν πολιτείαν, ἀλλὰ ζηλοῦντες τοὺς πάλαι Ῥωμαίους, ἐφ᾽ ὧν Σκηπίωνες καὶ Βάρωνες | καὶ Κάτωνες φιλοσοφοῦντες [Ha. 215 b] ἐπολιτεύοντο καὶ ἦρχον τὰς μεγίστας ἀρχάς, καὶ Θρασέας καὶ Πρίσκος καὶ Βίβουλσς καὶ Φαβώνιος ἀμοιβαδὸν ἀλλαττόμενοι τοὺς τρίβωνας καὶ τὰς τηβέννους, ὥσπερ Ξενοφῶν παρ᾽ Ἕλλησι καὶ Σωκράτης, ὁ μὲν στρατηγῶν, ὁ δὲ πρυτανεύων.

APP. 9 σκηνῇ Di. Do. : σκηνοίη Α Π Ma || 10 ἔχωσι edd. : ἔχουσι Α Π || 19 Ἀρειανὸν edd. : Ἀρια- Α Π || 21 μεριστὰς edd. : μερίτας Α Π || 22 κακουργοῦντες Α || 24 Σκιπίωνες Ha. || 27 Θρασέας Di. : Θρασείας ΑΠ Ha. || 27 Βίβουλος Ha. Di. Ma. : Βίβος Α Π Do.

2. Je laisse de côté le divin Platon[31] ; il avait aspiré à trouver un prince avec qui il partagerait le souci des affaires publiques, mais il échoua complètement dans ses aspirations ; ce qu'il cherchait, comme il le dit lui-même dans un passage, c'était (un prince) « jeune, tempérant, doux, clément, magnifique et magnanime[32] » – une réplique de Théodose[33] ; trois fois, il échoua chez Denys, en Sicile, où son amour pour une royauté vraie l'avait drossé dans une société de tyrans. 3. Je laisse de côté Pittacos, Bias et Cléobule[34] ; je laisse de côté Archytas de Tarente[35] : ils s'adonnèrent davantage à l'action politique qu'à l'écriture[36].

Le Sénat promoteur de vertu

6. Non moins que toutes les précédentes[37], la circonstance présente mérite d'être célébrée[38], aussi bien à cause de celui qui offre[39] la charge que de celui qui la reçoit : vous devez nécessairement vous aussi leur donner votre concours, Pères Conscrits, car les maisons, l'or et l'argent qui fondent la primauté que vous avez sur la majorité des hommes ne représentent nullement des titres à l'honorabilité ou à la grandeur. 2. Mais si nous faisons ressortir notre sérieux à valoriser la philosophie et à mener la vertu à l'avant-plan, alors, nous ne ferons pas mentir le titre de « Pères » : oui, le Sénat sera dès ce jour une assemblée d'élection, dès ce jour un temple des Muses[40], non pas meublé de statues de bronze, mais bien peuplé de leurs modèles eux-mêmes.

La philanthropie impériale

7. Imitons le maître de lignée[41], nous, sentinelles avancées du monde civilisé, suivons le suffrage émis par Dieu[42], montrons-nous chaque jour plus dignes de sa sollicitude. 2. Le jeune prince n'est pas épris de trésors, il n'est pas épris de pierres précieuses, il n'est pas épris de toilettes chatoyantes, mais ces biens, il les prodigue, le visage radieux, et il les distribue.

2. Ἔῶ γὰρ τὸν θεσπέσιον Πλάτωνα, ὃς εὔξατο μὲν βασιλέα τοιοῦτον εὑρήσειν, ᾧ κοινωνήσει τῶν δημοσίων φροντίδων, διήμαρτε δὲ τῆς εὐχῆς, καὶ ζητῶν, ὡς αὐτός πού φησι, νέον, σώφρονα, πρᾷον, ἥμερον, μεγαλοπρεπῆ, μεγαλόφρονα, ἄντικρυς Θεοδόσιον, τρὶς | ἐξέπεσεν εἰς Διονύσιον καὶ Ha. 215 c Σικελίαν, ἔρωτι βασιλείας ἀληθινῆς εἰς τυραννικὴν περιωθούμενος συνουσίαν. 3. Ἔῶ δὲ Πιττακὸν καὶ Βίαντα καὶ Κλεόβουλον, ἐῶ δὲ Ἀρχύταν τὸν Ταραντῖνον, οἳ πλείοσι πράγμασιν ὡμίλησαν ἢ συγγράμμασι.

6. Τούτων ἁπάντων οὐχ ἧττον ἀοίδιμος ὁ παρὼν καιρὸς καὶ τοῦ διδόντος ἕνεκα τὴν τιμὴν καὶ τοῦ λαμβάνοντος, οἷς συναγωνίζεσθαι καὶ ὑμᾶς ἐστιν ἀναγκαῖον, ὦ πατέρες συγγεγραμμένοι, ὡς οἰκίαις μὲν καὶ χρυσῷ καὶ ἀργύρῳ πρωτεύειν ὑμᾶς τῶν Ha. 215 d πολλῶν ἀνθρώ|πων οὐδὲν σεμνὸν οὐδὲ μεγαλεῖον. 2. Εἰ δὲ τὸ φιλοσοφίαν τιμᾶν καὶ ἀρετὴν ἐπίπροσθεν ἄγειν φανεροὶ γινόμεθα ἐσπουδακότες, τότε οὐ ψευσόμεθα τὴν ἐπίκλησιν τῶν πατέρων, ἀλλὰ τηνικαῦτα ἔσται πρόκριτος ἡ βουλή, τηνικαῦτα νεὼς τῶν Μουσῶν, οὐ χαλκῶν ἔμπλεως ἀγαλμάτων, ἀλλ᾽ αὐτῶν γέμων τῶν ἀρχετύπων.

7. Μιμώμεθα τὸν ἀρχηγέτην, ὦ πρόβολοι τῆς οἰκουμένης, ἀκολουθήσωμεν τῇ ψήφῳ τῇ θεοσ|δότῳ, Ha. 216 a φαινώ|μεθα | αὐτῷ καθ ᾽ ἡμέραν ἐρασμιώτεροι. Di. 263 2. Οὐκ ἐρᾷ θησαυρῶν ὁ νεανίας, οὐκ ἐρᾷ λίθων Do. 309 πολυτίμων, οὐκ ἐρᾷ ποικίλης ἐσθῆτος. Ἀλλὰ ταῦτα καὶ ἀναλίσκει γαννύμενος καὶ προΐεται.

APP. 6 τρὶς inc. K qui antea praeb. ὁ Πλάτων | ἐξέπεσεν A Π : ἐξέπιπτεν K || 12 οὐχ ἧττον om. K || 14 λαμβάνοντος des. K || 29 γαννύμενος A Π Ha. Ma. : γανύ- Di. Do.

3. Il n'est épris que d'un seul amour, dont il est la chose, la vertu et les fins vers lesquelles la vertu est un guide, la philanthropie, la clémence, l'endurance : de son fait, personne n'a pris le noir habit du deuil, personne ne s'est trouvé dépourvu de père, complètement orphelin ; au contraire, ceux à qui, dès leurs vagissements, une destinée funeste a filé un tel malheur, ont trouvé en lui, en échange d'un simple particulier, leur père, un prince[43]. 4. Tels sont les biens avec lesquels il veut augmenter et enrichir ses trésors et sa cassette[44] : avec ces trésors qu'il accumule d'abord en lui-même, il entend nous associer aussi à sa richesse. 5. Ce sera pour nous la seule façon de mériter à ses yeux la très haute valeur répondant aux biens que nous avons acquis.

La discipline du Sénat **8.** Aussi le devoir est-il pour vous de ramener dans la chambre sénatoriale la discipline et le bon ordre, et on doit exiger des chefs de file[45] du respect pour la charge qu'ils ont illustrée, et de la foule des sénateurs de la docilité. 2. Dites-vous bien qu'il n'y a aucune différence entre la grande assemblée et un être animé en pleine santé : il importe que le reste du corps y obéisse aux yeux, et non que les mains et les pieds y anticipent sur la perception oculaire ; quand chacune des parties se contente d'attendre l'heure qui lui appartient, l'être animé se porte bien dans tout l'organisme nécessairement.

44. Faut-il donner à ces deux mots un sens institutionnel précis ? C'est ce que suggère Leppin, H. (1998), p. 287, n. 16. Pour les θησαυροί, il s'agirait alors des *sacrae largitiones* et pour le ταμιεῖον, de la *res privata*. Pour les premières, dirigées par le *comes sacrarum largitionum* et pour le second, par un *comes rei privatae,* DELMAIRE, R. (1995), p. 13-14. Dans ce cas, Thémistios voudrait faire entendre qu'il n'y eut pas d'augmentation des impôts sous Théodose.

3. Ἐρᾷ δὲ ἑνὸς μόνου καὶ ἥττων ἐστίν, ἀρετῆς, καὶ ὧν καθηγεμών ἐστιν ἀρετή, φιλανθρωπίας, πρᾳότητος, ἀνεξικακίας· δι᾽ ὃν μέλαν ἱμάτιον οὐδεὶς ἠμφιάσατο, δι᾽ ὃν οὐδεὶς ἀπάτωρ, ὀρφανὸς παντελῶς, ἀλλὰ καὶ οἷς ἀνάγκη τις οὐκ εὐδαίμων ἔτι νηπίοις ταύτην ἐπέκλωσε τὴν δυσπονίαν, ἀντὶ ἰδιώτου πατρὸς ἀντικατηλλάξαντο βασιλέα. | Ηα. 216 b
4. Τούτων βούλεται τῶν ἀγαθῶν τοὺς θησαυροὺς καὶ τὸ ταμιεῖον αὔξεσθαι αὐτῷ καὶ πληθύνειν· οὓς πρώτους ἐν ἑαυτῷ θησαυρίσας οὕτω καὶ ἡμᾶς αὐτῶν πλουτεῖν ἀξιοῖ. 5. Οὕτω γὰρ ἂν μόνως ὧν κεκτήμεθα ἀγαθῶν αὐτῷ φανούμεθα τιμιώτατοι.

8. Τάξιν μὲν οὖν καὶ κόσμον εἰς τὴν γερουσίαν ὑμῖν ἐπανακτέον, καὶ παρὰ μὲν τῶν κορυφαίων ἀπαιτητέον αἰδῶ τῆς ἀρχῆς, ἣν ἐκόσμησαν, παρὰ δὲ τῶν πολλῶν εὐπείθειαν. 2. Καὶ οἰητέον ὑγιαίνοντος ζῴου μηδὲν διαφέρειν τὴν μεγάλην βουλήν, ἐν ᾧ τοῖς | ὄμμασι τὸ λοιπὸν ἀκολουθεῖν σῶμα προσήκει, Ηα. 216 c
καὶ μὴ τὼ χεῖρε ἢ τὼ πόδε προεξανίστασθαι τῶν ὀφθαλμῶν, ἀλλ᾽ ὅταν ἕκαστον τῶν μερῶν ἀγαπᾷ τὸν οἰκεῖον καιρόν, τότε καὶ τὸ σύμπαν ζῷον εὖ πράττειν ἀνάγκη.

APP. 4 ἠμφιάσατο A : -φιέσατο Π || 6 δυσπονίαν A Π : γρ. δυσποτμίαν A Π || 7 ἀντικατηλλάξαντο edd. : ἀντηλλάξαντο A Π || 15 ὑμῖν A : ἡμῖν Π.

DISCOURS XVIII

NOTICE
DU DISCOURS XVIII

Le discours est donné comme un hymne (*Or.* 18, 2, 218 b) récité en présence de l'empereur[1], de son fils Arcadius (*Or.* 18, 12, 224 d) et du Sénat (*Or.* 18, 10, 223 c)[2], apparemment durant l'hiver[3]. En tout cas, l'orateur n'y fait pas allusion à la naissance du second fils de Théodose, Honorius, le 9 septembre 384[4]. L'œuvre est évidemment à mettre en rapport avec l'élévation à la préfecture de la Ville[5]. Suivant H. Leppin, elle ne permet pas de déceler de façon assurée si Thémistios était encore préfet au moment où il fut prononcé[6]. Toutefois, comme le soulıgne l'historien allemand, l'orateur fait allusion à une sortie de charge après laquelle il aura à rendre des comptes.

C'est à force d'exercices que dans tout art on acquiert une bonne réputation (§ 1). L'empereur préfère entendre un hymne disant la vérité (§ 2) et qui fasse ressortir que son action est dictée par le maître d'en haut (§ 3). Il connaît les préceptes de l'art de gouverner qu'enseigne

1. À qui il s'adresse directement, *Or.* 18, 5, 219 d.
2. C'est le sens que l'on doit donner à l'interpellation ὦ φίλοι.
3. *Or.* 18, 7, 221 b : καὶ ὁ χειμέριος εἴσπλους τοῦ θερινοῦ ἀκυμαντότερος ταῖς ὁλκάσιν.
4. Leppin, H. (1998), p. 288.
5. Voir, sur ce point, *supra*, p. 82-86.
6. Leppin, H. (1998), p. 288-289.

la philosophie (§ 4). Les réalisations sont si nombreuses que le choix est difficile (§ 5), comme par exemple la campagne entamée pour venger Gratien (§ 6), l'approvisionnement de Constantinople, qui est amélioré (§ 7-8), les constructions dans la ville (§ 9). Voilà pourquoi l'orateur a accepté de se mettre au service du prince comme préfet de Ville (§ 10), à qui a été confiée l'éducation du jeune Arcadius (§ 11). Un programme de formation est donné (§ 12).

CONSPECTVS SIGLORVM

Codices

A	Ambrosianus I 22 sup., chartaceus, *ca.* 1326-1333.
Ψ	Salmaticus 232, chart., s. XIV.
Δ	Venetus S. Marci gr. 513, chart. s. XV extr.

Editores et viri docti

Cob.	Cobet, C. G.
Di.	Dindorf, G.
Do.	Downey, G.
Ha.	Hardouin, J.
Ma.	Maisano, R.
Pet.	Petau, D.
Steph.	Stephanus, H.

DISCOURS XVIII

LE PLAISIR D'ÉCOUTER DU PRINCE

L'exercice fait la réputation

1. Qui a fait l'effort d'acquérir une belle réputation dans l'équitation et désire y gagner le renom de Nestor – celui que lui donne Homère dans sa poésie, où il le nomme constamment « maître des chevaux » ou « cavalier »[1]* –, a-t-il latitude de négliger les techniques de l'équitation et de ne point pratiquer avec rigueur tous les exercices qui montreront ses belles qualités de cavalier ? Par exemple, monter en selle avec souplesse, s'y asseoir avec prestesse, en sauter avec aisance, reprendre les rênes le moment venu ou au contraire les lâcher quand il le faut, hardi sur les terrains plats et découverts, sur ses gardes dans les passages mal délimités et encaissés ; 2. ainsi, lit-on aussi chez le même Homère, Ménélas se fâche contre Antiloque lors du concours équestre organisé par Achille en l'honneur de Patrocle, parce que son désir de victoire l'empêchait de prévoir le danger[2] : loin de serrer la bride à ses chevaux, il les poussait à fond sur une piste étroite et ravinée[3].

* Les notes qui n'ont pu être placées sous les pages sont reléguées en fin de volume, p. 202-217.

2. Paraphrase d'Homère, Ψ 425-428 : « L'Atride prend peur et crie à Antiloque : "Antiloque, tu mènes comme un fou ! Retiens donc tes chevaux : la route est étroite ; plus large, tout à l'heure, elle te permettra de me dépasser. Prends garde ! tu fais tort à tous deux, si tu heurtes mon char." » Ἀτρεΐδης δ' ἔδεισε καὶ Ἀντιλόχῳ ἐγεγώνει | Ἀντίλοχ', ἀφραδέως ἱππάζεαι ἀλλ' ἄνεχ' ἵππους | στεινωπὸς γὰρ ὁδός, τάχα δ' εὐρυτέρη παρελάσσαι | μή πως ἀμφοτέρους δηλήσεαι ἅρματι κύρσας.

<ΙΗ΄> ΠΕΡΙ ΤΗΣ ΤΟΥ ΒΑΣΙΛΕΩΣ ΦΙΛΗΚΟΙΑΣ Ha. 216 c Di. 264

| **1.** Ἆρα ὅστις εὐδόκιμος εἶναι ἐσπουδάκει ἐφ' Ha. 216 d ἱππηλασίᾳ καὶ τῆς τοῦ Νέστορος ἐφίεται ἐπωνυμίας, Do. 312 ἣν ἐκείνῳ δίδωσιν Ὅμηρος ἐν τῇ ποιήσει, ἱππότην αὐτὸν καὶ ἱππηλάτην συνεχῶς ἐπονομάζων, τούτῳ οἷόν τε ὀλιγώρως ἔχειν τῆς ἱππικῆς τέχνης καὶ οὐχ ἅπαντα ἐκπονεῖν ἀκριβῶς ὅσα ἀποδείξει αὐτὸν ἀγαθὸν ἱππέα; οἷον ἀναβαίνειν τε ἵππον ῥᾳδίως | καὶ ἐγκαθίζεσθαι κούφως καὶ ἀποπηδᾶν Ha. 217 a ξὺν ῥᾳστώνῃ καὶ τὰ χαλινὰ ἐπέχειν τε ἵνα καιρὸς καὶ αὖθις ἵνα χρὴ ἀφιέναι, θαρροῦντα μὲν τοῖς λείοις καὶ ἀναπεπταμένοις δαπέδοις, εὐλαβούμενον δὲ τὰ δυσόριστα καὶ στενόπορα, 2. ὥς που καὶ παρ' αὐτῷ τῷ Ὁμήρῳ ἀγανακτεῖ πρὸς τὸν Ἀντίλοχον ὁ Μενέλεως ἐν τῷ ἀγῶνι τοῦ ἱππικου δρόμου ὃν ἐπὶ Πατρόκλῳ ἔθηκεν Ἀχιλλεύς, ὅτι ἐπιθυμίᾳ τῆς νίκης τὸν κίνδυνον οὐ προορῴη, μὴ ἀνέχων τοὺς ἵππους, ἀλλ' ἐπισπέρχων ἐν χωρίῳ στενῷ καὶ ἀποκρήμνῳ.

FONT. 5 Hom. Β 336 *e.g.* – Hom. γ 6 436 et 444 – 15-19 Hom. Ψ 425-428.

Tit. περὶ τῆς τοῦ βασιλέως φιληκοΐας A : π. φ. τ. β. Ψ Δ τοῦ αὐτοῦ ante π. add. Δ || **3** ὅστις A Δ : εἴ τις Ψ || 4 ἐφίεται A Δ : ἐφίετο Ψ | καὶ post ἐπωνυμίας add. A || 5 τῇ om. A || 7 ὀλιγόρως Ψ || 9 ἀγαθὸν A Δ : ἀγαθὼν Ψ | τε post οἷον add. A || 11 τε om. A || 12 ἀφιέναι Δ : ἐφ- A Ψ | καὶ θαρροῦντα Ψ || 14 δυσόριστα A : δυσπόριστα Δ δυσπόρευτα Ψ | στενόπορα Δ : στενοπόρα A Ψ || 15 τῷ codd. Di. : om. Do. Ma. | τὸν om. Ψ | Ἀντίλοχον A Δ : Ἀντίοχον Ψ || 16 Μενέλεως Δ : Μενέλαος A Ψ || 17 ὁ ante Ἀχιλλεύς add. Ψ || 19 ἐν om. A.

3. Eh bien ! Qui brûle de gagner la notoriété au tir à l'arc, à quoi d'autre use-t-il le temps de sa vie qu'à s'entraîner continuellement et à tirer ses flèches avec autant de vigueur que de précision ? et ses mains y acquièrent de l'usure « au contact de la corde et de l'encoche »[4] et y gagnent autant d'entraînement et de science que n'en avait Mérion le Crétois ; aussi, faute d'abattre la colombe, ne manque-t-il pas au moins de couper la corde qui la tient[5]. 4. Mais de celui qui prétend récolter des éloges pour le combat aux armes lourdes, que dirons-nous, mes nobles maîtres, s'il n'a pas le moindre souci du combat aux armes lourdes et s'il est inexpérimenté « à mouvoir tantôt à droite tantôt à gauche un écu en peau de bœuf séchée »[6] ? peut-il espérer ces compliments et rêver d'éloges pour un art qu'il ne maîtrise pas à fond ? 5. Dès lors, pour n'avoir pas à joindre à la liste le pilote de vaisseau, le pâtre et le médecin ni à montrer qu'ils doivent tous, lorsqu'ils prétendent à des éloges pour la pratique de leur art, avoir des prétentions à réaliser aussi les tâches qui en résultent, j'en arrive enfin au chapitre que je m'étais proposé de traiter.

4. Hom. φ 419 : « Il ajusta la flèche sur l'arc, prit la corde et l'encoche » τόν ῥ' ἐπὶ πήχει ἑλὼν ἕλκεν νευρὴν γλυφίδας τε.

6. Les mots sont dans la bouche d'Hector qui affronte Ajax, Hom. H 238-239 : οἶδ' ἐπὶ δεξιά, οἶδ' ἐπ' ἀριστερὰ νωμῆσαι βῶν |ἀζαλέην. Thémistios fait allusion à ces vers en *Or.* 14, 1, 181 c ; 18, 11, 224 c ; 19, 3, 228 c. Je n'ai pas pu consulter la vieille thèse de J. Cuillandre, *La Droite et la gauche dans les poèmes homériques en concordance avec la doctrine pythagoricienne et avec la tradition celtique,* Rennes-Paris, 1944.

3. Εἶεν. Ὅστις δὲ ἐπὶ |τοξικῇ ἐλλόγιμος εἶναι ἔρωτα Ha. 217 b
ἔχει, οὗτος ἐν ἄλλῳ τῳ διατρίβει μᾶλλον ἢ ἐν τῷ
μελετᾶν συνεχῶς εὐτόνους τε ἅμα καὶ ἐπισκόπους
πέμπειν τοὺς οἰστούς; Καὶ τρί|βονται αὐτοῦ αἱ Di. 265
χεῖρες περὶ τὴν νευρὰν καὶ τὴν γλυφίδα, καὶ
τοσαύτη αὐτοῦ ἡ μελέτη καὶ ἡ ἐπιστήμη | ὅση ἡ Do. 313
τοῦ Κρητὸς Μηριόνου· ὥστε καὶ εἰ τῆς πελειάδος
ἀποτυγχάνει, τῆς μηρίνθου γε μὴ ἁμαρτεῖν. 4. Τὸν
δὲ ἐφ᾽ ὁπλομαχίᾳ βουλόμενον ἐπαίνου τυχεῖν τί
ἄρα φῶμεν, ὦ γενναῖοι, παντάπασιν ἀμελοῦντα
ὁπλομαχίας, καὶ ἄπειρον μὲν τοῦ ἐπὶ δεξιά, ἄπειρον
δὲ τοῦ

ἐπ᾽ ἀρι|στερὰ νωμῆσαι βῶν Ha. 217 c
ἀζαλέην,

ταύτην ἐλπίζειν τὴν εὐφημίαν καὶ ὀνειροπολεῖν
τέχνης ἐπαίνους, ἣν οὐκ ἐξήσκησεν; 5. Ἵν᾽ οὖν μὴ
καὶ τὸν κυβερνήτην ὑμῖν ἐπάγω καὶ τὸν ποιμένα
καὶ τὸν ἰατρὸν καὶ ἅπαντας δεικνύοιμι τούτους,
ὅταν ἐφίωνται τῶν ἐπαίνων ἐπὶ τῇ τέχνῃ, ἐφίεσθαι
χρῆναι καὶ τῶν ἔργων τῶν ἐκ τῆς τέχνης, ἐπ᾽ αὐτὸ
δὴ ἔρχομαι τὸ κεφάλαιον ὧν προὔθεμην.

FONT. 1-2 Hom. Ψ 418-421 – 5 cf. Hom. φ 419. – Hom. Ψ 862-969 et 874-881 – 13-14 Hom. H 238-239.

APP. 1 ὅστις Ψ Δ : οὔτις A | τῆς post ἐπὶ add. Ψ^{sl} | τοξικῇ Δ : τοξικῆς A Ψ || 2 ἔχει Ψ Δ : ἔσχεν A | διατρίβει Ψ Δ : – τρίβειν A || 3 εὐτόνους A : – τόνως Ψ Δ | ἐπισκόπους A Δ^{ac} : – σκόπως Ψ Δ^{pc} || 5 τὴν γλυφίδα A : τὰς γλυφίδας Ψ Δ || 6 αὐτοῦ Ψ Δ : αὐτῶ A | ἡ^{2} om. Ψ | καὶ post ὅση add. Ψ Δ || 6-7 ἡ—Μηριόνου (v. 21-1) om. in t. Δ sed restit. in fine pag. anter. || 7 Κρητὸς Ψ Δ : Κρητῶν A | εἰ Ψ^{2} Δ : ἡ A Ψ^{1} || 8 γε Δ : τέως Ψ om. A | μὴ A Ψ : μὴν Δ | ἁμαρτεῖν A Δ : διαμαρτεῖν Ψ || 9 δὲ Ψ Δ : δ ᾽ A | ὁπλομαχίᾳ Ψ Δ : ὁπλομαχίας A || 11-13 δεξιά … ἀριστερὰ Ψ Δ : δεξιᾶ … ἀριστερᾶ A || 15 ταύτην ἐλπίζειν Ψ Δ : ταῦτα ἐλπίζει A | ὀνειροπολεῖν Ψ Δ : – πολεῖ A || 17 καὶ om. Ψ || 19 ὅταν A Δ : ὅτε Ψ | ἐφίωνται Δ : ἐφίενται A Ψ | ἐπαίνων τῶν Ψ | τῇ om. Δ | ἐφίεσθαι Ψ Δ : ἐπίστασθαι A || 20 ἐκ τῆς τέχνης Ψ Δ : ἐπὶ τῆ τέχνῃ A | ἐπ ᾽ αὐτὸ A Ψ : ἀλλ ᾽ αὐτὸ Δ.

L'hymne du philosophe **2.** Si, juché sur un trône à la cime de l'État, revêtu de la pourpre et administrant presque tout l'ensemble des terres et des mers, gouvernement personnel pour une partie, protectorat pour une autre, renoncement à un pouvoir dans une troisième[7], quelqu'un a soif d'éloges véritables et dont il sait qu'ils viennent à lui sans adulation, n'a-t-il pas dès lors trouvé la fermeté de son jugement dans le suffrage venu d'en haut, et l'autorité qu'il a entre les mains depuis six ans déjà ne l'a-t-elle pas prémuni contre la souillure et la meurtrissure d'un blâme mieux que contre celles d'un coup d'épée ?[8] 2. Rappelez-vous donc le premier entretien[9] et le chant de Béotie dont cet entretien prit la suite[10]. Car cet homme ne se satisfaisait pas de la présentation d'un chant composé pour le plaisir d'un banquet dont la table est dressée ; au contraire, il trouvait mauvais et se plaignait que la philosophie mît désormais bien du temps à lui rendre visite et ne vînt pas souvent au palais lui offrir ses cadeaux[11], comme elle avait accoutumé autrefois. 3. L'honnête Phocion dit, un jour que le peuple d'Athènes avait applaudi à tout rompre son discours : « Une sottise quelconque m'aurait-elle échappé ? »[12] 4. Aux yeux du prince, ce n'est pas quand elle parle, mais quand elle se tait que la philosophie se rend suspecte, et il prend le silence qu'elle observe comme l'indice d'une carence dans les actes. 5. Quand il se trouve en présence d'un éloge brillant et exalté, avec des noms grandiloquents empruntés presque à l'Hélicon[13] lui-même, celui qui cherche des yeux l'auteur d'un éloge prosaïque et s'attache à l'hymne dénué de fard et de chatteries ne montre-t-il pas clairement qu'il préfère la vérité à la joliesse des mots ?

8. Thémistios imite une phrase de Platon (*Smp.*, 219 e 1-2) : « Je savais bien en effet que, pour l'argent, il était beaucoup plus invulnérable de toutes parts que ne l'était Ajax au fer. » εὖ γὰρ ᾔδη ὅτι χρήμασί γε πολὺ μᾶλλον ἄτρωτος ἦν πανταχῇ ἢ σιδήρῳ ὁ Αἴας. L'orateur fait allusion à la paix conclue avec les Goths, MAISANO, R. (1995), p. 626, n. 5.

2. Ἄρα εἴ τις ὑψοῦ προκαθήμενος καὶ | [Ha. 217 d] ἁλουργίδα ἠμφιεσμένος καὶ ἐπιτροπεύων σχεδόν τι ἅπασαν γῆν τε καὶ θάλασσαν, ὅσης τε αὐτὸς προστατεύει καὶ ὅσην ῥύεται καὶ ὅσῃ ξυγχωρεῖ τὴν ἀρχήν, διψῇ οὗτος ἐπαίνων ἀληθινῶν καὶ οὓς οἶδεν ἄνευ θωπείας αὐτῷ προσιόντας, τούτῳ ἄρα ἡ γνώμη οὐ τεθάρρηκεν ὑπὸ τῆς ἄνωθεν ψήφου, καὶ ὃ μεταχειρίζεται ἤδη ἕκτον ἔτος ἀκέραιός τε καὶ ἄτρωτος μᾶλλον ὑπὸ ψόγου ἢ σιδήρου; 2. Ἀναμνήσθητε τοίνυν τοῦ πρώ|[Ha. 218 a]του συλλόγου καὶ τοῦ μέλους τοῦ Βοιωτίου, ἐφ᾽ ᾧ ὁ | [Do. 314] σύλλογος. Οὐ γὰρ ἀπόχρη τῷ ἀνδρὶ τούτῳ εἰσιόν τι μέλος πεποιημένον τῆς προκειμένης θοίνης ἀπολαύειν, ἀλλ᾽ ἐδυσχέραινε καὶ ᾐτιᾶτο ὅτι μὴ εἰσφοιτᾷ ἤδη χρόνοις αὐτῷ ἡ φιλοσοφία, μηδὲ θαμίζει δωροφοροῦσα εἰς τὰ βασίλεια, ὡς πάλαι εἰώθει. 3. Φωκίων μὲν γὰρ ὁ χρηστός, ἐπεὶ δημηγορή|[Di. 266]σαντι αὐτῷ προθυμότερον συνεπήχησεν ὁ δῆμος ὁ Ἀθηναίων, μή τι ἄρα, ἔφη, κακὸν εἰπὼν λέληθα ἐμαυτόν; 4. Βασιλεὺς δὲ οὐ λέγουσαν φιλοσοφίαν, ἀλλὰ σιωπῶ|[Ha. 218 b]σαν, ὕποπτον ποιεῖ καὶ τὴν σιωπὴν αὐτῆς ἀντὶ σημείου λαμβάνει τῆς ἐνδείας τῶν ἔργων. 5. Ὅστις οὖν ἐπαίνου αὐτῷ εἰσιόντος καὶ τούτου λαμπροῦ τε καὶ μετεώρου καὶ δι᾽ ὑψηλῶν ὀνομάτων καὶ ἐξ αὐτοῦ σχεδὸν τοῦ Ἑλικῶνος, περισκοπεῖ τὸν πεζὸν ἐπαινέτην καὶ λιπαρῶς ἔχει τοῦ ἀκομμώτου ὕμνου καὶ ἀνηδύντου, οὐκ ἔνδηλός ἐστιν ἐπίπροσθεν ἄγων ἀλήθειαν καλλιεπείας;

FONT. 16-19 PLU., *Phoc.*, 8, 4-5

APP. 1 ἁλουργίδα Α Δ : ἀλουρ- Ψ || 4 ὅσῃ Α Δ : ὅσην Ψ | ἀρχήν Cob. : ὀργήν codd. || 5 οἶδεν Α Δ : εἶδεν Ψ || 8 ἀκέραιός Α Ψ : ἀκάρειος Δ^1 ἀκάραιος Δ^2 || 9 ἀναμνήσθητε Α Δ : – μνήσθητι Ψ | τοίνυν Ψ Δ : οὐ Α || 11 ἀπόχρη Α Δ : ἀποχρῶν ἦν Ψ || 12 εἰσιόν τι Di. Do. Ma. : εἰσιόντι codd. | μέλος ἦν Α || 14 χρόνοις edd. : χρόνιος codd. | αὐτῷ post ἤδη transp. Α || 15 θαμίζει Δ : θαμίζοι Α Ψ | δωροφοροῦσα ego sec. Pet.$^{1-2}$ n. : δορυφοροῦσα codd. edd. || 18 ὁ^2 om. Δ | Ἀθηναίων Α Δ : Ἀθηναῖος Ψ | ἄρα edd. : ἆρα codd. || 20 ποιεῖ Α Δ : ποιεῖται Ψ || 21 σημείου Ψ Δ : σημεῖα Α || 22 αὐτῷ Α Ψ^2 Δ : αὐτοῦ Ψ^1 || 23 λαμπροῦ τε καὶ μετεώρου Α Di. : ὑψηλοῦ τε Δ Ψ || 24 αὐτοῦ Α Δ : αὐτῆς Ψ | τοῦ om. Ψ.

Un gouvernement inspiré par le ciel

3. Mais voilà une conséquence qui ne saurait advenir pour le prince que s'il se penche d'abord sur lui-même et s'il examine ses propres œuvres pour en voir la richesse en actions bonnes et belles : ce sont celles que la philosophie n'hésite pas à chanter en leur donnant son suffrage. 2. En effet il sait, à ce qu'il semble, qu'en général toutes les productions qui viennent à lui de la part des poètes et des prosateurs font la plupart du temps davantage de cas de l'apparence que de la réalité et, plutôt qu'à l'utile, donnent la préséance à l'agréable. 3. C'est pourquoi, quand ils font leur entrée, ils sont apprêtés pour le plaisir : ainsi, dit Homère, Héra s'était bien parée pour se rendre auprès de Zeus, robe de pourpre, coiffe, pendants d'oreilles et, en plus du reste, le ceste même d'Aphrodite[14]. 4. De même ces productions revêtent aussi un luxe d'ornements extérieurs, des figures et des mots, de surcroît soigneusement sélectionnés et appropriés à l'intention : elles font voir qu'elles n'admirent pas seulement tout ce qui est véritablement digne d'admiration, mais aussi tout ce que la masse tient pour des dons propres aux bienheureux, la puissance, l'art[15] et la fortune[16].

14. La déesse voulait ainsi enjôler son époux, HOM. Ξ 162 et 214 : ἐλθεῖν εἰς Ἴδην εὖ ἐντύνασαν ἓ αὐτήν (...) Ἦ, καὶ ἀπὸ στήθεσφιν ἐλύσατο κεστὸν ἱμάντα. Les mots ἀμπεχόνῃ τε ἀλουργεῖ et καὶ ἐλλοβίοις sont étrangers à Homère. Καλύπτρα n'est pas employé chez Homère à propos d'Héra. Ἀλουργὴς ἀμπεχόνη apparaît pour la première fois chez Denys d'Halicarnasse (*A.R.,* IV, 74, 1), ἐλλόβιον chez Nicolas de Damas (fr. 4 Parmentier-Barone = CONST. PORPH., *Virt.,* p. 330, 5), voir, pour Héra, Plu., *Mor.* 693 C. : « lorsqu'elle met ses agrafes d'or et ses boucles d'oreilles finement travaillées, lorsqu'elle a recours, pour finir, au charme magique du ceste » ὅταν δὲ τὰς χρυσᾶς περόνας ἀναλαμβάνῃ καὶ τὰ διηκριβωμένα τέχνῃ ἐλλόβια καὶ τελευτῶσα τῆς περὶ τὸν κεστὸν ἅπτηται γοητείας. Pour l'image du ceste d'Aphrodite, voir *Or.* 3, 12, 48 b, t. II, p. 270, n. 52.

3. Τοῦτο δὲ οὐκ ἂν ἄλλως αὐτῷ συμβαίνοι, εἰ μὴ ἐγκύπτων πρῶτον εἰς ἑαυτὸν καὶ τὰ ἑαυτοῦ ἔργα ἐπισκοπῶν πλοῦτον ὁρῴη | πράξεων ἀγαθῶν Ha. 218 c καὶ καλῶν, ἃς οὐκ ὀκνεῖ ᾄδειν ἐπιψηφίζουσα ἡ φιλοσοφία. 2. Ἐπίσταται γάρ, ὡς ἔοικε, τοὺς μὲν ἄλλους λόγους, ὅσοι εἰσφοιτῶσιν αὐτῷ παρὰ τῶν ποιητῶν καὶ τῶν συγγραφέων, ἐντιμότερον ὡς τὰ πολλὰ | ποιουμένους τὸ δοκοῦν τοῦ ὄντος καὶ τοῦ Do. 315 ὠφελίμου τὸ κεχαρισμένον. 3. Ταῦτά τοι καὶ εἰσιέναι ἐσκευασμένους πρὸς ἡδονήν, ὥσπερ Ὅμηρος λέγει τὴν Ἥραν

εὖ ἐντύνασαν ἓ αὐτὴν

ἀφικέσθαι παρὰ τὸν Δία, ἀμπεχόνῃ τε ἁλουργεῖ καὶ καλύπτρᾳ καὶ ἐλλοβίοις, καὶ ἐπὶ πᾶσι τῷ κε|στῷ αὐτῷ τῆς Ἀφροδίτης. 4. Οὕτω δὲ καὶ Ha. 218 d τούτους τοὺς λόγους πολὺν ἐνδύεσθαι τὸν ἔξωθεν κόσμον σχημάτων τε καὶ ὀνομάτων, καὶ τούτων εὖ μὲν ἐπειλεγμένων καὶ συνηρμοσμένων τῇ γνώμῃ, ἐνδήλους εἶναι ὅτι οὐ μόνα θαυμάζουσιν ὅσα θαυμαστὰ ἀληθινῶς, ἀλλὰ καὶ ὅσα οἱ πολλοὶ οἴονται μακαριστὰ εἶναι, δύναμιν καὶ τέχνην καὶ οὐσίαν.

FONT. 12 Hom. Ξ 162.

APP. 1 τοῦτο Α Ψ : τούτω Δ || 2 ἐγκύπτων Ψ Δ : ἐκκυπ- Α || 4 καλῶν Α : βασιλικῶν Ψ Δ | ἃς Α Ψ : οὓς Δ || 5 καὶ τοὺς Δ | μὲν om. Δ || 7 ξυγγραφέων Ψ | ἐντιμότερον Α : ἐντιμώτ- Ψ ἑτοιμότερον Δ | ὡς om. Ψ corr. s.l || 8 ποιουμένους Α : ἀντιπ- Ψ Δ | δοκοῦν Ψ Δ : δοκεῖν Α || 9 τοι Α Δ : σοι Ψ || 10 ἐσκευασμένους Α : -μένου Ψ ἐγσκ- Δ | 10 λέγει Ψ Δ : φησὶ Α || 12 εὖ extra l. Ψ | ἐντύνασαν Α Ψ^{2} Δ : ἐντείν- Ψ^{1} | ἓ αὐτὴν scrips. ex Hom. : ἑαυτὴν codd. || 13 ἁλουργεῖ Α : ἀλ- Ψ Δ || 14 ἐλλοβίοις Δ : ἐλλοβίῳ Α Ψ || 15 δὲ edd. : δὴ codd. || 16 τούτους τοὺς λόγους Ψ Δ : τοὺς λόγους τούτους Α || 17 σχημάτων Ψ Δ : ῥημάτων Α || 18 ἐπειλεγμένων Ψ Δ : ἀπ- Α || 19 οὐ Α Ψ^{pc} : om. Δ quid praeb. Ψ^{ac} non liquet || 20 πολλοὶ coni. Steph. : παλαιοὶ codd. Di. Do. Ma. πάλαι (cum stellula) Ha. || 21 τέχνην Α : τύχην Ψ Δ | οὐσίαν Di. : ἐξουσίαν codd.

5. Le seul objet de recherche que doive se donner cet art est par conséquent de connaître aussi ce qui fait véritablement un souverain[17] avec ses marques et signes distinctifs ; car il ne s'agit pas d'un aigle d'or[18], de dragons brodés sur le fin tissu[19] des étendards ou moins encore, par Zeus, de l'aptitude à toucher une cible à l'arc et au javelot[20] – Néron le citharède, je crois, la possédait aussi bien que Domitien l'atrabilaire[21] –, 6. mais de voir si, regardant vers le haut, son âme est bandée de toutes ses forces vers le souverain de l'univers et si, commençant par là, elle puise au ciel tout ce qu'elle peut pour la souveraineté qu'elle exerce sur la terre.

Les leçons de la philosophie

4. Et toi, bon prince, tels sont aussi les biens que tu y puises sans avoir eu besoin d'archers, d'hoplites, d'Arméniens ou d'Ibères et d'une cavalerie caparaçonnée[22] pour éteindre le feu de la Scythie ; au contraire, ta volonté et ta résolution ont réussi à elles seules à faire mourir ce feu par lui-même[23]. 2. Car tes regards ne se tournent pas vers le sol et ton esprit n'a point le souci de trouver où tu auras en plus grande abondance l'or ou l'argent, mais où foisonneront les trésors de tes bonnes actions[24], les seuls à être à l'abri d'un pillage ou d'un sinistre[25]. 3. Ces leçons, à ce qu'il semble, ô prince très sage, et les directives de cette science unique, tu les connais, et tu n'hésites pas à réclamer d'elle en public et en toutes circonstances la tâche qu'elle s'est assignée, comme une sorte de contribution annuelle. 4. Et tu ne te bornes pas à confier la charge de cette levée à une magistrature

18. Pour l'expression χρυσοῦς ἀετός, voir déjà *Or.* 6, 4, 73 d.

19. Voir déjà, à propos des vêtements de Constance II, *Or.* 1, 16, 11 c : τὸ σῶμα ἠμφιέσθαι λεπτοῖς τε καὶ ποικίλοις ὑφάσμασι.

20. En *Or.* 1, 16, 11 d, mais cette fois à propos de Constance II, Thémistios tient à distinguer de l'habileté à la chasse les qualités d'âme qui font le souverain authentique.

5. **Μόνην δὲ δεῖ ἄρα ταύτην τὴν τέχνην ζητεῖν καὶ γινώσκειν, τίς ἀλη|θινῶς βασιλεὺς καὶ τίνα** Ha. 219 a **σημεῖα αὐτοῦ καὶ γνωρίσματα· ὅτι οὐ χρυσοῦς** Di. 267 **ἀετὸς οὐδὲ δράκοντες λεπτῶν ὑφασμάτων οὐδὲ μὰ Δία τοξεύεσθαι ἐπίσκοπα καὶ ἀκοντίζειν· ταῦτα γὰρ οἶμαι καὶ Νέρωνι ὑπῆρχε κιθαρῳδοῦντι καὶ Δομετιανῷ μελαγχολῶντι·** 6. **ἀλλ' εἰ ἡ ψυχὴ ἄνω ὁρῶσα πρὸς τὸν τοῦ παντὸς βασιλέα συντεταμένη καὶ ἀρχομένη ἐκεῖθεν ὅσα οἷόν τε ἀρύεται ἐκ τοῦ οὐρανοῦ τῇ ἐπὶ τῆς γῆς βασιλείᾳ.**

| **4. Ὧν καὶ σύ, ὦ χρηστέ, ἀρυόμενος οὐκ** Do. 316 **ἐδεήθης τῶν τοξοτῶν οὐδὲ τῶν ὁπλιτῶν οὐδὲ τῶν Ἀρμενίων οὐδὲ Ἰβήρων οὐδὲ ἵππου πεφραγμένης,** Ha. 219 b **ὥστε τὴν φλόγα σβέσαι τὴν Σκυθικήν, ἀλλὰ μόνῃ τῇ σῇ βουλῇ καὶ τῇ σῇ γνώμῃ ὑφ' ἑαυτῆς ἡ φλὸξ ἐκείνη ἀπεμαράνθη.** 2. **Οὐ γὰρ κάτω σοι νεύει τὰ ὄμματα οὐδὲ ὁ νοῦς ἔμφροντίς ἐστιν ὁπόθεν τὸ χρυσίον πλεῖον ἔσται σοι ἢ τὸ ἀργύριον, ἀλλ' ὁπόθεν σοι πλεονάσουσιν οἱ τῶν ἀγαθῶν πράξεων θησαυροί, οἳ μόνοι ἄσυλοι καὶ ἀνάλωτοι.** 3. **Ταῦτ' οὖν γινώσκων, ὡς ἔοικεν, ὦ σοφώτατε, μόνης ταύτης μαθήματα καὶ διδάγμα|τα τῆς ἐπιστήμης,** Ha. 219 c **εἰσπράττεσθαι αὐτὴν οὐκ ὀκνεῖς ἐν μέσῳ τε καὶ ἐφ' ἁπάντων τὸ ἔργον ἐφ' ᾧ ἔταξεν ἑαυτήν, οἷόν τινα ἐτήσιον εἰσφοράν.** 4. **Καὶ οὐκ ἐφίστης μόνῃ τῇ εἰσπράξει ἀρχήν τινα καὶ στρατιώτην, ἀλλ' αὐτὸς**

APP. 1 δεῖ Δ : om. Α Ψ | ταύτην τὴν τέχνην Α Δ : τὴν τέχνην ταύτην Ψ || 2 ἀληθινῶς edd. : ἀληθινὸς codd. || 3 χρυσοῦς Α Ψ Ma. : χρυσὸς Δ Di. Do. || 4 ἀετὸς Ψ Δ : ἀετοὺς Α | λεπτῶν ὑφασμάτων Ψ Δ : ὑ. λ. Α || 6 ὑπῆρχε Ψ Δ : ὑπάρχειν Α || 7 μελαγχολῶντι Ψ Δ : – λοῦντι Α || 8 ὁρῶσα καὶ Α Ψ || 9 ἀρρύεται Α || 11 ἀρρυόμενος Δ || 12 τῶν^3 om. Δ || 13 τῶν Ἰβήρων Ψ | τῆς ἵππου Ψ Δ || ἵππου τῆς Ψ Δ || 15 καὶ Ψ s.l. || 16 οὐ γὰρ Α Ψ : οὐδὲ Δ || 17 ἔμφροντίς Α : ἐν φροντίδι Ψ Δ || 18 πλεῖον om. Δ || 19-20 θησαυροὶ πράξεων Ψ || 24 ἑαυτήν Α Δ : αὐτὴν Ψ || 25 τινα Α Δ : τιν' Ψ || 26 εἰσπράξει Ψ Δ : πράξει Α | ante ἀρχὴν add. ταύτην Α ταύτῃ Ψ | στρατιώτην Ψ Δ : στρατιῶτιν Α.

et à un poste de fonctionnaire civil ; au contraire, c'est en personne que tu actives, en personne que tu rends obligatoire, en personne que tu songes à encaisser cette contribution. Peut-être irais-tu jusqu'à prendre toi-même la tête du trésor public[26]. 5. Deux sont donc les motifs d'allégresse que j'ai à avancer : mon favori se fait une règle[27] de se passionner pour un art rejetant le mensonge, et la philosophie est la seule à détenir un titre de créance pour prononcer un éloge crédible de l'empire universel.

Les réalisations du prince

5. Mais sache bien, bon prince, que la cause de la présente hésitation qui est mienne est à l'opposé de ce que tu soupçonnes, non pas indigence, mais abondance de sujets nouveaux. Quand toujours plus nombreux tu exhibes tes bienfaits, dont tu tisses la trame chaque jour et chaque heure, la matière que tu donnes à mes discours n'est pas encore facile à embrasser. 2. Tout le tissu que tu fabriques aujourd'hui, non seulement tu le défais à nouveau, mais tu le resserres chaque fois davantage avec les nuances de ta vertu, et chaque fois qu'il me revient à l'esprit[28] de rehausser d'un hymne impartial une action que tu as accomplie ou une belle parole, ce sont aussitôt d'autres en nombre qui, par vagues successives, viennent recouvrir et plonger dans l'ombre celles que je me préparais à chanter ; puis, à nouveau, après que j'ai renoncé à un premier sujet, en suis-je à prendre en mains un deuxième, que survient un numéro trois, un numéro quatre qui réduit en poussière les essais consacrés aux précédents.

26. Pour l'image et le procédé, voir déjà *Or.* 11, 3, 143 d-144 a et t. II, p. 636, n. 16.

κατεπείγεις καὶ αὐτὸς ἐπαναγκάζεις καὶ αὐτὸς
ἀποδέχεσθαι τὴν εἰσφορὰν ταύτην διανοῇ. | Τυχὸν Ha. 219 d
δὲ καὶ αὐτὸς εἰσιὼν ἂν καταλάβοις τὸ ταμιεῖον.
5. Διπλῇ οὖν με ἐπιγαυροῦσθαι προσήκει, καὶ ὅτι
τὰ παιδικά μοι οὕτω διοικεῖται ὥστε ἐρᾶν τέχνης
δυσχεραινούσης ψευδο|λογίαν, καὶ ὅτι φιλοσοφία Di. 268
πεπίστευται μόνη ἀξιόπιστος εἶναι καὶ ἐπαινέτις
παμβασιλείας.

| **5.** Ἀλλ᾽ εὖ τοι γίνωσκε, ὦ χρηστέ, ὅτι τὸ Do. 317
αἴτιον τούτου τοῦ ὄκνου τοὐναντίον ἐστὶν οὗ
σὺ ὑποπτεύεις· οὐ σπάνις νεουργῶν ὑποθέσεων,
ἀλλὰ πλῆθος. Ἀεὶ γὰρ ἐπιδεικνύ|μενος πλείω τὰ Ha. 220 a
ἀγαθὰ καὶ προσυφαίνων ὁσημέραι καὶ ὅσαι ὧραι,
οὐκ εὐαγκάλους μοι ἔτι τοὺς λόγους ποιεῖς. | Ha. 220 b
2. Οὐδ᾽ ὅσα ἂν τήμερον ὑφήνῃς μόνον αὖθις
ἀναλύεις, ἀλλὰ καταπυκνοῦταί σοι μᾶλλον ἀεὶ
τὰ ποικίλματα τῆς ἀρετῆς, καὶ ὁπότε μοι ἐπὶ
νοῦν ἔλθοι πρᾶξίν τινα παρὰ σοῦ πεπραγμένην ἢ
καλῶς ῥηθέντα λόγον ἀδεκάστῳ ὕμνῳ ἐπικοσμῆσαι,
εὐθὺς ἐπιρρέοντα ἄλλα καὶ ἄλλα πολλὰ τὰ ἐφεξῆς
καταχώννυσί τε καὶ ἐπισκιάζει ἐφ᾽ ἃ ὡρμήθην·
καὶ αὖθις ὅτε τὰ πρῶτα ἀφεὶς τὰ δεύτερα
μεταχειρίζομαι, τρίτος τις καὶ τέταρτος ἀριθμὸς | Ha. 220 c
ἐπιὼν ἐκθλίβει τὴν ἐπὶ τοῖς προειρημένοις τριβήν.

APP. 1 ἐπαναγκάζεις Ψ Δ : καταναγ- A || 4 με ἐπιγαυροῦσθαι προσήκει A : μοι π. ἐ. Ψ Δ || 5 οὕτω A Ψ : οὕτως Δ || 6 καὶ om. Ψ || 7 ἐπαινέτις Δ : ἐπαινέτης A Ψ || 8 παμβασιλείας A Δ : παρὰ (περὶ s.l.) βασιλέα Ψ || 11 σὺ om. Ψ Δ | νεουργῶν A Ψ : γεουργῶν Δ || 12 τὰ om. Ψ || 13 προσυφαίνων edd. : προϋφ- codd. || 14 εὐαγκάλους A Δ : εὐκ- Ψ || 16 ἀναλύεις A Ψ Δ^{pc} : ἀλύεις Δ^{ac} | καταπυκνοῦταί A Ψ : -πυκνοῦνται Δ || 17 ὁπότε A : ὁπόταν Ψ Δ || 18 ἔλθοι Δ : ἔλθη A Ψ || 20 πολλὰ A Δ : πολὺ Ψ || 21 ὡρμήθην Ψ Δ : ὡρμήθη A || 22 ὅτε A : ὅταν Ψ Δ || 23 μεταχειρίζομαι A Ψ : -ρίζωμαι Δ | τις om. A || 24 προειρημένοις A Δ : εἰρημένοις Ψ | τριβήν A Ψ : τιμήν Δ.

3. Je fais donc l'expérience des gourmets invités à un banquet : je goûte à chacun des plats que l'on sert en y picorant[29], sans me rassasier vraiment d'aucun ; ou plutôt, celle des chiennes de chasse : dès qu'elles lèvent une proie, elles s'y attachent et la talonnent jusqu'à la capture ; mais si le gibier surgit en quantité et sur de nombreux points à la fois, elles courent chaque fois sus à la bête qui se montre et laissent la précédente prendre la fuite. 4. Faut-il tenir rigueur aux chanteurs d'hymnes de l'époque s'ils trouvaient plus facilement à louer Héraclès, le fils de Zeus, au début que dans la succession de ses exploits ?

6. Ainsi en va-t-il donc avec toi, excellent (prince). Tu amplifies sans cesse les exploits des souverains et tu en augmentes le nombre, si bien que ma Muse n'a plus assez de courage pour rivaliser à la course avec tes travaux. En effet, ses discours ne sont pas ailés ni légers ni portés par le vent, mais, nonchalants et lents, ils scrutent chaque acte avec circonspection, non seulement dans sa réalisation, mais aussi son intention, son moment, son destinataire et son bénéficiaire. 2. Souvent il est arrivé que l'exploit ne fut pas fort considérable, mais que l'intention, elle, fut considérable et digne d'éloge : ce fut le cas, par exemple, de la première sortie et campagne en direction du Rhin ; la réalisation qui en fut la suite n'apparut pas à la plupart des gens, mais l'idée, elle, était grandiose et impériale : venger le fondateur de votre maison, enlevé avant l'heure, et sauver le reste de sa lignée[30].

29. Comparaison reprise à Platon (*R.*, I, 354 b 1-3) : ἀλλ' ὥσπερ οἱ λίχνοι τοῦ ἀεὶ παραφερομένου ἀπογεύονται ἁρπάζοντες, πρὶν τοῦ προτέρου μετρίως ἀπολαῦσαι. Elle est reprise par Julien, *Or.* 3, 15, p. 141, 32-36 éd. Bidez : « N'hésitons donc pas, et ne nous préoccupons nullement du reproche qu'on pourrait nous faire d'être insatiable et de toucher à tout, comme les gourmands qui, dans les banquets, prennent de chaque mets et ne se résignent à passer aucun des plats qui se présentent. » ὥστε οὐκ ἀποκνητέον οὐδὲ εὐλαβητέον τὸν ψόγον, εἴ τις ἄρα καταμέμφοιτο τὴν ἀπληστίαν, καὶ ὅτι παντὸς ἐπιδραττόμεθα ὥσπερ ἐν τοῖς συμποσίοις οἱ λίχνοι τῶν ἐδωδίμων ἁπάντων, οὐχ ὑπομένοντες τὸ μὴ τῶν προκειμένων ἅψασθαι.

3. **Πάσχω οὖν ὅπερ οἱ λίχνοι τῶν δαιτυμόνων, ἀπογεύομαι ἀεὶ τοῦ παραφερομένου ἁρπάζων, ἐμπίπλαμαι δὲ οὐδενὸς ἱκανῶς· ἢ ὅπερ μᾶλλον αἱ κύνες αἱ θηρεύτριαι <αἳ> ἑνὸς μὲν αὐταῖς ἀναφανέντος θηρίου προσκαρτεροῦσιν ἐκείνῳ καὶ προσλιπαροῦσιν, ἄχρις ἂν ἕλοιεν, εἰ δὲ πολλὰ ἅμα καὶ πολλαχόθεν ὑποκινοίη, ἀεὶ τὸ φανὲν μεταθέουσαι ἀποφυγγάνειν τὸ πρόσθεν ἐῶσι.** 4. **Ἦ που καὶ τὸν Διὸς Ἡρακλέα οὐ νέμε|σις τοῖς τότε** Do. 318 **ὑμνοποιοῖς εἰ ῥᾷον ἐπῄνουν ἐναρχόμενον τῶν ἄθλων μᾶλλον ἢ ἐπιδιδόντα.**

6. Οὕτω δὴ καὶ τὰ σά, ὦ φέριστε, ἔχει. Προσαύξεις ἀεὶ τοὺς ἄθλους τοὺς βασιλικοὺς καὶ ἐπιδίδως τῷ ἀριθμῷ, καὶ | οὐκέτι μοι εὐθαρσὴς ἡ Μοῦσα τῷ Di. 269 **δρόμῳ τῶν ἔργων ἁμιλλωμένη. Οὐ γὰρ ὑπόπτεροι αὐτῆς οἱ λόγοι οὐδὲ κοῦφοι καὶ ὑπήνεμοι, ἀλλὰ σχολαῖοί τε καὶ | βραδεῖς καὶ περιαθροῦντες ἕκαστον** Ha. 221 a **τῶν πραττομένων, οὐ μόνον ὅ τι ἐπράχθη, ἀλλὰ καὶ ἐξ ἧς γνώμης καὶ ὁπηνίκα καὶ πρὸς ὅντινα καὶ ὑπὲρ ὅτου.** 2. **Πολλάκις γὰρ τὸ μὲν ἔργον οὐ λίαν μέγα, ἡ γνώμη δὲ μεγάλη καὶ ἀξιέπαινος· οἷα που καὶ ἡ πρώτη ἦν ἐκστρατεία τε καὶ ὁρμὴ ἐπὶ τὸν Ῥῆνον· ἔργον μὲν αὐτῇ οὐκ ἠκολούθησεν ἐμφανὲς τοῖς πολλοῖς, ἡ διάνοια δὲ ὑπερήφανος καὶ βασιλική, τιμωρῆσαι τῷ ἀρχηγέτῃ πρὸ ὥρας ἀνηρπασμένῳ καὶ τὸ λείψανον ἐκείνης περισῶσαι τῆς γενεᾶς.**

FONT. 1-2 Pl., *R.* I, 354 b 1-3.

APP. 1 οὖν Ψ Δ : γοῦν Α | ὅπερ Ψ : ὥσπερ Α Δ | λίχνοι Α Δ : λύχνοι Ψ || 2 ἀεὶ post τοῦ add. Ψ Δ || 3 οὐδενὸς ἱκανῶς Α Δ : ἱ. οὐ. Ψ || 4 κύνες Α : κῦνες Ψ Δ | αἱ^{2} om. Do. | αἳ add. Ma. || 5 προσκραρτεροῦσιν Δ || 6 ἄχρις Ψ Δ : ἄχρι Α | ἂν Α Ψ : οὗ Δ || 8 τὸ Α Ψ : τὰ Δ | ἦ Α : ἢ Ψ Δ || 10 ἐναρχόμενον Α Δ : ἐνεχόμενον Ψ || 12 δὴ Δ : δὲ Α Ψ || 13 ἀεὶ Ψ Δ : αἰεὶ Α || 16 ὑπήνεμοι Α Δ : ὑπηνέμιοι Ψ || 17 περιαθροῦντες Α Ψ : -αρθροῦντες Δ || 21 οἷα Ψ Δ : οἷά Α || 22 ἐκστρατεία Α Ψ : ἐγκρατεία Δ || 24 δὲ ἡ Δ || 25 ἀνηρπασμένῳ Α Δ : ἐνηρπ- Ψ || 26 λείψανον Ψ Δ : λεῖψαν Α | ἐκείνης Α Δ : ἐκεῖνο Ψ.

3. Et celui qui trouvera mince l'exploit doit se mettre en tête que cette intention à elle seule, cette campagne et cette entreprise ont mis un terme à l'audace de l'Occident déjà en pleine effervescence : de même, éloigné du combat, Achille, qui n'avait pas encore reçu les armes envoyées du ciel, n'eut qu'à pousser un hurlement[31], jeter son cri et bondir hors de sa tente pour éteindre la flamme qui avait pris déjà dans les vaisseaux des Hellènes au mouillage et pour frapper d'effroi les Troyens dans leur outrecuidance.

7. Voilà donc pourquoi l'examen de chaque point exige que je ne tremble pas en usant de ma tablette et de mon stylet[32]. 2. Ensuite vient l'allègement que tu as imposé dans la charge des contributions : voilà dès lors de nouveau qui à mes yeux rend le moment plus étonnant que le montant. 3. Nous en étions à redouter une augmentation et un surcroît que nous supputions d'après les dépenses qui allaient toujours croissant, quand tu as levé partie du fardeau fiscal : la surprise alla au-delà de toute attente[33]. 4. Sans doute jusqu'alors nous parvenaient les convois de vivres, sous la pression de la menace et de l'obligation ; à présent, plus vite qu'une aile ou qu'une pensée, ils arrivent de leur plein gré et de leur propre initiative. 5. La mer est même au service du prince dans son dessein autant que la navigation d'hiver, durant laquelle les cargos souffrent moins des vagues que l'été. C'en est fini dès lors des cales à blé couvertes de pourriture et d'araignées ; elles sont remplies plus qu'à ras bords et débordent de toutes parts[34] : la confiance qui avait fait défaut jadis est

31. L'allusion figure déjà en *Or.* 14, 1, 181 c, voir p. 142, n. 11.

32. La proposition est destinée à assurer la transition. D'un rappel des exploits militaires, qui aurait réclamé un style épique, on passe aux réalisations concrètes propres à assurer le bonheur des Romains.

34. Pour l'« amélioration du stockage du blé sous Théodose I », Dagron, G. (1974), p. 90, n. 6.

3. Καὶ ὅτῳ τοῦτο μικρὸν δοκεῖ, ἐνθυμηθήτω ὅτι αὕτη ἡ γνώμη | μόνη καὶ ἡ ὁρμὴ καὶ ἡ ἐπιβολὴ [Ha. 221 b] **τὴν τόλμαν ἔστησε τῆς ἑσπέρας ἤδη σφριγώσης, ὥσπερ ὁ Ἀχιλλεύς, ἡνίκα ἀπόμαχος ἦν, οὔπω τῶν ὅπλων αὐτῷ ἐκ τοῦ οὐρανοῦ κεκομισμένων, ἀλαλάξας τε καὶ μόνον ἐμβοήσας καὶ ἐξαλόμενος τῆς σκηνῆς ἔσβεσεν ἀναπτομένην ἤδη τὴν φλόγα τοῦ ναυστάθμου τοῦ Ἑλληνικοῦ καὶ τοὺς Τρῶας κατεπλήξατο τῆς αὐθαδείας.**

7. Ταῦτα οὖν μοι περὶ ἕκαστον ἐπισκοποῦντι ἀτρέμα χρῆσθαι ἀνάγκη τῇ πινακίδι καὶ τῷ σιδηρίῳ. 2. Ἐπεὶ καὶ ὅτι τῶν εἰσφορῶν ἐπεκούφισας τὸ ἄχθος, ἐνταῦθα οὖν πάλιν ἐμοὶ τοῦ ποσοῦ | [Do. 319] **θαυμαστότερον τὸ ὁπότε. 3. Ἡνίκα μὲν αὔξη|σιν** [Di. 270] **ἐδεδίειμεν καὶ ἐπιθήκην, σταθμώμενοι ἀεὶ τῇ δαπάνῃ ἐπιδιδούσῃ, τότε ἀφελὼν τῶν φορτίων τῆς χάριτος μεῖζον ἐποίησας τὸ παρ' ἐλπίδα. 4. Ἀμέλει τέως μὲν ξὺν ἀπειλῇ καὶ ξὺν ἀνάγκῃ ξυνεφοίτα ἡμῖν ἡ σιτοπομπία, νῦν δὲ θᾶττον πτεροῦ καὶ νοήματος ἑκούσιος καὶ αὐτοκέλευστος ἀφικνεῖται. 5. Ὑπηρετεῖ καὶ ἡ θάλαττα τῇ τοῦ βασιλέως ὁρμῇ καὶ ὁ χειμέριος εἴσπλους τοῦ | θερινοῦ** [Ha. 221 c] **ἀκυμαντότερος ταῖς ὁλκάσιν. Οὔκουν αἱ σιτοθῆκαι μεσταὶ εὐρῶτος καὶ ἀραχνίων, ἀλλ' ὑπερχειλεῖς καὶ ὑπέραντλοι, καὶ | ἐπανήκει ἡμῖν τὸ θάρσος, ὃ πάλαι** [Ha. 221 d]

APP. 2 αὕτη Ψ : αὐτὴ A om. Δ | ἡ γνώμη μόνη A : μόνη ἡ γνώμη Ψ Δ | ἡ² om. Δ | ἐπιβολὴ Ψ : -βουλὴ A Δ || 3 σφριγώσης om. Δ || 5 αὐτῷ Δ : αὐτοῦ A αὐτ' Ψ | κεκομισμένων Ψ Δ : κεκοσμημένων A || 6 καὶ¹ post μόνον transp. Ψ Δ | ἐμβοήσας A Ψ : ἐκβ- Δ | καὶ ἐξαλόμενος om. A | ἐξαλλόμενος Ψ || 10 περὶ A Δ : παρ' Ψ || 12 σιδηρίῳ A Ψ : σιδήρω Δ || 13 τὸ A Ψ : om. Δ | οὖν A Δ : ἂν Ψ | ἐμοὶ A Δ : ἐμοῦ Ψ | ποσοῦ Ψ Δ : πόσου A || 14 μὲν A Ψ : ἂν Δ || 15 ἐδεδίειμεν A Ψ : ἐδέδιμεν Δ | σταθμώμενοι ἀεὶ Ψ Δ : ἀ. σ. A || 17 ἐλπίδα A Δ : ἐλπίδας Ψ || 18 ξυνεφοίτα A || 20 αὐτοκέλευστος Ψ Δ : -κάλεστος A || 21 ὑπηρετεῖ δὲ A Ψ | θάλαττα Δ : θάλασσα A Ψ || 22 ὁ om. A | εἴσπλους A Ψ : πλοῦς Δ || 23 ἀκυμαντότερος A : ἀκυμότερος Ψ ἀκυκότερος Δ.

de retour chez nous, et nous passons l'hiver pleins d'espoir désormais dans la prospérité du printemps.

8. Aussi le prince ne dédaigne-t-il pas non plus de surveiller ces trésors ; au contraire, il confie à d'autres la garde des coffres d'or, et, d'autre part, pour les réserves à blé, il ne répugne pas et ne juge pas en dessous de sa dignité d'aller lui-même en faire le tour. 2. Mais Crésus, le roi de Lydie, estimait plus digne d'un roi d'exhiber des caisses pleines d'or plutôt que de blé ; aussi devant l'Athénien Solon se vantait-il, non de ses silos à froment, mais des paillettes d'or que lui donnait, non pas la terre, mais une rivière au cours capricieux[35] : une richesse qui ne porte ni fruits ni germes, <à telles enseignes>[36] que même ceux qui l'ont en abondance peuvent mourir de faim, comme ce fameux Midas[37], à qui son souhait avait valu de périr faute de nourriture devant un monceau d'or. 3. Pour Crésus, Solon ne l'avait pas déclaré l'homme le plus fortuné de son temps, mais bien Tellos l'Athénien[38], les jeunes gens d'Argos[39] ou n'importe qui, plutôt que Crésus. 4. Mais l'empereur, il l'eût déclaré le plus fortuné et le plus heureux de son temps : sa richesse entretient une armée d'un effectif comme n'en a jamais possédé le haut commandement romain, une part sur le Rhin, une autre à présent sur le Bosphore[40], une autre sur le Tigre ; elle entretient cette grande ville et sa nombreuse population ; elle ne se contente pas de les entretenir, mais elle s'acquitte envers eux de ce dont les avait privés l'indolence de naguère ; elle

36. Le passage corrompu rend la construction impossible à reconstituer, quoique le sens général demeure clair, Leppin, H. (1998), p. 296, n. 43.

40. D'après Hoffmann, D., *Das spätrömische Bewegungsheer und die Notitia Dignitatum,* I, Düsseldorf, 1970, p. 465, cité par Maisano, R. (1995), p. 634, n. 18, il y aurait ici une allusion au renforcement des troupes grâce à l'apport de soldats barbares. Sur les troupes en cantonnement à ou près de Constantinople, Dagron, G. (1974), p. 108-109.

ἐπιλελοίπει, καὶ χειμερίζομεν ἤδη εὐέλπιδες ὑπὲρ τῆς τοῦ ἦρος εὐετηρίας.

8. Ὥστε οὐδὲ ἀπαξιοῖ βασιλεὺς αὐτόπτης γίνεσθαι τούτων τῶν θησαυρῶν, ἀλλὰ τὰ μὲν τοῦ χρυσοῦ ταμιεῖα ἑτέροις φύλαξιν ἐπιτρέπει, τὰ σιτοφυλάκια δὲ οὐκ ὀκνεῖ οὐδὲ ἔλαττον ἑαυτοῦ ποιεῖται, αὐτὸς περινοστεῖν. 2. Κροῖσος δὲ ὁ Λυδῶν βασιλεὺς ᾤετο βασιλικώτερον εἶναι χρυσοῦ μᾶλλον ἔμπλεα τὰ ταμιεῖα ἢ σίτου ἐπιδεικνύναι, ὥστε καὶ πρὸς Σόλωνα τὸν Ἀθηναῖον οὐ πυ|ρῶν σωροῖς, Do. 320 ἀλλὰ χρυσοῦ ψήγμασιν ἐκαλλωπίζετο, ἃ οὐχ ἡ γῆ αὐτῷ ἐδωροφόρει, ἀλλὰ ποταμὸς ἀλαζών, πλοῦτον ἄκαρπον καὶ ἀβλαστῆ, <***> καὶ οἱ εὐποροῦντες λιμῷ ἀπολεῖσθαι, ὥσπερ | ὁ Μίδας ἐκεῖνος ὤνητο τῆς Ha. 222 a εὐχῆς ἐν ἀφθονίᾳ χρυσοῦ τροφῆς ἐνδεὴς τελευτήσας. 3. Τοιγάρτοι Κροῖσον μὲν οὐκ ἀπέφηνεν ὁ Σόλων ὀλβιώτατον τῶν τότε ἀνθρώπων, ἀλλὰ Τέλλον τὸν Ἀθηναῖον καὶ τοὺς Ἀργείους νεανίσκους καὶ ἅπαντα μᾶλλον ἢ | Κροῖσον. 4. Βασιλέα δ᾽ ἂν ἀπέφηνεν Ha. 222 b ὀλβιώτατόν τε καὶ εὐδαιμονέστατον, ᾧ πλοῦτος τοσοῦτον βόσκει στρατὸν ὅσον οὔποτε ἡ Ῥωμαίων ἡγεμονία, χωρὶς μὲν ἐπὶ τῷ Ῥήνῳ, χωρὶς δὲ νῦν ἐπὶ τῷ Βοσπόρῳ, χωρὶς δὲ ἐπὶ τῷ Τίγρητι, βόσκει δὲ τὸ μέγα τοῦτο ἄστυ καὶ τὸν πολὺν δῆμον, καὶ οὐ μόνον βόσκει, ἀλλὰ καὶ ἐκτίνει τὸ ἐνδεῆσαν ὑπὸ

FONT. : 9-11 Hdt., I, 29-33.

APP. 1 ἐπιλελοίπει A Δ : ἐπελε- Ψ || 4 γίνεσθαι Δ : γενέσθαι A Ψ | τοῦ om. Ψ || 5 ταμεῖα A || 6 σιτοφυλάκια A Δ Ψ : γρ. σιτοφυλακιεῖ Ψ | οὐδὲ Δ : οὐδ᾽ A Ψ || 8 βασιλεὺς A : δυνάστης Ψ Δ | ᾤετο A Δ : ἤρετο Ψ | βασιλικώτερον Ψ Di. Do. : -κώτερος A Δ || 9 καὶ om. Ψ || 11 ἃ Di. : ἃς A οὓς Ψ Δ | οὐχ ἡ Ψ Δ : οὐχὶ A || 12 ἐδωροφόρει A : ἐδορυ- Ψ Δ || 13 post ἀβλαστῆ lac. circa 7 litt. relic. Ψ | οἱ A Δ : οὗ Ψ | post εὐποροῦντες add. τινες Ψ τι Δ || 14 ἀπολεῖσθαι Δ : ἀπολεῖσθε A ἀπολοῦνται Ψ | ὁ Μίδας ἐκεῖνος A : ἐ. ὁ Μ. Ψ ἐκεῖνος Δ || 17 Τέλλον om. Δ || 18 τὸν ἅπαντα Ψ || 19 ἂν ἀπέφηνεν A Δ : ἀναπέφηνεν Ψ || 20 ὁ πλοῦτος A Ψ || 22 μὲν-χωρὶς om. A Δ || 23 δὲ A Ψ : μὲν Δ || 24 καὶ τὸ Ψ || 25 ἐκτίνει edd. : ἐκτείνει A Δ Ψ.

ne se contente pas de le leur restituer, mais elle augmente encore leur ration de nourriture, quand il suffisait qu'elle ne fût pas réduite. 5. Nous ne devons pas dès lors procéder à de continuelles expulsions d'étrangers[41], comme dans la métropole[42], un remède pire que l'indigence : y affluent au contraire sans obstacle, avec l'excédent en biens, ceux qui pourront en user en toute liberté.

9. Pour les actions du prince, voilà définis le bénéficiaire et le moment[43]. 2. Quant à la hauteur de la conception, le fini de la réalisation[44] et la grandeur, vous les cherchez donc dans mon discours, et il ne vous saute pas aux yeux, et vous ne voyez pas que la périphérie de la ville, qui était à moitié[45] vide, se remplit désormais d'un bien-être indicible, et que les zones inoccupées de l'enceinte ne l'emportent plus sur les superficies habitées. Nous ne cultivons pas à l'intérieur de la muraille de superficie plus vaste que l'habitat, et la beauté de la ville ne tient pas à une partie montueuse et clairsemée[46], mais elle est bien remplie et tissée, comme une tunique brodée jusqu'aux franges d'or et de pourpre, avec un palais au nom de l'empereur[47], des bains, des portiques et des lieux de réunion pour les jeunes : ce qui était autrefois le feston de la ville en est aujourd'hui le cœur. 3. Ô père, ô bienheureux Constantin, te rends-tu compte que l'empereur a donné à la cité, qui était vide et poreuse, la plénitude de son éclat et qu'elle a une beauté désormais véritable qui n'est plus une esquisse[48] ?

43. Renvoi à des formulations analogue de 6, 220 d : « le bénéficiaire » ὑπὲρ ὅτου et « le moment » ὁπηνίκα. Pour le moment, voir 6, 230 d ; pour les bénéficiaires, 7, 231 b-c.

44. Pl., *Phdr.,* 270 a 1-3 : « c'est en effet de là que proviennent en eux, semble-t-il, cette sublimité de pensée qu'on y trouve et la perfection de la mise en œuvre ! » τὸ γὰρ ὑψηλόνουν τοῦτο καὶ πάντῃ τελεσιουργὸν ἔοικεν ἐντεῦθέν ποθεν εἰσιέναι.

45. Sur l'expression ἐξ ἡμιδέους, Matino, Giuseppina (1976-1977), p. 80. À ma connaissance, on ne la trouve pas ailleurs.

τῆς πάλαι ῥᾳδιουργίας, καὶ οὐκ ἐκτείνει μόνον, ἀλλὰ καὶ ἐπαύξει τὸ σιτηρέσιον, ὅτε ἀγαπητὸν ἦν μὴ ἐλαττῶσαι. 5. Οὔκουν δεῖ ἡμῖν ξενηλασίας συνεχοῦς, καθάπερ τῇ μητροπόλει, φαρ|μάκου τῆς Di. 271
ἐνδείας χαλεπω|τέρου, ἀλλ᾽ ἐπιρρέουσιν ἀκωλύτως Do. 321
σὺν τῇ τῶν καλῶν περιουσίᾳ οἱ χρησόμενοι αὐτοῖς ἐπ᾽ ἐξουσίας.

9. Τοιοῦτον μὲν δὴ τῶν ἔργων τοῦ βασιλέως τὸ ὑπὲρ ὅτου καὶ τὸ ὁπότε. 2. Τὸ δὲ δὴ ὑψηλόνουν καὶ τελεσιουργὸν καὶ μεγαλεῖον ζητεῖτε ἄρα παρὰ τοῦ λόγου, καὶ οὐκ ἐμπε|λάζει ὑμῶν τοῖς Ha. 222 c
ὀφθαλμοῖς, οὐδὲ τοῦ ἄστεος τὸν κύκλον ὁρᾶτε ἐξ ἡμιδεοῦς γέμοντα ἤδη ἀφράστου ἡδονῆς, καὶ οὐ τὰ κενὰ τοῦ περιβό|λου κρείττονα τῶν συνοικουμένων, Ha. 222 d
οὐδὲ γεωργοῦμεν εἴσω τείχους μείζονα χῶρον ἢ κατοικοῦμεν, οὐδὲ ὄρειον τὸ κάλλος τῆς πόλεως καὶ διεσπασμένον, ἀλλ᾽ ἐμπέπλησται ἅπας καὶ ἐξύφανται οἷον πέπλος ἄχρι τῶν θυσάνων πεποικιλμένος χρυσῷ καὶ πορφύρᾳ αὐλῇ τε βασιλέως ἐπωνύμῳ καὶ λουτροῖς δὴ καὶ στοαῖς καὶ ἡβητηρίοις, καὶ τὸ κράσπεδον πάλαι τῆς πόλεως νῦν ὀμφαλός. 3. Ὦ πάτερ, ὦ εὔδαιμον Κωνσταντῖνε, ἆρα αἰσθάνῃ ὅτι τὴν πόλιν ὁ βασιλεὺς ἀντὶ λαγαρᾶς καὶ| ὑποσόμφου Ha. 223 a
μεστὴν ἐποίησεν ἀγλαΐας, καὶ τὸ κάλλος αὐτῆς ἤδη ἀληθινὸν καὶ οὐκέτι σκιαγραφία;

FONT. 9-10 Pl., *Phdr.*, 270 a.

APP. 1 οὐκ Δ : οὐδ᾽ Α Ψ || 3 ἦν Ψ[sl] | μὴ Α Δ : μηδ᾽ Ψ || 5 ἀκωλύτως Α Ψ : ἀκωλύτερον Δ || 7 ἐπ᾽ἐξουσίας Α Ψ : ἐπεξουσίας Δ || 8 τοιοῦτον Ψ Δ : τοιοῦτο Α | τοῦ βασιλέως Α Ψ : τῶν βασιλέων Δ || 9 τὸ δὲ edd. : τότε codd. | ὑψηλόνουν Ψ Δ : ὑψηλοῦν οὖν Α || 11 ὑμῶν Ψ Δ : ἡμῶν Α || 12 τοῦ om. Ψ || 13 ἡμιδεοῦς Ψ Δ : ἡμιθέους Α || 14 περιβόλου Α Ψ : -βούλου Δ || 16 ὄρειον Ψ Δ : ὅριον Α || 17 διεσπασμένον Ψ Δ : -σπαρμένον Α || 18 οἷον Ψ Δ : οἷα Α || 20 λουτροῖς Ψ Δ : λουτῆρι Α | ἡβητηρίοις Ψ Δ : -τηρίω Α || 21 πάλαι Ψ[sl] | ὀμφαλός Α Ψ : ὀφθαλμός Δ || 22 εὔδαιμον edd. : εὐδαῖμον Α Δ εὐδαίμων Ψ ἆρα Ψ Δ | ἄρα Α || 25 σκιαγραφία Α Ψ : σκιογ- Δ.

4. On ne fait donc pas s'étendre les bâtiments publics en laissant s'écrouler les constructions privées ; au contraire, il y a croissance, comme chez un être vivant, de la ville en même temps, comme sous l'action, due au zèle impérial, d'un souffle unique embrassant toutes choses[49], des magistrats au simple particulier – on élève qui un parvis, qui une pièce de séjour, qui une salle pour hommes, qui même une maison de sept ou neuf chambres ; chez l'un s'embellissent les murs et les pavements avec du marbre de Laconie, de Libye ou d'Égypte : tout cela fait ressortir l'absence de goût de Ménélas[50] qui avait enduit les murs de sa demeure de bronze et d'argent[51] . 5. Mais la banlieue trouve aussi son profit dans la fièvre des libéralités envers la ville, ainsi que dans la mer qui attaque la terre ferme et fait concurrence aux théâtres, quand, porteurs de blé, les vaisseaux des détroits arrivent à la rame[52]. 6. La cité est pleine de charpentiers, d'architectes, de gens qui prodiguent les enjolivements, bref, d'artisanat sous toutes les formes : on pourrait dire qu'elle est un atelier de magnificence[53]. 7. Par conséquent, si l'amour de l'empereur doit s'accroître dans la même proportion, pour l'année prochaine, nous devrons avoir un nouveau pourtour : on se disputera pour savoir laquelle des deux villes est plus grande et plus remarquable, celle qu'a brodée Théodose sur celle de Constantin ou celle de Constantin sur celle de Byzas[54]. 8. Quant à moi, bienheureux prince, si mon corps était en mesure désormais de suivre mes aspirations, j'aimerais atteindre un âge plus avancé, non plus pour connaître un autre plaisir – tous ont disparu chez moi, je m'en félicite – mais afin de voir encore une troisième ville, celle que ne tardera pas à édifier en plus le maître de dynastie[55].

51. Hom. δ 72-73 : « sous ces plafonds sonores, vois les éclairs de l'or, de l'électron, du bronze, de l'argent, de l'ivoire ! » χαλκοῦ τε στεροπὴν κατὰ δώματα ἠχήεντα | χρυσοῦ τ' ἠλέκτρου τε καὶ ἀργύρου ἠδ' ἐλέφαντος.

4. **Καὶ δὴ οὐ τὰ μὲν κοινὰ ἐπιδίδωσι, τὰ δὲ ἴδια ἀπολισθαίνει, ἀλλ᾽ αὔξεται ὥσπερ ζῷον ἅμα ἡ πόλις, καὶ μιᾶς ὥσπερ ἅπαντα κατεχούσης ἐπιπνοίας ἐκ τοῦ ζήλου τοῦ βασιλικοῦ καὶ ἄρχοντας καὶ ἰδιώτην, ὃς μὲν πρόδομον ἐγείρει, ὃς δὲ θάλαμον, ὃς δὲ**
ἀνδρῶ|να, ὃς δὲ καὶ ἑπτάκλινον ἢ ἐννεάκλινον οἶκον, Do. 322
τῷ δὲ καλλύνονται οἱ τοῖχοι καὶ τὰ ἐδάφη λίθῳ Λακαίνῃ καὶ Λιβύσσῃ καὶ Αἰγυπτίᾳ, καὶ δείκνυσιν
ἀπειρόκαλον τὸν Μενέλεων, χαλκῷ τοὺς | τοίχους Di. 272
τῆς οἰκίας ἀλείψαντα καὶ ἀργύρῳ. 5. **Ἀπολαύει δὲ**
καὶ τὰ προάστεια τῆς περὶ τὸ ἄστυ φιλοτι|μίας, Do. 323
χέρσῳ τε θαλάσσης ἐπιούσης καὶ θεάτρων ἁμίλλης, νεῶν πορθμῶν χειρὶ διὰ σίτων. 6. **Μεστὴ δὲ ἡ πόλις τεκτόνων καὶ οἰκοδόμων καὶ ποικιλλόντων καὶ παντοδαπῆς δημιουργίας, καὶ εἴποις ἂν αὐτὴν ἐργαστήριον μεγαλοπρεπείας.** 7. **Ὥστε εἰ κατὰ λόγον ὁ ἔρως ἐπιδιδοίη τῷ βασιλεῖ, εἰς νέωτα ἡμῖν ἑτέρου κύκλου δεήσει, καὶ ἀμφισβητήσιμον ἤδη ἔσται εἰ μείζων καὶ ἀριπρεπεστέρα ταῖν πόλεοιν, ἣν Θεοδόσιος προσύφηνε τῇ Κωνσταντίνου, ἢ ἣν ὁ Κωνσταντῖνος τῇ Βύζαντος.** 8. **Ἐγώ τοι καὶ αὐτός, ὦ μακάριε, εἴπερ ἑπόμενόν μοι ἤδη τὸ σῶμα ἦν, βουλοίμην ἂν ἐξικέσθαι ἐπὶ μακρότερον χρόνον, οὔτι ἄλλης ἕνεκεν ἡδονῆς – πᾶσαι γάρ μοι ἐκλέλυνται καλῶς ποιοῦσαι – ἀλλ᾽ ὅπως ἂν γενοίμην καὶ τρίτης πόλεως θεατής, ἣν προσοικοδομήσει οὐκ εἰς μακρὰν ὁ ἀρχηγέτης.**

APP. 3 ὥσπερ om. Ψ | ἅπαντα A Ψ : ἅπαντας Δ | κατεχούσης ὥσπερ Ψ Δ || 4 ἄρχοντας Ψ Δ : ἄρχοντα A | ἰδιώτην A : ἰδιώτας Ψ Δ || 5 καὶ ὅς Ψ | δὲ[2] om. A || 6 καὶ om. Ψ Δ | οἶκον ante ἢ transp. A || 7 καλλύνονται A Ψ : καλύνεται Δ | οἱ τοῖχοι A Ψ : ἡ τύχη Δ || 9 Μενέλεων edd. : μενέλεω Δ μενέλαον A Ψ || 10 ἀλείψαντα A : ἐπαλείψαντα Ψ Δ || 12 θαλάσσης A : θαλάττης Ψ Δ | 13 πορθμῶν Ψ Δ : πορθμῶ A | χειρὶ διὰ σίτων ego : χειρὶ δασήτω Ψ χειριδασήτων Δ χειρι cum lac. 4-5 litt. A χειρι*** edd. vide adnot. || 15-16 καὶ[2]-μεγαλοπρεπείας om. A || 15 αὐτὴν om. Ψ || 16 εἰ A : τίς Ψ Δ || 19 πολέοιν A || 20 προσύφηνε τῇ Κωνσταντίνου Ψ Δ : τ. Κ. π. A. || 21 μακάριε A : μακάριοι Ψ Δ || 22 μοι Ψ[sl] | ἤδη post σῶμα transp. Ψ | ἦν om. A || 23 χρόνον Ψ Δ : χρόνου A || 25 ὅπως Ψ Δ : ὅμως A || 26 μακρὰν A Δ : μακρὸν Ψ.

Pourquoi Thémistios a accepté la dignité

10. Et je ne désespère pas de la réalisation de ce désir. Le prince me protège contre les maux et l'incapacité physique avec une telle efficacité que, vous le savez bien, mes amis, son invitation à m'adonner derechef à l'art des Muses a été un remède plus fort que les drogues d'Hippocrate. 2. Je marche d'un pas plus ferme qu'auparavant, mon timbre a gagné en clarté et je ne suis pas sous le coup d'interdictions pour le boire et le manger, mais, avec le goût du travail dans l'âme, j'ai le corps qui recouvre sa jeunesse, se redresse et râcle la vieillesse de sa peau[56]. 3. Aussi ne saurais-je m'étonner si, dans l'état où je suis, le présent chant que je vous adresse, n'était pas le dernier, comme celui que chantent les cygnes avant leur mort en l'honneur du Dieu dont ils sont les interprètes et les ministres[57], non ! le conducteur des Muses consentira à m'accorder une occasion meilleure encore d'entonner un chant. 4. Les drogues de la Colchidienne avaient dupé les filles de Pélias, à qui elle avait promis de transformer leur père, un vieillard, en jeune homme[58] ; le prince, lui, me ramène à la fleur véritable de l'âge, non pas tant pour les bâtiments qu'il élève, mais parce que lui-même croît sans cesse, parce que lui-même progresse et parce que lui-même devient plus grand, plus apte à écouter et à apprendre : voilà pourquoi il me réveille l'esprit, le provoque, l'excite et ne le laisse pas sombrer dans le sommeil et l'abîme par inaction ; du silence et de la déréliction auxquels était réduit mon esprit, il le rappelle en service comme un soldat glorieux et lui restitue son ceinturon afin de prononcer ses discours, en lui fournissant de beaux sujets et en procurant des ressources à son art.

56. Remploi d'un vers d'Homère (I 446) γῆρας ἀποξύσας θήσειν νέον ἡβώοντα. Le grec dépasse en expressivité les possibilités du français. Je ne vois pas, par exemple, le moyen de rendre la récurrence des préverbes en συν-.

58. Voir, à propos de ce mythe, *Or.* 7, 19, 96 d et t. II, p. 575, n. 173.

10. Καὶ οὐκ ἔξω μοι ἐλπίδος ἐστὶν αὕτη ἡ | Ha. 223 b προθυμία. Οὕτω γάρ μοι ἀλεξίκακος βασιλεὺς καὶ πρὸς τὴν τοῦ σώματος ἀδυναμίαν ὥστε, εὖ ἴστε, ὦ φίλοι, ὅτι καὶ νῦν με ἐπικελεύσας τὴν μουσικὴν αὖθις ἀναλαμβάνειν μᾶλλον ἐπήρκεσε τῶν Ἱπποκράτους φαρμάκων. 2. Καὶ βαδίζω ῥωμαλεώτερον ἢ προτοῦ, καὶ φθέγγομαι ἐξάκουστα μᾶλλον, καὶ οὐκ ἀποκέκλεισταί μοι τὰ σιτία οὐδὲ τὰ πόματα, ἀλλὰ τῇ τῆς ψυχῆς φιλεργίᾳ καὶ τὸ σῶμα συνανηβᾷ καὶ συν|ανακύπτει καὶ τὸ γῆρας Ha. 223 c συναποξύεται. 3. Ὥστε οὐκ ἂν θαυμάσαιμι εἰ οὕτως ἔχων μὴ ὑστάτην ὑμῖν ταύτην ᾄσαι|μι τὴν ᾠδήν, Do. 323 ὥσπερ οἱ κύκνοι ᾄδουσι πρὸ τοῦ θανάτου εἰς τὸν θεὸν οὗ εἰσιν ὑποφῆται καὶ πρόσπολοι, ἀλλ' ἐπιδαψιλεύσεταί μοι ὁ μουσηγέτης καὶ ἀμείνονος καιρὸν μελῳδίας. 4. Τὰ μὲν γὰρ φάρμακα τῆς | Ha. 223 d Κολχίδος ἐξηπάτησε τὰς Πελιάδας, ὑποσχομένης τὸν πατέρα αὐταῖς ἀντὶ πρεσβύτου νέον ποιήσειν, βασιλεὺς δὲ εἰς ἀληθινήν με | ἀκμὴν ἐπανάγει, οὐ Di. 273 τοσοῦτον οἷς ἐγείρει οἰκοδομήμασιν, ἀλλ' ὅτι αὐτὸς αὔξει ἀεὶ καὶ ὅτι αὐτὸς ἐπιδίδωσι καὶ ὅτι αὐτὸς γίνεται μείζων καὶ φιληκοώτερος καὶ εὐμαθέστερος, διὰ τοῦτό μοι ἐξεγείρει τὸν νοῦν καὶ ἐρεσχελεῖ καὶ ἐρεθίζει καὶ οὐκ ἐᾷ καταφέρεσθαι εἰς ὕπνον καὶ χάσμην ὑπ' ἀργίας, ἀλλ' ἀπαυδῶντα καὶ παρειμένον, οἷόν τινα εὐδόκιμον στρατιώτην ἀνακαλεῖται καὶ ἀναζώννυσιν ἐπὶ τοὺς λόγους, παρέχων καλὰς ἀφορμὰς καὶ τῇ τέχνῃ διδοὺς χορηγίαν.

FONT. 12-14 Pl., *Phd.*, 84 e-85 a

APP. 4 με Ψ Δ : μοῦ A | ἐπικελεύσας Ψ Δ : -καλέσας A || 7 προτοῦ A Δ : πρὸ τοῦ Ψ || 10 σῶμα Ψ Δ : γῆρας A || 11-12 εἰ – ᾄσαιμι om. A || 14 ὑποφῆται καὶ πρόσπολοι A : πρ. (-σ- s.l. Ψ) καὶ ὑ. Ψ Δ || 15 ἐπιδαψιλεύσεταί Ψ Δ : – λεύσηται A || 17 ἐξηπάτησε A Ψ : -πάτησαν Δ | Πελιάδας edd. : πελειάδας codd. || 18 αὐταῖς Ψ Δ : αὐτῆς A || 19 με Ψ^{sl} || 21 αὐτὸς^{1} Ψ Δ : ἀεὶ A | ὅτι^{2} om. Ψ || 22 γίνεται A Δ : γίγν- Ψ || 26 πάλαι στρατιώτην Ψ Δ || 28 διδοὺς χορηγίαν om. A.

5. Je ne m'étais donc pas soucié de brigue, quand j'ai prêté la main à la préfecture de la ville, mais j'étais pris d'un vif désir de montrer que le prince partage les conceptions du divin Platon sur le bonheur humain. 6. Que l'on n'a pas procédé à l'examen ni du choix du prince ni de la doctrine de Platon, c'est à un autre de le dire, et pas à moi.

La formation d'Arcadius

11. Pour ma part, toutefois, ce n'est point le codicille enjoignant de tels devoirs que je porte[59], mais un autre, plus important et plus parfait, qui a même désormais autorité sur ce codicille : celui que n'ont créé ni les ciseleurs d'ivoire ni les fondeurs d'or, mais qui est une création du prince lui-même, mieux, un rejeton sacré que des couches sacrées ont fait naître aussitôt accompli et parfait[60]. Lui le bien-aimé, le tant désiré, l'*Auguste* dès sa sortie du berceau et des langes, lui dont la personne est en pleine croissance, mais chez qui les honneurs attendus n'ont déjà plus de marge de progression[61]. 2. Tel est celui qu'a placé entre mes mains l'empereur, alors qu'il était prêt à partir en campagne pour l'Occident : il l'a fait sous les yeux du peuple, sous les yeux du sénat, en engageant à prendre soin de lui et à l'éduquer une personne qui n'est capable ni de manier un bouclier[62] ni de brandir une lance[63] et qui ne s'entend ni à l'arc ni à la fronde, mais qui, enveloppé du petit manteau, a l'échine courbée sous le poids de l'âge et de la faiblesse. 3. Mais, à ce qu'il semble, l'homme pense que ce n'est pas la même éducation qui va[64] à un prince et à un simple particulier, ni les mêmes préceptes qui s'appliquent au futur maître de la terre et de la mer et à celui qui dirigera des troupes.

60. Allusion à Arcadius, né vers 377. Le passage indique qu'au moment où fut prononcé le discours, Thémistios était en charge comme préfet de la Ville, Leppin, H. (1998), p. 289. Pour l'identification du prince, Dagron, G. (1968), p. 11, n. 63.

5. **Οὐκ** ἄρα ἐγὼ σπουδαρχιῶν ὑπέσχον τὼ χεῖρε τῇ πο|λιαρχίᾳ, ἀλλὰ σφοδρὸν ἔρωτα ἐρασθείς, τὰ Ha. 224 a αὐτὰ ἀποφῆναι φρονοῦντα τὸν βασιλέα Πλάτωνι τῷ θεσπεσίῳ ὑπὲρ τῆς ἀνθρωπίνης εὐδαιμονίας. 6. Καὶ ὅτι μὲν οὐκ ἐλήλεγκται οὔτε βασιλέως ἡ ψῆφος οὔτε ὁ Πλάτωνος λόγος ἄλλου ἂν εἴη λέγειν καὶ οὐκ ἐμόν.

| **11. Ἐγὼ** μέντοι οὐκ ἐπ᾽ ἐκείνῃ τῇ δέλτῳ, ἀλλ᾽ Ha. 224 b ἐπ᾽ ἄλλῃ μείζονι | καὶ τελεωτέρᾳ, ἣ καὶ τὰς δέλτους Do. 324 ἐκείνας ἤδη ἔχει ἐπ᾽ ἐξουσίας, ἣν οὐκ ἐποίησαν ἐλεφαντουργοὶ οὐδὲ χρυσοχόοι, ἀλλὰ ποίημά ἐστιν αὐτοῦ βασιλέως, μᾶλλον δὲ γέννημα ἱερὸν ἐξ ἱερῶν ὠδίνων τέ|λεον εὐθὺς καὶ ὁλόκληρον, ὁ ἀγαπητός, Ha. 224 c ὁ πολύευκτος, ὁ σεβαστὸς ἐκ τοῦ λίκνου καὶ τῶν σπαργάνων, οὗ τὸ μὲν σῶμα ἐν αὔξῃ ἐστίν, ἡ τιμὴ δὲ οὐκ ἔχει ὅπη προβήσεται. 2. Ὃν μοι εἰς χεῖρας ἔθηκεν ἡνίκα ἐλαύνειν ὥρμητο ἐπὶ τὴν ἑσπέραν, ἐπ᾽ ὄψει μὲν τοῦ δήμου, ἐπ᾽ ὄψει δὲ τῆς γερουσίας, καὶ παρηγγύα ἐπιμελεῖσθαι καὶ θεραπεύειν, οὔτε ἀσπίδα νωμᾶν δυναμένῳ οὔτε δόρυ πάλλειν, ἀλλ᾽ οὐδὲ τόξον εὖ εἰδότι οὐδὲ σφενδόνης, ἀλλὰ τριβώνιον περικειμένῳ καὶ ἐγκεκυφότι ὑπὸ γήρως καὶ ἀσθενείας. 3. Ἀλλ᾽, ὡς ἔοικεν, ὁ ἀνὴρ οὐ τὴν αὐτὴν ἀνήκειν ἡγεῖται | παιδείαν βασιλεῖ Di. 274 [προσήκειν] καὶ ἰδιώτῃ, οὐδὲ ταὐτὰ παι|δεύματα Ha. 224 d ἁρμόττειν τῷ ἄρξοντι γῆς καὶ θαλάσσης καὶ τῷ ταξιαρχήσοντι.

APP. 1 σπουδαρχίων A | ὑπέσχον A Δ : -έσχων Ψ || 2 πολιαρχίᾳ A : πολυα- Ψ Δ || 4 ὑπὲρ A Ψ : ὑπὸ Δ || 5 ἐλήλεγκται codd. Di. Ma. : ἐπήλεγκται Do. || 6 καὶ om. Ψ || 9 ἤδη Δ : om. A Ψ || 13 λίκνου A Δ : λύχνου Ψ || 14 ἡ A Ψ : ἥ Δ || 15 τιμὴ δὲ Ψ : δὲ τιμὴ A | ὅπη A Δ : ὅποι Ψ || 17 ἐπ ᾽-δήμου om. Ha. || 20 τόξον edd. : τόξων codd. || 22 ὁ Ψ[sl] || 23 ἀνήκειν Δ : om. A Ψ || 24 προσήκειν del. Pet., vid. adnot. | ταὐτὰ A : ταυτὰ Δ ταῦτα Ψ || 25 θαλάσσης A : θαλάττης Ψ Δ.

Un plan d'étude **12.** Viens donc ici, cher enfant, t'asseoir sur mes genoux, que je te donne le goût de ces fameux préceptes dans lesquels je te ferai grandir, non pas comme Phœnix avec Achille, en offrant des petits pains et des friandises[65], mais en procurant des aliments que la philosophie est seule à apprêter pour les jeunes princes même en âge d'accéder à l'Empire, des discours pleins de fruits, élevés et utiles qui sont aussi la gloire[66] des empereurs d'autrefois, ceux dans lesquels ont grandi Cyrus le Grand, Numa de Rome, l'illustre Marc (Aurèle) et le noble Titus, qui a eu ce mot brillant et grand : « Aujourd'hui, je ne me suis pas comporté en souverain, car je n'ai fait de bien à personne »[67]. 2. Prendront part encore à ta formation l'illustre Platon et le divin Aristote[68], qui formaient aussi Alexandre le Grand[69] et qui, du maître d'une contrée inconnue, ont fait celui de la terre entière. 3. Si ce sont eux qui te font grandir et te font sucer leur lait, toi qui portes le nom du dieu de l'éloquence[70], on verra vite se réaliser le vœu de tes parents :

Il est bien plus fort encore que son père »[71]

ou, sous une forme plus modeste et plus riche de sens :

Mais puisse-t-il marcher sur les brisées de son père »[72].

71. Hector se représente la façon dont son fils Astyanax reviendra un jour de la guerre. Plus loin, Thémistios joue sur la même idée. On lit en Z 479 : « Et qu'un jour l'on dise de lui : "Il est encore plus vaillant que son père" » καί ποτέ τις εἴποι πατρός γ' ὅδε πολλὸν ἀμείνων. L'adjectif ἀρείων n'apparaît pas dans ce type de formule chez Homère. En revanche, on trouve chez Hésiode (*Op.* 207) : « Misérable, pourquoi cries-tu ? Tu appartiens à bien plus fort que toi. » δαιμονίη, τί λέληκας ; ἔχει νύ σε πολλὸν ἀρείων. De plus, un rhéteur anonyme (Spengel, III, p. 154, 30-31) écrit καί ποτέ τις εἴπῃ πατρὸς δ' ὅδε πολλὸν ἀρείων. | ἐκ πολέμου ἀνιόντα·. Le rhéteur a-t-il pris son passage homérique à Thémistios, après confusion d'onciale ?

72. Les mots sont une création de Thémistios. Il a transformé en un élément P^2 un élément homérique t^2 : ὁ δ´ἔπειτα μετ´ἴχνια βαῖνε θεοῖο que l'on trouve quatre fois, β 406, γ 30, ε 193 et η 38.

12. Δεῦρ᾽ ἴθι οὖν, ὦ φίλε παῖ, ἐπὶ τῶν ἐμῶν καθίζου γονάτων, ὅπως ἄν σε ἐκείνων γεύσαιμι τῶν παιδευμάτων καὶ ἀναθρέψαιμι, οὐχ ὥσπερ ὁ Φοίνιξ τὸν Ἀχιλλέα, σῖτα καὶ ὄψα ἐπάγων, ἀλλὰ τροφεῖα παρέχων ἃ μόνη σκευάζει φιλοσοφία τοῖς νέοις βασιλεῦσι καὶ εἴσω τῆς αὐτοκρα|τοῦς ἡλικίας, λόγους Ha. 225 a ἐγκάρπους καὶ ὑψηλοὺς καὶ ὠφελίμους καὶ παλαιῶν κλέα αὐτοκρατόρων, οἷς Κῦρος ὁ μέγας ἐτράφη καὶ Νουμᾶς ὁ Ῥωμαῖος καὶ Μάρκος ὁ κλεινὸς | Do. 325 καὶ Τίτος ὁ γενναῖος, οὗ τὸ λαμπρὸν καὶ μέγα ἐκεῖνο ῥῆμα, ὅτι τήμερον οὐκ ἐβασίλευσα· οὐδένα γὰρ εὖ ἐποίησα. 2. Συμπαιδαγωγήσουσι δέ σε καὶ Πλάτων ὁ κλεινὸς καὶ ὁ θεσπέσιος Ἀριστοτέλης, οἳ καὶ τὸν μέγαν Ἀλέξανδρον ἐπαιδαγώγουν καὶ ἐξ ἀδήλου χωρίου κύριον ἐποίησαν ὅλης τῆς γῆς. 3. Ἐὰν οὗτοί σε ἐκθρέψωνται καὶ τιθηνήσωνται, ἐπώνυμε τοῦ | λογίου θεοῦ, ταχέως ἔσται ἐπιτελὴς Ha. 225 b ἡ τῶν σῶν γονέων εὐχή,

Πατρὸς δ᾽ ὅ γε πολλὸν ἀρείων,

ἢ ἥ γε μετριωτέρα καὶ δυνατωτέρα,

Πατρὸς δ᾽ εἰς ἴχνια βαίνοι.

MARG. 17 ἐπώνυμε] ἀρκάδιε ἀρκὰς γὰρ ὁ Ἑρμῆς Ψ^2 schol.
FONT. 10-12 Suet., *Tit.*, 8, 1.
APP. 1 φίλε om. Α | ἐπὶ om. Ψ || 5 μόνη edd. : μόνοις codd. | τοῖς Α Δ : τοῖ Ψ || 6 βασιλεῦσι Α Ψ : -λεῦσιν Δ | αὐτοκρατοῦς ἡλικίας Ψ Δ : αὐτοκράτου Σικελίας Α || 7 ἐγκάρπους om. Α || 8 Κύρος Δ || 9 Νοῦμας Δ || 20 Τίτος Δ : Τῖτος Α Ψ || 11 ἐκεῖνο om. Α || 12 συμπαιδαγωγήσουσι Δ : συμπεδ- Α -ποδηγήσουσι Ψ || 13 $ὁ^2$ om. Δ || 14 ἐπαιδαγώγουν Ἀλέξανδρον Α || 15 ἀδήλου Α : ἀδόξου Ψ Δ | ἐποίησαν Ψ Δ : ἐποίησεν Α | ὅλης τῆς Α Δ : τῆς ὅλης Ψ || 16 ἐκθρέψωνται καὶ τιθηνήσωνται Δ : τ. καὶ ἐ. Α Ψ || 18 ἡ ante εὐχή add. Ψ || 19 ὅ γε Α : ὅ δε $Δ^{ac}$ ἕ γε Ψ | πολλὸν Ψ Δ : πόλλ᾽ Α || 20 ἢ ἥ γε μετριωτέρα edd. : ἢ ἥ γε μετριωτέρας μετριωτέρα Ψ ἢ εἴγε μετριώτερα Δ ἡ γεωμετρίας μετριωτέρα Α | δυνατώτερα Δ.

4. Alors ta mère[73] sera dans l'allégresse, non seulement quand tu reviendras de la guerre avec du butin[74], mais aussi quand tu t'adresseras au peuple, diras le droit[75] et donneras un siège à ton côté[76] à la justice, celle qui est la première à remplir de sa présence le palais impérial[77].

73. Aelia Flavia Flacilla. Ici, Thémistios s'adresse directement au jeune co-empereur.

4. **Καὶ τότε σοι ἐπιχαιρήσει ἡ μήτηρ οὐ μόνον ἐκ πολέμου ἐπανιόντι μετὰ σκύλων, ἀλλὰ καὶ δημηγοροῦντι καὶ θεμιστεύοντι καὶ τὴν δίκην πάρεδρον ποιουμένῳ, ἧς πρώτη αὕτη ἐμπίπλησι τὰ βασίλεια.**

APP. 1 ἡ om. A.

DISCOURS XIX

NOTICE
DU DISCOURS XIX

Datation du discours La datation du discours, liée à un pardon accordé par Théodose, n'est pas formellement assurée. Le texte mentionne des statues de l'impératrice Aelia Flavia Flacilla et du prince héritier Arcadius érigées au Sénat (3, 2) près de celle de l'empereur régnant. En outre, tous deux font preuve de la même philanthropie que l'empereur lui-même (6, 6). Par conséquent, le discours aurait été prononcé avant la naissance d'Honorius (9 septembre 384), non mentionné, et le décès de l'impératrice, en 386[1].

1. *PLRE* I, *s.v. Aelia Flavia Flaccilla*, p. 341-342, avec Seeck, O. (1906), p. 304 et Lippold, A., art. 10 *Theodosius* I, dans *RE SupplB* XIII (1973), col. 869. Sur son décès, Zos., IV, 44, 3 ; Philost., X, 7 ; Zon., XIII, 18. Elle était encore vivante quand Honorius inaugura son premier consulat (Claud., 8, IV. *Cons. Hon.,* 157-158 *Ipsa Quirinali parvum te cinxit amictu | mater et ad primas docuit reptare curules*), le 1er janvier 386. Lorsqu'éclatèrent les troubles d'Antioche de janvier à mars 387, elle avait disparu, Thdt., *HE* V, 20, 1. Grégoire de Nysse prononça l'éloge funèbre de la princesse Pulcheria, morte en 385, à l'âge de six ans et, peu après, celui de l'impératrice (éd. Spira, dans Jäger, W.-Langerbeck, H., *Gregorii Nysseni opera* IX *Sermones* I, Leyde, 1967, p. 461-472 et 475-490). Théodose épousa en secondes noces Galla, la fille de Justine et la sœur de Valentinien II, à l'automne 387 probablement. En effet, il avait, le 30 mai 381, émis une loi (*CTh* III, 8, 1) interdisant aux veuves de se remarier avant le délai d'une année. On peut donc supposer qu'il ne voulait pas s'exposer lui-même à l'opprobre

Certains ont privé de toute valeur le premier indice chronologique et considèrent que l'œuvre date du début de 386, la dernière qu'ait signée l'orateur[2]. De son côté, G. Dagron préfère le début de 384[3].

On se rappellera qu'Arcadius avait été proclamé Auguste le 19 janvier 383[4]. Désormais, une femme est venue les rejoindre (3, 2). La trinité est le gage symbolique de la continuité d'une dynastie dans la conception du pouvoir. Avant que, le 1er janvier 386, il ne fût investi de son premier consulat, encore poupon, Honorius, né le 9 septembre 384, n'avait pas encore reçu de statue et forcément n'avait pas encore voix au chapitre.

Circonstances du discours

Thémistios fait allusion à un crime de lése-majesté (2, 227 c). Les philosophes ou les *magi* suspects d'aspirer à un changement de règne, étaient passibles de la peine capitale depuis au moins le règne de Domitien[5]. Dès les premières années de son règne (21 décembre 381), Théodose avait jugé bon de rappeler les règles traditionnelles en matière de divination[6] :

promis aux contrevenantes. Flaccilla mourut sans doute à l'automne de 386. La situation nouvelle était difficile, car Galla, comme sa mère et son frère, était arienne. Constantinople valant bien une messe, Valentinien II abjura l'hérésie (Thdt., *HE* V, 15, 3), en même temps que les deux femmes. Pour tout ceci, Paschoud, F. (1979), p. 437-438 (n. 188) ; Maraval, P. (2009), p. 204-205 ; Bouffartigue, J. (2009), p. 397, n. 3.

2. Stegemann, W. (1934), col. 1662 qui suit Scholze, H. (1911), p. 62-66, voir Lippold, A., art. 10 *Theodosius* I., dans *RE SupplB* XIII (1973), col. 837-961, particulièrement col. 869. Comme le signale l'historien allemand, le fait avait été relevé déjà par S. L. Lenain de Tillemont (*Histoire des empereurs,* V, Paris, 1701, p. 740-741, n. 24).

3. Seeck, O. (1906), p. 304 ; Dagron, G. (1968), p. 24 ; Maraval, P. (2009), p. 70. Le savant français, qui ne cite pas le texte de Libanios, trouve cette affaire « peu claire ».

4. *PLRE* I, *s.v. Flavius Arcadius* 5, p. 99.

5. Voir, par exemple, Schamp, J. (1985), p. 51-53.

6. *CTh* XVI, 10, 7 : *Si qui vetitis sacrificiis diurnis nocturnisque velut vesanus ac sacrilegus, incertorum consultorem se inmerserit*

Si quelqu'un, agissant comme un fou sacrilège, se mêle de consulter les choses incertaines par des sacrifices prohibés diurnes et nocturnes et croit bon de s'approprier une chapelle ou un temple ou a la pensée d'y entrer pour commettre un crime de ce genre, il doit savoir qu'il est passible de proscription.

L'empereur eut l'occasion de faire preuve de magnanimité, durant l'hiver 385-386, quand il cassa en appel des sentences trop sévères prononcées par des instances inférieures (2, 227 c : τοὺς … κατακριθέντας ἐξελέσθαι τῆς τοῦ νόμου ; voir aussi 5, 229 d ; 6, 230 b-c). Allait-on revivre en frissonnant les heures tragiques de l'hiver 371-372 ? Une loi promulguée le 25 mai 385, c'est-à-dire sous le premier consulat d'Arcadius, aggravait nettement les peines prévues dans la disposition antérieure[7]

qu'aucun mortel ne s'arroge audacieusement le droit de faire un sacrifice pour obtenir, par l'inspection du foie et le présage des viscères, l'espoir d'une vaine promesse ou, ce qui est pire, pour chercher à connaître l'avenir par cette exécrable consultation. Car la torture d'un supplice particulièrement cruel est suspendue au-dessus de ceux qui, malgré l'interdiction, tenteraient d'explorer la vérité des choses présentes et futures.

La mise en scène du discours laisse entendre qu'il avait été question alors au moins d'une sorte de consultation

fanumque sibi aut templum ad huiuscemodi sceleris executionem adsumendum crediderit vel putaverit adeundum, proscribtione se noverit subiugandum (…). Logiquement, les Augustes sont Gratien, Valentinien II et Théodose, les consuls Eucherius et Syagrius.

7. *CTh* XVI, 10, 9 : *Ne quis mortalium ita faciendi sacrificii sumat audaciam, ut inspectione iecoris extorumque praesagio vanae spem promissionis accipiat vel, quod est deterius, futura sub execrabili consultatione cognoscat. Acerbioris etenim inminebit supplicii cruciatus eis, qui contra vetitum praesentium vel futurarum rerum explorare temptaverint veritatem.* La liste des Augustes donne Gratien, qui n'était plus, Valentinien II et Théodose, mais pas Arcadius, qui eût dû venir après son père. La traduction est celle de Rougé, J. (2005), p. 439.

oraculaire. On a rapproché la donnée d'événements que décrit Libanios[8] :

Un de mes anciens élèves, un homme toujours prêt à régaler les autres et y trouvant son plaisir, et qui était quelqu'un dans le Grand Sénat, avait des rêves fallacieux qui l'abusaient en lui promettant des choses impossibles et, tout en riant, il racontait ce qu'il avait vu en songe à beaucoup de gens. A la longue, cela devint dangereux, car ils furent soupçonnés de mauvaises intentions, lui pour ses récits, les autres pour les avoir écoutés. (…) *A cette tempête hivernale l'empereur à mon avis n'aurait pu mettre un terme plus modéré. Aucune exécution, deux condamnations à l'exil* <…> *et quelques coups de fouet, pas trop, pour ramener les autres à de meilleurs sentiments.*

Personne n'imaginera que cette consultation ait pu avoir eu quelque réalité dans le passé. Thémistios a déjà utilisé un procédé semblable[9]. Ici, il tire la scène d'Hérodote[10], ce qui lui permet, une fois la Pythie oubliée, de nouer un dialogue avec le dieu Apollon lui-même. Point de trace ici pourtant d'une poignée de conspirateurs. Simplement, d'un dignitaire de Constantinople trop disert évoquant une nuit agitée par un rêve ou se répandant en confidences tombées dans des oreilles accueillantes.

8. LIB., *Or.* 1, 239-241 : τῶν τις ἐμοὶ πεπλησιακότων ἀνὴρ ἀεί τινας ἑστιῶν καὶ τούτῳ χαίρων ὤν τέ τις ἐν τῷ μεγάλῳ συνεδρίῳ, κιβδήλοις ὀνείρασιν ἐξαπατηθεὶς ὑπισχνουμένοις τὰ οὐκ ἐσόμενα, γελῶν ἅμα πρὸς πολλούς, ἅττα ἴδοι, ἔλεγε. τοῦτο προϊὼν ὁ χρόνος ἐποίησε κίνδυνον. καὶ ἀδικεῖν ἐδόκουν, ὁ μὲν οἷς εἶπεν, ὁ δὲ οἷς ἤκουσεν. (…) Ἐκείνῳ μὲν δὴ τῷ χειμῶνι πέρας ἐπιεικέστερον ἐπέθηκε βασιλεύς, οἷον οὐκ ἂν ἕτερον, ἐμοὶ δοκεῖν : θανάτῳ μὲν γὰρ οὐδένα, φυγῇ δὲ δύο <…>, πληγαῖς δὲ οὐ πολλαῖς ἐποίησε τοὺς ἄλλους βελτίονας. Le texte et la traduction sont ceux de Martin, J. et Petit, P. (1979), p. 187-188. Le rapprochement est de Sievers, G. (1868), p. 169, avec la n. 109, cf. NORMAN, A. F. (1992), p. 294-295 (n. a p. 294) ; PETIT, P. (1979), p. 269 (n. au ch. 241).

9. SCHAMP, J. (2013), p. 358-375, plus spécialement p. 365-370.

10. Voir *infra*, la n. à *Or.* 19, 1, 1.

Le genre Dès lors, le discours ne peut être qu'un *hymne* en faveur d'un souverain intervenant en quelque sorte *ex machina* (3, 228 c)[11]. On ne cherchera pas ici à tout prix à faire ressortir les *topoi* propres au genre. L'évocation de la φύσις et de la δύναμις affleure là où est décrite la puissance de l'empereur (2, 227 b-c) ; vient alors la mention de son bienfait (2, 227 b), le véritable sujet de l'œuvre.

Contenu du discours Le roi de Sparte, Lycurgue, mérite-t-il le titre de dieu plutôt que celui d'homme parce qu'il s'attache à faire le bien (§ 1) ? Pareille gratification ne peut être accordée à des princes qui s'entourent du même faste que Xerxès (§ 1, 2-3). Ni Xerxès ni Néron ni Crésus n'y ont droit (§ 1, 4-6), mais bien Lycurgue (§ 1, 7-9, cf. 19, 5). A fortiori, c'est le cas aussi pour celui qui dirige l'Empire (§ 2). Évidemment, les questions du consultant et les réponses du dieu se complètent, de façon à esquisser le portrait d'un souverain idéal. L'empereur vient de faire ériger une statue en l'honneur de son épouse, l'impératrice ; au demeurant, il n'a aucun rapport avec la mort (§ 3) et mérite le titre de « divinité » parce qu'il est donateur de vie (§ 4). Il vient de faire preuve de clémence pour avoir fait grâce lors d'un procès (§ 5-7). Les empereurs précédents s'étaient montrés nettement plus sévères (§ 8). Aux yeux du prince, le souci de prestige doit primer sur celui de la sécurité (§ 9). Il est le seul à avoir droit au titre de « père » (§ 10).

On soulignera en terminant l'habileté de la construction du discours qui tire parti d'une consultation oraculaire. Le rapport avec un rêve exploité comme une prédiction saute aux yeux.

11. Pernot, L. (1993), p. 216-218.

CONSPECTVS SIGLORVM

Codices

A	Ambrosianus I 22 sup., chartaceus, *ca.* 1326-1333.
Δ	Venetus S. Marci gr. 513, chart. s. XV extr.
Π	Coislinianus gr. 323, s. XIV in.
Ψ	Salmaticus 232, chart., s. XIV.

Editores et viri docti

Ald.	Aldina (Trincavelli)
Di.	Dindorf, G.
Do.	Downey, G.
Gas.	Gasda
Ha.	Hardouin, J.
Ma.	Maisano, R.
Pet.	Petau, D.
Re.	Reiske, J. J.
Steph.	Stephanus, H.

DISCOURS XIX

POUR LA PHILANTHROPIE DE L'EMPEREUR THÉODOSE

Prononcé au Sénat

Lycurgue à Delphes **1.** Quand Lycurgue le Spartiate entra dans le temple de Delphes, la Pythie l'accueillit en ces termes[1]* :

Lycurgue, te voici dans mon temple opulent,
ami de Zeus et de tous ceux qui habitent l'Olympe.
Es-tu un dieu ou un homme ? Ne sais quoi te répondre,
Mais c'est plutôt un dieu, je crois, Lycurgue, que tu es.

2. – « Pourquoi, Dieu Oblique, « plutôt un dieu » ? Est-ce parce que ce roi a remporté des victoires fameuses et a fait de ses ennemis des monceaux de cadavres[2] ? Ou parce qu'il avait pour gardes du corps des lanciers et des « mélophores »[3] harnachés d'or ? Ou parce que des chars d'or marchaient en tête de son cortège, avec des chevaux de Nisa[4] ? Ou parce qu'il portait lui-même comme ornements un collier d'anneaux entrelacés, une tiare et un habit de pourpre[5] ? 3. Toujours est-il que l'étranger de l'Hellespont, cela se conçoit, fut stupéfait de voir cet attirail et cette fanfaronnade, au point de prendre pour un dieu[6] Xerxès, le fils de Darius ».

* Les notes qui n'ont pu être placées sous les pages sont reléguées en fin de volume, p. 217-232.

2. Voir déjà *Or.* 10, 13, 139 a.

5. Pl., *R.* VIII, 553 c 7-8 : μέγαν βασιλέα (...) τιάρας τε καὶ στρεπτοὺς καὶ ἀκινάκας παραζωννύντα.

<ΙΘ΄> ΕΠΙ ΤΗΙ ΦΙΛΑΝΘΡΩΠΙΑΙ ΤΟΥ ΑΥΤΟΚΡΑΤΟΡΟΣ ΘΕΟΔΟΣΙΟΥ

Ha.225 c
Di. 275
Do. 328

Ἐρρήθη ἐν τῇ συγκλήτῳ.

1. Λυκοῦργον τὸν Σπαρτιάτην ἐν Δελφοῖς εἰς τὸ μέγαρον εἰσιόντα οὕτω προσεῖπεν ἡ Πυθία,

Ἥκεις, ὦ Λυκόοργε, ἐμὸν ποτὶ πίονα νηόν, Ha.225 d
Ζηνὶ φίλος καὶ πᾶσιν Ὀλύμπια δώματ᾽ ἔχουσι.
Δίζω ἢ σὲ θεὸν μαντεύσομαι, ἢ ἄνθρωπον·
ἀλλ᾽ ἔτι καὶ μᾶλλον θεὸν ἔλπομαι, ὦ Λυκόοργε.

2. Διὰ τί μᾶλλον θεόν, ὦ Λοξία; Ἆρα ὅτι νίκας ἐνίκησεν ὁ βασιλεὺς οὗτος περιβοή|τους καὶ Ha.226 a ἐσώρευσε νεκροὺς πολεμίων; ἢ ὅτι ἐδορυφόρουν αὐτὸν αἰχμοφόροι καὶ μηλοφόροι χρυσῷ ἐσταλμένοι; ἢ ὅτι χρυσᾶ ἅρματα αὐτοῦ προεπόμπευε Νισαίων ἵππων; ἢ ὅτι αὐτὸς ἐκεκόσμητο στρεπτοῖς καὶ τιάρᾳ καὶ ἁλουργίδι; 3. Ἀλλὰ τὸν μὲν Ἑλλησπόντιον ξένον εἰκότως ἐξέπληξεν αὕτη σύμπασα ἡ σκευὴ καὶ ἀλαζονεία, ὥστε θεὸν νομίσαι Ξέρξην τὸν Δαρείου.

FONT. 4-9 Hdt., I, 65 – 13-14 Hdt., III, 106 ; VII, 40 – 16-19 Hdt., VII, 56.

Tit. 1 τοῦ αὐτοῦ praef. Δ Ald. Steph. Pet. || 2 Θεοδοσίου om. Ψ || 3 δὲ post ἐρρήθη add. Α Π || τῇ om. Ha. || 6 Λυκόοργε ΑΠ Hdt. : Λυκόερ- Δ edd. Λυκοῦρ- Ψ | νηόν Α Π Δ Hdt. : ναόν Ψ || 8 ἢ σὲ Α Π : ἤ σε Ψ ἠὲ Δ edd. | ἢ ἄνθρωπον Α Π Ψ : ἠὲ καὶ ἄνδρα Δ || 9 Λυκόοργε Α Π Hdt. : Λυκόερ- Δ Ψ || 11 περιβοήτους Α Π Δ : ὁ περιβόητος Ψ || 17 εἰκότως ἐξέπληξεν Α Π Ψ : ἐξέπλησσεν εἰ. Δ | αὕτη Α Π : αὐτη Ψ αὐτὴ Δ.

4. – « Pour ma part, je sais », dirait Apollon, « que tous ces apprêts ont bien peu de valeur et qu'ils sont l'apanage de nombreux petits princes ineptes et insensés, qu'il ne vaut pas la peine d'appeler des dieux et même pas des hommes, comme justement ce Xerxès à la tête ébranlée au point de faire donner le fouet à la mer et poser des chaînes à l'Hellespont[7] ; pour lui, ce n'était rien ou simple bagatelle que de faire trancher la tête à un homme. C'est pourquoi, si l'on m'avait interrogé à son propos, je n'aurais pas balancé sur le point de savoir s'il était un dieu ou un homme, mais s'il était un homme ou une bête. 5. Plus tard non plus, à propos de Néron de Rome, quand il se présenta à mon temple, je n'avais pas balancé sur le point de savoir si c'était un dieu qui s'était présenté, mais je savais bien que c'était une bête sous les traits d'un homme[8]. Cependant, il s'était présenté une cithare sur le bras et en costume de citharède, celui que j'aime, comme le supposent les poètes et les peintres ; mais parce qu'il avait l'âme étrangère aux Muses et à l'harmonie, et qu'il avait rempli l'Empire de massacres perpétrés sur des gens non seulement de l'extérieur, mais aussi de son lignage, loin de me réjouir à son entrée, je l'ai pris en aversion, lui ai tourné le dos et ai fait tomber sa couronne à sa sortie, en liant sa chevelure à son diadème. 6. Ensuite, de Crésus de Lydie, je n'ai pas fait grand cas non plus autrefois, bien qu'il eût empli mon sanctuaire de lingots et de demi-lingots d'or[9] ; d'ailleurs, c'était à la mollesse[10], non pas à la vertu, qu'il devait son surnom « aux pieds délicats »[11].

11. Allusion au texte de l'oracle du mulet rendu à Crésus (Hdt., I, 55) : « La Pythie répondit : « Quand un mulet sera roi des Mèdes, alors, Lydien aux pieds délicats, fuis le long de l'Hermos caillouteux, ne reste pas en place et n'aie pas honte d'être lâche. » ἡ δὲ Πυθίη οἱ χρᾷ τάδε· ἀλλ' ὅταν ἡμίονος βασιλεὺς Μήδοισι γένηται, | καὶ τότε, Λυδὲ ποδαβρέ, πολυψήφιδα παρ' Ἕρμον | φεύγειν μηδὲ μένειν, μηδ' αἰδεῖσθαι κακὸς εἶναι. Pour une interprétation, Crahay, R. (1956), p. 199-201.

4. Ἐγὼ δέ, φαίη ἂν ὁ Ἀπόλλων, ταῦτα μὲν οἶδα ὀλίγου ἄξια καὶ πολλοῖς ὑπάρξαντα μοχθη|ροῖς Ηα.226 b καὶ ἀνοήτοις δυνάσταις, οὓς οὐχὶ θεούς, ἀλλ᾽ οὐδὲ ἀνθρώπους ἄξιον προσειπεῖν, ὥσπερ αὐτὸν ἐκεῖνον τὸν Ξέρξην, οὕτως ἀπόπληκτον ὄντα ὥστε μαστιγοῦν τὴν θα|λασσαν καὶ πέδας ἐμβάλλειν Do. 329 τῷ Ἑλλησπόντῳ· ᾧ παρ᾽ οὐδὲν ἦν καὶ ἐν φαύλῳ ἀνθρώπου | ἀποτεμεῖν κεφαλήν. Διὰ τοῦτο οὖν Di. 276 ὑπὲρ ἐκείνου μὲν εἴ τις με ἤρετο, | οὐκ ἂν ἐδίστασα εἰ θεός, ἢ ἄνθρωπος ἦν, ἀλλ᾽ εἰ ἄνθρωπος, ἢ θηρίον. 5. Οὐδὲ γὰρ ὕστερον περὶ Νέρωνος τοῦ Ῥωμαίου εἰς τὸν αὐτὸν τοῦτον νεὼν ἡνίκα | ἀφίκετο, ἐδίστασα Ηα.226 c εἰ θεὸς ἀφίκετο, ἀλλ᾽ εὖ ᾔδειν ὅτι θηρίον ἐν μορφῇ ἀνθρώπου. Καίτοι ἀφίκετο κιθάραν μετὰ χεῖρας ἔχων καὶ ἐν στολῇ κιθαρῳδικῇ, ἣν ἐμοὶ φίλην ὑπολαμβάνουσιν οἱ ποιηταὶ καὶ οἱ ζωγράφοι· ἀλλ᾽ ὅτι ἡ ψυχὴ αὐτοῦ ἄμουσος καὶ ἀνάρμοστος ἦν, καὶ ἐνέπλησε φόνων τὴν ἀρχὴν οὐ μόνον ὀθνείων, ἀλλὰ καὶ ἐγγενῶν, διὰ τοῦτο οὐχ ὅπως ἥσθην εἰσιόντι, ἀλλ᾽ ἐμυσάχθην καὶ ἀπεστράφην καὶ ἀπεστεφάνωσα ἐξιόντα, λαβόμενος τῆς κόμης τῇ ταινίᾳ. 6. Ἐπεὶ οὐδὲ Κροῖσόν ποτε τὸν Λυδὸν ἐν μεγά|λῳ ἐποιησάμην, καίτοι ἐμπλήσαντα τὸν σηκὸν Ηα.226 d πλίνθων χρυσῶν καὶ ἡμιπλινθίων, ἀλλὰ τρυφῆς ἦν καὶ οὐκ ἀρετῆς ὁ ποδαβρὸς ἐπωνυμία.

FONT. 5-7 Hdt., VII, 35 – 11-15 D. C., LXIII, 14, 2 – 22-24 Hdt., I, 50 – 9-13 Hdt., I, 55.

APP. 1 φαίη ἂν Α Π : φαίην ἂν Δ φαίην Ψ || 1-2 μὲν – ὑπάρξαντα om. Ψ || 3 καὶ ἀνοήτοις δυνάσταις Α Π Δ : δ. καὶ ἀ. Ψ | οὐχὶ Α Π Δ : οὐ Ψ | ἀλλ᾽ om. Δ || 7 παρ᾽ Α Π $Ψ^{pc}$ Δ : γὰρ $Ψ^{ac}$ || 8 οὖν om. ψ restit. in marg. || 9 μὲν Ψ Δ edd. : om. Α Π || 10 ἢ Α Π Ψ : εἰ Δ | ἀλλ᾽ Α Π Δ : ἀλλὰ Ψ || 13 εὖ om. Ψ || 13-14 μορφῇ ἀνθρώπου Α Π Δ : ἀ. μ. Ψ || 15 κιθάραν (v. 14) post ἔχων transpos. Ψ || 19 διὰ τοῦτο om. Δ || 21 τῆς κόμης Α Π Δ : στὴν Ψ || 22 ἐπεὶ Α Π Δ : ἔτι Ψ | ποτε om. Α Π | τὸν Α Π Ψ Ald. Steph. Pet. Ma. : τῶν Δ om. Ha. Di. Do. || 25 πόδαβρος Δ.

7. Quel trait ai-je donc remarqué chez Lycurgue pour que je lui donne comme épithète « dieu » plutôt qu'« homme » ? La clémence, la justice, la piété et celle qui les dépasse toutes, la philanthropie, la seule qui permette à un prince de se rendre semblable à un dieu. 8. Quand il eut hérité de Sparte dépourvue de toute loi et truffée de dissensions, en la remplissant d'une paix qu'il y fit entrer de toute part, il lui donna aussi une belle législation ; et il poussa la clémence et la miséricorde envers celui qui lui avait arraché un œil au cours de l'assemblée, alors que les Lacédémoniens s'étaient élancés pour le lapider, au point de le sauver en le soustrayant à leurs griffes, de l'accueillir sous son toit, de l'éduquer et de le domestiquer de façon à transformer un méchant citoyen en homme de bien[12]. 9. Ce roi savait, à ce qu'il semble, que ce n'est pas en rendant mal pour mal, mais en faisant le bien qu'un excellent roi montre sa supériorité sur ceux qui lui ont fait tort. Telle est la victoire de la vertu[13] ; la vengeance, elle, est celle de la puissance.

L'empereur bienfaiteur **2.** – « Par le fait, cher dieu de Pythô, à nous encore tu dois donc une réponse. Si le roi d'une seule cité ou d'une petite portion du Péloponnèse[14], pauvre lui-même et à la tête d'une armée de pauvres, mangeant à la table commune[15] et buvant son eau à même l'Eurôtas[16], te fait en raison de sa seule clémence hésiter sur le genre d'épithète à lui donner, que diras-tu, bienheureux, de celui qui règne sur toute la terre et la mer ou presque, de celui pour qui l'Orient courbe l'échine devant les Romains[17],

13. Les mot ἀρετῆς … δυνάμεως se retrouvent déjà en *Or.* 6, 12, 80 d. On pense à Aristote (*EN,* IV, 7, 1123 b 35-1124 a 3) : « Car l'honneur est le prix de la vertu et le tribut qu'on paie aux gens de bien. La magnanimité a donc tout l'air d'être une sorte de parure des vertus, car elle les rend plus grandes et ne peut exister sans elles. » τῆς ἀρετῆς γὰρ ἆθλον ἡ τιμή, καὶ ἀπονέμεται τοῖς ἀγαθοῖς. ἔοικε μὲν οὖν ἡ μεγαλοψυχία οἷον κόσμος τις εἶναι τῶν ἀρετῶν· μείζους γὰρ αὐτὰς ποιεῖ, καὶ οὐ γίνεται ἄνευ ἐκείνων (trad. Gauthier-Jolif).

7. **Τί οὖν ἐστιν ὃ ἐν Λυκούργῳ κατανοήσας μᾶλλον ἐθέμην τῷ θείῳ προσρήματι ἢ τῷ ἀνθρωπίνῳ; Ἡ πρᾳότης καὶ ἡ δικαιοσύνη καὶ ἡ εὐσέβεια καὶ ἡ τούτων ἔξαρχος φιλανθρωπία, καθ' ἣν μόνον δύναται βασιλεὺς θεῷ | ὁμοιοῦσθαι.** Ha.227 a 8. **Παραλαβὼν γὰρ τὴν Σπάρτην ἀνομώτατα διακειμένην καὶ πολέμου ἔμπλεω μεστὴν εἰρήνης πανταχόθεν ἐποίησε καὶ εὐνομίας, καὶ οὕτω πρᾶος καὶ ἵλεως ἦν ὥστε καὶ τὸν ἐκκόψαντα αὐτοῦ τὸν ὀφθαλμὸν ἐν τῇ ἐκκλησίᾳ,| καταλεύειν ὡρμημένων Λακεδαιμονίων,** Do. 330 **περισῶσαί τε καὶ ἐξελέσθαι, καὶ παραλαβὼν οἴκοι τὸν ἄνθρωπον οὕτω παιδεῦσαι καὶ ἡμερῶσαι ὥστε ἀντὶ κακοῦ πολίτου χρηστὸν ἄνθρωπον ἀποφῆναι.** 9. **Ἠπίστατο γάρ, ὡς ἔοικεν, οὗτος ὁ βασιλεὺς ὅτι οὐκ ἀντιβλάπτοντα χρὴ τὸν ἀγαθὸν βασιλέα, ἀλλ' εὖ ποιοῦντα μεί|ζω φαίνεσθαι τῶν ἠδικηκότων.** Ha.227 b **Ἀρετῆς γὰρ αὕτη νίκη, τιμωρία δὲ δυνάμεως.**

2. Τοὐντεῦθεν οὖν, ὦ φίλε Πύθιε, καὶ πρὸς ἡμᾶς σοι ἀποκριτέον. Εἰ γὰρ μιᾶς πόλεως βασιλεὺς ἢ μέρους| μικροῦ Πελοποννήσου, καὶ πένης μὲν Di. 277 **αὐτός, πενήτων δὲ ἄρχων, σιτούμενος δὲ ἐν φιλιτίῳ καὶ πίνων ἐκ τοῦ Εὐρώτα, διὰ πρᾳότητα μόνον παρέσχε σοι ἀμφιβολίαν ὁποίῳ ὀνόματι προσρητέος, τί φαίης ἄν, ὦ μακάριε, περὶ τοῦ πάσης σχεδὸν βασιλεύοντος γῆς καὶ θα|λάσσης,** Ha.227 c **δι' ὃν ὑποκύπτει μὲν Ῥωμαίοις ἡ ἕως, ἀτρεμίζει**

MARG. 2 ἐθέμην] ἤγουν ἐτίμησα Ψ.

FONT. 9-13 Plu., *Lyc.*, 11, 1-3 – 14-17 cf. Arist., *EN.*, IV, 3, 1123 b 35-1124 a 3.

APP. 1 ἐστὶν Δ || 4 μόνον Δ : μόνην Α Π Ψ || 4-5 δύναται βασιλεὺς θεῷ Ψ Δ : θ. δ. β. Α Π || 7 μεστὴν Α Π Ψ^{pc} Δ : μὲν τῆς Ψ in t. || 11 περισῶσαι Α Π Δ : – σώσειν Ψ || 14 ἠπίστατο Α Π Δ : ἐπ- Ψ || 20 μέρους μικροῦ Α Π Ψ : μέρος σμικρὸν Δ | Πελοπονήσου Α Π || 22 φιλιτίῳ Α Π : φιλιτίων Ψ φιλητ- Ald. Steph. Pet. φίλοις Δ qui hab. lac. 4 litt. φειδιτίῳ coni. Steph. | ἐκ τοῦ Ψ Δ : ἐν Α Π | Εὐρώτα Α Π Δ : Εὐρώτου Ψ || 23 μόνον Δ : μόνην Α Π Ψ || 25 θαλάττης Α Δ || 26 ἡ^{1} om. Α Π | ἀτρεμίζει Α Π Ψ : ἀτρομ- Δ.

l'Occident se tient immobile[18] et toutes les races offrent des libations – tant celles qui sont déjà sous son gouvernement que celles qui aspirent à bénéficier de sa tutelle ? 2. Qu'il est clément, indulgent et empli de sérénité jusqu'à soustraire au joug de la loi ceux qu'elle a convaincus et condamnés pour crime de lèse-majesté et à les ramener au soleil depuis les portes de l'Achéron[19] ? 3. Vas-tu balancer, après examen, pour savoir si c'est un dieu ou un homme qui a pénétré dans notre temple et refuser d'affirmer, avec plus d'assurance que s'il s'agissait du nombre des grains de sable à la surface de la terre[20], que c'est à ce prince que revient le titre décerné d'en haut[21] ? 4. Autrefois, il y avait dans sa personne un trait admirable. Nous voyions souvent l'or sorti des coffres de l'État revenant chez ceux qui avaient été contraints à d'injustes contributions[22] ; mais aujourd'hui, ce que nous avons vu, ce sont des hommes revenant des parvis de l'Hadès à la vie, menés là par la loi, ramenés de là par le maître de la loi, car il sait qu'autre est la vertu d'un juge, autre celle d'un souverain : l'un a pour devoir de suivre les lois, l'autre, celui de corriger aussi les lois[23] et d'en atténuer la rudesse et le goût amer[24], parce qu'il est la loi animée[25] qui ne s'écrit point en lettres immuables et immobiles.

18. L'allusion vise certainement l'usurpateur Maxime, Leppin, H. (1998), p. 304, n. 17. Apparemment, Thémistios n'évoque pas Valentinien II, cantonné à Milan.

19. Voir Piganiol, A. (1972), p. 275 et surtout *supra,* p. LXVIII-LXIX ; 120-122.

21. Allusion à l'oracle de la Pythie répondant à une consultation demandée par Crésus dans Hérodote (I, 47) : « Je sais le nombre des grains de sable et les dimensions de la mer. Je comprends le sourd-muet, j'entends celui qui ne parle pas. Il est venu à moi l'odeur d'une tortue au cuir épais en train de bouillir dans l'airain avec des chairs d'agneau ; l'airain est étendu sous elle et l'airain la revêt. » οἶδα δ' ἐγὼ ψάμμου τ' ἀριθμὸν καὶ μέτρα θαλάσσης, | καὶ κωφοῦ συνίημι καὶ οὐ φωνεῦντος ἀκούω. | ὀδμή μ' ἐς φρένας ἦλθε κραταιρίνοιο χελώνης | ἑψομένης ἐν χαλκῷ ἅμ' ἀρνείοισι κρέεσσιν, | ᾗ χαλκὸς μὲν ὑπέστρωται, χαλκὸν δ' ἐπίεσται. À la fin du chapitre, le roi reconnaît l'exactitude de l'oracle.

22. Thème récurrent, voir déjà *Or.* 16, 19, 1 avec la note 118, p. 192.

δὲ ἡ ἑσπέρα, σπένδει δὲ ἅπαντα φῦλα, ὅσα τε ἤδη ὑπ᾿ αὐτοῦ κυβερνᾶται καὶ ὅσοις ἐν εὐχαῖς ἡ τούτου ἐστὶν ἐπιτροπεία; 2. ὅτι οὕτω πρᾷος καὶ ἥμερος καὶ γαλήνης γέμων ὥστε καὶ τοὺς ἀδικεῖν εἰς τὴν ἀρχὴν ἐλεγχθέντας ὑπὸ τοῦ νόμου κατακριθέντας ἐξελέσθαι τῆς τοῦ νόμου ἀνάγκης, καὶ ἐπαναγαγεῖν εἰς τὸν ἥλιον ἐκ τῶν πυλῶν τοῦ Ἀχέροντος; 3. Ἆρα διστάσεις καὶ ἐπισκέψῃ πότερον θεὸς ἢ ἄνθρωπος εἰσελήλυθεν ἡμῖν εἰς τὸν νεών, καὶ οὐκ ἀποφανῇ θαρρα|λεώτερον ἢ περὶ τῆς Ηα.227 d ψάμμου ὁπόση ἐστὶν ἐν τῇ γῇ, τούτῳ τῷ βασιλεῖ προσήκειν τῆς | ἄνωθεν προσηγορίας; Do. 331 4. Πάλαι μὲν γὰρ τοῦτο αὐτοῦ ἀγαστὸν ἦν ὅτι χρυσὸν ἑωρῶμεν πολλάκις ἐκ τῶν δημοσίων ταμιείων ἐπανιόντα πρὸς τοὺς οὐ δικαίως εἰσπεπραγμένους, νῦν δὲ εἴδομεν ἀνθρώπους ἐκ τῶν τοῦ Ἅιδου προθύρων εἰς τὸ ζῆν ἐπανιόντας, οὓς ὁ μὲν νόμος ἐκεῖσε ἀπήγαγεν, ὁ δὲ τοῦ νόμου κύριος ἐκεῖθεν ἐπανήγαγε, γινώσκων ὅτι ἄλλη | μὲν Ηα.228 a δικαστοῦ, ἄλλη δὲ βασιλέως ἀρετή, καὶ τῷ μὲν προσήκει ἕπεσθαι τοῖς νόμοις, τῷ δὲ ἐπανορθοῦν καὶ τοὺς νόμους καὶ τὸ ἀπηνὲς αὐτῶν καὶ ἀμείλικτον πραΰναι, ἅτε νόμῳ ἐμψύχῳ ὄντι καὶ οὐκ ἐν γράμμασιν ἀμεταθέτοις καὶ ἀσαλεύτοις.

FONT. 8-12 HDT., I, 47.

APP. 1 σπένδει Α Π : θεραπεύει Ψ Δ | δὲ² Α Π Ψ : τε Δ | φῦλα Α Π Ψ : φίλα Δ || 2 εὐχαῖς Α Π Δ : εὐχῇ Ψ || 3 ἔστιν Ψ | ἐπιτροπεία Α Π Δ : – τροπή Ψ || 5 τοῦ Π Ψ Δ : τῆς Α ut vid. || 6 τῆς τοῦ Α Π : τῆς ἐκ Ψ Δ || 8 διστάσεις Α Π Δ : – στάσης Ψ || 10 ἀποφανῇ Α Π Δ : ἀποφανεῖς Ψ || 13 τοῦτο Α Π Δ : τούτου Ψ | αὐτοῦ Α Π Ψ : αὐτὸ Δ || 14 δημοσίων ταμιείων Α Π Ψ : δύο ταμιείων μόνων Δ || 15 δικαίως Α Π Ψ Δ² : δικαίους Δ¹ || 16 Ἅδου Α || 18 ἐκεῖσε Α Π Δ : ἐκεῖ Ψ | ἀπήγαγεν Α Π : ἀπῆγεν Ψ Δ || 19 ἐκεῖθεν Α Π Δ : ἐκεῖ Ψ | ὅτι Α Π Δ : ὡς Ψ || 22 ἀπεινὲς Ψ || 23 πραΰναι Ma. e coni. Hans. : παραδεικνύναι (-κνῦναι Ψ) codd. παραμιγνύναι coni. Pet. παραλεᾶναι vel παραγλυκᾶναι Re. παραρρηγνύναι Gas.

5. C'est la raison pour laquelle, à ce qu'il semble, Dieu a envoyé du ciel la royauté sur la terre, afin que l'homme trouvât un recours contre la loi inébranlable auprès de celle qui possède âme et vie ».

La statue de l'impératrice

3. Venez donc ici, Muses chéries[26], qui avez pour domicile, comme nous, le temple du Sénat[27], prêtez-moi votre soutien dans l'hymne que j'entonne en son honneur pour le geste de philanthropie qu'il vient de faire. 2. Voyez ! l'homme vous manifeste son affection au point de loger l'impératrice sous le même dais que vous et de lui ériger une statue dans ce même sanctuaire, là où est déjà celle du prince lui-même, là où est celle du fils du prince : ainsi vos chœurs gagneront désormais en respectabilité avec cette association. 3. Mais votre début pour l'instant ne doit être celui d'où part[28] l'injonction d'Homère, car vous ne chanterez pas la colère détestable, qui valut aux Achéens d'innombrables malheurs[29], mais la clémence et la philanthropie : grâce à elles, l'empereur a montré sous les yeux de tous que le caillou noir[30] est complètement étranger à ses sentiments[31]. 4. Et voici encore une preuve que le caillou se dérobe à l'empereur

27. Des statues aux Muses étaient érigées dans le Sénat de Constantinople, EUS., *V.C.,* III, 54, 2 et ZOS., V, 24, 6 et HOLUM, K. G. (1982), p. 41, n. 106 : « le Sénat de l'Augousteion abritait une collection d'art, constituée par Constantin Ier ». On doit noter pourtant que la présence des trois statues revêt une fonction idéologique. Devenue mère d'Arcadius, l'impératrice Aelia Flavia Flacilla a contribué à engendrer une dynastie véritable ; Théodose Ier le souligne grâce à l'érection de la statue qui manquait pour former une triade. Le mot marquant le résultat (κοινωνία) est celui dont use Grégoire de Nysse (*Or. Fun. Flacilla,* p. 478, 20-23) pour caractériser l'union entre Théodose Ier et son épouse : καὶ τῷ κατὰ θείαν ψῆφον τῆς οἰκουμένης ἁπάσης προτεταγμένῳ εἰς βίου τε καὶ βασιλείας κοινωνίαν συναρμοσθεῖσα μακαριστὸν ἐποίει δι' ἑαυτῆς τὸ ὑπήκοον.

210. La citation d'Homère (A 2) est fidèle. Les mots ού γὰρ μῆνιν ᾄσεσθε rappellent évidemment les premiers mots de l'épopée (A 1) Μηνιν ἄειδε.

5. **Διὰ τοῦτο γάρ, ὡς ἔοικε, βασιλείαν ἐκ τοῦ οὐρανοῦ κατέπεμψεν εἰς τὴν γῆν ὁ θεός, ὅπως ἂν εἴη καταφυγὴ τῷ ἀνθρώπῳ ἀπὸ τοῦ νόμου τοῦ ἀκινήτου ἐπὶ τὸν ἔμπνουν καὶ ζῶντα.**

3. Δεῦρ᾽ ἴτε οὖν, ὦ φίλαι Μοῦσαι, αἳ τὸν νεὼν
τὸν βουλαῖον ἡμῖν συνοικεῖτε, καί μοι | συλλάβεσθε Ha.228 b
τοῦ | ὕμνου, ὃν ἀπάρχομαι αὐτῷ ἐπὶ τῇ ἔναγχος Di. 278
φιλανθρωπίᾳ. 2. **Ἰδοὺ γὰρ ὁ ἀνὴρ οὕτως ἀσπάζεται**
ὑμᾶς, ὥστε ὁμόσκηνον ποιῆσαι ὑμῖν τὴν βασιλίδα
καὶ ἵστασθαι αὐτῇ ἄγαλμα ἐν τῷ αὐτῷ | τούτῳ Do. 332
σηκῷ, ἵνα καὶ αὐτοῦ βασιλέως, ἵνα καὶ τοῦ παιδὸς τοῦ βασιλέως, καὶ διὰ τοῦτο ἔσονται ὑμῖν οἱ χοροὶ ἤδη γεραρώτεροι τῇ κοινωνίᾳ. 3. **Ἀρκτέον δὲ ὑμῖν τανῦν οὐκ ἔνθεν ὅθενπερ Ὅμηρος παραγγέλλει. Οὐ γὰρ μῆνιν ᾄσεσθε**

Οὐλομένην, ἣ μυρί᾽ Ἀχαιοῖς ἄλγε᾽ ἔθηκεν,

| ἀλλὰ πρᾳότητα καὶ φιλανθρωπίαν, δι᾽ ἧς ἐπέδειξεν Ha.228 c
ἅπασι βασιλεὺς ὅτι παντάπασιν αὐτῷ ἀπὸ θυμοῦ καὶ ἀλλοτρία ἡ μέλαινα ψῆφος. 4. **Καὶ τοῦτο σημεῖον τοῦ λαθεῖν αὐτὴν βασιλέα, τὸ μέλαιναν μεῖναι. Οὐ**

MARG. 19 Καὶ τοῦτο σημεῖόν ἐστι, φησί, ὅτι ἔλαθεν τὸν βασιλέα ὅτι ἔμεινε μέλαινα εἰ γὰρ ἦλθεν εἰς τὸν βασιλέα ἄλλην χρόαν ἤλλαξεν Α.

FONT. 6-7 Pl., *Phdr.*, 237 a. – 13-14 cf. X., *Cyrop.*, I, 2, 2 – 16 Hom. Α 2

APP. 1-2 ἐκ τοῦ οὐρανοῦ Α Π Δ : ἐξ οὐ. Ψ || 2 εἰς – θεός Δ : ὁ θεὸς εἰς γῆν Ψ τὴν om. Α Π || 5 ἴτε οὖν Α Π Δ : ἰτέον Ψ || 6 βουλαῖον Α Π : βούλειον Ψ βούλιον Δ | καί μοι συλλάβεσθε Α Π : σύν μοι λάβεσθε Ψ Δ || 8 οὕτως Α Π : οὗτος Ψ Δ || 9 ὁμόσκηνον – βασιλίδα edd. : ὁ. π. ἡμῖν τ. β. Δ ὁ. π. υ. τ. βασιλείαν (βασιλίδα $\mathrm{A}^{\gamma\rho.}\Pi^{\gamma\rho.}$) ΑΠ τ. β. ὑ. π. ὁ. Ψ || 10 αὐτῇ Δ : αὐτῆς Α Π Ψ || 11 σηκῷ in ras. Δ | ἵνα[2] om. Δ || 12 τοῦ[1] om. Ψ || 13 ἤδη om. Ψ | ὑμῖν Α Π : ἡμῖν Ψ Δ || 14 τανῦν om. Δ | οὐκ ἔνθεν Α Π Δ : ἐκεῖθεν Ψ | ὅθενπερ Α Π : ὅθεν Ψ Δ || 15 ᾄσεσθε Α Π Ψ : ᾄσεσθαι Δ || 16 ἄλγε᾽ Α Π Δ : ἄλγ᾽ Ψ || 18 ἀπὸ Δ : ἄπο Α Π Ψ || 20 λαθεῖν Α Π : λαβεῖν Ψ Δ | βασιλέα Α Π Δ : -λείαν Ψ | μέλαιναν Π Ψ Δ : μέλαινα Α | μεῖναι in ras. 8 litt. Δ.

en restant noir : il ne pourra venir à lui sans changer de couleur. 5. En effet, le bouclier, le prince sait le manier tant avec la main droite qu'avec la gauche[32], mais le caillou, il ne sait le tourner qu'avec la droite, pas avec la gauche. 6. Il n'a pas non plus de balance aux plateaux chargés d'or, comme Homère en prête une à Zeus, pour la vie et la mort[33], et le poids de la vie n'est jamais entraîné par celui de la mort mais à chaque fois élevé au ciel, alors que tombe à terre celui qui mène à l'obscurité des Enfers. 7. Il n'y a pas non plus, sur le parvis de l'empereur, de jarres qui soient, selon Homère, posées sur le sol de Zeus, pleines de sorts, l'une, de sorts favorables, l'autre, de sorts contraires ; et le prince n'a pas de jarre pour la mort, mais il n'a que celle de la vie, dont elle est pleine plus qu'à ras bords et où il puise le vin pur de la vie pour le dispenser aux hommes[34]. 8. Car il a raison de croire aux mots de l'Assyrien, d'après qui « le cœur du prince est sous la garde de la paume de Dieu »[35], laquelle ne saurait s'ouvrir à des lettres porteuses de mort : nécessairement celui qui écrit ces lettres-là a tôt fait de glisser entre les doigts de la main qui toujours dispense la vie.

La divinité donatrice de vie

4. – Oui, c'est dès le départ, Sire[36], que le gouvernement vous a attribué le titre de « divinité », non que vous ayez quantité d'or à votre disposition, ni que des couronnes ou des pourpres soient en

32. Hom. H 238-239, voir déjà *supra, Or.* 18, 1, 217 c, p. 103, n. 6.

35. Le passage est exploité trois fois dans l'œuvre oratoire, voir déjà *Or.* 7, 9, 89 d, t. II, p. 301, n. 71-72 et *Or.* 11, 9, 147 c, t. II, p. 425, n. 46. La forme est pratiquement identique à celle de 11, 9, 147 c. Ici, l'idée est exploitée jusqu'en 4, 229 c.

36. On comprend que l'orateur à ce moment vise explicitement Théodose. Cependant, à la ligne suivante, on trouve la deuxième personne du pluriel. C'est qu'il s'agit ici de la souveraineté en général, par conséquent, aussi d'Arcadius, élevé au rang d'Auguste à Constantinople le 19 janvier 383, voir *supra,* p. LV

γὰρ δὴ ἐλθοῦσά γε εἰς αὐτὸν οὐκ ἀλλοχροήσει.
5. Τὴν μὲν γὰρ ἀσπίδα οἶδεν ἐπ᾽ ἄμφω νωμᾶν ἐπὶ
δεξιά τε καὶ ἐπ᾽ ἀριστερά, τὴν ψῆφον δὲ ἐπὶ δεξιὰ
μόνον, ἐπ᾽ ἀριστερὰ δὲ οὐκ οἶδεν. 6. Οὐδ᾽ ἔστιν
αὐτῷ χρυσοῦ τάλαντα, ὥσπερ Ὅμηρός φησι τῷ Διί,
ζωῆς καὶ θανάτου, οὐδὲ κα|θέλκεταί ποτε ἡ ῥοπὴ Hα.228 d
ὑπὸ τῆς θανατηφόρου ἡ ζωηφόρος, ἀλλ᾽ ἐξαίρεται
ὑψοῦ ἀεὶ πρὸς τὸν οὐρανόν, χαμαὶ πιπτούσης τῆς
ἐπὶ τὸν ζόφον ἀγούσης. 7. Ἀλλ᾽ οὐδὲ δύο πίθοι
κατακείαται ἐν τῷ τοῦ βασιλέως ἐδάφει, ὥσπερ αὖ
Ὅμηρος λέγει ἐν τῷ τοῦ Διὸς οὔδει κατακεῖσθαι
δύο πίθους κηρῶν ἐμπλείους, τὸν μὲν ἐσθλῶν,
τὸν δὲ ἕτερον τῶν ἐναντίων, βασιλεῖ δὲ οὐκ ἔστι
πίθος ὁ τοῦ | θανάτου, ἀλλ᾽ ὁ τῆς ζωῆς | μόνον, Do. 333
μεστὸς ἀεὶ καὶ ὑπερχειλής, ἐξ οὗ ἀκράτου αὐτὴν Hα.229 a
ἀρύεται καὶ χορηγεῖ τοῖς ἀνθρώποις. 8. Πεπίστευκε
γὰρ εὖ ποιῶν τῷ λόγῳ τοῦ Ἀσσυρίου, ὃς τὴν
καρδίαν τοῦ βασιλέως λέγει ἐν τῇ τοῦ θεοῦ
παλάμῃ δορυφορεῖσθαι, ἣν οὐχ οἷόν τε | γράμμασι Di. 279
θανατηφόροις ἑαυτὴν συνεπιδοῦναι, ἀλλ᾽ ἀνάγκη
τὸν ἐκεῖνα τὰ γράμματα γράφοντα εὐχερῶς
ἐξολισθαίνειν τῆς χειρὸς τῆς ἀεὶ χορηγούσης ζωήν.

4. Ἄνωθέν τοι, βασιλεῦ, ἡ πολιτεία τὸ τῆς θειότητος ὄνομα ὑμῖν ἐπεφήμισεν, οὐχ ὅτι πολὺς χρυσὸς

FONT. 2-4 Hom. Η 238-239 – 4-6 Hom. Θ 69 ; Χ 209 – 10-13 Hom. Ω 527-528 – 16-20 Prov. 21, 1.

APP. 1 ἀλλοχροχροήσει Ψ || 3 δεξιά Α Π Δ : δεξιᾶ Ψ | τε om. Ψ | ἐπ᾽ om. Ψ Δ | δὲ Π Ψ Δ : δ᾽ Α | δεξιὰ Α Π Δ : δεξιᾶ Ψ || 4 ἀριστερὰ Α Π Δ : ἀριστερᾶ Ψ | οὐδ᾽ Α Π : οὐδὲ Ψ Δ || 5 χρυσοῦ Δ edd. : χρυσᾶ Α Π δισσὰ Ψ || 8 ὑψοῦ ἀεὶ Α Π Δ : ἀεὶ ὑψοῦ Ψ | πρὸς Ψ Δ : εἰς Α Π || 10 τοῦ om. Ψ Δ | αὖ om. Ψ || 11 τοῦ om. Ψ || 12 κηρῶν ἐμπλείους Δ : κ. ἐμπλέους Α Π ἐ. κ. Ψ || 13 τῶν om. Δ || 13-14 ἔστι πίθος Α Π : ἔστιν ὁ π. Ψ Δ || 14 μόνον Α Π : μόνος Ψ Δ || 15 ἀκράτου Α Π Δ : ἄκρατον Ψ | αὐτὴν bis priore deleto Ψ || 17 τοῦ Ἀσσυρίου Α Π : τῷ Ἀσσυρίῳ Ψ Δ || 18 εὖ λέγων post λέγει add. Ψ Δ || 20 συνεπιδοῦναι Α Π Δ : ἐπιδοῦναι Ψ | ἀλλ᾽ Π Ψ Δ : ἀλλὰ Α || 22 χορηγούσης τὴν Α Π || 23 τοι Α Π Ψ : τι Δ || 24 ἐπεφήμισεν Α Ψ Δ : ἐπευφημ- Π | πολὺς ὁ Ψ.

votre possession, ni que vous ayez toute facilité pour transformer dans l'instant un pauvre en riche – tous ces éléments sont trop terre à terre pour un être du ciel ou qui est à son image –, mais parce qu'un dieu et un empereur sont les seuls à avoir à leur disposition le pouvoir d'accorder la vie. 2. Personne n'use pour dieu des épithètes de « victorieux », de « triomphateur »[37], de « Germanique »[38] ou de « Scythique »[39], mais de celles de « philanthrope »[40], de « pieux »[41] et de « sauveur »[42]. 3. Telle est la vertu qui doit être ton point d'attache, et jamais cette main ne te jettera bas de sa paume, comme elle l'a fait pour Néron, pour Domitien, pour le fils de Septime Sévère[43], mais non bien sûr pour Trajan, pour Marc Aurèle ou pour Antonin le Pieux, tes concitoyens et les fondateurs de ton lignage[44] : de longue date, Dieu les a constitués pour nous en préambule de ton règne[45]. 4. Voilà un trophée à mes yeux plus brillant que ton triomphe de Scythie[46], quoique tu l'aies érigé seul et sans recours à des armes ; et, loin d'y avoir prêté son aide, le fer y a même perdu tout tranchant. 5. Non, il n'a rien érigé de tel, le fils de Philippe, celui qui depuis la Macédoine est parvenu jusqu'aux Indes ; devenu le maître de Darius et de Porus, il eut cependant, au cours d'une querelle après le vin, le dessous face à Clitos, et il ne vengea point le vin par le vin, mais par le fer[47], et il ne supporta pas avec clémence l'arrogance de Philôtas, qui l'avait avec hauteur dénigré devant sa maîtresse[48], mais en plus de Philôtas, il fit périr aussi Parménion[49].

37. Les deux premières épiclèses apparaissent ici pour la première fois.

38. Pour cette épithète, voir *Or.* 6, 12, 79 d et t. II, p. 276 avec p. 519, n. 83.

39. Le mot n'apparaît qu'ici comme épithète impériale.

40. Sur le mot et son évolution, voir t. I, p. CCCVIII et 5-6.

41. On pense à Antonin le Pieux.

42. Sur cette épithète, voir *Or.* 6, 11, 79 d avec t. II, p. 276 et p. 519, n. 81.

**ὑμῖν ἐν ἐξουσίᾳ, οὐδ᾽ ὅτι στέφανοι καὶ ἁλουργίδες
ἐν περιουσίᾳ, οὐδ᾽ ὅτι | πλούσιον ἐκ πένητος** Ha.229 b
**παραχρῆμα ποιῆσαι ῥαστώνη ὑμῖν – ταῦτα γὰρ
πάντα χθαμαλώτερα τοῦ οὐρανίου καὶ τῆς πρὸς
ἐκεῖνον εἰκόνος – ἀλλ᾽ ὅτι μόνῳ θεῷ καὶ βασιλεῖ ἐν
ἐξουσίᾳ ἐστὶ ζωὴν ἐπιδοῦναι.** 2. **Οὐδεὶς γὰρ ἐν ταῖς
ἐπικλήσεσι τοῦ θεοῦ τὸν νικητὴν ἢ τὸν θριαμβευτὴν
ἀνακαλεῖται ἢ τὸν Γερμανικὸν ἢ τὸν Σκυθικόν, ἀλλὰ
τὸν φιλάνθρωπον καὶ τὸν εὐσεβῆ καὶ τὸν σωτῆρα.**
3. **Ταύτης ἀνθεκτέον σοι τῆς ἀρετῆς καί σε οὔποτε
ἐκείνη ἡ χεὶρ ἀφ᾽ ἑαυτῆς ἀποσείσεται, ὡς ἀπεσείσατο
Νέρωνα, ὡς Δομετιανόν, ὡς τὸν τοῦ Σεβήρου· ἀλλ᾽
οὐ Τραϊα|νόν γε οὐδὲ Μάρκον οὐδὲ Ἀντωνῖνον, τοὺς** Ha.229 c
**σοὺς πολίτας καὶ ἀρχηγέτας, ἐξ |ὧν πόρρωθεν ἡμῖν
ὁ θεὸς τὴν σὴν βασιλείαν ἐφροιμιάζετο.** 4. **Τοῦτο
ἐγὼ τὸ τρόπαιον λαμπρότερον ὑπο|λαμβάνω τοῦ** Do. 334
**Σκυθικοῦ, καίτοι κἀκεῖνο ἤγειρας μόνος καὶ ἄνευ
τῶν ὅπλων· πρὸς τοῦτο δὲ οὐχ ὅπως συνήρατό
σοι ὁ σίδηρος, ἀλλὰ καὶ ἠμβλύνθη.** 5. **Οἷον οὐκ
ἤγειρεν ὁ Φιλίππου ὁ μέχρις Ἰνδῶν διαβὰς ἐκ
Μακεδονίας, ἀλλὰ Δαρείου μὲν ἐκράτει καὶ Πώρου,
τῆς Κλείτου δὲ παροινίας ἡττήθη, καὶ οὐκ ἠμύνατο
οἴνῳ τὸν οἶνον, ἀλλὰ σιδήρῳ, οὐδὲ τὴν αὐθάδειαν
πρᾴως ἤνεγ|κε τὴν Φιλώτου, πρὸς τὴν ἑταίραν** Ha.229 d
**σοβαρώτερον ἐκλαλήσαντος, ἀλλὰ προσαπώλεσε
τῷ Φιλώτᾳ καὶ Παρμενίωνα.**

FONT. 22-23 Plu., *Alex.*, 50, 2-51, 9 ; Arr., *An.*, IV, 8, 4-8 – 23-26 Plu., *Alex.*, 48, 4-49, 13 ; Arr., *An.*, III, 26, 2-4.

APP. 1 οὐδ ᾽ Ψ Δ : οὐδὲ Α Π | ἁλουργίδες Ψ || 2 ἐν περιουσίᾳ Ψ Δ : αἱ περιουσίαι Α Π || 4 οὐρανίου Α Π : οὐρανοῦ Ψ Δ || 5 ἐν om. Ψ || 6 ζωὴν Α Π : ζωῆς Ψ Δ || 7 ἢ τὸν Α Π : ἤγουν Ψ ἤτοι Δ || 10 οὔποτε Α Π Ψ : οὐδέποτε Δ || 11 ἐκείνη post χεὶρ transpos. Ψ || 12 ὡς[1] Α Π Ψ : καὶ Δ | τοῦ om. Ψ | Σεβήρου Ψ Δ edd. : Σεβή- Α Π || 13 γε Α Π Δ : τε Ψ || 14 σοὺς om. Α Π | ἀρχηγέτας καὶ Δ || 14-15 ἡμῖν ὁ θεὸς Ψ Δ : ὁ θ. ἡ. Α ὁ θ. Π || 15 ἐφροιμιάζετο Α Π Ψ : ἐφωρμιάζ- Δ || 18 τῶν om. Ψ || 20 μέχρις codd. Ma. : μέχρι edd. || 24 πρᾴως ἤνεγκε Α Π Δ : προσήνεγκε Ψ | ἑταίραν corr. e coni. Ma. : ἑταιρίαν codd. || 26 καὶ τὸν Ψ.

Un procès à la fin favorable

5. Toi, en revanche, prince tout semblable à Dieu, par égard pour les innocents, tu as fait grâce aussi aux coupables, et tu as relâché, presque pareillement impunis, aussi bien celui qui avait eu le malheur de fermer les yeux que le fomenteur d'un complot voué à l'échec[50]. Tant, chez toi, même légère, une impulsion vers la philanthropie en vaut une forte. 2. La raison est que tu as un naturel semblable à celui d'une divinité, et que chacun n'a besoin que d'un peu de combustible pour faire partir son naturel. 3. Dans l'Antiquité, il n'existait pas de distinction, lors d'un procès du genre, entre un crime et un hasard malencontreux, mais on mettait sur un pied d'égalité un complot contre les lois en vigueur et la connaissance d'une cabale sans qu'il y eût eu complicité[51]. 4. C'était là bien sûr intenter un procès contre la nature, plutôt que[52] contre l'homme, car elle a fait notre ouïe ouverte à tous les vents, contrairement à nos cils et à notre bouche, que nous avons le pouvoir de fermer et d'ouvrir ; il en va de même pour nos oreilles : à elles seules pour ainsi dire, elles constituent le sens qui échappe à notre autorité, et elles doivent nécessairement accueillir tout ce qui tombe chez elles, comme une maison sans porte et largement ouverte.

6. Tu as complètement retiré des griefs celui d'avoir eu vent de quelque chose ; quant au châtiment, c'est aussi à des phrases que tu l'as confié et, quoique l'affaire même ne pût être exagérée, tu as prononcé une phase plus admirable que ton acte. 2. Nous avions été unanimes à admirer ta patience, quand toi tu t'accusais de lenteur. Ce mot n'exprime rien d'autre que ta colère de n'avoir pas anticipé

50. Sur cette affaire, voir *supra*, p. LXIX et 121-122.

51. Déjà sans doute Thémistios fait allusion à la même affaire *supra*, 2, 227 c. Pour ces distinctions d'origine aristotélicienne, voir *Or*. 1, 21, 15 d et la note t. I, p. 219, n. 98.

5. Ἀλλὰ σύ γε, ὦ θεοειδέστατε αὐτοκράτορ, διὰ τοὺς μηδὲν ἠδικηκότας, καὶ τοῖς ἁμαρτάνουσιν ἐνδέδω|κας συγγνώμην, καὶ παραπλησίως ἀθῷον Di. 280
ἀφῆκας τῷ καθευδήσαντι δυστυχῶς τὸν μάταια μεριμνήσαντα. Οὕτω σοι καὶ μικρὰ ῥο|πὴ πρὸς Ha.230 a
φιλανθρωπίαν ἀντὶ μεγάλης ἐστίν. 2. Αἴτιον δέ, ὅτι πέφυκας θεοειδής· ἕκαστος δὲ μικροῦ δεῖται ὑπεκκαύματος ἐπὶ τὴν ὁρμὴν τῆς φύσεως. 3. Καὶ πάλαι μὲν οὐ διεκέκριτο ἐν τῷ τοιῷδε ἐγκλήματι ἀδίκημα δυστυχήματος, ἀλλ᾽ ἐν ἴσῳ καθειστήκει τὸ βουλεῦσαί τι τῶν ἀθέσμων καὶ τὸ πυθέσθαι μὴ προελόμενον. 4. Καίτοι τῆς φύσεως ἔγκλημα ἦν τοῦτο <μᾶλλον> ἢ τοῦ ἀνθρώπου, ὅτι τὴν ἀκοὴν ἐποίησεν ἀναπεπταμένην, καὶ οὐχ ὥσπερ τὰ βλέφαρα καὶ τὸ στόμα ἐφ᾽ ἡμῖν κλείειν καὶ ἀνοιγνύναι, οὕτω καὶ τὰ ὦτα, |ἀλλ᾽ αὕτη μόνη Do. 335
σχεδὸν ἡ αἴσθησις ||ἐκπέφευγε τὴν ἐφ᾽ ἡμῖν Ha.230 b
ἐξουσίαν, καὶ δέχεσθαι ἀνάγκη πᾶν τὸ προσπῖπτον αὐτῇ, ὥσπερ οἴκημα ἄθυρον καὶ ἀνεῳγμένον.

6. Σὺ δὲ τὴν μὲν ἀκοὴν ἐξεῖλες παντάπασι τῶν ἐγκλημάτων, κόλασιν δὲ καὶ ῥήμασι συνεχώρησας, καὶ τῆς πράξεως αὐτῆς οὐ δεχομένης ὑπερβολὴν προήκω ῥῆμα τοῦ ἔργου θαυμασιώτερον. 2. Ἁπάντων γὰρ ἡμῶν τὴν ἀνεξικακίαν τεθαυμακότων, σὺ βραδυτῆτα αὐτῆς ᾐτιῶ. Τοῦτο δὲ οὐδὲν ἄλλο ἐστὶν ἢ ἀγανακτοῦντος ὅτι μὴ προὔλαβες τῇ συγγνώμῃ

MARG. 22 ἄγαν κακίστης οὔσης καὶ εἰς ὑπερβολὴν ΑΠ.

APP. 1 ἀλλὰ σύ Α Π : ἀλλ᾽ οὐ Ψ Δ | ἀλλὰ διὰ Ψ Δ || 2-3 καὶ – συγγνώμην (ἔδωκας Δ) Α Π Δ : συγγνώμην καὶ τοῖς ἁμαρτάνουσιν ἔδωκας Ψ || 4-5 μάταια μεριμνήσαντα Α Π Δ : διά τε ἀμεριμνήσαντα Ψ || 8 ὑπεκκαύματος Δ : ἐκ καύματος Α Π Ψ || 9 διεκέκριτο Α Π Δ : διεκέκλειστο Ψ || 10 καθεστήκει Ψ || 11 πυθέσθαι Α Π : πείθεσθαι Δ βουλεῦσαι Ψ || 13 τοῦτο ante ἔγκλημα (v. 12) transp. Ψ | μᾶλλον supplev. sec. Pet. vid. sis adnot. || 16 αὕτη Α Π Ψ : αὐτὴ Δ | μόνη Α Π Δ : μόνον Ψ || 17 καὶ ἡ Δ | ἐκπέφευγε post ἐξουσίαν (v. 18) transp. Ψ || 18 προσπῖπτον edd. : – πίπτον codd. || 20 μὲν om. Ψ || 21 ῥήμασι Α Π Δ : ῥῆμά τι Ψ || 23 ἔργου Α Π : ἔργα Δ λόγου Ψ || 24 σὺ δὲ Ψ Δ.

par ton pardon l'instruction du crime et de n'avoir pas rendu l'acquittement libérateur plus rapide que le verdict. 3. Et pourtant qu'aurait-on pu trouver de plus ferme que pareille vitesse ? En effet, tu ne t'es pas graduellement relâché de ta colère, tu n'as pas non plus atténué peu à peu la peur des prévenus ni mis longtemps à réfléchir sur le parti à prendre après la séance du tribunal, mais le verdict inspiré par Dieu a devancé celui de la sévérité à l'instant et sans délais, si bien qu'il est parvenu aux oreilles de beaucoup avant l'avis défavorable. 4. Pour ma part, j'ai cru alors entendre seulement une voix qui surpassait en promptitude la course aux flambeaux accomplie en l'honneur d'Héphaistos et qui, d'un messager à l'autre, parcourait tant et tant de stades à la façon de fanals nocturnes[53], afin de retenir le bras levé des bourreaux et leur glaive déjà en l'air : c'était la voix du salut. Cette philanthropie, allons-nous donc la taxer de lente, elle que n'a pas devancée la lame des couteaux pesant sur les nuques ? 5. Pourtant, le Zeus d'Homère, quoique Sarpédon soit son fils, si l'on doit se fier à Homère et à ses jeux d'esprit, hésite à briser son destin et, de mauvais gré, finit par changer d'avis, suborné par Héra[54]. 6. Le prince, lui, brise une nécessité non moins inéluctable dictée par un tribunal inflexible, et il le fait sans remords ; joignant son suffrage au sien, son épouse émet chaque fois un avis unique[55], et leur fils, le bien-aimé[56], les suit tous deux, car c'est aux mêmes usages qu'ils éduquent et entraînent[57] leur

55. On sait que l'impératrice était fameuse pour son action charitable et sa piété (THDT., *HE* V, 19, 1-5 ; *Souda*, Π 1685, *s.v.* Πλακίλλα ; ZON., XIII, 18), voir GR. NYSS., *Flacill.*, p. 487, 15-17 éd. Spira : « Combien, parmi les incarcérés, ont été jugés dignes, non pas seulement d'une visite de sa part, mais même d'un élargissement complet » πόσοι τῶν κατακλείστων οὐκ ἐπισκέψεως μόνον, ἀλλὰ καὶ παντελοῦς ἀφέσεως ἠξιώθησαν. Je n'ai pu consulter la traduction de Poggi, S., *Oraisons de Flacilla et de Pulchérie,* mémoire de maîtrise Université de Paris-IV Sorbonne, direction du Professeur Monique Alexandre, juin 1990. Sur le rôle de l'impératrice en matière judiciaire, voir déjà *supra,* p. 217, n. 76 si *Or.* 18, 12, 225 b.

τὸν ἔλεγχον τοῦ πλημμελήματος, μηδὲ ταχυ|τέραν Ha.230 c
ἐποίησας τῆς κατεχούσης ψήφου τὴν ἀφιεῖσαν.
3. Ἐπεὶ τῆς ταχυτῆτος ἐκείνης τί ἂν γένοιτο
ἀθροώτερον; Οὐ γὰρ κατὰ μικρὸν ὑφῆκας τῆς
ὀργῆς οὐδὲ κατ᾽ ὀλίγον ἠλάττωσας τὸν φόβον τοῖς
ὑπευθύνοις οὐδὲ ἐνδιέτριψας τῇ γνώμῃ μετὰ τὸ δι-
καστήριον ἐφ᾽ ὅ τι ὁρμήσεις, ἀλλὰ προκατέλαβε
τὴν σκυθρωπὴν ψῆφον ἡ θεόσδοτος οὕτως ἀκαρῆ
καὶ ἀμελλητί, ὥστε προτέ|ραν πολλοῖς τῆς χαλεπῆς Di. 281
ἀκουσθῆναι. 4. Καὶ τότ᾽ ἐγὼ μόνον ᾐσθόμην φωνῆς
νικώσης τῷ τάχει τὴν τῷ Ἡφαίστῳ τελουμέ|νην Ha.230 d
λαμπαδηφορίαν, καὶ διὰ πομπίμων ἐξ ἄλλων
εἰς ἄλλους σταδίους τόσους καὶ τόσους ὥσπερ
φρυκτωρίας διαπεμπομένην, ὥστε ἀνατεταμένας | Do. 336
τὰς χεῖρας τὰς τῶν δημίων καὶ μετέωρα ἤδη
τὰ ξίφη κατασχεῖν τὴν φωνὴν τὴν σωτήριον.
Ταύτην οὖν φῶμεν βραδεῖαν φιλανθρωπίαν, ἣν οὐ
προὔλαβον αἱ μάχαιραι ἐπικείμεναι τοῖς αὐχέσιν;
5. Ἀλλ᾽ ὁ μὲν Ζεὺς ὁ παρ᾽ Ὁμή|ρῳ, καίτοι παιδὸς Ha.231 a
ὄντος τοῦ Σαρπηδόνος, εἰ δεῖ πείθεσθαι Ὁμήρῳ
κομψευομένῳ, ὀκνεῖ λῦσαι τὴν πεπρωμένην, καὶ
θελήσας μεταγινώσκει, παραπεισθεὶς ὑπὸ τῆς Ἥρας.
6. Βασιλεὺς δὲ ἀνάγκην οὐχ ἧττω ἀπαραιτήτου
δικαστηρίου διαλύει ἀμεταμελήτως, συμψήφου τῆς
ὁμοζύγου οὔσης αὐτῷ καὶ ἀεὶ βουλευούσης εἰς
μίαν, ἑπομένου δὲ ἀμφοῖν καὶ τοῦ παιδὸς τοῦ

APP. 1 τὸν ἔλεγχον om. Ψ || 2 ἀφιεῖσαν Α Π Ψ : ἐπιοῦσαν Δ || 3 ταχυτῆτος Α Π Δ : βραδυτῆτος Ψ | γένοιτο Α Π Δ : γίν- Ψ || 6 ἐνδιέτριψας Α Π Ψ : ἐνδιέτριψε Δ || 7 ὅ τι Α Π : ὅτῳ Ψ Δ | προκατέλαβε Α Π : κατέλαβε Δ Ψ || 8 ψῆφον κατέλαβε Δ Ψ || 9 ἀμελλητί edd. : ἀμελητί codd. | ὥστε καὶ Ψ Δ | πολλοῖς Α Π Δ : πολλῷ Ψ || 10 τότ᾽ Ψ Δ : τότε Α Π || 12 πομπίμων Α Π Δ : πομπίμου Ψ || 13 σταδείους Ψ || 14 διαπεμπομένην Ψ Δ : διεπεμπόμην Α Π || 15 καὶ om. Ψ Δ | ἤδη Α Π Δ : δὴ Ψ || 16 σωτήριον Α Π : σωτηρίον Ψ Δ || 19 Ζεὺς post Ὁμήρῳ transp. Ψ || 21 λῦσαι Α Π : ἀναλύσαι Δ ἀναλῦσαι Ψ || 21 πεπρωμένην ἀναλῦσαι Ψ || 22 παραπεισθεὶς Α Π : παρακληθεὶς Ψ Δ || 23 ἧττω ἀνάγκην Ψ || 24 διαλύει Α Π : παραλύει Ψ Δ || 26 τοῦ παιδὸς om. Δ.

rejeton, en digne héritier, tranchons le mot, de leur sang et de leurs qualités. Peu importe auquel de ses géniteurs il ressemblera le plus : il devra cultiver la piété autant que la philanthropie.

7. Mais en voilà (assez) pour eux ; quant à ceux qui étaient sous le coup de chefs d'accusation plus ténus[58] et dont les errements tenaient plus à la nature de l'ouïe qu'à la complicité, eurent-ils besoin d'un temps ou d'un délai, fût-il court, pour être acquittés ? 2. Certes non. Toute crainte aussitôt arrachée de leur esprit, ils se mettaient d'emblée à faire la fête, comme s'il n'y avait jamais eu d'accusation contre eux ; négligée et abattue jusque-là, leur allure se métamorphosait en une morgue pleine de superbe. 3. Cette métamorphose, je l'ai, pour ma part, plus[59] admirée que celle opérée par Athéna sur Ulysse hâve et vêtu de guenilles, qu'elle transforma en un homme fringant aux riches habits, lorsqu'il était sur le point de se faire reconnaître par son fils[60]. 4. Superficielle transformation que celle de ce corps ! toi, c'était leur âme en même temps que leur corps que tu métamorphosais. Et ton caducée, dirais-je pour ma part, n'était pas moins beau et doré que celui d'Hermès chez Homère[61] ; c'est que ce caducée éveille, non du sommeil, mais de la mort, qu'il constitue une garde plus infrangible que le fer, qu'il protégera mieux ton règne que des bûchers, des excisions de veines et des haches :

59. Pour la construction et l'ajout de μᾶλλον, voir *supra,* la n. 52 à 5, 230 a.

60. Hom. π 172-176 : « à ces mots, le touchant de sa baguette d'or, Athéna lui remit d'abord sur la poitrine sa robe et son écharpe tout fraîchement lavée, puis lui rendit sa belle allure et sa jeunesse : sa peau redevint brune, et ses joues bien remplies ; sa barbe aux bleus reflets lui revint au menton. » ἦ, καὶ χρυσείῃ ῥάβδῳ ἐπεμάσσατ' Ἀθήνη. | φᾶρος μέν οἱ πρῶτον ἐϋπλυνὲς ἠδὲ χιτῶνα | θῆκ' ἀμφὶ στήθεσφι, δέμας δ' ὤφελλε καὶ ἥβην. | ἂψ δὲ μελαγχροιὴς γένετο, γναθμοὶ δ' ἐτάνυσθεν, | κυάνεαι δ' ἐγένοντο ἐθειράδες ἀμφὶ γένειον.

ἀγαπητοῦ, ὃν ἐν τοῖς αὐτοῖς ἤθεσι καὶ ἐκτρέφουσι καὶ ἐξασκοῦσιν, ἀμφιθαλοῦς ἀτεχνῶς καὶ ἀμφιδεξίου. Ὅτῳ γὰρ ἂν μᾶλλον ἐοικὼς ᾖ τῶν γειναμένων, εὐσεβεῖ τε αὐτῷ καὶ φιλανθρώπῳ εἶναι προσήκει.

| 7. Ἀλλὰ ἐκεῖνοι μὲν οὕτως· ὧν δὲ τὰ ἐγκλήματα Ha.231 b
πραότερα ἦν καὶ |τῆς φύσεως μᾶλλον τῶν ὤτων ἢ
τῆς προαιρέσεως ἁμαρτήματα, ἆρ᾽ οὗτοι ἐδεήθησαν
χρόνου, ἢ μικρᾶς γέ τινος μελλήσεως πρὸς τὴν
ἄδειαν; 2. Ἀλλὰ μὴν πᾶς αὐτίκα ἐξεκέκοπτο αὐτῶν
φόβος τῆς διανοίας καὶ ἀθρόον ἑώρταζον ἑορτήν,
ὥσπερ οἱ μηδεπώποτε ἐγκεκλημένοι, καὶ ἐκ | μορφῆς Do. 337
ἀθεραπεύτου καὶ ὑποπεπτωκυίας μετεμορφοῦντο
εἰς χλιδῶσαν καὶ γέμουσαν γήθους. | 3. Ταύτην Ha.231 c
ἐγὼ τὴν μεταμόρφωσιν ἠγάσθην <μᾶλλον> ἢ ἣν
παρ᾽ Ὁμήρῳ μετεμόρφωσεν ἡ Ἀθηνᾶ τὸν Ὀδυσσέα,
ἐκ | ῥικνοῦ καὶ ῥάκια ἠμφιεσμένου μεταβαλοῦσα Di. 282
εἰς εὐείμονα καὶ σφριγῶντα, ἡνίκα τῷ παιδὶ ἔμελλεν
ἀναγνωρισθῆναι. 4. Ἐπιπόλαιος γὰρ αὕτη τοῦ
σώματος ἡ μεταβολή· σὺ δὲ τὰς ψυχὰς αὐτῶν σὺν
τῷ σώματι μετεμόρφους. Καὶ τὴν σὴν ἔγωγε ῥάβδον
οὐχ ἧττον ἂν εἴποιμι καλὴν καὶ χρυσῆν ἢ τὴν τοῦ
Ἑρμοῦ φησιν Ὅμηρος. Ἐγείρει γὰρ αὕτη οὐκ ἐξ
ὕπνου, ἀλλ᾽ ἐκ θανάτου, αὕτη φυλακτήριόν ἐστιν
ἀρρηκτότε|ρον τοῦ σιδήρου, αὕτη μᾶλλον διατηρήσει Ha.231 d
τὴν σὴν βασιλείαν ἢ πυρκαϊαὶ καὶ φλεβῶν ἐκτομαὶ

APP. 3 ὅτῳ Α Π : οὕτω Ψ Δ | 13 ᾖ om. Ψ | γειναμένων Α Π Δ : γινομ- Ψ || 4 εὐσεβεῖ Ψ Δ : εὐσεβεῖν Α Π || 5 ἀλλὰ ἐκεῖνοι edd. : ἀλλά κεῖνοι Δ ἀλλ᾽ ἐκεῖνοι Α Π Ψ || 6 πραότερα Α Π : πρότ- Ψ Δ Di. Do. Ma. κουφότερα coni. Pet. || 8 μικρᾶς Α Π Ψ : μακράς Δ | μελλήσεως edd. : μελή- codd. || 9 μὴν Α Π Ψ : μὴ Δ | πᾶς αὐτίκα Α Π : παραυτίκα Ψ Δ | ἐξεκέκοπτο Α Π Ψ : -κέκυπτο Δ | αὐτῶν ὁ Ψ Δ || 11 μηδεπώποτε Α Π Δ : μηδέποτε Ψ || 13 γήθους Α Π Ψ : πειθοῦς Δ | 14 μᾶλλον suppl. post Pet. || 15 ἡ om. Δ || 18 ἀναγνωρισθῆναι Α Π : – γνωσθῆναι Δ – γνωρισθήσεσθαι Ψ || 18-19 τοῦ σώματος ἡ μεταβολή Ψ Δ : ἡ μ. τ. σ. Α Π || 19 αὐτῶν om. Ψ | σὺν Α Π Ψ : ἐν Δ || 20 σὴν ἂν Δ | ἔγωγε om. Ψ || 21 ἂν om. Α Π || 25 φλεβῶν Α Π Ψ : βελῶν Δ | ἐκτομαὶ Α Π : ἐντομαὶ Ψ Δ.

ces mesures qu'employaient contre les hommes tous les jours les plus tyranniques des Romains, loin de brider la haine, l'exacerbaient.

Sévérité d'empereurs antérieurs

8. Il n'en allait certes pas de même avec tes ancêtres et chefs de lignage ; au contraire, c'était par le respect, pensaient-ils, et par la bienveillance que l'on doit tenir ses sujets[62]. 2. La bienveillance est, plus que la peur, une garde difficile à déjouer. La peur ne désarme pas, que nous sachions, la bienveillance ; la bienveillance, elle, désarme des puissances nombreuses[63]. 3. Aussitôt, dans le cas d'empereurs renommés pour leur clémence, au moins pas trop négligents[64] et paniers percés, s'il s'était produit un complot, aussitôt il était noyé avant que fût mis le feu à la mèche ; 4. quant aux empereurs durs et féroces, qui faisaient toujours égorger leurs prisonniers, les auteurs d'attentats ne leur faisaient pas défaut. 5. Il serait ridicule, le maître qui enseignerait la sécurité à l'usage des tyrans en faisant décapiter les épis à la surface d'un champ de blé, car il ne saurait les décapiter tous sans en laisser quelques-uns de plus hauts restés encore à l'écart de la faux[65]. 6. Voilà bien ce qu'il y a de plus effroyable dans la lâcheté des tyrans : ils ont beau tuer tous ceux qu'ils redoutent, il n'est pas en leur pouvoir de réussir à n'avoir peur de personne.

Préférer le prestige à la sécurité

9. Je connais aussi l'instruction sacrée, prince, que tu as signifiée aux juges en les envoyant au tribunal. 2. À celui qui disait : « avant tout, on doit se soucier de la sécurité des empereurs », « bien davantage »,

62. Sur ce thème, voir *Or.* 9, 4, 122 b et t. II, p. 372, n. 18. Pour des idées analogues, voir *Or.* 1, 18, 12 c avec t. I, p. 35, n. 86.

καὶ πελέκεις, ἃς οἱ τυραννικώτατοι Ῥωμαίων προσάγοντες ὁσημέραι τοῖς ἀνθρώποις οὐκ ἐπεῖχον τὸ μῖσος, ἀλλ᾽ ἐξηγρίαινον.

8. Οὐ μὴν οἱ σοὶ πρόγονοι καὶ ἀρχηγέται, ἀλλ᾽ αἰδοῖ μᾶλλον ᾤοντο δεῖν καὶ εὐνοίᾳ πλέον ἢ φόβῳ κατέχειν τοὺς ὑπηκόους. 2. Δυσκαταγωνιστότερον δὲ φυλακτήριον εὔνοια φόβου. Φόβῳ μὲν γὰρ | Ha.232 a εὔνοιαν οὐκ ἴσμεν καταλυθεῖσαν, εὐνοίᾳ δὲ δυνάμεις πολλάς. 3. Αὐτίκα τοῖς μὲν ἐκ πρᾳότητος εὐδοκίμοις τῶν αὐτοκρατόρων, ὅσοι μὴ λίαν ὀλίγωροι καὶ ἐκκεχυμένοι, εἴ τις καὶ ἀνέφυ ἐπιβουλή, αὐτίκα κατεσβέσθη πρὶν ἐξαφθῆναι· 4. τοῖς δὲ χαλεποῖς ἐκείνοις καὶ ἀνημέροις ἀεὶ τοὺς ἁλισκομένους ὑποτεμνομένοις οὐκ | ἐπέλιπον οἱ κατεγχειροῦντες. Do. 338 5. Γελοῖος γὰρ διδάσκαλος ἦν τῆς τυραννικῆς ἀσφαλείας ὁ τοὺς ἀστάχυας ἀποτέμνων τοὺς ὑπερέχοντας τοῦ ληίου· οὐ γὰρ τοσούτους γε | ἂν Ha.232 b ἀποτέμοι ὥστε μή τινας ἀπολείπεσθαι ὑψηλοτέρους τῶν ἀτμήτων ἀεὶ μενόντων. 6. Τοῦτο γὰρ δὴ τὸ σχετλιώτατον τῆς τῶν τυράννων δειλίας, ὅτι πάντας κτείνοντες οὓς δεδίασιν ἄχρι τοῦ μηδένα φοβεῖσθαι προελθεῖν οὐ δύνανται.

9. Οἶδά σου καὶ τὴν ἱερὰν ἐγκέλευσιν, ὦ βασιλεῦ, ἣν ἐνεκελεύσω τοῖς δικασταῖς, παραπέμπων ἐπὶ τὴν κρίσιν. 2. Καὶ πρὸς τὸν εἰπόντα ὅτι πρὸ πάντων

FONT. 15-17 Hdt., V, 92 ε, *vid. adnot.*

APP. 2 προσάγοντες Δ : προσαγαγόντες Α Π Ψ || 8 καταλυθεῖσαν Α Π Δ : καταβληθεῖσαν Ψ || 11 αὐτίκα Α Π : καὶ αὐτὴ Ψ Δ || 14 ὑποτεμνομένοις Α Π : – τεμνόμενοι Ψ Δ | οὐκ Α Π Δ : οὐ Ψ | ἐπέλιπον Δ : – έλειπον Α Π κατέλιπον Ψ || 16 ἀστάχυας Α Π Δ : στάχυας Ψ || 17 τοσούτους Α Π Δ : τόσους Ψ || 18 ἀπολείπεσθαι Ψ Δ : ὑπολ- Α Π | ὑψηλοτέρους Ψ Δ : – τέρων Α Π || 19 ἀτμήτων Α Π Δ^sl : ἀκμήτων Ψ Δ || 20 σχετλιώτατον Α Π Δ : -τλιώτερον Ψ || 21 κτείνοντες Α Ψ Δ : κτείναντες Π || 23 βασιλεῦ Α Π Ψ : – λεύῃ Δ in t. – λεύοι Δ^sl || 24 ἐνεκελεύσω Α Π Δ : ἐκέλευσας Ψ.

répliquais-tu, « de leur prestige »[66]. En effet, ce n'est pas une longue vie que doit viser le prince, mais l'excellence dans la vertu. 3. Si Denys et Tibère avaient réussi à vieillir à la tête du pouvoir absolu, leur vieillesse ne fut rien d'autre qu'un méchant renom prolongé trop longtemps[67]. 4. Mais penser de la sorte et attacher plus de prix au prestige qu'au salut, est-ce autre chose que supposer des intentions plus hostiles à ceux qui font obstacle à la gloire qu'à ceux qui attentent à la personne ? 5. Pour moi, je n'irai donc pas encore en plus te chanter les tirades de Platon ni, par Zeus, celles d'Aristote, ni bien sûr te dire un mot d'ordre ou un précepte de mon cru, mais la maxime que tu as toi-même produite ; il te suffit de savoir et d'examiner uniquement si dans l'action le beau l'emporte sur l'utilitaire et si c'est la raison dénuée de trouble qui te pousse à l'action ou si ton raisonnement est obscurci par une passion quelconque. La plus dangereuse est la passion dont l'irruption au pouvoir précède la raison[68].

Théodose comme père

10. Pour cette raison encore les Perses ont bien raison de donner à Cyrus le titre de « père »[69], à Cambyse[70] celui de « maître » et à Darius celui de « trafiquant »[71]. 2. Ce qui fait un père, c'est la justice, un maître, l'agressivité, et un trafiquant, le goût des richesses ; le seul à être divin est le titre de père – en effet, les poètes donnent aussi à Zeus le titre de « père des hommes » – ; quant aux autres, ils vont, l'un à des bêtes féroces, l'autre à des esclaves.

70. Sur Cambyse, t. I, p. 28, la n. 53 à *Or.* 1, 10, 7 c. Julien (*Or.* 1, 7, 9 a) a–t-il imité Thémistios, se demande Bouffartigue, J. (1992), p. 297, n. 822 ? On lit à propos de Cyrus : ὁ μὲν ἐκαλεῖτο πατήρ, ὁ δὲ ἐπωνομάσθη δεσπότης. Ici, c'est Thémistios qui pourrait avoir donné la leçon à Julien. En effet, Hérodote (III, 89) écrit : λέγουσι Πέρσαι ὡς Δαρεῖος μὲν ἦν κάπηλος, Καμβύσης δὲ δεσπότης, Κῦρος δὲ πατήρ. Mais on ne voit pas pourquoi il y aurait nécessairement un jeu d'imitation. Les deux écrivains connaissaient simplement le même passage.

φροντιστέον ἐστὶ τῆς ἀσφαλείας τῶν αὐτοκρατόρων,
μᾶλλον | μὲν οὖν, ἔφησθα,| τῆς ἀγαθῆς δόξης. Οὐ Di. 283
γὰρ ζωῆς μῆκος διωκτέον τῷ βασιλεῖ, ἀλλ᾽ ὑπεροχὴν Ha.232 c
ἀρετῆς. 3. Ἐπεὶ καὶ Διονύσιος καὶ Τιβέριος
ἐγκατεγήρων ταῖς μοναρχίαις, ἀλλὰ τὸ γῆρας αὐτῶν
οὐδὲν ἄλλο ἦν ἢ μακροτέρα κακοδοξία. 4. Ἀλλ᾽ ὅ γε
οὕτω φρονῶν καὶ περὶ πλείονος τὴν ἀγαθὴν δόξαν ἢ
τὴν σωτηρίαν ποιούμενος τί ἄλλο ἢ κακονουστέρους
ὑπολαμβάνει τοὺς πρὸς εὔκλειαν αὐτῷ ἐμποδὼν
ὄντας τῶν τῷ σώματι ἐπιχειρούντων; 5. Ἐγὼ οὖν
οὐκ ἄν σοι προσᾴδοιμι ἔτι τοὺς Πλάτωνος λόγους Ha.232 d
οὐδὲ | μὰ Δία τοὺς Ἀριστοτέλους, οὐδὲ μὴν ἐμαυτοῦ
τι ἂν εἴποιμι παράγγελμα ἢ νουθέτημα, ἀλλ᾽ ἣν
αὐτὸς ἐγέννησας γνώμην· ταύτην ἀπόχρη σοι μόνην
εἰδέναι τε καὶ ἐπισκοπεῖν, πότερον ἐν τῇ πράξει πλέον
τὸ καλὸν ἢ τὸ κερδαλέον, καὶ πότερον ἀθόλωτος
ὁ λόγος ἐξορμᾷ σε ἐπὶ τὴν πρᾶξιν, ἢ ἐπαχλύεται
ὁ λογισμὸς ὑπό τινος πάθους. Χαλεπώτατον γὰρ
ἐκεῖνο τὸ πάθος, ὃ προεκπηδᾷ τοῦ λόγου ἐν ἐξουσίᾳ.

| 10. Καὶ διὰ τοῦτο Πέρσαι καλῶς Κῦρον μὲν Ha.233 a
πατέρα, Καμβύσην δὲ δεσπότην, Δαρεῖον δὲ κάπηλον Do. 339
ἐπωνόμαζον. 2. Ποιεῖ δὲ πατέρα μὲν δικαιοσύνη,
θυμὸς δὲ δεσπότην, κάπηλον δὲ φιλοχρηματία·
θεία δὲ μόνη ἡ τοῦ πατρὸς ἐπωνυμία· – πατέρα γὰρ
ἀνθρώπων καὶ τὸν Δία οἱ ποιηταὶ ἐπονομάζουσι – τῶν
δὲ ἄλλων ἡ μὲν θηριώδης, ἡ δὲ καὶ ἀνδραποδώδης.

MARG. 10 ἐπιχειρούντων] ἤγουν ἐπιτιθεμένων Π.

FONT. 21-23 Hdt., III, 89 – 26-27 Pl., *R.*, IV, 430 b 8 ; Arist., *EN*, III, 10 1118 a 25 cf. b 20-21.

APP. 1 ἀσφαλείας Α Π Δ : σωτηρίας Ψ || 5 μοναρχίαις Α Π Ψ Δ^{pc} : νομαρ- Δ in t. || 9 ἐμποδὼν Α Π Ψ : ἐκπ- Δ || 11 τοὺς Α Π Ψ : τοῦ Δ || 12 οὐδὲ^{1} Α Π : καὶ Ψ Δ | μὴν Α Π : δὴ Ψ Δ || 13 τι Π Δ : τί Α om. Ψ | ἂν ante ἐμαυτοῦ transp. Ψ || 14 σοι Α Π Δ : μοι Ψ || 16 κερδάλεον Ψ || 17 ἐξορμᾷ σε Α Π : ἐξορμεῖται Ψ Δ || 24 θεία Α Π : θεῖα Δ δία Ψ || 25 ἐπονομάζουσι Α Π Δ : ὀνομάζουσι Ψ || 26 ἡ^{1} – θηριώδης Α Π Δ : οἱ – θηριώδεις Ψ | ἡ^{2} Α Π Δ : οἱ Ψ | καὶ om. Ψ | ἀνδραποδώδης Α Π Δ : – ποδώδεις Ψ.

3. Il reste que les ruches produisent aussi une reine, qui croît et se forme par elle-même ; autour d'elle bourdonne et volète à l'unisson la ruche dans la joie[72]. 4. Chez les hommes, la nature ne produit un roi que rarement et à longs intervalles, quand coïncident et vont de pair la beauté de l'âme et la splendeur du corps[73] : voilà, en un mot, ce qu'est le grand empereur[74], celui dont la beauté n'est ni bancale ni tronquée, mais ajustée et complète. 5. Aussi Alexandre félicitait-il Achille d'avoir trouvé en Homère son héraut ; quant à moi, je me tiens pour bienheureux, parce que mes discours ont pour lot d'être les tiens. On ne saurait dire de cette conclusion qu'elle est davantage flatterie que vérité. Parmi les empereurs dont nous connaissons ou avons lu l'histoire, aucun autre, sauf les deux plus célèbres[75], ne saurait, avec le même talent que toi, garder entre les mains un trésor unique d'un si haut prix[76].

72. Pour l'image, voir *Or.* 2, 16, 36 a-b avec t. I, p. 248, n. 109.

73. Le grec est plus expressif que ne peut l'être le français. Je ne vois pas le moyen de rendre la récurrence dans les § 3-4 de la série de préverbes en -συν.

74. Sur ce mode de désignation de l'empereur, voir *Or.* 2, 3, 26 b et t. I, p. 75, n. 9.

3. **Φύεται μὲν οὖν καὶ ἐν σμήνεσιν αὐτοφυής τις καὶ αὐτοδίδακτος βασιλεύς, ᾧ συμπεριβομβεῖ καὶ συμπεριπέτεται ἑκούσιον τὸ σμῆνος καὶ | σὺν** Ha.233 b **χαρμονῇ.** 4. **Φύεται δὲ καὶ ἐν ἀνθρώποις, ἀλλὰ σπανίως γε οὗτος καὶ ἐν μακρῷ χρόνῳ, ὅταν ἄμφω συμπέσῃ καὶ συνομαρτήσῃ τῷ κάλλει τῆς ψυχῆς καὶ ἡ τοῦ σώματος ἀγλαΐα · καὶ οὗτός ἐστιν ἀτεχνῶς ὁ μέγας βασιλεύς, καὶ οὔτε χωλὸν οὔτε κολοβὸν αὐτοῦ | τὸ κάλλος, ἀλλ᾽ ἄρτιον καὶ** Di. 284 **ὁλόκληρον.** 5. **Ὥστε Ἀλέξανδρος μὲν ἐμακάριζε τὸν Ἀχιλλέα, ὅτι Ὁμήρου ἔτυχε κήρυκος, ἐγὼ δὲ ἐμαυτὸν εὐδαίμονα ὑπολαμβάνω, ὅτι σὲ κηρύττειν ἔλαχον οἱ ἐμοὶ λόγοι. Καὶ τοῦτο οὐκ ἄν τις φαίη κολακείαν μᾶλλον ἢ ἀλή|θειαν. Ὧν γὰρ ἴσμεν** Ha.233 c **αὐτοκρατόρων ἢ ὧν ἀκούομεν, πλὴν δυοῖν τοῖν ἐνδοξοτάτοιν, οὐδεὶς ἂν ἕτερος τὸν αὐτὸν σοὶ τρόπον ἓν κτῆμα τοιοῦτον μεταχειρίσαιτο.**

FONT. 1-4 cf. PL., *R.*, VII, 520 b 6-7 ; *Plt.*, 301 d 7-e 3.

APP. 1 τις om. Ψ Δ || 2 συμπεριβομβεῖ A Π : – βομβεῖται Ψ περιβομβεῖ Δ || 3 συμπεριπέτεται Ψ : – περιπέταται A Π – περιπλέκεται Δ | ἑκούσιον om. Ψ || 5 γε A Ψ Δ : τε Π || 15-16 δυοῖν τοῖν ἐνδοξοτάτοιν A Π Δ : δυεῖν τῶν ἐνδοξοτάτων Ψ || 16 ἕτερος A Π Ψ Δ^{ac} : ἕτερον Δ^{pc} || 17 ἓν κτῆμα A Π : ὡς κ. Ψ ἔκτιμα Δ ἔγκλημα coni. Pet. | μεταχειρίσαιτο A Π : μεταχειρίσατο Δ μεταχειρίσεται Ψ.

NOTES COMPLÉMENTAIRES

Page 8

2. Au moment où il prononce ces mots, Thémistios a environ soixante-deux ans.

3. Sur l'emploi de ζάκορος, voir *Or.* 4, 5, 53 b. Celui qui présidait le sénat était le préfet de la Ville, mais on ne connaît pas l'identité de celui qui exerçait la charge au moment où Théodose fut élevé à l'Empire, LEPPIN, H. (1998), p. 241, n. 5 ; HEATHER, P.-MONCUR, D. (2001), p. 225, n. 50. On peut supposer que le préfet de la Ville avait chargé ses services d'envoyer plusieurs lettres, par exemple à ceux qui dirigeaient les partis du Sénat.

4. L'épithète ἀρτίπους vient d'Homère (ἀρτίπος, θ 310), où elle désigne Arès.

5. HOM. Γ 169-170 : καλὸν δ' οὕτω ἐγὼν οὔ πω ἴδον ὀφθαλμοῖσιν, | οὐδ' οὕτω γεραρόν· βασιλῆϊ γὰρ ἀνδρὶ ἔοικε. Les mêmes vers sont déjà cités en *Or.* 1, 10, 6 b. La citation a été adaptée ici à la phrase et au contexte. La traduction est celle de P. Mazon, mais retouchée.

Page 9

6. Ici, c'est bien de l'ennemi que parle Thémistios. On trouve une expression fort semblable en 16, 11, 209 d (ἀφανισθέντων ὥσπερ σκιᾶς). La situation difficile sur les bords du Danube avait exigé la mobilisation des dernières réserves et aussi l'engagement de régiments d'ethnies différentes, LEPPIN, H. (1998), p. 241, n. 7, avec 15, 6, 189 d ; 16, 1, 199 d ; 18, 4, 219 b. Selon Heather, P.-Moncur, D. (2001), p. 225, n. 53, l'armée romaine avait perdu deux tiers de ses effectifs le premier jour de la bataille d'Andrinople. Le mérite de Théodose était donc considérable.

7. La région réunissant l'ouest de l'Haemus au Rhodope marquait la limite entre la Thrace et l'Illyricum. Le trafic dans cette région difficile s'opérait au sud par la Via Egnatia, au nord par une route militaire qui, notamment, franchissait la passe de Sucques, capitale

sur le plan stratégique, avant Naïssos et Sardique. Même à l'automne 378, à un moment où la ligne de défense sur l'Haemus s'était écroulée, Frigeridus réussit pour le compte de Rome à la protéger, afin de faciliter l'arrivée de renforts occidentaux, AMM., XXXI, 9, 1-4, avec Angliviel de la Beaumelle, L. (1999), p. 270, n. 472 ; Heather, P.-Moncur, D. (2001), p. 226, n. 54.

8. On peut trouver discutable sur le plan stylistique l'accumulation des καὶ dans la phrase. Ils n'ont pourtant pas tous la même nature et la même fonction. Le premier et le troisième jouent le rôle d'adverbe, tandis que le deuxième est une conjonction de coordination. C'est la raison pour laquelle on ne voit pas, *pace* LEPPIN, H. (1998), p. 242, n. 9, pourquoi on devrait suivre Hardouin (p. 468) et supprimer le deuxième.

9. PIGANIOL, A. (1972), p. 232 : « dès 379 » (Théodose) « armait les paysans et les ouvriers ». Thémistios pousse le paradoxe en jouant sur les mots μεταλλεύς et μεταλλεύω, dont il explore les sens étymologique et figuré ; le verbe signifie aussi « chercher », c'est-à-dire « se mettre à la recherche » (d'une épée) ; pour les sens, HALLEUX, R. (1974), p. 22-23. On ne voit donc pas pourquoi on devrait adopter, avec Leppin, H. (1998), p. 242, n. 10, la *lectio facilior* καταλαμβάνειν de Ψ. On a introduit dans la traduction un jeu phonique grossier rappelant l'idée de métal.

10. Sur les mesures que prit Théodose à Thessalonique, voir Notice, p. 3-4.

11. Allusion à l'épisode d'Homère (Σ 217-223), au cours duquel le cri d'Achille rallie les Achéens occupés à lutter afin de récupérer le corps de Patrocle : « (Achille) s'arrête donc et, de là, pousse un cri – et Pallas Athéné fait, de son côté, entendre sa voix. Il suscite aussitôt dans les rangs des Troyens un tumulte indicible. On dirait qu'il s'agit de la voix éclatante que fait entendre la trompette, le jour où des ennemis, destructeurs de vies humaines, enveloppent une cité. Ainsi, éclatante, sonne la voix de l'Éacide. Et à peine ont-ils entendu la voix d'airain de l'Éacide que leur cœur à tous s'émeut ». ἔνθα στὰς ἤϋσ', ἀπάτερθε δὲ Παλλὰς Ἀθήνη | φθέγξατ'· ἀτὰρ Τρώεσσιν ἐν ἄσπετον ὦρσε κυδοιμόν. | ὡς δ' ὅτ' ἀριζήλη φωνή, ὅτε τ' ἴαχε σάλπιγξ | ἄστυ περιπλομένων δηΐων ὕπο θυμοραϊστέων, | ὣς τότ' ἀριζήλη φωνὴ γένετ' Αἰακίδαο. | οἳ δ' ὡς οὖν ἄϊον ὄπα χάλκεον Αἰακίδαο, | πᾶσιν ὀρίνθη θυμός. Le même épisode est utilisé en *Or.* 18, 6, 221 a.

12. Allusion à Hom. I 232 : ἐγγὺς γὰρ νηῶν καὶ τείχεος αὖλιν ἔθεντο.

13. Allusion à Hom. Z 104 : πάλλων δ' ὀξέα δοῦρα κατὰ στρατὸν ᾤχετο πάντῃ. L'expression revient en *Or.* 18, 11, 224 c.

14. HOM. H 238-239 : οἶδ' ἐπὶ δεξιά, οἶδ' ἐπ' ἀριστερὰ νωμῆσαι βῶν | ἀζαλέην. Voir la note à *Or.* 18, 1, 217 c pour les références.

15. HOM. Π 70-71 : οὐ γὰρ ἐμῆς κόρυθος λεύσσουσι μέτωπον | ἐγγύθι λαμπομένης.

Page 10

16. Allusion à l'*aurum oblaticium* offert par le sénat de Constantinople, voir à ce sujet *Or.* 3, 1, 40 c et la n. et t. I, p. 103.

17. Sur cette appellation, voir la n. à *Or.* 3, 1, 41 a, t. I, p. 258, n. 3.

18. Il y aura donc deux couronnes. La première, purement symbolique, celle du dévouement, est celle qui est offerte pour la réception de Théodose à Thessalonique ; l'empereur recevra l'autre, d'or véritable cette fois, quand il aura repoussé les assauts des barbares, voir Heather, P.-Moncur, D. (2001), p. 227, n. 60.

19. Thémistios oppose ceux qui offrent une fois un objet de culte luxueux, comme un trépied, à ceux qui se disent toujours prêts à montrer leur dévouement fût-ce sous la forme d'un discours d'hommage. On pourrait appeler ces derniers des thuriféraires, sans acception péjorative.

20. Rome doit donc se joindre à Constantinople pour saluer Théodose Ier, alors que les empereurs sont l'un à Sirmium, l'autre à Thessalonique. La leçon τῷ βασιλεῖ des manuscrits est incompréhensible et oblige à corriger. On a évidemment proposé des émendations en sens divers, par exemple τῇ βασιλίδι de Reiske. Toutefois, une formulation identique dans le discours 3 (voir note critique) oblige à adopter la leçon de Petau, Dindorf, W. (1832), p. 610 ; Heather, P.-Moncur, D. (2001), p. 227, n. 62, voir cependant Leppin, H. (1998), p. 243, n. 14, qui suit plutôt Hardouin (τῷ βασιλεῖ ... τὰς βασιλευούσας τῶν πόλεων). Ritoré Ponce, J. (2000), p. 435 suit, comme moi, la leçon de Maisano, R. (1995), p. 538.

22. En effet, avant de prendre graduellement le statut de capitale de l'Empire d'Orient, Constantinople n'eut pas de relation historique avec Rome permettant de justifier son ascension en prestige et en pouvoir, Heather, P.-Moncur, D. (2001), p. 227, n. 64. Pour la locution οἰκειότητος ἐγγύτης, voir encore *Or.* 16, 7, 203 d.

23. On pense, *a contrario*, aux mots de Créon chez Sophocle (*Antig.*, 173-174) « c'est moi qui désormais possède leur trône et tout leur pouvoir, puisque le sang fait de moi le plus proche parent laissé par ces morts » ἐγὼ κράτη δὴ πάντα καὶ θρόνους ἔχω | γένους κατ' ἀγχιστεῖα τῶν ὀλωλότων. Chez Sophocle, comme le montrent la préposition et l'accent du mot, ἀγχιστεία est le pluriel du mot rare ἀγχιστεῖον. Dans le présent discours au contraire, le sujet de la phrase est un substantif féminin. On trahirait la structure rhétorique de celle-ci en cherchant à l'aligner sur celle de Sophocle. Très logiquement, Thémistios n'utilise que le féminin ἀγχιστεία, Garzya, A. (1989), s.*v.*, p. 7. Au demeurant, l'expression ἀγχιστεία γένους revient en *Or.* 16, 7, 203 d.

24. Voir *Pan. Lat.*, III, 12, 12, 1 (Pacatus) « toi, tu ne dois ton élection à l'empire ni à la brigue, ni à l'occasion, ni à la parenté. Tu étais étranger à la famille impériale » *Te nec ambitus nec occasio nec propinquitas principem creaverunt. Nam et eras a familia imperatoris alienus* (...) ; déjà, dans le même sens, Plin., *Pan.*, 7, 4 « Entre

l'adopté et celui qui l'adoptait aucune parenté, aucun lien, si ce n'est que votre commune vertu vous rendait dignes l'un d'être choisi, l'autre de choisir » *Nulla adoptati cum eo, qui adoptabat, cognatio, nulla necessitudo, nisi quod uterque optimus erat, dignusque alter eligi, alter eligere.* Pour une idée analogue, voir *Or.* 16, 7, 203 d.

Page 11

25. Gratien a, à l'époque, vingt ans. Pour une autre allusion aux cheveux blancs, voir *Or.* 13, 5, 105 d.

26. Il est difficile de ne pas supposer que la phrase a dû être comprise par une bonne partie du public comme une critique à l'endroit de l'élévation de Valens par son frère Valentinien Ier, sans que ses vertus aient joué le moindre rôle dans le choix, voir AMM., XXVI, 4, 1 et déjà la Notice à *Or.* 6, t. II, p. 237 avec Heather, P.-Moncur, D. (2001), p. 228, n. 65. En même temps, les mots rappellent en filigrane les conditions particulières de l'élévation de Théodose, voir *supra*, p. X-XII.

28. Les § 3-4 ont fait l'objet d'une traduction de Chausson, F. (2007), p. 210. Sur les faits, voir Théodose, *supra*, p. XI-XII. Pour Maisano, R. (1995), p. 538, n. 16, Thémistios fait allusion à une victoire remportée en 373 par Théodose en qualité de *dux* de Mésie sur les Sarmates qu'il contraignit à demander la paix. Il renvoie à Ammien (XXIX, 6, 15) ; pour le texte et la traduction, voir *supra*, p. XXIX. Zosime (IV, 24, 4), qui traite de l'association de Théodose Ier au pouvoir le 19 janvier 379, signale, mais de façon fort évasive, les succès militaires remportés antérieurement par ce dernier (ὄντα δὲ οὐκ ἀπόλεμον οὐδὲ ἀρχῆς στρατιωτικῆς ἄπειρον), voir aussi SEECK, O., art. *Gratianus* 3 dans *RE* VII, 2 (1912), col. 1837. Errington, R. M. (1996), p. 450 considère cependant qu'au moment où fut remporté ce succès sur les Sarmates, Théodose était déjà *magister equitum.* On doit donc le dater de peu avant l'élévation comme co-empereur, THDT., *HE* V, 5, 6 ; *Pan. Lat.* III, 12, 10, 3 (Pacatus) : « et tu n'as point manqué de satisfaire, le premier ou dans les premiers, aux moindres obligations militaires, et l'on te vit tenir aux premières lignes, prendre la garde à ton tour, porter des pieux, choisir d'avance un emplacement pour livrer bataille, sortir en reconnaissance, tracer les limites d'un camp, aller le premier au combat, t'en retirer le dernier, être un chef par la décision, un soldat par l'exemple. » *quin omnium castrensium munerum numeros primus aut cum primis obires ; stare pro signis, excubias sorte agere, vallum ferre, locum bello antecapere, speculatum egredi, castra metari, in proelium primus ire, proelio postremus excedere, dux esse consilio, miles exemplo*, voir Lippold, Ad., art. *Theodosius* I, dans *RE SupplB* XIII (1973), col. 841.

29. Théodose était né le 11 janvier, probablement en 347, PASCHOUD, F. (1979), p. 385 (n. 151, p. 287). Il avait donc trente-deux ans, soit douze de plus que Gratien.

30. Le groupe de mots ἔχειν ἐπιστεύθη est malaisé à traduire. Vanderspoel, J. (1995), p. 197 y voit la valeur d'une sorte de prédiction (« he was believed to have goodwill toward his son in the future »). L'interprétation de Heather, P.-Moncur, D. (2001), p. 228, avec la n. 68 (« the other because being older he was entrusted with a son's goodwill ») paraît préférable, encore que l'on ne voie pas en quoi il faut ici accentuer l'idée de filiation. En effet, la phrase joue sur l'opposition entre πρεσβύτερος et παῖς, c'est-à-dire le contraste entre les âges.

Page 12

31. C'est-à-dire Constantinople.

32. Suivant Vanderpoel, J. (1995), p. 192-195, Théodose se serait déjà précédemment rendu à Constantinople en novembre 378.

33. Thémistios a en tête tous les privilèges accordés à la cité depuis le temps de Constantin, Heather, P.-Moncur, D. (2001), p. 229, n. 70. En même temps, il vise Valens, dont la réputation de cruauté était bien établie dans l'opinion publique, Nagl, A. (1948), col. 2135-2136.

34. Pour Vanderspoel, J. (1995), p. 199, il se pourrait bien que Valens ait refusé de remplacer les sénateurs décédés. J'avoue ne rien lire de pareil dans le texte.

35. Constantin et Constance II ont orné la cité de bâtiments publics, et Valens y a ajouté un aqueduc et des nymphées. Pour Constantin, voir Janin, R. (1964), p. 26-31. On trouvera un « bilan sommaire » chez Dagron, G. (1974), p. 88-90, soit, pour Constantin, le *Forum Constantini,* des rues à portiques, des palais (Chalkè, Daphné, peut-être la Magnaure), les bâtiments du sénat, l'achèvement de l'Hippodrome et des bains de Zeuxippe, les Saints-Apôtres avec quelques églises ou *martyria,* un décor de statues et les murs d'enceinte ; pour Constance II (voir déjà discours 4, 11, 57 c-58 c), Sainte-Sophie, inaugurée en 360, les bains *constantinianae* ou *constantianae,* des compléments au mur d'enceinte, des portiques, des fontaines, sans compter sans doute une bibliothèque, Lemerle, P. (1971), p. 52-53 et 56, avec le discours 4, 13, 60 b--c. Pour Valens et la construction de son aqueduc, voir *Or.* 11, 14, 151 c-152 a (avec les notes) ; 13, 8, 168 a-c, avec Lenski, N. (2002), p. 399. On complétera par Mango, C. (1985), p. 19-20 ; 40-42 ; Mango, C. (1995), p. 9-18 et surtout, p. 10-16.

36. Sur les Pères conscrits, voir Lyd., *Mag.,* I, 16, 2-3, avec les notes de Schamp, J. (2006[4]), p. DV-DVII. On ne prêtera pas nécessairement à Thémistios des connaissances spéciales sur la dénomination des sénateurs à Rome : le titre avait dû lui paraître plus emphatique. Heather, P.-Moncur, D. (2001), p. 229, n. 72 se battent les flancs pour essayer de trouver une signification chronologique au parfait συγγεγραμμένους.

Page 13

39. Allusion à la politique de Valens hostile à Constantinople et à son sénat, MAISANO, R. (1995), p. 542, n. 18.

40. Pour cette interpellation, voir la note à *Or.* 3, 9, 46 b, t. I, p. 268-269.

41. Pour cette locution, voir *Or.* 7, 20, 97 d, t. II, p. 579, n. 186.

Page 22

1. Allusion à Hom. A 1-4 : Μῆνιν ἄειδε θεὰ Πηληϊάδεω Ἀχιλῆος | οὐλομένην, ἣ μυρί' Ἀχαιοῖς ἄλγε' ἔθηκε, | πολλὰς δ' ἰφθίμους ψυχὰς Ἄϊδι προΐαψεν | ἡρώων, αὐτοὺς δὲ ἑλώρια τεῦχε κύνεσσιν | οἰωνοῖσί τε πᾶσι.

2. Th., I, 1, 1 : Θουκυδίδης Ἀθηναῖος ξυνέγραψε τὸν πόλεμον τῶν Πελοποννησίων καὶ Ἀθηναίων, ὡς ἐπολέμησαν πρὸς ἀλλήλους, ἀρξάμενος εὐθὺς καθισταμένου καὶ ἐλπίσας μέγαν τε ἔσεσθαι καὶ ἀξιολογώτατον τῶν προγεγενημένων, voir aussi *Or.* 22, 1, 264 c.

3. En effet, Thucydide (I, 3, 3-5) en vient rapidement à évoquer la supériorité de sa propre contribution historique parce qu'Homère n'emploie le mot Ἕλλην que pour désigner les compagnons d'Achille, venus de Phtiotide, qui furent précisément les premiers Hellènes, et jamais celui de βάρβαρος. Par suite, les Hellènes n'étaient pas encore unis et n'avaient rien accompli ensemble avant la guerre de Troie.

4. HOM. Θ 65 : ὀλλύντων τε καὶ ὀλλυμένων; Λ 83 : ὀλλύντας τ᾽ὀλλυμένους τε. On serait tenté de corriger en ὀλλύντας τ᾽ὀλλυμένους τε.

Page 23

5. Souvenir homérique : ῥέε δ᾽αἵματι γαῖα Δ 451, Θ 65, Π 715, Υ 494.

6. Voir, par exemple, Hes., *Op.*, 422-425 : « Coupez donc alors vos bois, si vous avez souvenance des travaux de chaque saison. Coupez un mortier de trois pieds et un pilon de trois coudées ; un essieu de sept pieds – ce sera fort bien mesuré : si vous les coupez de huit pieds, vous en pourrez détacher un maillet ». τῆμος ἄρ' ὑλοτομεῖν μεμνημένος ὥρια ἔργα· | ὅλμον μὲν τριπόδην τάμνειν, ὕπερον δὲ τρίπηχυν, | ἄξονα δ' ἑπταπόδην· μάλα γάρ νύ τοι ἄρμενον οὕτω· | εἰ δέ κεν ὀκταπόδην, ἀπὸ καὶ σφῦράν κε τάμοιο. Pour une comparaison entre Homère et Hésiode, voir *Or.* 30, 1, 348 c-d.

7. Le mot λογοποιός ne figure pas ailleurs dans l'œuvre, ni oratoire ni philosophique.

8. Maisano, R. (1995), p. 548-549 ne touche pas au texte, mais aboutit à une traduction surprenante (« Se ci fosse stato ancora qualche altro scrittore, mi sarei preoccupato di cercare altri esempi ai quali ispirarmi »), voir PORTMANN, W. (1998), p. 248 : « wenn ich nun Schriftsteller wäre », HEATHER, P.-MONCUR, D. (2001), p. 236 : « And so if I were some sort of teller of tales ». En fait, quelles que

soient ses aspirations intimes, Thémistios ne peut, dans les circonstances, se borner à imiter ni Homère ni Hésiode ; en même temps, il envie le degré d'achèvement de leurs poèmes. Tel qu'il est transmis, le texte n'est sûrement pas satisfaisant. Toutefois, je ne suis pas sûr que l'on doive adopter les conjectures de Reiske (ἐτήρησα ἂν τοῦτον τὸν τρόπν καὶ ἔργον ou ἐζήλωσα ἂν τοῦτον τὸν τρόπν καὶ ἔργον), qui exigent des modifications considérables. La locution adverbiale ἐν σπουδῇ est bien connue et peut fort bien être utilisée comme attribut, voir, par exemple, PLU., *Sol.,* 2, 5. Portmann, W. (1998), p. 249, n. 17 constate le délabrement du texte sans chercher à y apporter un remède simple et satisfaisant. La chute d'un ἄν s'explique facilement, HEATHER, P.-MONCUR, D. (2001), p. 236, n. 88. Le passage de τὸν τρόπον à τῶν τρόπων résulte du démonstratif τούτων qui précède.

9. Le sujet de la phrase est γλῶσσα qui est personnifiée. Malgré Portmann, W. (1998), p. 249, n. 18 et Heather, P.-Moncur, D. (2001), p. 237, je ne vois pas où le texte fait difficulté ni pourquoi par conséquent il faudrait suppléer par un τις à placer après ἐπιτρέψειε, comme le voulait Cobet. La traduction de Maisano, R. (1995), p. 549 fait l'impasse sur la difficulté. Selon Heather, P.-Moncur, D. (2001), p. 237, n. 89, Thémistios s'affirme ici comme un des propagandistes du régime contre d'éventuels détracteurs.

11. Selon Bouchery, H. F. (1936^2), p. 202 avec la n. 3, le discours aurait été prononcé « au théâtre de Constantinople, en présence des sénateurs, de la cour et de l'empereur ». À ce compte, on devrait se demander pourquoi un tel déplacement a eu lieu. Le mot αὐλή au paragraphe précédent montre plutôt que le discours a été prononcé devant la cour et que par conséquent le mot θέατρον a bien ici le sens d'« auditoire », PORTMANN, W. (1998), p. 247 et HEATHER, P.-MONCUR, D. (2001), p. 230.

12. Le texte d'Archiloque (fr. 8 Lasserre-Bonnard) est loin d'être assuré : εἰμὶ δ´ἐγὼ | ἀμφότερον θεράπων μὲν Ἐνυαλίοιο ἄνακτος | καὶ Μουσέων ἐρατὸν δῶρον ἐπιστάμενος. La source la plus ancienne, Plutarque (*Phoc.,* 7, 6), donne θεοῖο comme dernier mot du premier vers, sans variante dans les manuscrits. En revanche, chez Athénée (XIV, 627 c), on lit : εἰμὶ δ' ἐγὼ θεράπων μὲν Ἐνυαλίοιο | ἄνακτος, καὶ Μουσάων ἐρατὸν δῶρον ἐπιστάμενος, sans variante dans les manuscrits pour la fin du premier vers cité par Théodore Prodrome, *Ep.* 2, dans *PG* 133, col. 1246 A ἀμφότερον θεράπων μὲν πραγματικοῖο θεοῖο. Lasserre, F.-Bonnard, A. (1958), p. 3-5 ne s'expliquent pas sur leur choix en matière de texte, au moins pour la fin du premier vers. Le texte auquel ils parviennent est composé des données de Plutarque et d'Athénée : εἰμὶ δ' ἐγὼ | ἀμφότερον θεράπων μὲν Ἐνυαλίοιο ἄνακτος | καὶ Μουσέων ἐρατὸν δῶρον ἐπιστάμενος. Plus prudent, Diehl, E. (1952), p. 2 (fr. 1) considère, à juste titre, que l'un des deux termes est de trop, soit ἀμφότερον, soit εἰμὶ δ´ , et il élimine le premier, qui

a tout l'air d'être une cheville. Dans le chef de Plutarque (*Phoc.*, 7, 5-6), l'ajout d'un mot du genre se conçoit aisément, si l'on tient compte du contexte de rivalité. (Phocion) « voulut, lui, reprendre et restaurer l'héritage de Périclès, Aristide et Solon, dont l'action formait un tout et réunissait harmonieusement les deux aspects, politique et militaire. Et, de fait, chacun de ces trois hommes paraissait, suivant l'expression d'Archiloque, être "à la fois serviteur du dieu Ényalios et comblé du charmant privilège des Muses", et il constatait que la déesse est également guerrière et politique, et qu'elle porte ces deux appellations » ἐβούλετο τὴν Περικλέους καὶ Ἀριστείδου καὶ Σόλωνος πολιτείαν ὥσπερ ὁλόκληρον καὶ διηρμοσμένην ἐν ἀμφοῖν ἀναλαβεῖν καὶ ἀποδοῦναι. καὶ γὰρ τῶν ἀνδρῶν ἐκείνων ἕκαστος ἐφαίνετο κατὰ τὸν Ἀρχίλοχον (fg. 1 Diehl) ἀμφότερον, θεράπων μὲν Ἐνυαλίοιο θεοῖο, | καὶ Μουσέων ἐρατῶν δῶρον ἐπιστάμενος, καὶ τὴν θεὸν ἑώρα πολεμικήν θ' ἅμα καὶ πολιτικὴν οὖσαν καὶ προσαγορευομένην. En particulier, on remarque la répétition des mots indiquant la même idée, ἐν ἀμφοῖν, ἀμφότερον et ἅμα. Chez Athénée, on lit au contraire l'affirmation vigoureuse que le poète avait des obligations sur deux terrains. Le texte qu'il produit est à mon sens le plus proche de celui qu'a dû être l'original d'Archiloque. En revanche, Thémistios a suivi Plutarque. On se rappellera qu'en *Or.* 4, 6, 54 a, Constance II est donné comme à la fois φιλόλογος et φιλοπόλεμος.

Page 24

13. Les Goths.

15. Déjà, Hansen, G. C. (1967), p. 116 avait attiré l'attention sur la nécessité d'ajouter κατ´ après καὶ dans le texte. La préposition a disparu en raison de l'identité des deux initiales. Le savant allemand est suivi par Maisano, R. (1995), p. 548 et Portmann, W. (1998), p. 249, n. 22.

16. Dans Homère (P 87-89), il s'agit, non pas d'une trompette ou d'un instrument de musique, mais d'Hector blessé : « Il s'en vient à travers les champions hors des lignes, casqué du bronze flamboyant, poussant des cris aigus, tout pareil à la flamme d'Héphaestos que rien n'éteint. Le fils d'Atrée n'est pas sans entendre ces cris aigus » βῆ δὲ διὰ προμάχων Κεκορυθμένος | αἴθοπι χαλκῷ | ὀξέα κεκλήγων φλογὶ εἴκελος Ἡφαίστοιο | ἀσβέστῳ· οὐδ' υἱὸν λάθεν Ἀτρέος ὀξὺ βοήσας.

17. Allusion aux types de couronnes décernées respectivement à Olympie, à Némée et sur l'Isthme, PORTMANN, W. (1998), p. 250, n. 23. Le vainqueur à Olympie recevait une couronne d'olivier sauvage. Les branches étaient cueillies avec une faucille d'or par un enfant dont les deux parents étaient toujours en vie, sch. PI., *O.* 3, 60, p. 122 éd. Drachmann. À la naissance de Zeus, Rhéa avait confié la garde de l'enfant aux Dactyles venus de l'Ida en Crète, c'est-à-dire les Courètes. L'aîné des cinq, Héraclès provoqua ses frères à la course : le vainqueur

aurait droit à la fameuse couronne, parce que l'olivier sauvage était fort répandu dans la région (Paus., V, 7, 6-7). L'olivier sauvage (κότινος, *olea silvestris*) a des feuilles plus petites, des fruits plus petits et plus durs que l'olivier cultivé ; ses feuilles ont le gris au-dessus, le vert en-dessous, Jacquemin, Anne (1999), p. 123. Le vainqueur à Némée recevait une couronne de céleri sauvage frais (ἐκ χλωρῶν σελίνων), sch. Pi. *N.* Hyp. d, p. 4-5, éd. Drachmann ; Plin., *Nat.*, XIX, 15 ; Plu., *Tim.*, 26, 3-4 ; suivant une autre tradition, la couronne fut confectionnée d'olivier (ἐλαία) d'abord, puis de céleri, après les guerres médiques, en hommage aux défunts, Sch. Pi., *N,* Hyp. c p. 3, 18-20 éd. Drachmann. Voir Hanell, Kr. art. *Nemea* dans *RE* XVI, 2 (1935), col. 2326. Aux Isthmiques, les couronnes furent aussi confectionnées de tiges de céleri, mais desséchées, parce que la plante était réputée chtonienne, puis de branches de pin (πίτυς *pinus pinea*), sch. Pi. *I* Hyp. b, p. 193, 11-12 ; Hyp. c, p. 194, 17-19.

Page 25

18. Du Bosphore au Tigre. C'est en principe la part d'Empire qui est sous la juridiction de Théodose, de toute façon avant l'assassinat de Gratien, le 25 août 380.

19. Pour un développement du même genre, on verra *Or.* 9, 3, 121 d : « Certes, le futur pâtre doit savoir (...) tenir même les loups en respect devant son bétail » δεῖ μέν ... τὸν ποιμένα ἔσεσθαι μέλλοντα καὶ τοὺς λύκους ἀποσοβεῖν ἐπίστασθαι τῶν προβάτων.

20. Thémistios était-il compétent pour diriger une entreprise d'élevage ? Rien n'est moins sûr. Les vaches, les chèvres et les brebis se traient à heure fixe ; quant à la fourrure des capridés ou des ovidés, elle imposait une tâche beaucoup moins astreignante. Dans le grec, on a deux expressions identiques. La répétition passerait mal en français ; on a cru opportun d'introduire une nuance dans la traduction qui comporte pourtant une sorte d'assonance.

22. La formule homérique ποιμένι λαῶν est célèbre, (voir, par ex., A 263 ; B 85, cf. Ps.-Pl., *Min.*, 321 c 2). Une image politique analogue revient chez Synésios en réponse à la question avec qui doit cohabiter le philosophe (*Regn.,* 19, 2) : « Evidemment avec ceux que les campagnes et les cités et, en un mot, la terre sur laquelle tu règnes te donnent comme défenseurs et enrôlent comme gardiens de l'Etat et des lois, qui les ont élevés et éduqués. Ce sont eux en effet que Platon a comparés même à des chiens. Le berger ne devra certes pas mettre les loups avec les chiens, même s'il les a pris tout petits et s'ils paraissent apprivoisés, ou bien il leur confiera, pour son malheur, le troupeau. » ἢ δῆλον ὅτι τοιούτοις, οὓς ἀγροὶ καὶ πόλεις καὶ καθάπαξ ἡ βασιλευομένη γῆ δίδωσι προμάχους καὶ καταλέγει φύλακας τῇ πολιτείᾳ τε καὶ τοῖς νόμοις, ὑφ' ὧν ἐτράφησάν τε καὶ ἐπαιδεύθησαν· οὗτοι γάρ εἰσιν, οὓς καὶ κυσὶν ὁ Πλάτων εἴκαζεν. ἀλλ' οὔτε τῷ ποιμένι μετὰ κυνῶν

τοὺς λύκους τακτέον, κἂν σκύμνοι ποτὲ ἀναιρεθέντες τιθασεύεσθαι δόξωσιν, ἢ κακῶς αὐτοῖς πιστεύσει τὴν ποίμνην. Dans *Or.* 1, 14, 9 d-10 a, Thémistios compare Constance II à un bon pasteur.

23. Voir Pl., *Plt.*, 266 e 7-11 « partager le troupeau bipède à son tour en bipèdes nus et bipèdes à plumes, et, ce partage fait, l'art de paître les humains étant ainsi mis en plein jour, y hausser l'homme politique et royal, l'y installer comme conducteur et lui livrer les rênes de la cité comme lui revenant de droit, puisque la science qu'il faut, c'est lui qui l'a. » τμηθείσης δὲ αὐτῆς καὶ τότ' ἤδη τῆς ἀνθρωπονομικῆς δηλωθείσης τέχνης, φέροντα τὸν πολιτικὸν καὶ βασιλικὸν οἷον ἡνίοχον εἰς αὐτὴν ἐνστήσαντα, παραδοῦναι τὰς τῆς πόλεως ἡνίας ὡς οἰκείας καὶ αὐτῷ ταύτης οὔσης τῆς ἐπιστήμης. On corrigera donc, comme l'avaient proposé Hansen et Maisano, R. (1995), p. 550, la leçon ἀνθρωποκομική des manuscrits A Π en ἀνθρωπονομική.

Page 26

25. Hom. E 591-594 : « Les Troyens marchent à la suite (*sc.* d'Hector) en solides bataillons. à leur tête sont Arès et la puissante Ényo. Ényo porte avec elle le Tumulte impudent du carnage, tandis qu'Arès, dont les mains agitent une pique gigantesque (…) » ἅμα δὲ Τρώων εἵποντο φάλαγγες | καρτεραί· ἦρχε δ' ἄρα σφιν Ἄρης καὶ πότνι' Ἐνυώ, | ἣ μὲν ἔχουσα Κυδοιμὸν ἀναιδέα δηϊοτῆτος, | Ἄρης δ' ἐν παλάμῃσι πελώριον ἔγχος ἐνώμα, et Σ 535 ἐν δ' Ἔρις ἐν δὲ Κυδοιμὸς ὁμίλεον, ἐν δ' ὀλοὴ Κήρ. Ényo, normalement associée à Arès, était la déesse des batailles ; bien qu'elle ait eu sa statue, œuvre des fils de Praxitèle, Timarchos et Céphisodote le Jeune, dans le temple d'Arès à Athènes, aux côtés d'Arès et d'Aphrodite (Paus., I, 8, 4), on ne connaît d'elle que fort peu de représentations, voir aussi la note de Chamoux, F. (1992), p. 164.

26. Hom. Γ 179 : ἀμφότερον βασιλεύς τ' ἀγαθὸς κρατερός τ' αἰχμητής, qui est cité, sous cette forme en *Or.* 13, 17, 176 c. L'élément t 1 ἀμφότερον de l'hexamètre est donné anticipativement sous la forme κατ᾽ἄμφω, qui n'entrerait pas dans l'hexamètre. En revanche, εὐδόκιμος constituerait un excellent substitut. Une expression comme εὐδοκιμήσας βασιλεύς figure chez Ésope (83, version 1-3 ; 85, 3), auteur largement pratiqué par Thémistios ; Xénophon a pour sa part (*Oec.,* 4, 16) εὐδοκιμώτατος βασιλεύς, Jean Chrysostome (*In Matth.,* dans *PG* 58, col. 559, 59) τῶν εὐδοκίμων βασιλέων, mais la *iunctura* n'a jamais été fréquente. Nulle part, on ne trouve pareil hexamètre que ne paraissent avoir décelé ni Dindorf ni Downey. On ne voit pas pourquoi on devrait en refuser la création à Thémistios.

Page 27

27. Une de ces énumérations de termes militaires qu'affectionne Thémistios, voir déjà *Or.* 7, 3, 86 a avec la note.

28. Gratien, célèbre pour son attachement au tir.

29. Hom., H 281. La citation est d'une parfaite fidélité.

30. Κορυθαίολος Ἕκτωρ. Élément formulaire extrêmement fréquent pour désigner Hector, B 816, Γ 83, 324, etc.

31. Βοὴν ἀγαθός. Formule usuelle pour Diomède (B 563, 567, E 114, 320, etc.), mais tout aussi fréquente pour Ménélas (B 408, 586, Γ 96, etc.).

32. La formule est habituellement ποδάρκης δῖος Ἀχιλλεύς, A 121, B 688, Z 423, L 599, N 5, etc.

33. La formule est au nominatif πελώριος ἕρκος Ἀχαιῶν (Γ 229, H 211). À l'accusatif, sous la forme que présente Thémistios, elle n'existe pas dans l'épos homérique.

34. Citation fréquente, voir la note à 2, 14, 34 d.

35. Pour l'emploi récurrent de ces épithètes homériques, voir la note 90 à *Or.* 2, 14, 34 d, voir t. I , p. 245.

36. Le thème était depuis longtemps largement répandu dans la philosophie politique officielle, Hunger, H. (1964), p. 60-61 (cf. déjà *Or.* 5, 2, 64 b), voir D. Chr., *Or.* 3, 82 : « Mais, alors qu'un dieu, le plus beau et le plus visible de tous, a sans négligence à chaque instant de la sollicitude pour les hommes, un homme raisonnable et aimé par Dieu devrait-il devant une obligation analogue éprouver de l'accablement ? Ne devrait-il pas plutôt dans la mesure du possible imiter la puissance de Dieu et son amour pour l'humanité ? » (trad. personnelle) ὅπου δὲ θεὸς ὁ πάντων κάλλιστος καὶ φανερώτατος οὐχ ὑπερορᾷ τὸν ἅπαντα χρόνον ἀνθρώπων ἐπιμελούμενος, ἦπού γε ἄνθρωπον θεοφιλῆ καὶ φρόνιμον χρὴ βαρύνεσθαι τὸ τοιοῦτον, ἀλλὰ μὴ καθ' ὅσον οἷός τέ ἐστι μιμεῖσθαι τὴν ἐκείνου δύναμιν καὶ φιλανθρωπίαν. Pour des développements du même genre, [Aristid.], *Or.* 9 p. 63, 1-4 Jebb : οἰόμενος δεῖν τὸν ὡς ἀληθῶς βασιλέα τῷ τῶν ὅλων ἀπεικάσθαι βασιλεῖ κατά τε τὴν φιλανθρωπίαν καὶ τὴν πρόνοιαν ἁπάντων τῶν ἀρχομένων, ἀνωτάτω βασιλείας τὴν εἰκόνα φέρων ὁ τῷ θεῷ φίλος βασιλεὺς κατὰ μίμησιν τοῦ κρείττονος τῶν ἐπὶ γῆς ἁπάντων τοὺς οἴακας διακυβερνῶν ἰθύνει. ; Jul., *Or.* 3, 38, p. 179 éd. Bidez : Ὁ δὲ ἀγαθὸς βασιλεὺς μιμούμενος ἀτεχνῶς τὸν θεὸν. On ne cessera de le répéter par la suite, au moins jusqu'au vi[e] s., Justinian., *CJ* V, 4, 23, pr., p. 196 : *nam ita credimus Dei benevolentiam et circa genus humanum nimiam clementiam, quantum nostrae naturae possibile est, imitari ;* Agapet., 1, 1-4 éd. Riedinger : Τιμῆς ἁπάσης ὑπέρτερον ἔχων ἀξίωμα, βασιλεῦ, τιμᾷς ὑπὲρ ἅπαντας τὸν τούτου σε ἀξιώσαντα θεόν, ὅτι καὶ καθ' ὁμοίωσιν τῆς ἐπουρανίου βασιλείας ἔδωκέ σοι τὸ σκῆπτρον τῆς ἐπιγείου δυναστείας ; Justinian., *Nov.* 81, 2 (p. 399, 28-30) : ὅπερ εἴτε ἐκ θεοῦ πρόσεισιν ἀνθρώποις εἴτε ἐκ βασιλείας τῆς τῷ θεῷ κατακολουθούσης. Le thème est courant chez Thémistios lui-même, voir *Or.* 2, 11, 32 d ; 6, 10, 78 c ; 79 a ; 19, 1, 227 a ; 34, 30.

37. La *iunctura* ὑποδρηστὴρ καὶ ὑποφήτης est isolée. Thémistios joue sur un vers homérique (o 330 : οὔ τοι τοιοίδ᾽εἰσιν ὑποδρηστῆρες

ἐκείνων), qu'a cité Dion de Pruse (*Or.* 2, 14). Avant l'époque byzantine, personne, hormis Thémistios, n'utilise ὑποδρηστὴρ en prose. Comme l'indique Maisano, R. (1995), p. 554, n. 19, Eusèbe de Césarée (*L.C.* 2, 4, cf. 10, 4) définit l'empereur comme ὑποφήτης τοῦ Θεοῦ λόγου, voir, toutefois, Maraval, P. (2001), p. 89, n. 2.

38. Voir déjà *Or.* 1, 14, 10 a et la note.

39. HOM. α 301. La citation est d'une parfaite fidélité.

Page 28

40. HOM. α 302 : ἄλκιμος ἔσσ´´. Athéna encourage Télémaque à affronter les prétendants. Donc, Thémistios s'adresse directement à Théodose en lui rappelant que son élévation est bien due à ses qualités militaires, mais qu'elles ne suffisent pas à faire de lui un souverain parfait, MAISANO, R. (1995), p. 554, n. 21, continuée à la p. suivante. Les mêmes vers sont cités à la suite par le grammairien Aristophane de Byzance (fr. 70 Nauck) Ὅμηρος, ἀντὶ δὲ τοῦ ὕπαρχε τὸ ἔσο τίθησιν, οἷον Καὶ σὺ φίλος, μάλα γάρ σ' ὁρόω καλόν τε μέγαν τε, ἄλκιμος ἔσσο.

42. La citation (HOM. τ 109-113) est d'une fidélité presque parfaite, hormis l'incise φησί et la graphie qui n'est pas homérique, mais où l'iotacisme a exercé son action. On corrigera donc, malgré les manuscrits et les éditeurs. Les quatre premiers vers sont cités par Platon (*R.*, II, 363 b-c). Toutefois, le vers 110 a sauté : ἀνδράσιν ἐν πολλοῖσι καὶ ἰφθίμοισιν ἀνάσσων « étant maître de sujets nombreux et vaillants ». Thémistios ne doit certainement pas la citation à Platon, car il ajoute un vers, LABARBE, J. (1949), p. 139. D'après Portmann, W. (1998), p. 31, le vers 110 n'apporte rien à la démonstration ; toutefois, ce n'est probablement pas la bonne explication. En effet, les citations du même passage dans l'Antiquité (Platon, Philodème de Gadara, Plutarque) montrent qu'avait existé, au moins entre le IVe s. av. J.-C. et le IIe s. de notre ère, des éditions de l'*Odyssée* où il ne figurait pas ; c'est une production de ce genre qu'a utilisée à son tour Thémistios ; en revanche, Eustathe lisait le vers, Labarbe, J. (1949), p. 138-139. Plus loin, le savant helléniste explique comment l'interpolation s'est produite, notamment sous l'influence de passages analogues d'Hésiode (p. 140-141). En τ 113, Thémistios donne ἔμπεδα πάντα. Dans la vulgate homérique et chez Platon, on lit ἔμπεδα μῆλα. Toutefois, un manuscrit du XIVe s. et une scholie à un manuscrit du XIIIe s. donnent ἔμπεδα πάντα, qui était probablement la leçon préférée d'Aristarque. Celle-ci a sans doute une origine rhapsodique, LABARBE, J. (1949), p. 146-149, et Thémistios n'a introduit délibérément aucune innovation.

Page 29

44. Il s'agit de la Muse de l'épopée.

45. Pour les emplois de l'adverbe ἀπρίξ, on vera la note à *Or.* 34, 30.

46. Allusion à un passage célèbre d'Aratos de Soles (100-105 et 133-134) « Mais une autre tradition court parmi les humains. Elle aurait jadis séjourné sur la terre. Elle venait à la rencontre des humains. Elle ne dédaignait pas la foule des hommes et des femmes d'autrefois. bien au contraire, elle s'asseyait au milieu d'eux, tout immortelle qu'elle était. Et on l'appelait Justice (...) alors Justice prit cette race en haine, (et) s'envola vers le ciel ». Λόγος γε μὲν ἐντρέχει ἄλλος | ἀνθρώποις, ὡς δῆθεν ἐπιχθονίη πάρος ἦεν, | ἤρχετο δ' ἀνθρώπων κατεναντίη, οὐδέ ποτ' ἀνδρῶν | οὐδέ ποτ' ἀρχαίων ἠνήνατο φῦλα γυναικῶν, | ἀλλ' ἀναμὶξ ἐκάθητο καὶ ἀθανάτη περ, ἐοῦσα. | Καί ἑ Δίκην καλέεσκον· (...) | Καὶ τότε μισήσασα Δίκη κείνων γένος ἀνδρῶν ἔπταθ' ὑπουρανίη. La légende n'est pas attestée ailleurs, MARTIN, J. (1998), II, p. 202 (note au v. 100).

Page 30

49. Importante indication de date, voir *supra,* p. 17.

50. Il ne s'agit pas ici, évidemment, de lettres personnelles, comme celle qui avait été adressée au poète Ausone (voir ici même p. XXVI-XXVII, avec les notes), mais de l'action législative de Théodose, voir *infra,* p. 121-122 avec *Or.* 19, 5 et 6.

51. Pour des formules analogues, voir *Or.* 34, 14 : οὐ κεκύρωται ἡ μέλαινα ψῆφος. D'après Lippold, A., art. *Theodosius I,* dans *RE* Suppl. XIII (1973), col. 837-961, en particulier, col. 959, jusqu'en 385, Théodose ne prononça pratiquement aucune condamnation à mort, sauf pour les falsifications monétaires quand de l'or était engagé.

52. On se reportera, par exemple, au chapitre de Maraval, P. (2009), p. 79-96 : « Théodose à Constantinople : un législateur au pouvoir ». Chacun connaît le *Code Théodosien,* d'après le nom de Théodose II, un petit-fils de Théodose dit le Grand.

53. À telles enseignes qu'Athanaric finit par se rendre à Constantinople où il mourut AMM., XXVII, 5, 10, voir déjà *supra*, p. L-LI.

Page 31

54. Le fait est confirmé par Zosime (IV, 56, 1) « Au moment où il avait accédé au pouvoir suprême, Théodose avait conclu avec un certain nombre de barbares un traité d'amitié et d'alliance militaire et les avait gratifiés de perspectives favorables et de nombreux cadeaux ; il tenait aussi en très grand honneur les chefs de chaque tribu et les recevait à sa table » Ἅμα τῷ παραλαβεῖν τὴν βασιλείαν Θεοδόσιος βαρβάρους τινὰς εἰς φιλίαν καὶ ὁμαιχμίαν ἐδέξατο, ἐλπίσιν αὐτοὺς καὶ δωρεαῖς ἁδραῖς τιμήσας· εἶχε δὲ ἐν θεραπείᾳ πάσῃ καὶ τοὺς ἑκάστης φυλῆς ἡγουμένους καὶ τραπέζης ἠξίου κοινῆς. Pour les événements, voir introduction, *supra,* p. LII-LIII.

55. Sur Porus, voir *Or.* 7, 8, 89 a, avec la note.

56. Sur Thémistocle, voir *Or.* 6, 1, 71 d, avec la note.

57. Sur Massinissa, voir *Or.* 7, 16, 95 a, avec la note.

58. Dagron, G., (1974), p. 140 paraît avoir mal interprété le passage : « Thémistios parle d'une statue de Constantin le fondateur », Maisano, R. (1995), p. 559-561 : « il cui padre era stato propiziato dal grande Costantino con la statua che si erge tuttora sul retro del senato » et Portmann, W. (1998), p. 255 « dessen Vater der große Konstantin mit einer Statue milde gestimmt hat, die heute noch bei dem Opisthodom der Kurie steht ». L'historien allemand signale (p. 255, n. 36) que Thémistios est le seul à mentionner cette statue érigée en l'honneur du père d'Athanaric. Pour les relations d'Athanaric avec l'Empire sous Valens, voir *Or.* 10, 8, 133 c ; 10, 134 c avec Lippold, A., art. *Theodosius I,* dans *RE* Suppl. XIII, (1973), col. 837-961, en particulier, col. 858. Sur les statues ornant le sénat de l'Augoustéon, voir *Or.* 17, 6, 215 d et la n.

59. Thémistios cite Euripide (*Antiope,* fr. 22, 3-4 éd. Jouan-Van Looy) : σοφὸν γὰρ ἓν βούλευμα τὰς πολλὰς χέρας | νικᾷ. Il donne encore le vers en *Or.* 16, 11, 207 d, cf. 34, 21. Le fragment est connu par Stobée (IV, 13, 3), Orion (*Et.,* 17, p. 57 éd. Sturz) et un Ps.-Plutarque (*De Homero* 2, 1952-1953 éd. Kindstrand). La comparaison avec les autres citants ou citateurs a inspiré une conjecture à Cobet, qui proposait d'ajouter ἓν après σοφόν. Il était d'autant plus tentant de corriger que *Or.* 16, 11, 207 d reproduit le vers sous sa forme la plus complète. On a trop beau jeu de signaler que l'émendation ne permet pas de lire la suite des mots sur le rythme d'un trimètre iambique de tragédie ; il eût fallu ajouter un γὰρ. Bref, Thémistios ne s'est pas contenté de citer le vers, il l'a adapté à sa démonstration, à la différence de *Or.* 16, 11, 207 d, mais, sensible au rythme, il a réussi à reconstituer un trimètre de bon aloi. Jouan, F.-Van Looy, H. (1998), p. 252 ne relèvent pas Thémistios parmi les citants du passage.

60. Hom. I 527. La citation est d'une parfaite fidélité. Dans l'*Iliade,* c'est Phoenix qui s'adresse à Achille.

61. Antonin le Pieux (10 juillet 138-7 mars 161), T. Aurelius Fulvus Boionius (Arrius) Antoninus, reçut du Sénat son *cognomen* peu après son accession au trône, au moins à partir du 19 septembre 138, et sa titulature officielle fut désormais Imp. T. Aelius Hadrianus Antoninus Aug. Pius. Le mot *Pius* prit à proprement parler le sens de « qui remplit scrupuleusement ses devoirs moraux, spécialement envers les dieux, mais aussi envers ses parents », Legall, J. (1992), p. 473. Le Sénat, qui avait eu fort à souffrir de la politique d'Hadrien, notamment au début et à la fin du règne, n'entendait pas lui accorder les honneurs de l'apothéose. Antonin prit vigoureusement la défense de son prédécesseur et finit par obtenir gain de cause, en partie parce que les sénateurs redoutaient une intervention de l'armée, D. C., LXIX, 23, 3 ; LXX, 1, 3 ; [Spartianus], *HA Hadr.,* 27, 2 : *Nec appellatus est*

divus, nisi Antoninus rogasset ; [JULIUS CAPITOLINUS], *HA Ant.*, 5, 1 : *etiam repugnantibus cunctis inter divos eum* (*sc.* Hadrianum) *retulit*], voir aussi Aur. Vict., *Caes.*, 14, 13-14 ; Eutr., VIII, 7, 3. Mais il s'agit ici, évidemment, non pas d'Antonin le Pieux, mais de Marc Aurèle, dont le nom complet était Marcus Annius (?) Catilius Severus, KIENAST, D. (1990), p. 137. A-t-on affaire à une confusion, comme l'affirme Chausson, F. (2007), p. 213, après une foule d'autres ? Peut-être pas. Lorsqu'il fut élevé à l'Empire, le 7 mars 161, Marc Aurèle prit le titre officiel de M. Aurelius Antoninus Augustus. On pouvait aisément passer d'un Antoninus à l'autre. On ne doit pas oublier non plus que Marc Aurèle était un modèle que proposaient aux souverains les orateurs ou les spécialistes de l'art politique, surtout, justement, s'il intercédait auprès de la divinité au nom de tous. Sur l'anecdote, voir *infra*, n. 64, p. 155-158.

62. À la suite de Hansen, G. C. (1967), p. 116, que suit Portmann, W. (1998), p. 255, n. 39, et comme Maisano, R. (1995), p. 560, je considère que αὐτῷ des manuscrits n'est pas justifiable.

63. On aurait du mal à traduire littéralement les deux aoristes προὐτρεψάμην et ἱκέτευσα qui n'ont pas la même valeur que ἀφειλόμην. Les deux premiers sont une sorte d'aoriste gnomique. L'action est exprimée au passé, comme si elle était déjà suivie d'effet au présent. La tournure est assez fréquente dans le style épistolaire, BLASS, F.-DEBRUNNER, A., *Grammatik des neutestamentlichen Griechisch,* 15e tirage, Göttingen, 1979, § 334.

64. L'anecdote de la pluie miraculeuse est célèbre entre toutes. Thémistios l'évoque ailleurs, beaucoup plus brièvement (34, 21), et elle a fait couler une quantité d'encre assez considérable. On trouvera l'essentiel de la bibliographie disponible dans un article substantiel de KOVÁCS, P. (2008), p. 387-388 (n. 1 de la p. 387). Un détachement de l'armée romaine avait pénétré profondément en territoire ennemi, peut-être jusqu'en Moravie, où il fut encerclé par les Quades, probablement durant l'été 172. Accablés par la chaleur et la soif, les Romains allaient succomber quand éclata la pluie tant espérée. La Colonne Aurélienne (XVI) met en scène l'événement : les Romains assistent avec ravissement au déluge emportant leurs adversaires, hommes et chevaux, qui roulent dans les torrents dévalant la montagne ; au ciel plane un vieillard ou plutôt un dieu muni d'ailes, d'une barbe et d'une chevelure ruisselantes. On a quelque raison de l'identifier avec Juppiter *Tonans.* On a pu relever jusqu'à trente-neuf documents relatifs à l'événement, KOVÁCS, P. (2008), p. 389, avec la n. 3. La source écrite la plus ancienne est le bref récit de Dion Cassius, ou plutôt, l'extrait qu'en a tiré Jean Xiphilin, à la fin du XIe s. Si l'on en croit Dion (LXXI, 8, 1-2), le changement atmosphérique n'aurait pas eu lieu sans une intervention divine (οὐκ ἀθεεί) : « tout à coup des nuages s'assemblèrent en grand nombre, et il tomba des flots de

pluie, non sans une intervention divine ; car, dit-on, un mage égyptien, Arnuphis, qui était avec Marc-Antonin, invoqua par des enchantements plusieurs autres génies, et principalement Hermès l'Aérien, et, grâce à eux, amena la pluie » νέφη πολλὰ ἐξαίφνης συνέδραμε καὶ ὑετὸς πολὺς οὐκ ἀθεεὶ κατερράγη· καὶ γάρ τοι λόγος ἔχει Ἀρνοῦφίν τινα μάγον Αἰγύπτιον συνόντα τῷ Μάρκῳ ἄλλους τέ τινας δαίμονας καὶ τὸν Ἑρμῆν τὸν ἀέριον ὅτι μάλιστα μαγγανείαις τισὶν ἐπικαλέσασθαι καὶ δι' αὐτῶν τὸν ὄμβρον ἐπισπάσασθαι. *L'Histoire Auguste* fait état de *Chaldaei* et de *magi* (*Heliog.*, 9, 1), comme Claudien (27-28, 348 : *Chaldaea mago seu carmina ritu*). L'intervention d'Arnouphis se retrouve jusqu'au xe s. (*Souda,* A 3987, *s.v.* Ἀρνοῦφις), en concurrence, il est vrai, avec Julien, un des théurges dont le néoplatonisme allait faire un de ses inspirateurs comme auteur des *Oracles chaldaïques, Souda*, I 434, *s.v.* Ἰουλιανός. Arnouphis est attesté en même temps que Marc Aurèle à Aquilée dans la dédicace d'un autel en l'honneur d'Isis (*AE* 1934, p. 295). Dans certaines traditions, Julien finit par évincer son rival ; il aurait triomphé de l'ennemi en faisant brandir un visage humain façonné dans l'argile qui faisait éclater la foudre quand on approchait, Psellos, *Phil. Min.* 3, p. 9, 142-147 Duffy : οὗτος δὲ ἦν Ἰουλιανὸς ὁ συστρατεύσας Μάρκῳ τῷ βασιλεῖ ἐπὶ Δάκας στρατεύοντι, ὃς δὴ ἕτερά τε πολλὰ τῷ βασιλεῖ συγκατώρθωσε καὶ τοὺς Δάκας τῶν Ῥωμαϊκῶν ὁρίων ἀπώσατο. πρόσωπον γὰρ ἀνθρώπου πλασάμενος ἐκ πηλοῦ ἔθηκε βλέπειν εἰς τοὺς βαρβάρους· οἱ δὲ ἐπειδὰν αὐτῷ πλησιάσαιεν, κεραυνοῖς ἀφορήτοις ἐκεῖθεν ἐκπεμπομένοις ἠλαύνοντο. Plus loin, Dion (LXXI, 10) décrivait de façon concrète la réaction de l'armée « quand la pluie se mit à tomber à verse, tout le monde commença à lever les yeux au ciel et à recevoir l'eau dans la bouche ; ensuite, en tendant les uns leurs boucliers, d'autres leurs casques, ils se mirent à avaler l'eau goulûment et donnèrent à boire à leurs chevaux » (trad. personnelle) τοῦ ὄμβρου καταρραγέντος πρῶτον μὲν ἄνω πάντες ἀνέκυπτον καὶ ἐς τὰ στόματα αὐτὸν ἐδέχοντο, ἔπειτα οἱ μὲν τὰς ἀσπίδας οἱ δὲ καὶ τὰ κράνη ὑποβάλλοντες αὐτοί τε χανδὸν ἔσπων καὶ τοῖς ἵπποις πίνειν ἐδίδοσαν. Dion ne souligne ni la présence, ni l'intervention de l'Empereur. Cette dernière n'est mentionnée que dans un document datant d'avant 260. L'armée était en Germanie quand Marc Aurèle eut l'occasion de prouver que le ciel obéissait à ses voeux (*Or. Sib.,* XII, 196-200) : ὁπόταν μέγα σῆμα θεοῖο | οὐρανόθεν προφανῇ καί τ' ἄνδρας χαλκοκορυστάς | τρυχομένους σώσειε δι' εὐσεβίην βασιλῆος· | αὐτῷ γὰρ θεὸς οὐράνιος μάλα πάνθ' ὑπακούσει· εὐξαμένῳ | βρέξει παρακαίριον ὄμβριον ὕδωρ. On notera que le substantif εὐσεβίη rappelle immédiatement l'épiclèse que Thémistios donnait à Marc Aurèle. Jusqu'ici, le ciel s'était laissé convaincre par un seul intercesseur ; bien vite, il se montra nettement plus exigeant. Selon Tertullien (*Apol.* 5, 6), qui fait appel au témoignage de Marc Aurèle lui-même, il aurait fallu les prières de soldats romains chrétiens pour avoir droit au miracle, et l'Empereur se rangea délibérément sous la bannière du Christ : « Nous, au contraire, nous pouvons citer parmi eux un protecteur des chrétiens, si l'on veut bien rechercher la lettre de Marc-Aurèle, ce très sage empereur, où il atteste que la soif cruelle qui désolait l'armée de Germanie fut apaisée par une pluie accordée aux prières de soldats par hasard chrétiens *At nos e contrario edimus protectorem, si litterae Marci Aureli, gravissimi imperatoris, requirantur, quibus illam Germanicam sitim Christianorum forte militum precationibus impetrato imbri discussam contestatur.* Eusèbe (*HE* V, 5, 1-6) réserve à l'incident un long développement où il donne le nom de la légion chrétienne, la Mélitène, en citant ses sources, Apollinaire de Hiérapolis, d'après qui elle aurait porté le nom de « Fulminante » (Κεραυνοβόλος), et Tertullien. L'historien évoque aussi la lettre impériale qu'il n'avait pas eue sous les yeux. On ne sait si Tertullien lui-même croyait vraiment à l'authenticité de ce dernier document. En tout cas, le *Parisinus graecus* 450 (daté de 1364), le manuscrit principal des *Apologies* de Justin de Néapolis (mort vers 165), renferme une *Lettre de l'Empereur Marc au Sénat, dans laquelle il atteste que des Chrétiens ont été cause de la victoire* (Μάρκου βασιλέως ἐπιστολὴ πρὸς τὴν Σύγκλητον, ἐν ᾗ μαρτυρεῖ Χριστιανοὺς αἰτίους γεγενῆσθαι τῆς νίκης αὐτῶν) ; voir WARTELLE, A. (1987), p. 86-87 (place de l'œuvre dans la tradition), 92-93 (problèmes soulevés), 222-225 (texte et traduction). Depuis longtemps, personne ne croit plus à l'authenticité de cette lettre. Faut-il croire que ce fut celle dont Tertullien fait état ? La seule certitude que l'on puisse avoir c'est qu'elle est antérieure à la copie du *Parisinus.* En tout cas, dans son long récit, un contemporain de Thémistios, Grégoire de Nysse (*In XL mart. II* dans *PG* 46, 757 C-759 B) ne cite ni Marc Aurèle ni le nom de la légion. Thémistios avait-il eu l'occasion de voir à Rome la colonne Aurélienne ? En tout cas, le panneau correspondant à la scène ici rapportée ne montre pas les soldats romains tentant de recueillir l'eau dans leur casque, CHAUSSON, F. (2007), p. 213-214. Overbeck, J. (1868), p. 231 ne mentionne que la peinture à laquelle s'adonnait Marc Aurèle lui-même, voir [IULIUS CAPITOLINUS], *HA Marc.,* 4, 9 *Operam praeterea pingendo sub magistro Diogneto dedit.* Sous la férule de Diognetus, Marc Aurèle fut initié à la peinture durant sa jeunesse. Rome avait donc des écoles formant des peintres. Personne n'imaginera que Diognetus ait été engagé à représenter le miracle de la pluie ; en revanche, des artistes plus jeunes ont probablement été recrutés pour le faire, et les œuvres de l'espèce ont été les sources principales des images triomphales et de la scène XVI de la colonne Aurélienne, sans compter les chroniques illustrées, d'où la γραφή de Thémistios, KOVÁCS, P. (2008), p. 390 ; p. 397. En tout cas, le passage autorise à admettre que Thémistios a été en effet présent à Rome et qu'il a eu l'occasion d'y voir de ses propres yeux la scène surprenante ici décrite. À ce compte, rien n'obligerait à croire que Thémistios fût obligé à prolonger le voyage jusqu'à Trèves, SEECK, art. *Gratianus* 3 dans *RE* VII, 2 (1912), col. 1831-1839, surtout 1835.

Page 32

65. Les § 1-3, excepté la citation homérique initiale, font l'objet d'une traduction de Chausson, F. (2007), p. 211-212.

66. HOM. A 53. La citation est d'une parfaite fidélité.

67. Citation modifiée, HOM. A 22-23 : Ἔνθ' ἄλλοι μὲν πάντες ἐπευφήμησαν Ἀχαιοὶ | αἰδεῖσθαί θ' ἱερῆα καὶ ἀγλαὰ δέχθαι ἄποινα. À ma connaissance, les deux vers ne sont pas cités ailleurs. On ne retrouve le groupe de mots ἐπευφήμησαν ἅπαντες que chez Héliodore (I, 21, 1), mais il n'y a pas de preuve que ce dernier ait cherché à jouer avec l'expression homérique. Il en va tout autrement pour Thémistios, qui a parfaitement adapté les vers à sa démonstration.

69. Pour la construction du grec, voir *Or.* 7, 9, 89 c, t. II, p. 301, n. 69.

70. On trouve un lointain rappel chez Horace (*Ep.*, I, 2, 14-16) : « Toutes les folies des rois, les Achéens en portent la peine. Désunion, fourberies, crime, caprice, colère, ce ne sont que fautes dans les murs et hors des murs d'Ilion. » *Quicquid delirant reges, plectuntur Achivi. | Seditione, dolis, scelere atque libidine et ira | Iliacos intra muros peccatur et extra.* Comme le signalent à juste titre Heather, P.-Moncur, D. (2001), p. 245, n. 120, le public oriental pouvait difficilement ne pas déceler à travers ces phrases une critique du régime de Valens.

Page 33

73. Allusion à Hom. X 93-94 : « Tel un serpent des montagnes, sur son trou attend l'homme ; il s'est repu de poisons malfaisants, une colère atroce le pénètre. » ὡς δὲ δράκων ἐπὶ χειῇ ὀρέστερος ἄνδρα μένῃσι | βεβρωκὼς κακὰ φάρμακ', ἔδυ δέ τέ μιν χόλος αἰνός.

74. Le passage a été imité par Léon le Diacre (*Laudatio Imperatoris Basilii II*, p. 429, 27-31 éd. Sykutres) : ὁμοῦ μὲν σοὶ χάριν ἀποτιννὺς τῶν εἰς ἐμέ σου καλῶν, ὅς με τὸν μικρὸν οὐ παρεῖδες, ἀλλ' ἐν μέρει τῶν δούλων δι' οἰκείαν συμπάθειαν ἐγκατέλεξας, πρὸς ἣν ἀνεπτέρωταί σοι αὐτοφυὴς καὶ αὐτοκέλευστος ἡ ψυχὴ—τοσαύτη γάρ τις ἐντέτηκέ σοι τοῦ εὖ ποιεῖν ἀπληστία, ὡς θᾶττον ἄν τις ἀπείποιεν ἀπαιτῶν ἢ σὺ διδούς τε καὶ ἐπιχορηγῶν. Comme le souligne Garzya, A. (1989), p. 442, n. 110 et p. 396, n. 23, le souverain, comme imitateur de Dieu, est aussi un maître en matière de religiosité. Fort ancien, le thème a été repris par divers systèmes philosophiques ou religieux, comme le pythagorisme, le platonisme, le stoïcisme et le judaïsme ; Dion de Pruse a contribué à le répandre. Ensuite, il a été orchestré aussi par Eusèbe de Césarée, MARAVAL, P. (2001), p. 57 ; O'MEARA, D. J. (2006), p. 8 et p. 119, n. 70, voir encore Synésios de Cyrène, *Regn.,* 8, 4 et 25, 5 « Que les familles, les cités, les peuples, les provinces et les continents jouissent de ta royale providence et de ta sage sollicitude

que Dieu lui-même, qui s'est établi comme le modèle primitif parmi les intelligibles, donne comme image de sa providence, puisqu'il veut que les réalités d'ici-bas soient réglées selon l'imitation du monde hypercosmique » (…) « il est tout à fait certain que c'est à une telle attitude du Roi que les cités ont vécu la vie d'autrefois, celle de l'Âge d'or, chantée dans des hymnes, où l'on n'avait pas loisir de se livrer au mal, mais loisir de se consacrer au bien, et avant tout à la piété. Vers cette vertu, le souverain lui-même nous guidera, en demandant à Dieu l'initiative de toute action, petite ou grande » ἀπολαυόντων οἶκοι καὶ πόλεις καὶ δῆμοι καὶ ἔθνη καὶ ἤπειροι προνοίας βασιλικῆς καὶ κηδεμονίας ἔμφρονος, ἣν ὁ θεὸς αὐτὸς ἑαυτὸν ἐν τοῖς νοητοῖς στήσας ἀρχέτυπον, δίδωσιν εἰκόνα τῆς προνοίας, καὶ ἐθέλει τὰ τῇδε τετάχθαι κατὰ μίμησιν ὑπερκόσμιον (…) καὶ ἀνάγκη γε πᾶσα τοιαύτῃ διαθέσει βασιλέως ἑπομένας τὰς πόλεις βίον βιοτεῦσαι τὸν πάλαι, τὸν χρυσοῦν, τὸν ὑμνούμενον, ἀσχολίαν ἐχούσας κακῶν, σχολὴν δὲ ἀγαθῶν καὶ πρώτης τῆς εὐσεβείας, εἰς ἣν ἡγεμὼν αὐτὸς ἔσται βασιλεύς, ἅπαντος ἀρχὴν καὶ μείονος ἔργου καὶ μείζονος θεόθεν αἰτῶν. Colpi, B. (1987), p. 128, n. 215 signale deux textes apparentés au nôtre, *Gnom. Vat.*, 53 (à propos d'Aristote) : Ὁ αὐτὸς ἐρωτηθεὶς ὑπό τινος, τί ἄνθρωπος ἶσον ἔχει θεῷ, εἶπε· τὸ εὐεργετεῖν" et Grégoire de Nazianze, *Or.* 17, 9 (*PG* 35, col. 976, 45-46) : Τοῦτο ἔχει μάλιστα θεῖον ἄνθρωπος, τὸ εὖ ποιεῖν. Le mot d'Aristote a été transmis dans maints florilèges, Searby, D. M. (1998), p. 109 (le fragment est produit sous le n° 56). Le fragment de Pythagore (9, 2) n'a pas été relevé dans le recueil des Présocratiques de Diels-Kranz.

Page 34

76. Voir déjà *Or.* 13, 14, 174 c-175 a, et t. II, p. 520, n. 86.

77. Sur le thème, voir déjà *Dem.,* 1, 4 et la note, t. I, p. 222. Hansen, G. C. (1967), p. 116 établit à juste titre un rapprochement avec *Or.* 13, 14, 175 a ἐν αἷς καθεύδειν ἑκάστῳ ἔνεστι. Faut-il pour autant aligner le texte du présent passage sur l'autre ? Je n'en suis pas aussi sûr que l'helléniste allemand. La locution ἐπ᾽ἄμφω est extrêmement répandue, et Bailly, A. (*s.v.* ἄμφω, p. 113) retient le sens de « dormir sur les deux oreilles ». Rien n'oblige à supposer que Thémistios n'ait pas cherché à renouveler l'expression. Si on comprend bien, les nuits de Théodose sont au moins aussi actives que ses jours, en sorte que pratiquement le nombre de ses activités de règne sera doublé.

78. Soit 41 ans, si l'on prend en compte la proclamation au Sénat du titre d'Augustus, 16 janvier 27 av. J.-C., à la mort, 19 août 14 ap. J.-C., voir Kienast, D. (1990), p. 61-64.

79. Sur le personnage, Wirth, G., art. *Antipatros* 1, dans *KP* 1, col. 394. Né vers 400, il servit d'abord Philippe dans les négociations avec Athènes en 338 et 336. Après la mort de Philippe, il conserva la confiance d'Alexandre, au nom de qui il administra l'Hellade en

son absence ; ce fut lui aussi qui dirigea le partage de Triparadeisos. Il mourut en 319.

80. Sur le personnage, voir la note à *Or.* 10, 3, 130 b.

81. Peuple de la Thrace qui habitait sur le cours supérieur du Strymon, dans une région correspondant à l'actuelle Bulgarie (Th., II, 96, 3). Alexandre incorpora des Agrianes dans son armée (Arr., *An.,* I, 5, 10 ; 6, 6). C'est parmi les Agrianes qu'étaient recrutés les soldats formant un des corps d'élite d'Alexandre, Faure, P. (1985), p. 55 et surtout p. 413 ; Goukowsky, P. (2022), p. 6.

83. Hom. λ 315-316 : « Pour monter jusqu'au ciel, ils voulaient entasser sur l'Olympe l'Ossa et, sur l'Ossa, le Pélion aux bois tremblants. » Ὄσσαν ἐπ' Οὐλύμπῳ μέμασαν θέμεν, αὐτὰρ ἐπ' Ὄσσῃ | Πήλιον εἰνοσίφυλλον, ἵν' οὐρανὸς ἀμβατὸς εἴη.

84. Thémistios fait allusion au vers en *Or.* 7, 19, 97 c, et il le cite en *Or.* 19, 1, 225 c-d. On consultera la note au deuxième passage.

Page 35

85. Allusion à Hom. B 581 : Οἳ δ' εἶχον κοίλην Λακεδαίμονα κητώεσσαν et δ 1 Οἱ δ' ἶξον κοίλην Λακεδαίμονα κητώεσσαν. On notera que la cité de Sparte était difficile d'accès, parce que la région était fort encaissée entre les montagnes.

86. Sparte est fréquemment comparée à la Macédoine, voir déjà la note à *Or.* 7, 19, 97 b.

87. Voir en particulier Hom. ι 270-271 Ζεὺς δ' ἐπιτιμήτωρ ἱκετάων τε ξείνων τε, | ξείνιος, ὃς ξείνοισιν ἅμ' αἰδοίοισιν ὀπηδεῖ.' Pour ces listes, voir la note à *Or.* 5, 2, 64 c.

88. Pour Germanique, voir *Or.* 6, 12, 80 a et la note. Constantin avait pris lui aussi celui de Sarmatique, que Julien ne put prendre qu'une fois installé sur le trône, Mc Cormick, M. (1986), p. 41 et p. 113.

89. Δεῖμος l'Épouvante est personnifié, Hom. Δ 440 ; Λ 37 ; O 119 ; Hes., *Th.* 934, Waser, art. *Deimos* dans *RE* IV, 2 (1901), col. 2385-2386. Je ne connais pas de passage où il soit directement associé avec Ényo. Dans l'*Iliade,* sur le bouclier d'Agamemnon, Deimos et Phobos entourent Gorgone (Λ 36-37) ; dans le ps.-Hes., *Sc.* 195-196, tous deux se tiennent à côté d'Arès sur son attelage ; ils viennent même au secours du dieu, en grande difficulté en face d'Héraclès, ps.- Hes., *Sc.,* 463-466.

90. Sur Enyo, la Guerre, voir déjà 4, 187 b *supra,* p. 26, avec la n. 24.

91. Κυδοιμός le Tumulte. Il est personnifié, Hom. E 593, Σ 535.

92. Le mot κήρ, κῆρες « Trépas » couvre des notions malaisées à cerner, voir aussi la note du § suivant, et surtout Wilamowitz-Moellendorff, U., *Der Glaube der Hellenen,* I, Berlin, 1931, p. 271-272 ; Nilsson, M. P., *Geschichte der griechischen Religion* I, 2e éd., Munich, 1967, p. 222-224. Pour Vernant, J.-P. (*L'individu,*

la mort, l'amour. Soi-même et l'autre en Grèce ancienne, Paris, 1989, p. 132), elle est « la mort comme force maléfique s'acharnant sur les humains pour les détruire, assoiffée de leur sang, les avalant pour les engloutir dans cette nuit où le destin veut qu'ils se perdent », voir aussi p. 133 où est citée la description du *Bouclier* du ps.-Hésiode (248-257) : « les Kères, couleur d'azur sombre, faisant claquer leurs dents blanches – affreuses, terrifiantes, sanglantes, effroyables –, s'empressaient à l'envi autour de ceux qui tombaient. Toutes, avides, voulaient humer le sang noir. Le premier qu'elles saisissaient, soit à terre, soit en train de tomber blessé, elles l'enveloppaient, abattant sur lui leurs immenses ongles, et son âme aussitôt descendait dans l'Hadès, dans le Tartare glacé. Puis, quand leur cœur s'était tout son saoul repu de sang humain, elles rejetaient le cadavre et retournaient exercer leur fureur dan le fracas de la mêlée », voir encore Chantraine, P., *DELG, s.v.* Κήρ, Κηρός, p. 526.

93. Adaptation en prose d'Hom. Ω 527 : δοιοὶ γάρ τε πίθοι κατακείαται ἐν Διὸς οὔδει. Le passage pose de gros problèmes, dont les éditeurs ne paraissent pas s'être avisés. Que le début de la phrase adapte Ω 527 est clair. L'argumentation interdisait à Thémistios de reproduire à la lettre le début du vers. On peut discuter la forme κατάκεινται, qui ne fausse pas le rythme, mais est prosaïque. On considérera donc que la citation proprement dite commence avec ἐν Διὸς οὔδει. Tout autre est le cas des mots suivants, qui correspondent à un autre passage homérique (Ω 528). Dans la vulgate, on le trouve sous la forme δώρων οἷα δίδωσι κακῶν, ἕτερος δὲ ἐάων, Labarbe, J. (1949), p. 276. On lit en revanche chez Platon (*R.,* II, 379 d-e) : Οὐκ ἄρα, ἦν δ'ἐγώ, ἀποδεκτέον οὔτε Ὁμήρου οὔτ' ἄλλου ποιητοῦ ταύτην τὴν ἁμαρτίαν περὶ τοὺς θεοὺς ἀνοήτως ἁμαρτάνοντος καὶ λέγοντος ὡς *δοιοὶ πίθοι* κατακείαται ἐν Διὸς οὔδει κηρῶν ἔμπλειοι, ὁ μὲν ἐσθλῶν, αὐτὰρ ὁ δειλῶν. Les vers Ω 527 et 528 se retrouvent de même chez Eusèbe (*P. E.,* XIII, 3, 12), mais aussi chez Plutarque (*Mor.* 24 A-B), Labarbe, J. (1949), p. 276-281. On constate d'autre part que chez Thémistios l'ordre des mots et des notions est identique, sauf pour le groupe ὁ δὲ δειλῶν, qui est isolé et fausse l'hexamètre. Par la suite, Thémistios continue à commenter le passage de la *République* (II, 379 e 1) οὐδ´ὡς ταμίας ἡμῖν Ζεύς. L'utilisation du traité est donc hors de doute. Dans les vers homériques que Thémistios a été amené à citer ne se trouve nulle part le groupe αὐτὰρ ὁ, forcément peu familier au copiste. D'autre part, le groupe ὁ δὲ δειλῶν était appelé tout naturellement par ὁ μὲν ἐσθλῶν. C'est par un *lapsus* identique qu'au début du vers ἔμπλειοι a perdu un ι. Faute d'avoir perçu le rythme, le copiste a donc deux fois déguisé en style prosaïque l'Homère cité par Platon. Thémistios semble avoir eu sous les yeux deux passages homériques différents. Le nôtre dérive en droite ligne de Platon, comme on l'a

montré, mais le philosophe semble avoir eu sous les yeux une recension de *l'Iliade* où Ω 528 avait la fin de l'hémistiche αὐτὰρ ὁ δειλῶν, l'autre (6, 11, 79 c τὸν δὲ ἕτερον τῶν ἐναντίων) est conforme à la vulgate. Étonnamment, J. Labarbe ne cite nulle part le passage de Thémistios. On n'a pas l'impression que Dindorf, W. (1832), p. 238, Downey, G. (1965), p. 280 et Maisano, R. (1995), p. 566 avaient perçu la présence d'un hexamètre dans le discours.

94. Reprise d'une expression de *Or.* 6, 11, 79 c.

95. Pour la comparaison, voir déjà *Or.* 6, 11, 79 c.

Page 36

96. Allusion au mythe de Pandore, voir Hes., *Op.*, 94-104.

97. La construction du grec paraît difficile et peu sûre, à moins de comprendre que le καὶ οὐκ porte à la fois sur ἀποκέκλεισται et sur ἐκκέχυται. On comprendrait mieux (…) μόνη οὐδ᾽ἐκκέχυται τὰ κακὰ (…).

98. On a proposé de corriger ἢ καὶ de diverses manières, voir, par exemple, Hansen, G. C. (1967), p. 116 qui signale la conjecture de Reiske ἀλύτοις μᾶλλον ἤ. La conjonction de coordination ἢ peut fort bien s'employer avec l'adverbe καὶ, Denniston, J. D. (1978), p. 299. Chez Eschyle (*Pr.*, 6), on lit ἀδαμαντίνων δεσμῶν ἐν ἀρρήκτο ις πέδαις. Pour δεσμοῖς ἀλύτοις, voir aussi 155. Thémistios emploie ἢ καὶ pour souligner qu'il fait deux citations différentes. Par conséquent, une correction n'est nullement nécessaire.

99. Sur les mesures prises par Théodose Ier en faveur des orphelins, voir *Or.* 16, 19, 212 c ; 17, 7, 216 a ; 34, 18. À ce propos, on verra *CTh* VII, 22, 11 (8 septembre 380) *Quod si in eadem domo duo filii erunt et latum adeo felixque patrimonium, quod possit duplicium necessitatum suscipere functiones, unum oportebit militiae, unum curiae vindicari. quod servandum pari norma erit, si tres aut quattuor liberi vel etiam plures numero familiam eiusdem stirpis ornaverint, ut etiam ex numerosis fratribus unus ad curiam devocetur*. La sollicitude du prince à l'égard de ses sujets est une exigence déjà formulée par Xénophon (*Cyr.*, VIII, 1, 1) « Eh ! bien, souvent déjà, Messieurs, en d'autres circonstances, j'ai remarqué qu'il n'y avait aucune différence entre un bon chef et un bon père ; de même que les pères pourvoient à ce que jamais les enfants ne viennent à manquer d'aucun bien (…) » Ἀλλὰ πολλάκις μὲν δή, ὦ ἄνδρες, καὶ ἄλλοτε κατενόησα ὅτι ἄρχων ἀγαθὸς οὐδὲν διαφέρει πατρὸς ἀγαθοῦ· οἵ τε γὰρ πατέρες προνοοῦσι τῶν παίδων ὅπως μήποτε αὐτοὺς τἀγαθὰ ἐπιλείψει,. Philon (*Virt.*, 57) la reprend à son tour : ὃς οἷα πατὴρ ἐπιμελήσεται τῶν ὑπηκόων.

100. Le verbe εἰσπράττομαι se construit dans la langue classique avec un double accusatif. À la différence de Portmann, W. (1998), p. 259, n. 53, je ne vois donc pas la nécessité de corriger. En revanche, Heather, P.-Moncur, D. (2001), p. 248, n. 136, ont raison de déceler

ici une allusion à deux dispositions législatives promulguées à Thessalonique le 17 juin 380. On lira avec intérêt les explications de Vanderspoel, J. (1995), p. 203. Les enfants ou les parents de ceux qui étaient condamnés à l'exil ou à la mort avaient le droit de conserver jusqu'à une moitié de l'héritage, le reste allant au fisc, voir *CTh* IX, 42, 8 *pr. Deportato si erunt liberi nepotesve sui seu emancipati, nepotes quoque ex filia, semissem tantum bonorum fiscus usurpet, semissis ipsi ac liberis hac distributione servetur, ut sextantem ipse ad fortunam ab extrema inopia vindicandam suae habeat potestatis, trientem liberi nepotesve, scilicet indifferenter sive ii ex filio sive filia erunt. quod si idem et emancipatos et suae potestatis filios nepotesve habuerit, beneficium tantum ad eos, qui in potestate sunt, transferatur, si emancipati ea, quae consecuti erant emancipationis tempore, damnose existimant conferenda* et *CTh* IX, 42, 9 *pr. si aliquis supplicio fuerit adflictus, filiis quidem omnium facultatum deferatur prima successio. Nepotes vero ex filia gradus secundus admittat, si tamen nullus suorum fuerit inventus, qui eos antecedat, hereditate in stirpes, non in capita dividenda. quod aeque observabitur, si erit filius ac nepotes, qui ab intestato successuri defuncto vel ex duodecim tabulis vel per rescissionem capitis praetorio vocabuntur edicto, emancipatis et filia necessitate collationis adstrictis*. En outre, les fautes ou crimes commis par des parents ne sont pas mis à charge de leurs descendants.

101. Gratien, vainqueur sur le Rhin, et Théodose Ier, encore aux prises avec les problèmes de la frontière orientale.

102. Emploi d'une expression d'Homère (μ 229) : μάκρ' ἐν χερσὶν ἑλὼν εἰς ἴκρια νηὸς ἔβαινον.

Page 37

103. Emploi d'une expression d'Homère (λ 7) : ἴκμενον οὖρον ἵει πλησίστιον, ἐσθλὸν ἑταῖρον.

104. Déjà une comparaison de même type (ναῦν πανταχόθεν ταραττομένην) figure en *Or.* 8, 24, 119 c.

105. Thémistios fait allusion à deux marins bien connus. Antiochos commandait la flotte d'Alcibiade (X., *HG*, I, 5, 11-13). Quant à Ariston de Corinthe, Thucydide (VII, 39, 2) le dépeint comme Ἀρίστων ὁ Πυρρίχου Κορίνθιος, ἄριστος ὢν κυβερνήτης τῶν μετὰ Συρακοσίων. Peu inspirés, Heather, P.-Moncur, D. (2001), p. 249, n. 14 identifient le premier avec Antiochos d'Ascalon et le second avec Ariston de Chios, un neveu de Zénon. Que viendraient faire deux philosophes dans cette galère ? Risquée par Hardouin et reprise encore par Orth, E., dans un article de 1956, l'erreur a été vigoureusement et à juste titre dénoncée par Hansen, G. C. (1967), p. 116-117. On s'étonne que les deux savants britanniques n'aient pas tenu compte de la note de Maisano, R. (1995), p. 568, n. 58.

106. Il n'y a pas nécessairement symétrie pour le sens entre les deux parties de la phrase, contrairement à ce que suppose Portmann, W. (1998), p. 260, n. 57, qui introduit inutilement la conjecture ἀποδαρθεῖν de Cobet.

107. Passablement rare et technique, le vocable θαλαμίας fait difficulté. On a même proposé de le corriger en θαλαμίῳ ou θαλαμίτῃ (Hertlein, P. K., *Zur Kritik der Reden des Themistius,* Progr. Wertheim, 1872, approuvé par Gasda, A. *Kritische Bemerkungen zu Themistios,* Progr. Lauban, 1886, Fortsetzung Progr. Lauban, 1887 ; je n'ai pu consulter aucune de ces deux études). Le plus souvent, il désigne l'ouverture par laquelle s'emmanche la rame d'un vaisseau, voir sch. Ar. *Ran.,* 1074 ; sch. Ar., *Pax,* 1234 b 5, par exemple. Néanmoins, on trouve le génitif pluriel θαλαμιῶν chez Th., IV, 32, 2. De Romilly, Jacqueline (1967), p. 24 traduit par le néologisme « thalamite » que l'on ne risquera pas ici. Elle précise (n. 1) qu'il s'agit de « rameurs du rang inférieur », ce que confirment maintes indications lexicographiques, voir sch. ach Ar., *Ach.,* 162 a 3 τῶν γὰρ ἐρεττόντων οἱ μὲν ἄνω ἐρέττοντες θρανῖται λέγονται, οἱ δὲ μέσοι ζυγῖται, οἱ δὲ κάτω θαλάμιοι (voir Hesych., Θ 19, *s.v.* θαλαμιός ; sch. à Th., VI, 31, 3 ; *Souda* Θ 454, Ps.-Zon., Θ p. 1020, 17). Je ne connais qu'une seule occurrence du substantif θαλαμίας chez Appien (*BC,* V, 107, 442 éd. Étienne-Duplessis qui traduit « les rameurs qui se trouvaient au rang inférieur »). Le mot exprime évidemment le dédain et une traduction française précise est impossible.

108. Hom. ε 295 : σὺν δ' εὖρός τε νότος τ' ἔπεσον ζέφυρός τε δυσαὴς. Le vers a été dûment adapté au contexte, en sorte qu'il a une syllabe de trop pour le mètre. On peut facilement le rendre correct en supprimant le second τε. Ni Maisano, R. (1995), p. 564 ni Portmann, W. (1998), p. 260, n. 58 ne paraissent s'être posé la question.

109. Le mot fait allusion aux courtisanes de Corinthe, d'après Strabon (VIII, 6, 20, p. 378 C.) « Le sanctuaire d'Aphrodite regorgeait à tel point de richesses qu'il possédait à titre d'hiérodules plus de mille courtisanes, que des donateurs de l'un et l'autre sexe avaient offertes à la déesse ; elles attiraient, bien entendu, une foule de gens à Corinthe et contribuaient à l'enrichir ; les patrons de navires avaient tôt fait de s'y ruiner ; de là vient le proverbe : "De Corinthe le voyage ne peut être le partage du premier venu" » τό τε τῆς Ἀφροδίτης ἱερὸν οὕτω πλούσιον ὑπῆρξεν ὥστε πλείους ἢ χιλίας ἱεροδούλους ἐκέκτητο ἑταίρας, ἃς ἀνετίθεσαν τῇ θεῷ καὶ ἄνδρες καὶ γυναῖκες. καὶ διὰ ταύτας οὖν πολυωχλεῖτο ἡ πόλις καὶ ἐπλουτίζετο· οἱ γὰρ ναύκληροι ῥᾳδίως ἐξανηλίσκοντο, καὶ διὰ τοῦτο ἡ παροιμία φησίν « οὐ παντὸς ἀνδρὸς ἐς Κόρινθόν ἐσθ'ὁ πλοῦς. » ; Zen., V, 37 : Οὐ παντὸς ἀνδρὸς ἐς Κόρινθον ἔσθ' ὁ πλοῦς:Κόρινθος πολλὰς εἶχεν ἑταίρας καὶ πολυτελεῖς, αἳ τοὺς ἀφικομένους τῶν ξένων ἐδασμολόγουν, τὰ ἐφόδια αὐτῶν ἀναλαμβάνουσαι. Διὰ γοῦν τοῦτο ἐπὶ τῶν τρυφᾶν βουλομένων [ἀπόρων]

εἰρῆσθαι τὴν παροιμίαν, cf. Ar. Byz., *Paroemiae,* 5 Nauck = Hesych. ο 1799 : οὐ παντὸς ἀνδρὸς ἐς Κόρινθον ἔσθ' ὁ πλοῦς· Ἀριστοφάνης (fr. 902 a), ἐπεὶ δοκεῖ τοῖς ἐς Κόρινθον εἰσπλέουσι ξένοις χαλεπή τις ἡ πόλις εἶναι, διὰ τὴν τῶν ἑταιρῶν γοητείαν. ἐσπούδαζον γὰρ περὶ τοῦτο οἱ Κορίνθιοι, καὶ ῥᾳθύμως διὰ τοῦτο διῆγον ; Hor., *Epist.,* I, 17, 36 : *Non cuiuis homini contingit adire Corinthum* ; Apostol., XIII, 60. Le mot est repris dns l'*Or.* 21, 17, 257 b.

Page 39

115. Rappel d'un thème abordé déjà en 1, 24, 17 c. Voir déjà la n. *ad loc.*

116. Chez Euripide (*Tr.,* 887-888) on lit πάντα γὰρ δι' ἀψόφου | βαίνων κελεύθου κατὰ δίκην τὰ θνήτ' ἄγεις. Le passage est cité à plus d'une reprise (PLU., *Mor.* 381 B 4 ; 1007 C ; SYNES., *Regn.,* 17), chaque fois sous la forme δι'ἀψόφου | βαίνων κελεύθου κατὰ δίκην τὰ θνήτ'ἄγεις. Chez Thémistios, la structure de la phrase oblige à placer le participe βαίνοντι *extra metrum.* Par conséquent, on ne peut considérer qu'il appartient à la citation. En revanche, pour le reste, le rapprochement avec les vers d'Euripide montre que l'orateur avait suivi le rythme iambique, au demeurant proche du rythme normal de la langue. Autre chose de montrer qu'il s'était astreint à une stricte littéralité. On concevrait fort bien qu'un copiste ait été moins expert que le citant lui-même. Ainsi, la forme θνήτ'a été interprétée à tort comme le résultat d'une forme abrégée, θνητῶν. Enfin, la forme ἄγειν, porteuse d'un sens riche, peut fort bien avoir été placée en enjambement. Pour ἄγειν dans cette position, voir, par ex., A., *Suppl.,* 612. C'est la raison pour laquelle, à mon sens, la conjecture de Cobet doit être considérée comme sûre. Au total, Thémistios est arrivé ainsi à composer un trimètre de bonne facture qui ne figure pas ailleurs.

Page 40

117. Sur les pratiques d'espionnage, voir la note à *Or.* 1, 24, 17 c. Pour Vanderspoel, J. (1995), p. 204, Thémistios ne vise pas ici les *agentes in rebus,* dont Théodose Ier a réduit le nombre (*CTh* VI, 27, 3, du 16 juin 380). Tout amusant qu'il est, le développement est d'une lourdeur et d'une maladresse insupportables. Dans les textes analogues, on ne trouve pas de formulation aussi grotesque ni aussi pédantesque. La première phrase porte sur la situation d'un prince soit isolé (ἄρχοντι) soit travaillant en collaboration (συνάρχοντι). Dans les deux cas, il ne pourrait réussir dans sa tâche, tant elle est lourde. On pouvait aisément conclure en réunissant les deux hommes, bien protégés par l'armée de leurs subordonnés, gouverneurs et administrateurs, qui leur serviront d'oreilles et d'yeux tout à la fois. On ajoutera que le passage de la troisième personne (τούτου, qui doit désigner Théodose Ier), à la deuxième (τὰ σά), puis un retour au duel, n'est pas de la meilleure

veine. Enfin, on ne comprend pas pourquoi l'écrivain voudrait d'abord privilégier les yeux, puis réunit yeux et oreilles, dans une proposition qui répète presque la première. À mon sens, les deux propositions n'ont jamais appartenu au texte original ; la proposition commençant par ὅτι est d'ailleurs incomplète. Toutes deux sont des gloses introduites à des époques différentes, la seconde corrigeant la première, non sans ironie. Heather, P.-Moncur, D. (2001), p. 251, n. 147 et 149 estiment qu'il y a ici une lacune dans le texte.

119. HOM. B 875 : ἐν ποταμῷ, χρυσὸν δ' Ἀχιλεὺς ἐκόμισσε δαΐφρων.

Page 41

120. Habituellement, le mot τάξις est traduit par un masculin, « ordre ». Thémistios joue sur trois qualités, données au féminin, qui sont elles aussi les sœurs de la victoire. Au prix d'un léger coup de pouce, on a adopté ici un féminin, « discipline ».

121. Thémistios utilise ici un souvenir de l'orateur Lycurgue (104-106), dont il inverse l'ordonnance : « C'est ainsi qu'à Marathon, face aux Barbares, ils repoussèrent la ruée de toute l'Asie, procurant, à leurs propres périls, la sécurité à tous les Hellènes. Moins avides de la gloire que de l'héroïsme par lequel on la mérite, ils devinrent les chefs des Hellènes et les maîtres des Barbares ; car ce n'est pas en discours qu'ils exerçaient leur bravoure, c'est dans leurs actes qu'ils la déployaient, au vu de tous. Aussi voyez comme les Athéniens de ce temps-là passaient pour des hommes de cœur dans la vie publique et dans le privé : alors que, dans les temps anciens, les Lacédémoniens, peuple brave entre tous, faisaient la guerre à Messène, l'oracle leur conseilla de venir chez nous prendre un chef et leur promit à cette condition la victoire. Si donc aux deux rois issus d'Héraclès, qui se succédaient dans la royauté à Sparte, le dieu a jugé supérieurs les chefs envoyés par nous, comment ne pas admettre que nos ancêtres étaient d'une bravoure incomparable ? Qui ne sait en Hellade que les Spartiates reçurent d'Athènes pour général Tyrtée, le chef qui les mena à la victoire et leur apprit à organiser l'éducation de la jeunesse ? Décision qui fut sage, non seulement pour le péril présent, mais pour toute la suite des âges : car il leur laissa les élégies qu'il avait composées et qu'on leur récite pour les dresser au courage » οἱ γοῦν ἐν Μαραθῶνι παραταξάμενοι τοῖς βαρβάροις τὸν ἐξ ἁπάσης τῆς Ἀσίας στόλον ἐκράτησαν, τοῖς ἰδίοις κινδύνοις κοινὴν ἄδειαν ἅπασι τοῖς Ἕλλησι κτώμενοι, οὐκ ἐπὶ τῇ δόξῃ μέγα φρονοῦντες, ἀλλ' ἐπὶ τῷ ταύτης ἄξια πράττειν, τῶν μὲν Ἑλλήνων προστάτας, τῶν δὲ βαρβάρων δεσπότας ἑαυτοὺς καθιστάντες· οὐ γὰρ λόγῳ τὴν ἀρετὴν ἐπετήδευον, ἀλλ' ἔργῳ πᾶσιν ἐνεδείκνυντο.τοιγαροῦν οὕτως ἦσαν ἄνδρες σπουδαῖοι καὶ κοινῇ καὶ ἰδίᾳ οἱ τότε τὴν πόλιν οἰκοῦντες, ὥστε τοῖς ἀνδρειοτάτοις Λακεδαιμονίοις ἐν τοῖς ἔμπροσθεν χρόνοις πολεμοῦσι πρὸς Μεσσηνίους ἀνεῖλεν ὁ θεός, παρ' ἡμῶν ἡγεμόνα λαβεῖν καὶ νικήσειν τοὺς ἐναντίους.

καίτοι εἰ τοῖν ἀφ' Ἡρακλέους γεγενημένοιν, οἳ ἀεὶ βασιλεύουσιν ἐν Σπάρτῃ, τοὺς παρ' ἡμῶν ἡγεμόνας ἀμείνους ὁ θεὸς ἔκρινε, πῶς οὐκ ἀνυπέρβλητον χρὴ τὴν ἐκείνων ἀρετὴν νομίζειν; τίς γὰρ οὐκ οἶδε τῶν Ἑλλήνων, ὅτι Τυρταῖον στρατηγὸν ἔλαβον παρὰ τῆς πόλεως, μεθ' οὗ καὶ τῶν πολεμίων ἐκράτησαν, καὶ τὴν περὶ τοὺς νέους ἐπιμέλειαν συνετάξαντο οὐ μόνον εἰς τὸν παρόντα κίνδυνον, ἀλλ' εἰς ἅπαντα τὸν αἰῶνα βουλευσάμενοι καλῶς. κατέλιπεν γὰρ αὐτοῖς ἐλεγεῖα ποιήσας, ὧν ἀκούοντες παιδεύονται πρὸς ἀνδρείαν. La guerre dont il s'agit est la seconde guerre de Messénie. Le témoignage de Lycurgue est un des plus intéressants que nous possédions sur le vieux poète, voir aussi Pl., *Lg.,* I, 629 a-e ; Pausanias (IV, 15, 6) fait de lui un maître d'école. Curieusement, le poète de Thémistios n'a pas trouvé sa place dans le recueil de Diehl, E. (1949), p. 4-18. La traduction ici reproduite est celle de Durrbach, F. (1932), p. 68-69, hormis un petit détail qui a été dûment corrigé. Le savant français considérait apparemment que « Grecs » ou « Hellènes » sont des termes synonymes. C'est loin d'être le cas, surtout dans le présent contexte patriotique. L'ethnonyme Γραικός n'existait pratiquement pas à l'époque de Lycurgue, voir, par exemple, Th., II, 23, 3 ; III, 91, 3 ; Arist., *Mete.,* I, 14, 352 b 2 (la région de Dodone) ; St. Byz., III, 107.

122. La chronologie des guerres menées par Lucullus offre de nombreuses difficultés, comme le signale Goukowsky, P. (2001), p. LXXXII. Le savant historien français (p. LXXXIX) donne alors en un utile tableau comparatif un aperçu des deux systèmes chronologiques qui prévalent : du printemps 74 ou 73 à 69 ou bien 69 ou 68 av. J.-C. On consultera aussi Hinard, F. (2000), p. 704-712.

123. Il y eut trois guerres de Rome contre Mithridate VI, roi du Pont (88-84 ; 83-82 ; 74-71 av. J.-C.), la dernière conclue victorieusement par Pompée, Hinard, F. (2000), p. 718-722.

124. Sur la guerre des Gaules (58-51 av. J.-C.), Hinard, F. (2000), p. 758-762 ; 764-766 ; 771 et 773-776

125. Cette accumulation nuit-elle au développement ? Ce n'est pas sûr, car le but est de faire ressortir des mérites éminents de Théodose. Dans ce « maître de cavalerie » opposé aux Sarmates, on doit sans doute en effet reconnaître Théodose Ier, peu avant qu'il accédât à l'empire, Lippold, Ad., art. *Theodosius* I, dans *RE Suppl.* XIII (1973), col. 1840 ; Errington, R. M., « The accession of Theodosius I » dans *Klio* 78 (1996), p. 450 ; Portmann, W. (1998), p. 263, n. 68 et Heather, P.-Moncur, D. (2001), p. 253, n. 154. Sur les Sarmates, voir *Or.* 13, 22, 179 c (à propos de Valens) ; 14, 3, 182 c ; 27, 7, 335 d. L'historien Errington estime à bon droit que l'on doit suppléer, à peu de frais, ἱππάρχων <σὺ> Σαυρομάταις.

126. Hom. A 260-261 : ἤδη γάρ ποτ' ἐγὼ καὶ ἀρείοσιν ἠέ περ ὑμῖν | ἀνδράσιν ὡμίλησα, καὶ οὔ ποτέ μ' οἵ γ' ἀθέριζον. Le groupe καὶ ἄλλοισιν βασιλεῦσι, qui remplace καὶ ἀρείοσιν ἠέ περ ὑμῖν, figure en I

346 (ἀλλ' Ὀδυσεῦ σὺν σοί τε καὶ ἄλλοισιν βασιλεῦσι). Comme on voit la citation est approximative, parce qu'elle a été adaptée au contexte. Thémistios a joué sur le clavier de ses connaissances homériques. Les vers sont dans la bouche de Nestor, que Thémistios choisit comme symbole de son rôle à la cour et des vicissitudes de sa vie personnelle, MAISANO, R. (1995), p. 574, n. 67.

Page 42

127. Gratien (voir le discours 13).

128. Sur le thème de l'échange, voir déjà *Or.* 6, 7, 76 b.

129. Sur ces oppositions et leur sens, voir *Or.* 13, 2, 103 c. L'allusion au Rhin rappelle la visite diplomatique de Thémistios à Trèves.

130. La corne d'Amalthée est déjà citée chez les poètes comiques, par exemple ARISTOPHANE (fr. 685 a Edmonds = PHOT., *Lex.,* A 1105, *s.v.* Ἀμαλθείας κέρας) ἡ μὲν πόλις ἐστὶν Ἀμαλθείας | κέρας· <ὥς> εὖξαι | σὺ μόνον καὶ πάντα πάρεσται. Elle figure même dans l'Ancien Testament (Jb 42, 14). À l'époque de Thémistios, elle était depuis longtemps passée en proverbe, [PLU.], *Prov. Alex.,* II, 27 ; DIOGENIAN., I, 64 ; ZEN., I, 25 ; II, 48, voir SALZMANN, E. (1910), p. 5.

131. Sur le thème de l'unité d'âme, voir *Or.* 6, 7-8, 76 a-c, avec VANDERSPOEL, J. (1995), p. 204, n. 62. Le savant canadien croit découvrir la source dans un passage d'Aelius Aristide (*Or.* 16, p. 243, 19-26 Dindorf) ἀμφότεροι γὰρ ἀλλήλοις ὦτα καὶ ὀφθαλμοὶ κατέστησαν, καὶ τὴν παρὰ τῆς φύσεως χρείαν ἐδιπλασίασαν, καὶ τὴν φυλακὴν τῆς ἀρχῆς οὐκ ἀλλοτρίαν, ἀλλ' οἴκοθεν ὡς ἀληθῶς ἐποιήσαντο, κοινώσαντες ἅπαντα. καὶ οὐδέν γε μᾶλλον τὸ τῆς μοναρχίας ἀγαθὸν διέφθαρται, ἀλλ' ἐστὶ μοναρχία θαυμαστὴ δυοῖν σώμασι καὶ δυοῖν ψυχαῖν μιᾶς γνώμης ἐνιδρυμένης, ὥσπερ τινὸς ἁρμονίας διὰ πασῶν τῶν χορδῶν διηκούσης.

132. Valentinien II (22 novembre 375-15 mai 392). Le mot παρῄορος vient d'Homère (H 156, Π 471 ; 474 ; Ψ 603). Il annonce la suite de citations homériques sur lesquelles se clôt le discours. Sur les relations de Valentinien II avec Gratien et Théodose, voir, par exemple, MC LYNN, N., *Ambrose of Milan : Church and Court in a Christian Capital,* Berkeley, 1994, p. 84-85 et 163-169.

133. L'épithète ζῳοδότης est isolée dans l'ensemble des discours.

134. L'épithète ὀλβοδότης est isolée. Toutefois, ὀλβοδοτήρ apparaît déjà en *Or.* 13, 20, 178 b, voir la note à ce passage.

135. Pour Heather, P.-Moncur, D. (2001), p. 254, n. 160, le texte est corrompu. Ils proposent de suivre les conjectures de Hardouin et de Reiske et de le réécrire sous la forme τὴν λήμην ἡμῶν ἀφαιρετέον αἷς χορηγεῖτε κηδεμονίαις « you (...) must remove the infection from us with the guardianship that you dispense ». L'image de la chassie est isolée dans les discours. Suivant Aristote (*Rh.,* III, 10, 1411 a 15-16), « Périclès demandait la destruction d'Égine, la chassie du Pirée » καὶ Περικλῆς τὴν Αἴγιναν ἀφελεῖν ἐκέλευσε, τὴν λήμην τοῦ Πειραιέως,

cf. Plu., *Pericl.,* 8, 7 ; *Mor.* 186 C (Périclès 2) ; 803 A. Le mot a trait au conflit qui opposa dans les années 459/459 av. J.-C. Athènes aux Corinthiens auxquels s'étaient joints les Éginètes. Sous Léocratès fut livrée une bataille au large de l'île (été 458). Après avoir capturé quelque soixante-dix vaisseaux ennemis, les Athéniens débarquèrent sur l'île où ils investirent la cité elle-même, voir, par exemple, Glotz, G.-Cohen, R., *Histoire grecque.* II *La Grèce au Ve siècle,* Paris, 1938, p. 149. Toutefois, le mot a été aussi attribué au démagogue Démade (fr. 67 de Falco = Ath., III, 99 d). Il s'agit évidemment d'éliminer la menace que représentaient les Goths, Portmann, W. (1998), p. 263, n. 73. Ici, la proposition ἧς… κηδεμονίας tient la place de τοῦ Πειραιέως. Elle prolonge les épithètes élogieuses qui viennent d'être énoncées. Quant au pronom ὑμῶν, on peut le rattacher à κηδεμονίας. À mon sens, s'il fallait ici une correction, elle porterait sur le verbe χορηγεῖτε à lire sous la forme χορηγεῖται.

136. Citation d'Hom. N 99-102 ὢ πόποι ἦ μέγα θαῦμα τόδ' ὀφθαλμοῖσιν ὁρῶμαι | δεινόν, ὃ οὔ ποτ' ἔγωγε τελευτήσεσθαι ἔφασκον, | Τρῶας ἐφ' ἡμετέρας ἰέναι νέας, οἳ τὸ πάρος περ | φυζακινῇς ἐλάφοισιν ἐοίκεσαν. Le vers n'est correct que si l'on adopte pour πόλις la graphie πόλιας disyllabique, voir Hom. θ 560 et 574 avec Chantraine, P. (1948), p. 218 qui ne rejette pas la possibilité d'un archaïsme, admis ici. Φυζακινοῖς s'explique assz bien par l'iotacisme d'abord, puis par anticipation d'ἐλάφοισι qui vient immédiatement après.

137. Hom. B 344-345 : Ἀτρεΐδη σὺ δ' ἔθ' ὡς πρὶν ἔχων ἀστεμφέα βουλὴν | ἄρχευ' Ἀργείοισι κατὰ κρατερὰς ὑσμίνας. L'altération du vers s'explique par confusion puis omission d'onciale ΔΕΘΩΣ Λ̃ ΔΕΩΣ.

Page 58

1. L'orateur a à ce moment soixante-six ans, Maisano, R. (1995), p. 580, n. 1 et ici même, t. I, p. CCXXXIII.

2. Faut-il renoncer à l'écriture ? La question revient en *Or.* 18, 7, 221 a : χρῆσθαι ἀνάγκη τῇ πινακίδι καὶ τῷ σιδηρίῳ.

3. Comme l'a montré Levi, Annalina Calo, dans *AJA* 50 (1946), p. 287, repris dans une étude plus complète dans *Barbarians on Roman Imperial Coinage and Sculpture,* New York, 1952 (Numismatic Notes and Monographs 123), sur les pièces de monnaie, les représentations de barbares pliant le genou aux pieds de l'empereur étaient fréquentes au moins depuis Marc Aurèle. Voir aussi Mc Cormick, M. (1986), p. 42. Les mots donnent à croire que Théodose Ier fit réellement organiser une cérémonie de triomphe, peut-être le 3 octobre 382, voir *Cons. Const.* = *Chr. Min.* 1, 243 Mommsen.

4. La locution ἐπὶ τῶν πινάκων tient lieu du symétrique habituel ὄναρ de ὕπαρ. La locution γράφοντες ἐγενόμεθα se laisse difficilement construire. On devrait supposer une sorte de forme progressive et une prise de distance ironique de Thémistios lui-même à l'endroit

des descriptions du même style qu'il a déjà fournies au cours de sa carrière antérieure. Maisano, R. (1995), p. 580 retient le texte des manuscrits mais traduit tout autrement (p. 582) « ora che vediamo nella realtà e da svegli questi eventi che finora erano soltanto raffigurati nei quadri ». Comme Leppin, H. (1998), p. 267, n. 12 et Heather, P.-Moncur, D. (2001), p. 265, n. 189, j'adopte la conjecture γραφέντα de Cobet. Dans le participe, la confusion de E et de O dans l'onciale s'explique facilement.

5. E., *Ba.*, 204-205 ἐρεῖ τις ὡς τὸ γῆρας οὐκ αἰσχύνομαι, | μέλλων χορεύειν κρᾶτα κισσώσας ἐμόν. Tirésias fait part de son intention de rejoindre les Bacchantes dans leur célébration extatique de Dionysos. Thémistios a adapté le vers au contexte. La négation οὐκ a été déplacée.

Page 59

6. Sur le thème, voir déjà la note à 10, 1, 129 b.

7. Sur l'importance de cette donnée chronologique, voir t. I, p. CLXIX ; CCXXI.

8. Saturninus était à l'époque, *cura palatii,* peut-on supposer. Voir *supra*, p. 49.

Page 60

11. La pensée et l'expression sont passablement entortillées. Si l'on comprend bien, au lendemain des négociations conclues avec bonheur par Saturninus, il y eut une séance au cours de laquelle on lui décerna des félicitations au sénat, à la suggestion de l'empereur. Thémistios aurait dû prononcer l'éloge d'usage, mais il en a été empêché par la maladie. Au moment où Saturninus revêtait le consulat en même temps que Théodose, l'orateur ne pouvait plus se dérober. La seule solution était de payer en quelque sorte son retard sous la forme d'un double panégyrique, celui de Saturninus et celui de Théodose.

12. On trouve une idée analogue dans la *Démégorie* (2, 2), comme le signalent Heather, P.-Moncur, D. (2001), p. 266, n. 194. La leçon μείζων des manuscrits introduirait une idée fort indélicate pour le souverain. Une correction est donc indispensable. On peut hésiter sur le choix. Μείων, que proposait Dindorf, W. (1832), p. 245, à la suite de Wolf, F. A., n'apparaît guère dans la langue habituelle de Thémistios, si ce n'est dans des expressions adverbiales plus complexes, comme οὐδέν (τι) μεῖον (2, 12, 33 c ; 4, 2, 49 c ; 5, 53 c). On privilégiera donc, comme Heather, P.-Moncur, D., l'émendation οὐ μείζων proposée par Hardouin, voir Dindorf, G. (1832), p. 619, n'en déplaise à Maisano, R. (1995), p. 582 que paraît avoir suivi Leppin, H. (1998), p. 268 « eine geringere Ruhmestat ». Pour une locution analogue, voir *infra* 4, 201 d.

13. Pour l'image, voir déjà *Or.* 11, 3, 143 b, avec la note sur le mot prêté à Démocrite, cf. *Or.* 29, 3, 347 a.

14. Allusion à Cléarque, un des amis de Thémistios, officiant en qualité de préfet de la ville, Dagron, G. (1974), p. 252-253 ; Maisano, R. (1995), p. 582, n. 3, voir ici même t. I, p. CCCXX-CCCXXII. Pour l'emploi d'une autre comparaison avec un chœur, voir *Or.* 3, 3, 42 a (le coryphée étant Constance II). Issu d'une riche famille de Thesprotide et fils d'un haut fonctionnaire, Cléarque fut un des personnages les plus importants de l'époque, cité fréquemment dans les sources, voir *PLRE* I, s.v. *Clearchus* 1, p. 211-212. Lorsqu'il avait une recommandation à faire valoir, Libanios écrivait alternativement à Cléarque ou à Thémistios, en faisant ressortir la complicité qu'ils avaient entre eux, voir, par exemple, Ep. 67-68 (359, respectivement à Cléarque et à Thémistios) ; 90-91 (même année, mêmes destinataires, dans le même ordre). Victime d'une éclipse sous Julien, comme Thémistios, il représenta le sénat de Constantinople, lors de l'élection de Jovien en 363, au cours d'une ambassade qui se rendit à Antioche (Ep. 1430, 3-4, cf. 1266, 2 ; 1452, 1). Il fut vicaire d'Asie de 363 à 366, puis proconsul de la même province en 366-367, avant de devenir préfet de la Ville une première fois en 372-373. C'est durant ces années que fut jeté l'aqueduc évoqué par Thémistios en 11, 14, 151 c-d). Il occupa à nouveau cette haute charge durant les années 382-384, soit juste avant Thémistios lui-même. Par la suite, il fut le collègue de Flavius Richomeres au consulat. On ne peut exclure que Thémistios lui-même ait été la victime des adversaires politiques de Cléarque, Dagron, G. (1974), p. 252-253.

15. HES., *Op.,* 357-358 « Celui qui donne de bon cœur, donnât-il beaucoup, est heureux de donner, et son cœur y trouve sa joie » ὃς μὲν γάρ κεν ἐθέλων, – ὅ γε καὶ μέγα, δώῃ, | χαίρει τῷ δώρῳ καὶ τέρπεται ὃν κατὰ θυμόν.

Page 61

16. L'expression θέατρον ἀποπεμπόμενον ne figure pas ailleurs. Leppin, H. (1998), p. 268, n. 17 avoue que le texte est difficile et propose de corriger, à la suite de Hardouin. Maisano, R. (1995), p. 584 retient cependant le texte des manuscrits, suivi par Heather, P.-Moncur, D. (2001), p. 267. Avec raison, me semble-t-il, à condition d'admettre un sens fort pour le participe adjectivé, par exemple, celui de « éloigné, exilé, reculé ». En effet, Thémistios commence par décrire négativement l'assemblée qu'il a devant les yeux, à l'aide d'un complément déterminatif d'abord, puis d'une locution à valeur d'adjectif. On ne retiendra donc pas la traduction de Leppin, H. (« noch sie zum Theater geschickt ») ni la conjecture de Hardouin.

18. Apparemment, la phrase n'a pas toujours été bien comprise dans le détail, comme le montre l'exemple de Heather, P.-Moncur, D. (2001), p. 268, n. 202 « the sentence has no main verb »]. La prononciation d'un mot comme πάρεισι le destinait naturellement à une altération, qui s'est produite avant les manuscrits dont nous disposons. On

s'étonne que Heather, P.-Moncur, D. (2001), p. 267, n. 199 optent pour πάρισοι la leçon des manuscrits. Si les magistratures (ἀρχαί) sont les plus élevées, elles doivent être, dans la présentation idéalisée de Thémistios, égales entre elles. L'adjectif πάρισοι introduirait donc une indélicatesse et une lapalissade. Du reste, la version anglaise (« the most mighty and equal rivals to each other ») abuse en ce passage du flou artistique. Le substantif ἀκροατής joue pratiquement le rôle de verbe ; ce qui lui répond, c'est le verbe εἴσεισι. La phrase n'est donc ni difficile ni contournée ni lacuneuse.

19. Il s'agit de Flavius Richomeres, un Franc transféré en Orient au temps de Gratien. Sur le personnage, qui était plus jeune que Saturninus, voir *PLRE* I, s.v. *Flavius Richomeres,* p. 765-766 et ici même, t. II, p. 178 ; 230. Avant la cérémonie dont il est question ici, ce Franc eut une carrière purement militaire. Gratien l'avait en 377 envoyé de Gaule en Thrace, pour remplacer Frigider malade (voir *PLRE* I, s.v. *Frigeridus,* p. 373-374) ; il y rejoignit les généraux de Valens Profuturus et Traianus pour combattre contre les Goths. De retour en Gaule à l'automne de la même année, il reprit du service en Thrace sous Valens en 378 et il prit part à la bataille d'Andrinople, dont il sortit vivant, en même temps que Saturninus notamment. En janvier 383, Théodose Ier avait tout intérêt à donner des gages à ses deux généraux, à un moment où il méditait l'élévation d'Arcadius et une rupture avec Gratien, voir Heather, P.-Moncur, D. (2001), p. 267, n. 200. On peut supposer que le dispositif était arrêté dès le moment où Thémistios prononçait son discours.

20. C'est la préséance accordée à Saturninus qui a précédé les honneurs qui seront rendus bientôt à Richomeres. Pour la succession des consulats, voir Notice 16, p. 48. On doit construire ἐνέχυρον (εἶναι) … τὴν τοῦδε (τιμὴν) προειληφυῖαν. Malgré Hansen, H.G. (1966), p. 664, Maisano, R. (1995), p. 584, et Leppin, H. (1998), p. 269, n. 19, je ne vois rien qui oblige à adopter la conjecture de Cobet (III, 337).

21. Pour l'idée, voir déjà *Or.* 6, 11, 79 c (t. II, p. 519, n. 77 et 78). Chez Hésiode (*Op.,* 256 et 259), Justice a sa place à côté de Zeus. Thémistios vise le préfet du Prétoire, dont les responsabilités étaient multiples. Sorte de vice-empereur, il avait la responsabilité entre autres sur une partie du système des taxes, le *cursus publicus* et la justice, voir, notamment, Kazhdan, A., art. *Praetorian Prefect,* dans *ODB* 3, p. 1710-1711. Sur le préfet du Prétoire, on lira principalement Lyd., *Mag.,* III et Schamp, J. (2006[4]), p. DCCXXV-DCCXXXVIII. Au moment où fut prononcé le discours, le dignitaire était Florus, qui fut en place de 381 à 383. Au début de l'année, Florus était toujours en fonction (*CTh* XII, 1, 96, du 5 mars 383, voir *PLRE* I, *s.v. Florus,* p. 367-368), Leppin, H. (1998), p. 269, n. 20.

22. La locution κόσμος τῆς αὐλῆς apparait seulement chez Flavius Josèphe (*AJ,* XII, 231), où elle revêt une fonction descriptive. Comme

le signale à juste titre Leppin, H. (1998), p. 269, n. 21, il s'agissait du *magister officiorum* Palladios, dont la carrière est intéressante à évoquer, voir *PLRE* I, s.v. *Palladius* 12, p. 660. Athénien, il avait enseigné la rhétorique à Rome. Un passage de Symmaque (Ep., I, 15, 2, avant 379) évoque le succès qu'il remporta en la circonstance : « L'éloquence de notre invité athénien a remué son auditoire latin par l'art de ses divisions, la richesse de son invention, le poids de ses pensées, l'éclat de son style. Je vous dis mon opinion personnelle : ses dons oratoires sont aussi recommandables que son caractère. Nos concitoyens qui souvent sur d'autres points ne s'entendent pas entre eux, ont en cette occasion eu sur les mérites de Palladius des avis concordants. Je crois vraiment – et cette croyance n'est pas illusoire – qu'il est de la race des rhéteurs, car la qualification véritable se reconnaît aux dispositions innées (...) Les autres apprennent à devenir rhéteurs, Palladius, lui, l'est né ». *Movit* λόγος *Athenaei hospitis Latiare concilium divisionis arte, inventionum copia, gravitate sensuum, luce verborum. Opinionem meam dico : tam probus est oratione quam moribus. Tunc nostrates viri, qui inter se aliarum rerum saepe dissentiunt, concordem sententiam super huius laude tenuerunt. Credo plane, nec fides cassa est, rhetorum hanc esse prosapiam ; nam plenum ingenio genus noscitur.* (...) *Quod alii docentur, hic natus est.* Plus tard, Symmaque le recommande à Eutrope (III, 50, avant 379) et à Syagrius (I, 94, avant 382) : *et hoc unum persuasum tibi volo, mereri facundiam Palladii ut doleamus, quod Urbi negatus est, mereri amabilitatem eius ut, quod accitus est, gaudeamus.* D'autre part, Palladios fut en relation épistolaire avec Grégoire de Nazianze (*Ep.* 103 ; 110 ; 119 ; 170). Plusieurs de ces lettres tendent à faire croire qu'il était chrétien. L'emploi de λόγος chez Symmaque n'est pas un indice suffisant pour que l'on puisse conclure que Palladios avait déclamé à Rome en grec. Bruggisser, Ph. (1993), p. 239 s'était manifestement posé la question. L'exemple du discours 13 de Thémistios montre que l'hypothèse en soi n'aurait rien d'absurde. Contrairement à ce qu'écrit Rochette, B. (1997), p. 342 (cf. p. 176), le cas d'un correspondant de Procope de Gaza (*Ep.* 13 et 145), à l'extrême fin du Ve s. ou au début du VIe s., Hiérios de Syrie étiqueté comme Ῥωμαικὸς γραμματικός qui finit par enseigner à Rome, n'est pas analogue à celui de Palladios. J'aurais hésité à écrire que ce dernier était un représentant « du mouvement littéraire favorable aux lettres romaines ». Avant de devenir *magister officiorum* (382-384), Palladios avait été *comes sacrarum largitionum.* Sur Hiérios, voir aujourd'hui l'édition, avec traduction et commentaire de Ciccolella, Federica (2010), p. 447, n. 76.

23. Allusion au *comes sacrarum largitionum* et au *comes rei privatae.* Pour le début de 383, on connaît comme *comes rei privatae* Nebridius (*PLRE* I, *s.v. Nebridius* 2, p. 620 ; il fut en fonction du 20 mai 382 au 30 mars 384). Son collègue des *sacrarum largitionum* n'est pas

connu pour la période correspondante, *PLRE* I, p. 1065 ; Leppin, H. (1998), p. 269, n. 22.

24. L'expression ταμίας μεγαλοπρεπείας est isolée. On pense évidemment au *quaestor sacri palatii,* mais le pluriel oblige à supposer que d'autres hauts personnages, probablement attachés aux finances, étaient présents pour la circonstance, voir Leppin, H. (1998), p. 269, n. 22. Naturellement, le mot « quaestor » a été, depuis très longtemps, traduit en grec par ταμίας, voir Dubuisson, M. (1985), p. 50, qui rappelle opportunément le sens classique du mot « intendant, trésorier ». Aussi s'est-on demandé gravement de quels questeurs il s'agissait, voir Leppin, H. (1998), p. 269, n. 22. Maisano, R. (1995), p. 584, n. 6 ne pose pas le problème « e ai questori ». Pour désigner les dignitaires présents, Thémistios n'utilise pas l'article ici, sauf pour les deux *magistri militum.* En outre, aucune expression n'est vraiment précise, conformément à l'usage, mais au grand dam des historiens. Comme le fait observer Delmaire, R. (1995), p. 121, le *comes sacrarum largitionum* était appelé aussi « comte des trésors » et son collègue, « comte du *tamieion* ». À mon sens, c'est bien ainsi qu'il faut interpréter le passage. Par conséquent, aucun questeur ne figurait à la cérémonie, ni le *quaestor sacri palatii,* ni les *quaestores,* aux attributions principalement financières. Ces derniers occupaient d'ailleurs des postes relativement modestes. Le pluriel est emphatique.

25. HOM. Y 293-298 : « C'est le fils d'Atrée, qui se lève ensuite, le blond Ménélas, le héros divin ; il met sous le joug deux coursier rapides : Aithé, cavale d'Agamemnon, et son cheval, à lui-même, Podarge. Aithé est un don fait à Agamemnon par Échépole, fils d'Anchise : en échange de ce présent, il ne devait pas le suivre sous Ilion battue des vents, il aurait la joie de rester chez lui » τῷ δ' ἄρ' ἐπ' Ἀτρεΐδης ὦρτο ξανθὸς Μενέλαος | διογενής, ὑπὸ δὲ ζυγὸν ἤγαγεν ὠκέας ἵππους | Αἴθην τὴν Ἀγαμεμνονέην τὸν ἑόν τε Πόδαργον· | τὴν Ἀγαμέμνονι δῶκ' Ἀγχισιάδης Ἐχέπωλος | δῶρ', ἵνα μή οἱ ἕποιθ' ὑπὸ Ἴλιον ἠνεμόεσσαν, | ἀλλ' αὐτοῦ τέρποιτο μένων.

26. HOM. L 19 : δεύτερον αὖ θώρηκα περὶ στήθεσσιν ἔδυνε. L'épisode est déjà évoqué en *Or.* 4, 6, 54 a, voir t. I, p. 278, n. 39. Le premier roi de Chypre, Cinyras, avait été prié de se joindre aux Achéens allant mettre le siège devant Troie. Il promit de prendre part à l'expédition en y envoyant un contingent de cinquante vaisseaux et remit une cuirasse luxueuse destinée à Agamemnon. De cette flotte, une seule nef fut équipée et aborda à Aulis, le lieu de rassemblement, les autres ayant été façonnées en terre. Sur Cinyras, Stoll, art. *Kinyras* dans ROSCHER II, 1 (1890-1894), col. 1189-1192, spécialement col.1190.

Page 62

27. Les trois personnages sont cités dans l'ordre chronologique inversé. La famille d'Alcibiade (ca. 451/450-404 av. J.-C.) a fait l'objet

d'une étude approfondie de J. K. Davies, *Athenian propertied families,* Oxford, 1971, p. 9-22 (n° 600). Sur le personnage, voir *Or.* 8, 12, 2 ;13, 16, 1 ; 19, 2 ; 26, 21, 2 ; 29, 4, 4 ; 34, 17. Élevé dans l'entourage de Périclès, Alcibiade fut une première fois élevé au rang de stratège en 420 pour l'année 420/419 pour avoir réussi à conclure l'alliance d'Athènes avec Argos, Mantinée et Elis [TH., V, 44, 2-48 et 52, 2 ; PLU., *Alc.*, 15, 1 ; *Nic.*, 10, 9 ; PAUS., I, 29, 13 ; HATZFELD, J. (1940), p. 95] ; il le fut encore en 417/416 ; en 411 (TH., VIII, 82, 1-3 ; PLU., *Alc.,* 26, 3-4 ; D. S., XIII, 41-42 ; JUST., V, 3, 6 ; NEP., *Alc.* 5, 4) ; en 408, pour 408/407 (X., *HG* I, 4, 8-9).

28. Sur Périclès (ca. 495-429 av. J. C.), voir aussi *Or.* 2, 16, 37 b ; 7, 16, 94 b ; 10, 9, 134 b-c ; 20, 9, 239 b ; 26, 23, 329 c.

29. Sur Thémistocle (ca. 524-459 av. J.-C), voir *Or.* 2, 16, 36 d ; 6, 1, 71 d ; 15, 7, 190 d ; 26, 25, 330 d.

30. Sur l'Aréopage à l'époque classique, voir la synthèse de Piérart, M. (1974), p. 153-158.

31. Les Cinq-Cents exerçaient les fonctions de conseillers pendant un an, PAUS., I, 3, 5 « La construction suivante est un sanctuaire de la Mère des Dieux ; dont la statue est l'œuvre de Phidias, et à côté, la salle du Conseil dit des Cinq-Cents qui à Athènes exercent les fonctions de conseillers pendant un an ». ᾠκοδόμηται δὲ καὶ Μητρὸς θεῶν ἱερόν, ἣν Φειδίας εἰργάσατο, καὶ πλησίον τῶν πεντακοσίων καλουμένων βουλευτήριον, οἳ βουλεύουσιν ἐνιαυτὸν Ἀθηναίοις ; pour une description archéologique, Chamoux, Fr. (1992), p. 154. L'organisation remonte à Clisthène (501 v. J.-C.), qui remplaça le conseil des Quatre-Cents par celui des Cinq-Cents. Voir à ce sujet l'ouvrage classique de Glotz, G. (1928), p. 214-219.

32. La formule ἀγαθῇ τύχῃ, en effet, venait souvent en tête des décrets. Thémistios l'emploie déjà en *Or.* 9, 12, 127 d.

34. Cité toute proche d'Olympie, dont l'emplacement précis n'est pas exactement connu. Elle était autrefois le chef-lieu d'un district appelé Pisatide, qui a fini par constituer une partie du territoire d'Élis. Dans la mythologie, elle était la cité d'Oinomaos et de Pélops. Elle est souvent confondue avec Olympie et par conséquent ses jeux par les écrivains de l'Antiquité, SMITH, W., *Dictionary of Greek and Roman Geography,* 1854, *s.v.* p. 12 ; MEYER, E., art. *Pisa* dans *RE* XX, 2 (1950), col.1732-1755, voir déjà *Or.* 15, 3, 185 d.

35. L'étoile est Sirius, HOM. E 5-6 : « On dirait l'astre de l'arrière-saison, qui resplendit d'un éclat sans rival, quand il sort de son bain dans les eaux d'Océan » ἀστέρ' ὀπωρινῷ ἐναλίγκιον, ὅς τε μάλιστα | λαμπρὸν παμφαίνῃσι λελουμένος ὠκεανοῖο. Pour la comparaison, voir déjà *Or.* 9, 13, 128 c, avec la n. 73, t. II p. 615.

36. HOM. X 26-28 (à propos d'Achille) : « resplendissant comme l'astre qui vient à l'arrière-saison et dont les feux éblouissants éclatent au milieu des étoiles sans nombre, au plein cœur de la nuit » παμφαίνονθ'

ὥς τ' ἀστέρ' ἐπεσσύμενον πεδίοιο, | ὅς ῥά τ' ὀπώρης εἶσιν, ἀρίζηλοι δέ οἱ αὐγαὶ | φαίνονται πολλοῖσι μετ' ἀστράσι νυκτὸς ἀμολγῷ.

Page 63

38. HOM. B 763-764 : « Les coursiers les meilleurs, de beaucoup, ce sont ceux du fils de Phérès, ceux que conduit Eumélos. Ils sont vites comme des oiseaux. Ils ont même robe, même âge ; leurs deux dos sont strictement de niveau » Ἵπποι μὲν μέγ' ἄρισται ἔσα Φηρητιάδαο, | τὰς Εὔμηλος ἔλαυνε ποδώκεας ὄρνιθας ὥς | ὄτριχας οἰέτεας σταφύλῃ ἐπὶ νῶτον ἐΐσας, cf. Ψ 373-376.

39. Gratien. Ce dernier avait nommé le consul de l'ouest, alors que Théodose Ier avait procédé de même à l'est. En bonne logique, le droit de nommer les deux consuls revenait à l'Auguste le plus âgé, PALANQUE, J.R. (1944), p. 47-64 ; 280-298. Ce fut une norme établie, plus qu'un choix de Gratien lui-même, que Théodose aurait le droit de se nommer au consulat lors de la cinquième année ou de la dixième année de son règne, BAGNALL, R.S. (1987), p. 13-18 ; HEATHER, P.-MONCUR, D. (2001), p. 272, n. 220. Ignorer un usage de la dynastie valentinienne prend la signification d'une volonté d'indépendance, HEATHER, P.-MONCUR, D. (2001), p. 269, n. 211.

40. C'est-à-dire le renoncement de Théodose Ier au bénéfice de Saturninus.

Page 64

41. Thémistios aurait souhaité que le nom de Saturninus fût gravé dans les Fastes consulaires avant celui de son collègue, selon Leppin, H. (1998), p. 271, n. 28, Fl. Merobaudes, à l'ouest, était consul alors pour la seconde fois, en sorte que, pour l'honneur, Saturninus n'avait droit qu'à la seconde place. Or, la normale eût voulu que Théodose Ier revêtît le consulat. Dans ce cas, il aurait eu droit à la primauté. Telle pourrait donc être la situation de Saturninus devenant consul, Heather, P-Moncur, D. (2001), p. 270, n. 212.

42. L'épisode est raconté par Théon (*Prog,* 3, p. 23, 11-13 Patillon) συμβολικῶς δὲ οἷον Ἀλέξανδρος ὁ τῶν Μακεδόνων βασιλεὺς ἐρωτηθεὶς ὑπό τινος, ποῦ ἔχει τοὺς θησαυρούς, ἐν τούτοις, ἔφη, δείξας τοὺς φίλους. Sur ce thème, voir déjà *supra, Or.* 1, 24, 17 c, avec la note.

43. Sugars, J. M. (1997), p. 229 décèle ici une allusion ou un remploi des Actes (20, 35) μακάριόν ἐστιν μᾶλλον διδόναι ἢ λαμβάνειν. On notera que la péricope est également citée par Basile de Césarée (*Regulae morales,* dans *PG* 31, col. 772, 52).

44. L'oncle est Flavius Eucherius, frère de Théodose l'Ancien, le beau-frère Flavius Claudius Antonius, probablement le frère de Maria, la veuve de son frère Honorius, sur le rôle de ces personnages à la cour, voir *supra,* p. XXX. On constate que Thémistios fait allusion, dans l'ordre chronologique (381 et 382), à deux nominations

comme consuls. Il s'agit respectivement de Flavius Eucherius, oncle de Théodose Ier, consul en 381, ERRINGTON, R. M. (1996), p. 452, et de Flavius Claudius Antonius, préfet du prétoire en Italie qui reçut aussi un consulat, ERRINGTON, R. M. (1996), p. 452. Sur ces élévations au consulat, voir *supra*, p. 47-48.

45. La même idée est exprimée en 14, 3, 182 b. Pour une idée analogue, voir déjà D. Chr., *Or.* 3, 113 φιλοσυγγενέστατος δὲ ὢν καὶ φιλοικειότατος ἔσθ΄ὅπη μεῖζον ἀγαθὸν νενόμικε τὴν φιλίαν τῆς συγγενείας. HOLUM, K. G. (1982), p. 46, avec la n. 122 trouve surprenant que Thémistios ait pu féliciter Théodose d'avoir donné le second rang à la valeur derrière la parenté en sélectionnant des dignitaires pour le consulat. En réalité, le raisonnement est sensiblement plus nuancé. De toute façon, le discours est aussi un éloge en l'honneur de Saturninus. Pour une idée analogue, voir déjà *Or.* 11, 3, 143 d.

Page 65

46. Sur cette phrase, voir la note à *Or.* 4, 6, 54 d.

47. Voir encore, § 20. Pour une expression analogue, mais cette fois à propos de Valentinien le Galate, fils de Valens, voir *Or.* 8, 25, 120 a. On ne doit probablement pas prendre l'expression au pied de la lettre. Zonaras (XIII, 19) parlant d'Arcadius offre une autre image des enseignements prodigués aux princes encore enfants : « (Théodose) fit venir de Rome le grand Arsénius, un diacre de l'église occidentale, fameux tant par sa science que par sa vertu ; et il lui confia ses enfants en lui enjoignant de se conduire envers eux non comme s'ils étaient des princes, mais des particuliers, des gens du commun, de leur donner du fouet s'il les voyait négligents ou oublieux de leur devoir, et d'en user avec eux comme avec ses propres enfants. Il accorda de grands honneurs à Arsénius et il le combla de richesses. En accueillant les enfant, Arsénius les fit asseoir sur des trônes et debout lui-même, il se mit à accomplir son enseignement. Un jour, l'empereur survint auprès d'eux à l'improviste et il trouva les enfants assis et Arsénius debout : irrité, il força les enfants à quitter leurs trônes, il y fit asseoir Arsénius et il lui commanda de dispenser ainsi son enseignement. Et depuis lors, les élèves se tiennent debout auprès de l'enseignant, et celui-ci est assis » ἐκ Ῥώμης ἤγαγε τὸν μέγαν Ἀρσένιον διάκονον ὄντα τῆς ἐκεῖ ἐκκλησίας, ἐπὶ σοφίᾳ τε καὶ ἀρετῇ περιβόητον· καὶ αὐτῷ τοὺς παῖδας παρέδωκε, μὴ ὡς βασιλεῦσιν αὐτοῖς, ἀλλ' ὡς ἰδιώταις καὶτοῖς τυχοῦσι προσφέρεσθαι ἐντειλάμενος, καὶ μαστίζειν, εἰ ἀμελοῦντας ὁρῴη ἢ παρεξιόντας τι τοῦ καθήκοντος, καὶ ὡς οἰκείοις τούτοις κεχρῆσθαι παισί. τιμῆς δὲ μεγάλης ἠξίωσε τὸν Ἀρσένιον καὶ χρήμασι κατεπλούτισεν. ὁ δὲ τοὺς παῖδας παραλαβὼν ἐκείνους μὲν ἐπὶ θρόνων ἐκάθιζεν, αὐτὸς δ' ἑστὼς ἐπλήρου τὴν διδασκαλίαν αὐτοῖς. καί ποτε ἀθρόον αὐτοῖς ὁ βασιλεὺς ἐπιστὰς καὶ τοὺς μὲν καθημένους εὑρών, ἱστάμενον δὲ τὸν Ἀρσένιον, ἠγανάκτησε, καὶ τοὺς μὲν παῖδας τῶν θρόνων ἐξαναστήσας, καθίσας

δὲ τὸν Ἀρσένιον, οὕτω διδάσκειν αὐτοὺς διετάξατο. καὶ ἦσαν ἔκτοτε οἱ μὲν παρεστῶτες τῷ διδασκάλῳ,ὁ δὲ διδάσκων καθήμενος. ποτὲ τοίνυν παρασφαλέντι τῷ Ἀρκαδίῳ μάστιγας ἐνέτεινεν ὁ διδάσκαλος. Le texte est traduit par Schamp, J. (2006[5]), p. LI-LII. Saint Arsène est bien connu : né à Rome en 354, il mourut à Troie, tout près de Memphis en Égypte, en 445, Kazhdan, A.-Sevcenko Nancy Patterson, art. *Arsenios the Great,* dans *ODB* I (1991), p. 187-188, qui signalent le présent passage (p. 188), voir aussi *BHG* 167 y-169 c. L'épisode a valeur étiologique : il explique l'origine d'une technique d'enseignement chère aux Byzantins.

49. Valentinien II, fils de Valentinien Ier et de Justina, voir *PLRE* I, *s.v. Flavius Valentinianus,* p. 934-935. Né en 371, il fut proclamé Auguste le 22 novembre 375 et consul en 376. Il mourut, probablement de suicide, le 15 mai 392.

Page 66

50. Trajan, un autre Espagnol, considéré comme un lointain πρόγονος et ἀρχηγέτης de Théodose Ier. Le fait apparaît dans le Ps.-Aur. Vict. (*Epit.*, 48, 1 *Theodosius, genitus patre Honorio, matre Thermantia, genere Hispanus, originem a Traiano principe trahens*) ; Claud., 8, 18-19 ; 28, 334-336 ; 30, 55-57 ; Oros., VII, 34, 2 (Valentinianus) *cum adflictum ac paene conlapsum reipublicae statum uideret, eadem prouisione, qua quondam legerat Nerua Hispanum uirum Traianum, per quem respublica reparata est, legit et ipse Theodosium aeque Hispanum uirum et restituendae reipublicae necessitate apud Sirmium purpura induit orientisque et Thraciae simul praefecit imperio* ; Marcell. *Chron.*, a. 379 (*Theodosius Hispanus Italicae diui Traiani ciuitatis*), voir Lippold, A., art. *Theodosius I,* dans *RE SupplB* XIII (1973), col. 839.

51. Lusius Quietus appartenait à une tribu de Maures soumis précédemment. Dion Cassius (LXVIII, 32, 4-5) évoque sa carrière : « Lusius Quiétus était Maure et chef de soldats maures ; il commanda même un corps de cavalerie. Condamné pour sa perversité, il fut renvoyé du service et dégradé ; mais, dans la suite, lorsque la guerre contre les Daces fut imminente, Trajan ayant eu besoin du secours des Maures, Lusius vint le trouver de lui-même et fit de grandes actions. Ayant reçu des honneurs à raison de cette conduite, il accomplit dans la seconde guerre des exploits beaucoup plus nombreux et beaucoup plus grands ; enfin, il s'éleva à un tel degré de bravoure et de fortune dans cette guerre, qu'il fut mis au rang de ceux qui avaient exercé la préfecture, obtint le consulat et devint gouverneur de la Palestine ; ce furent surtout ces dignités qui lui attirèrent l'envie et la haine et qui causèrent sa perte. » ὅτι Κυῆτος Λούσιος Μαῦρος μὲν ἦν, καὶ αὐτὸς τῶν Μαύρων ἄρχων καὶ ἐν ἱππεῦσιν ἴλης ἐξήταστο, καταγνωσθεὶς δὲ ἐπὶ πονηρίᾳ τότε μὲν τῆς στρατείας ἀπηλλάγη καὶ ἠτιμώθη, ὕστερον δὲ τοῦ Δακικοῦ πολέμου ἐνστάντος καὶ τοῦ Τραϊανοῦ τῆς τῶν Μαύρων συμμαχίας δεηθέντος

ἦλθέ τε πρὸς αὐτὸν αὐτεπάγγελτος καὶ μεγάλα ἔργα ἀπεδείξατο. Τιμηθεὶς δὲ ἐπὶ τούτῳ πολὺ πλείω καὶ μείζω ἐν τῷ δευτέρῳ πολέμῳ ἐξειργάσατο, καὶ τέλος ἐς τοσοῦτον τῆς τε ἀνδραγαθίας ἅμα καὶ τῆς τύχης ἐν τῷδε τῷ πολέμῳ προεχώρησεν ὥστε ἐς τοὺς ἐστρατηγηκότας ἐσγραφῆναι καὶ ὑπατεῦσαι τῆς τε Παλαιστίνης ἄρξαι· ἐξ ὧν που καὶ τὰ μάλιστα ἐφθονήθη καὶ ἐμισήθη καὶ ἀπώλετο. Le consulat de Lusius Quietus est fixé à 117, SYME, R., « Consulates in absence » dans *JRS* 48 (1958), p. 1-9, surtout p. 9. Il fut déposé sous Hadrien et exécuté, soi-disant pour avoir attenté à ses jours au cours d'une partie de chasse, D. C., LXIX, 2, 15, SCHÜRER, E. (1985), p. 626-627. D'après [Aelius Spartianus], dans *H. A., Hadr.*, 5, 8 « (Hadrien) désarma Lusius Quietus, suspect d'avoir aspiré à l'Empire, en lui retirant ses congénères maures qu'il commandait et désigna Marcius Turbo, qui venait d'écraser les Juifs, pour réprimer le soulèvement de la Maurétanie ». (Hadrianus) *Lusium Quietum sublatis gentilibus Mauris, quos regebat, quia suspectus imperio fuerat, exarmavit Marcio Turbone Iudaeis conpressis ad deprimendum tumultum Mauretaniae destinato* et 7, 1 « Nigrinus, que pourtant Hadrien s'était fixé comme successeur, avait, avec la complicité de Lusius et de bien d'autres, préparé un complot lors d'un sacrifice qu'offrait Hadrien mais celui-ci y échappa » *Nigrini insidias, quas ille sacrificanti Hadriano, conscio sibi Lusio et multis aliis paraverat, cum etiam successorem Hadrianus sibimet destinasset, evasit,* voir aussi Callu, J. P. (1992), p. 98, n. 57 et 100, n. 69.

52. Le chapitre 8, 2-6 bénéficie d'une traduction sous la plume de Chausson, F., (2007), p. 215.

53. Ce fut une norme établie, plus qu'un choix de Gratien lui-même, que Théodose aurait le droit de se nommer au consulat, pour la seconde fois, lors de la cinquième année ou la dixième année de son règne, BAGNALL, R.S. (1987), p. 13-18 ; HEATHER, P.-MONCUR, D. (2001), p. 272, n. 220. Ignorer un usage de la dynastie valentinienne prenait donc la signification d'une volonté d'indépendance, HEATHER, P.-MONCUR, D. (2001), p. 269, n. 211. Voir déjà *supra, la* note à 5, 4.

Page 67

54. Y eut-il un précédent ou plutôt un cas assez analogue dans l'histoire romaine ? Thémistios pensait peut-être à Trajan sur qui il avait sûrement réuni la documentation nécessaire (c'est ce que montre l'exemple de Lusius développé plus haut). En effet, Trajan devint, avec M. Acilius Glabrio, consul ordinaire du 1er janvier au 30 avril 91, D. C., LXVII, 12, 1 ; SYME, R., *Tacitus* I, Oxford, 1958, p. 33. Il fut consul pour la seconde fois en 98 (du 1er janvier au 30 juin 98), avec son prédécesseur à la tête de l'Empire, Nerva qui l'avait adopté mais qui mourut à Rome, le 27 janvier de la même année ((D.C., LXVIII, 4, 2 ; PS. AUREL. VICT., *Epit.,* 12, 12 et surtout PLIN., *Paneg.,* 58, 3 *ut illud quod secundum consulatum recepisti, quia princeps et*

pater deferebat) ; DURRY, M., *Pline le Jeune* t. IV, *Lettres* Livre X *Panégyrique de Trajan,* Paris, 1948, p. 145, n. 1) ; en fait, il exerça la magistrature tout en étant absent, SYME, R., « Consulates in absence », dans *JRS* 48 (1958), p. 1-9, surtout p. 9. Sur les consulats de ce début d'année, Hanslik, R., art. *M. Ulpius Traianus* 1a dans *RESuppl.* X (1965), col. 1035-1102, en particulier col. 1044. Trajan refusa d'occuper le consulat une troisième fois durant sa première année complète de règne à la tête de l'Empire. On connaît les bénéficiaires de cette distinction pour l'année, A. Cornelius Palma Frontonianus et Q.Sosius Senecio (28 juin) ; Sulpicius Lucretius Barba et Senecio Memmius Afer (14 août) ; Q. Fabius Barbarus Valerius Magnus Iuianus et A. Caecilius Faustinus (*CIL* XVI, 44, 45), peut-être aussi Aufidius Umber et Iunius Mauricus, HANSLIK, R. (1965), col. 1049. La répétition oratoire ὃν … ἀνθ᾽ἑαυτοῦ πεποίηται, ὃν αὐτός, ὃν ἐν τῇ πρώτῃ περιόδῳ ne peut être rendue qu'au prix d'un artifice.

55. En somme la première place dans l'Empire revient à la première place dans l'être. Thémistios semble faire allusion à des spéculations de type numérologique qui font penser par exemple à un Nicomaque de Gérasa ; Photios (*Bibl. cod.* 187, 143 36-38) écrit : « C'est ainsi que, chez Nicomaque et ses maîtres, la monade est à la fois déifiée et outragée » Ἀλλ᾽ ἡ μὲν μονὰς οὕτω Νικομάχῳ καὶ τοῖς αὐτοῦ διδασκάλοις θεολογεῖταί τε ἅμα καὶ βάλλεται ὕβρει.

56. On comprend mal pourquoi Dindorf, G. (1832), p. 250 et Downey, G. (1965), p. 295] corrigent en ζηλωτής le texte ζηλωτός des manuscrits, aisément compréhensible, voir Leppin, H. (1998), p. 274, n. 36.

Page 68

58. Thémistios fait la même comparaison à propos de sa propre carrière en 34, 12, 3.

59. Les locutions ἐκ τῶν προπόδων et ἐπὶ τὴν κορυφήν reviennent en *Or.* 34, 12 mais à propos de la carrière de Thémistios lui-même.

60. Agoracritos est le nom du charcutier dans la pièce d'Aristophane (1257), où il représente Cléon, Heather, P-Moncur, D. (2001), p. 273, n. 223. Hyperbolos y est aussi nommé (1304) ; marchand de lampes, il était un démagogue partisan de la guerre, comme Cléon, voir, par exemple, Coulon, V.-Van Daele, H. (1964), p. 137, n. 1. Aucun personnage du nom de Démade ne figure chez Aristophane ou dans la comédie, *pace* Maisano, R. (1995), p. 594, n. 25. Le personnage est l'orateur du IVe s. qu'eut à affronter Démosthène, GÄRTNER, H., art. *Demades,* dans *KP* 1, col. 1456-1457. L'association d'Agoracritos, d'Hyperbolos et de Démade est propre à Thémistios. Élien (*H. V.,* II, 43) est le premier à associer Hyperbolos et Démade. Maints autres l'ont imité par la suite. Recrutés en dehors des élites traditionnelles, les deux personnages furent régulièrement cités dans la tradition de façon défavorable, LEPPIN,

H. (1998), p. 275, n. 38] ; HEATHER, P-MONCUR, D. (2001), p.273, n. 223. Hyperbolos et Démade (350-319), respectivement à la fin du Ve s. et au IVe s., occupèrent le terrain politique à Athènes où ils jouèrent les démagogues.

61. AR., *Eq.,* 158 : ὦ νῦν μὲν οὐδείς, αὔριον δ' ὑπέρμεγας. L'adaptation a porté sur deux mots, la particule a été remplacée par l'article défini, et l'adverbe de temps a été transformé.

62. Comme le suggère Leppin, H. (1998), p. 275, n. 40, Thémistios fait allusion ici peut-être à Victor, déjà actif à la cour sous Constance II : *magister equitum* en 363, il n'accéda au consulat qu'en 369 (*PLRE* I, *s.v. Victor,* p. 957).

63. HOM., H 237 : αὐτὰρ ἐγὼν εὖ οἶδα μάχας τ' ἀνδροκτασίας τε, voir aussi Hes., *Th.,* 228 Ὑσμίνας τε Μάχας τε Φόνους τ' Ἀνδροκτασίας τε. Comme on voit, dans toutes les séries, les termes de l'énumération sont reliés par la particule τε ou τ΄. De surcroît, l'origine poétique de l'expression est soulignée explicitement. On ne peut guère croire que Thémistios ait omis la particule.

64. Employée à propos de Thèbes, l'expression Ἰλιὰς κακῶν, qui est de Démosthène (*Or.* 19, 148), fut appelée à une prodigieuse célébrité : D.S., XXXVI, 6, 1 (= POSID. AP., fr. 194 a Theiler), PLU., 141 a ; DIOGENIAN., I, 10, 4 ; V, 26, 1 ; VI, 7, 1 ; ZEN., IV, 43, 1 ; ARISTID., *Symmach.* 1, p. 480, 2 Jebb ; PAUS. GR., I, 5, 1 ; PORPH., *Abst.,* I, 47. Libanios (*Vit. Hect.*, VIII, p. 290, 17-20 éd. Foerster) donne lui-même l'explication : ῥηθὲν γὰρ τοὔνομα συμφορῶν πλήθους ἀναμιμνήσκει καὶ δὴ ὅστις βούλεται μέγα σημῆναι πάθος, Ἰλιάδα προσαγορεύει κακῶν. πρὸς τοιαύτην ἥκει παροιμίαν ἡ τῆς ἐκείνου πόλεως τύχη, SALZMANN, E. (1910), p. 17.

65. Pour une expression analogue, voir *Or.* 14, 1, 181 a : ὁπόση σκιᾶς ἀθροώτερον ἠφανίσθη.

66. On serait tenté de traduire avec Leppin, H. (1998), p. 275 « als schließlich fast alles Land und Meer gegen die Barbaren angetreten war », mais on ne comprend plus alors la succession des idées. On suivra plutôt Heather, P.-Moncur, D. (2001), p. 274, voir aussi n. 227 « when finally nearly the whole of the earth and sea had united beside the barbarians ». En fait, il y a un *crescendo* : non seulement les montagnes ou les fleuves ne constituent plus un obstacle, mais ce sont la terre et la mer tout entières qui prennent fait et cause pour les barbares, et de surcroît tous les peuples, qui servaient de glacis à l'Empire romain, se soulèvent en même temps contre lui. L'idée que tout se soulève contre l'empire de Valentinien et de Valens figure déjà chez Ammien Marcellin (XXVI, 4, 5) « À ce moment, comme si les trompettes donnaient le signal du combat à travers tout l'univers romain, des peuples très barbares se mettaient en mouvement et franchissaient les frontières les plus proches. Les Alamans dévastaient à la fois la Gaule et la Rhétie ; les Sarmates et les Quades, la Pannonie ; les Pictes, les Saxons,

les Scots et les Attacottes frappaient la Bretagne d'incessantes épreuves ; les Austoriens et autres peuplades maures razziaient l'Afrique avec plus de violence qu'à l'ordinaire ; les Thraces, elles aussi, étaient mises à sac par des bandes de Goths pillards ». *Hoc tempore velut per universum orbem Romanum bellicum canentibus bucinis excitae gentes saevissimae limites sibi proximos persultabant. Gallias Raetiasque simul Alamanni populabantur ; Sarmatae Pannonias et Quadi ; Picti, Saxonesque et Scotti et Attacotti Brittannos aerumnis vexavere continuis ; Austoriani Mauricaeque aliae gentes Africam solito acrius incursabant ; Thracias et diripiebant praedatorii globi Gothorum.*

Page 69

68. Les mots rappellent en filigrane les conditions particulières de l'élévation de Théodose, voir *supra,* p. XXXII-XXXIV notamment.

69. Présentation euphémistique des événements de 379-380, HEATHER, P.-MONCUR, D. (2001), p. 275, n. 229.

70. Thémistios affirme sans ambiguïté que Théodose Ier réussit à faire la paix avec les Goths, en réduisant à rien le rôle joué par Gratien, HEATHER, P.-MONCUR, D. (2001), p. 275, n. 230.

Page 70

71. Peuplade habitant les steppes séparant le Tanaïs [aujourd'hui le Don] de la mer d'Aral et le Caucase du piémont de l'Oural. Cités ici pour la première fois dans les discours, on les retrouve en 34, 8. Une des premières allusions à leurs migrations se trouve chez Flavius Josèphe (*BJ* VII, 7, 4) : « Le peuple des Alains, qui sont des Scythes habitant le bassin du Tanaïs et le bord du lac Méotis (…) ayant projeté vers cette époque une incursion en Médie et au-delà pour faire du pillage, entrèrent en pourparlers avec le roi d'Hyrcanie » Τὸ δὲ τῶν Ἀλανῶν ἔθνος ὅτι μέν εἰσι Σκύθαι περὶ τὸν Τάναϊν καὶ τὴν Μαιῶτιν λίμνην κατοικοῦντες, (…), κατὰ τούτους δὲ τοὺς χρόνους διανοηθέντες εἰς τὴν Μηδίαν καὶ προσωτέρω ταύτης ἔτι καθ' ἁρπαγὴν ἐμβαλεῖν τῷ βασιλεῖ τῶν Ὑρκανῶν διαλέγονται (trad. Savinel, P., dans *Flavius Josèphe. La guerre des Juifs,* Paris, 1977, p. 536), voir Zehnacker, H.-Silberman, A. (2015), p. 282 ; Sen., *Thy.,* 630 ; Plin., *Nat.* IV, 80, 5 ; Lucan., VIII, 223 ; X, 454 ; Val. Fl., VI, 42 ; 656 ; Suet., *Dom.,* 2, 5. Ces premières incursions en direction de l'ouest, en Arménie et en Médie, eurent lieu sous Vespasien, dans la région des Portes Caspiennes. Le roi Vologèse d'Arménie demandait l'assistance de Vespasien contre les Alains. Toutefois, on sait que Pompée avait envahi le territoire des Alains durant sa guerre contre Mithridate VI, VON BREDOW, Ingrid, art. *Alanoi* dans *Der Neue Pauly* (consulté le 27 avril 2020).

72. Les Massagètes sont déjà nommés par Hérodote, qui les apparente aux Scythes (I, 201) et en fait des voisins des Issédons, qui habitaient au-delà du fleuve Araxe, c'est-à-dire à l'est de l'Oural,

Legrand, Ph.-É. , *Hérodote. Histoires,* I, Paris, 1932 (1964), p. 193, n. 5. Toutefois, les indications sont passablement contradictoires. On désignait habituellement sous le nom de Massagètes les populations nomades de cavaliers qui vivaient entre la mer Caspienne et la mer d'Aral. Elles correspondent en gros à ceux que l'on appelait les Scythes d'Asie, Danoff, Chr., art. *Massagetai,* dans *KP* 3, col. 1065-1066. On donna souvent leur nom à des peuples provenant de régions situées au-delà de la mer Caspienne, comme les Alains (D. C., LXIX, 15, 1 ; Amm., XXIII, 5, 16 ; XXXI, 2, 12), les Huns (Procop., *Vand.,* I, 4, 24) et les Turcs (Théophane de Byzance dans Phot., *Bibl. Cod.* 64, 26 a 28-29). D'autre part, les Sakes, qui, d'après Strabon (XI, 6, 2, p. 507 C.), vivaient dans le voisinage des Massagètes, étaient souvent appelés « Scythes ». On retrouve ces derniers dans *Or.* 34, 25.

73. E., fr. 22 Jouan-Van Looy = fr. 200 Nauck^2 et Kannicht. La citation est littérale, après correction d'un accident dû à la tradition. Pour le fragment d'Euripide, voir déjà *Or.* 15, 7, 191 a (et la note).

74. E., *Ph.,* 515-516 πᾶν γὰρ ἐξαιρεῖ λόγος | ὃ καὶ σίδηρος πολεμίων δράσειεν ἄν. La citation a été adaptée au contexte. Elle a la même forme en *Or.* 2, 16, 37 b, où le relatif ὃ est devenu ἃ. On doit avouer toutefois que l'hiatus πολλὰ ἐξαιρεῖ est gênant.

75. Μήτι, comme on sait, est un datif épique contracte (μήτιι), qu'il n'y a pas lieu de normaliser comme on l'a fait au cours de la tradition. La citation d'Homère (Ψ 315) est d'une parfaite fidélité.

77. Aesop., 46 éd. Hausrath-Hunger (= 73 Chambry) : « Borée et le Soleil contestaient de leur force. Ils décidèrent d'attribuer la palme à celui d'entre eux qui dépouillerait un voyageur de ses vêtements. Borée commença ; il souffla avec violence. Comme l'homme serrait sur lui son vêtement, il l'assaillit avec plus de force. Mais l'homme incommodé encore davantage par le froid, prit un vêtement de plus, si bien que, rebuté, Borée le livra au Soleil. Celui-ci tout d'abord luisait modérément ; puis, l'homme ayant ôté son vêtement supplémentaire, le Soleil darda des rayons plus ardents, jusqu'à ce que l'homme, ne pouvant plus résister à la chaleur, ôta ses habits et s'en alla prendre un bain dans la rivière voisine » Βορέας καὶ Ἥλιος περὶ δυνάμεως ἤριζον · ἔδοξε δὲ αὐτοῖς ἐκείνῳ τὴν νίκην ἀπονεῖμαι, ὃς ἂν αὐτῶν ἄνθρωπον ὁδοιπόρον ἐκδύσῃ. καὶ ὁ Βορέας ἀρξάμενος σφοδρὸς ἦν · τοῦ δὲ ἀνθρώπου ἀντεχομένου τῆς ἐσθῆτος μᾶλλον ἐπέκειτο. ὁ δὲ ὑπὸ τοῦ ψύχους καταπονούμενος ἔτι μᾶλλον καὶ περιττοτέραν ἐσθῆτα προσελάμβανεν, ἕως ἀποκαμὼν <ὁ Βορέας> τῷ Ἡλίῳ μεταπαρέδωκε. κἀκεῖνος τὸ μὲν πρῶτον μετρίως προσέλαμψε · τοῦ δὲ ἀνθρώπου τὰ περισσὰ τῶν ἱματίων ἀποτιθεμένου σφοδρότερον τὸ καῦμα ἐπέτεινε, μέχρις οὗ πρὸς τὴν ἀλέαν ἀντέχειν μὴ δυνάμενος ἀποδυσάμενος ποταμοῦ παραῤῥέοντος ἐπὶ λουτρὸν ἀπῄει. Dans le discours s'affrontent seulement deux données abstraites que le philosophe a dépouillées des images de la fable.

78. Sur la Gigantomachie, voir *Or.* 13, 18, 176 d-177 a, et la note. Curieusement, dans la description des succès remportés par les dieux sur les Géants, Arès n'a point sa place ; pour Hermès, on lit (PS.-APOLLOD., *BibL,* I, 6, 2, 5) : Ἑρμῆς δὲ τὴν Ἄιδος κυνῆν ἔχων κατὰ τὴν μάχην Ἱππόλυτον ἀπέκτεινεν.

Page 71

79. Le § 12, 1 renferme une triade de formes verbales tirées de γιγνώσκω. On a essayé de la rendre *pro virili parte.*

80. Allusion au début de la geste de Patrocle (HOM. O 130-144).

81. Pour cette formule, voir *supra* 4, 201 d avec la note.

82. Allusion au début de la geste de Patrocle qu'Achille envoie au combat muni de ses propres armes (HOM., P 130-144). Ménoitios était le père de Patrocle « Il dit ; Patrocle s'arme d'un bronze éblouissant. à ses jambes d'abord il met ses jambières où s'adaptent des couvre-chevilles d'argent. Puis il passe sur sa poitrine la cuirasse scintillante, pareille au ciel étoilé, de l'Éacide aux pieds rapides. Autour de ses épaules il jette une épée de bronze à clous d'argent, ensuite un écu grand et fort ; sur sa tête fière, il met un bon casque à crins de cheval, dont le panache en l'air oscille, effrayant. Enfin, il prend deux braves piques, bien adaptées à sa main. Il ne laisse qu'une arme d'Achille sans reproche, la lourde, longue et forte pique que nul ne peut brandir parmi les Achéens – Achille, seul le peut –, la pique en bois du Pélion dont Chiron, qui l'avait prise à la cime du Pélion, a fait présent à son père, pour porter la mort aux héros. » Ὣς φάτο, Πάτροκλος δὲ κορύσσετο νώροπι χαλκῷ. | Κνημῖδας μὲν πρῶτα περὶ κνήμῃσιν ἔθηκε | καλάς, ἀργυρέοισιν ἐπισφυρίοις ἀραρυίας· | δεύτερον αὖ θώρηκα περὶ στήθεσσιν ἔδυνε | ποικίλον ἀστερόεντα ποδώκεος Αἰακίδαο. | Ἀμφὶ δ' ἄρ' ὤμοισιν βάλετο ξίφος ἀργυρόηλον | χάλκεον, αὐτὰρ ἔπειτα σάκος μέγα τε στιβαρόν τε· | κρατὶ δ' ἐπ' ἰφθίμῳ κυνέην εὔτυκτον ἔθηκεν | ἵππουριν· δεινὸν δὲ λόφος καθύπερθεν ἔνευεν. | Εἵλετο δ' ἄλκιμα δοῦρε, τά οἱ παλάμηφιν ἀρήρει. | Ἔγχος δ' οὐχ ἕλετ' οἶον ἀμύμονος Αἰακίδαο | βριθὺ μέγα στιβαρόν· τὸ μὲν οὐ δύνατ' ἄλλος Ἀχαιῶν | πάλλειν, ἀλλά μιν οἶος ἐπίστατο πῆλαι Ἀχιλλεὺς Πηλιάδα μελίην, τὴν πατρὶ φίλῳ πόρε Χείρων | Πηλίου ἐκ κορυφῆς, φόνον ἔμμεναι ἡρώεσσιν.

Page 72

83. Allusion aux cinq seconds qu'Achille avait emmenés avec lui, soit Ménesthios (N 173), Eudôros (N 189), Peisandros (N 193), Phoenix (N 196) et Alcimédon (N 197).

85. Pour la ceinture d'Aphrodite, voir la note à *Or.* 3, 12, 48 b.

86. Le passage est rappelé aussi en *Or.* 32, 2, 357 a. Polydamna avait donné à Hélène une boisson magique qui éteignait tous les maux. Les vers se rapportent à l'apparition d'Hélène au palais de Sparte durant la visite de Télémaque, HOM. d 227-229 : « remède ingénieux, que la fille

de Zeus avait reçu comme cadeau de la femme de Thon, Polydamna d'Égypte » τοῖα Διὸς θυγάτηρ ἔχε φάρμακα μητιόεντα, | ἐσθλά, τά οἱ Πολύδαμνα πόρεν, Θῶνος παράκοιτις, | Αἰγυπτίη, Le deuxième vers est incomplet et a fait l'objet d'une adaptation. Le groupe de mots πόρεν ἄφθιτος n'apparaît pas ailleurs. Βασιλεύς figure fréquemment à la fin d'un groupe P1 chez Homère (A 80, 231, 279, etc.). On comprend logiquement que Saturninus avait reçu de Zeus, un souverain remède. Par conséquent, θεράπων doit être entendu comme un masculin. L'immortel souverain est aussi ambigu que Zeus. Tout le monde est incité à comprendre qu'il s'agit de Théodose Ier. Ce jeu a été bien compris par Leppin, H. (1998), p. 278 et non par Maisano, R. (1995), p. 601 : « Tali remedi sapienti aveva la figlia di Zeus ».

Page 73

90. Le § 2 forme 1051 T de Bernabé, A. (2005), p. 489. Orphée et la musique furent souvent interprétés comme des symboles de la civilisation durant l'Antiquité tardive, Heather, P.-Moncur, D. (2001), p. 278, n. 242, voir *Or.* 30, 2, 349 b-c, cf. Cassiod., *Var.*, II, 40, 2, p. 70 Mommsen : *Quid enim illa praestantius, quae caeli machinam sonora dulcedine modulatur et naturae convenientiam ubique dispersam virtutis suae gratia comprehendit? quicquid enim in conceptum alicuius modificationis existit, ab harmoniae continentia non recedit. Per hanc competenter cogitamus, pulchre loquimur, convenienter movemur : quae quotiens ad aures nostras disciplinae suae lege pervenerit, imperat cantum, mutat animos artifex auditus.* Sur la cithare d'Orphée comme symbole de l'éloquence, Salzmann, E. (1910), p. 19.

91. Pour une expression analogue, *Or.* 7, 13, 92 b-c, avec la note.

93. En somme, la philanthropie avait remporté une victoire plus complète que les armes. En réalité, les Goths avaient conservé leur autonomie et leurs capacités militaires. Il y eut encore des révoltes en 387, 391 et 395, Heather, P.-Moncur, D. (2001), p. 278, n. 244.

94. Toute la scène, qui date de 63 (Volkmann, H., art. *Tiridates* 6 dans *KP* 5, col. 861) est décrite par Dion Cassius (LXII, 23, 1-3) « Corbulon, aux yeux de tous, se préparait à la guerre contre Vologèse, et il lui envoya même un centurion pour le sommer d'évacuer le pays ; mais, secrètement, il lui conseillait d'envoyer son frère à Rome, et il l'y décida, attendu qu'il passait pour avoir des forces supérieures aux siennes. Il y eut donc une entrevue à Rhandéa même entre Corbulon et Tiridate : cet endroit avait été choisi par tous les deux ; il devait, pour l'un, montrer le service rendu aux Romains qui, s'étant laisssé envelopper, avaient été remis en liberté en vertu d'une capitulation ; pour l'autre, effacer la honte qu'ils avaient subie. En effet, ce ne fut pas simplement une conférence : on éleva une haute tribune sur laquelle fut placé un buste de Néron ; Tiridate, en présence d'un grand nombre d'Arméniens, de Parthes et de Romains, s'avança vers lui et se

prosterna ; puis, après avoir offert des sacrifices et adressé d'humbles prières, il enleva son diadème de dessus sa tête et le déposa sur le buste de l'empereur ; Monobaze et Vologèse vinrent trouver Corbulon, et lui donnèrent des otages. Néron, à raison de ces faits, fut proclamé empereur plusieurs fois, et triompha contrairement aux lois. » ὅτι ὁ Κορβούλων ἐν μὲν τῷ φανερῷ τὸν πρὸς Οὐολόγαισον πόλεμον παρεσκευάζετο, καὶ πέμψας ἑκατοντάρχην ἐκέλευσεν αὐτὸν ἀπαλλαγῆναι τῆς χώρας, ἰδίᾳ δὲ συνεβούλευέν οἱ τὸν ἀδελφὸν ἐς τὴν Ῥώμην πέμψαι, Καὶ ἔπεισεν, ἐπειδὴ κρείττων αὐτοῦ τῇ δυνάμει ἐδόκει εἶναι. Συνῆλθον οὖν ἐν αὐτῇ τῇ Ῥανδείᾳ ὅ τε Κορβούλων καὶ ὁ Τιριδάτης· τοῦτο γὰρ τὸ χωρίον ἀμφοτέροις ἤρεσε, τῷ μὲν ὅτι ἀπολαβόντες ἐς αὐτὸ τοὺς Ῥωμαίους ὑποσπόνδους ἀφῆκαν, πρὸς ἔνδειξιν ὧν εὐηργέτηντο, τῷ δὲ ὅτι τὴν δύσκλειαν τὴν ἐν αὐτῷ πρότερον συμβᾶσάν σφισιν ἀποτρίψεσθαι ἔμελλον. Οὐδὲ γὰρ ἁπλῶς λόγους τινὰς ἐποιήσαντο, ἀλλὰ καὶ βῆμα ὑψηλὸν ἠγέρθη καὶ ἐπ' αὐτοῦ εἰκόνες τοῦ Νέρωνος ἐστάθησαν, ὅ τε Τιριδάτης πολλῶν μὲν Ἀρμενίων πολλῶν δὲ Πάρθων καὶ Ῥωμαίων παρόντων προσῆλθέ τε αὐταῖς καὶ προσεκύνησεν, θύσας τε καὶ ἐπευφημήσας τὸ διάδημα ἀπό τε τῆς κεφαλῆς ἀφεῖλε καὶ παρέθηκεν αὐταῖς καὶ ὁ Μονόβαζος καὶ ὁ Οὐολόγαισος πρὸς τὸν Κορβούλωνα ἦλθον καὶ ὁμήρους αὐτῷ ἔδωκαν. καὶ ἐπὶ τούτοις ὁ Νέρων αὐτοκράτωρ τε πολλάκις ἐπεκλήθη, καὶ τὰ ἐπινίκια ἔπεμψε παρὰ τὸ νενομισμένον.

95. Pour la notion de « roi véritable », voir déjà *Or.* 1, 2, 2 c, et t. I, p. 202, n. 15.

Page 74

96. Un court élément de la phrase est tombé. On s'est efforcé de réparer les dommages par diverses émendations. L'apparat de Dindorf, W. (1832), p. 255 signale une conjecture σὺ δὲ d'un philologue qui n'a pas laissé son nom, mais que Downey, G. (1965), p. 300 attribue à Reiske. Elle paraît douteuse. On comprendrait mal que Thémistios passe brusquement de la deuxième à la troisième personne dès la phrase suivante. La proposition se caractérise par l'anaphore de μακαριστός. On peut donc supposer qu'elle devait avoir été prononcée sur un ton exclamatif. L'auditeur a compris depuis longtemps que le personnage en cause est Saturninus, dont le nom ne doit pas être répété. On n'introduira pas par conséquent le complément proposé par Hardouin Ἀλλ'ἔστιν ὁ Σατουρνῖνος. Le mieux est, je crois, de se contenter d'un discret Οὗτος δὲ. Le groupe de mots est tombé à la suite d'un saut du même au même (d'un Σ à un E dans l'onciale).

97. Le choix du verbe appelle quelques explications. En effet, le mérite de Saturninus consiste à avoir réussi à conclure un traité de paix avec les Goths, dont Thémistios oppose l'attitude dure et intransigeante à celle des Arméniens. Chez ceux-ci, on trouve à la fois de la jactance et une qualité allant dans un sens contraire. Pour eux, liberté et servitude ne se distinguent guère. On notera que Heather,

P.-Moncur, D. (2001), p. 279 font l'impasse sur la proposition ἐν ἔθει δὲ τὸ ὑποπτεύειν ; ils traitent comme un synonyme de « servitude » (« so too subservience and servitude »), mais il s'abstiennent de commenter la structure du passage. Pour le sens, ἐξογκοῦσθαι et le verbe à choisir font chiasme avec δουλεία et ἐλευθερία. Doehner a été tenté par ὑποκύπτειν, dont on trouve l'infinitif aoriste un peu plus loin, ce qui est gênant. Ὑποπίπτειν, suggéré par Jacobs, conviendrait mieux dans un contexte strictement militaire. En revanche, l'attitude d'un esclave est volontiers peinte à l'aide d'un verbe comme πτήσσω, voir, par exemple, Eus., Ps., *PG* 23, col. 1088, 1-4 (à propos du miracle des eaux de la Mer Rouge) : Ὡς γὰρ δεσπότῃ δουλεύουσα ἡ τοσαύτη τῶν ὑδάτων κίνησις, κυρτουμένη εἰς ὕψος καὶ ἐπαιρομένη πτήσσει, καὶ εἰς ἑαυτὴν καταράσσεται, εἴσω τῶν οἰκείων ὅρων ἀποκεκλεισμένη et Ephr., *Ad imitationem Proverbiorum*, p. 246, 9-10 Phranzolès : δοῦλον Κυρίου οὐ δεῖ μάχεσθαι, καὶ μακάριος ὃς καταπτήσσει πάντα δι' εὐλάβειαν. Au total, la conjecture proposée par Cobet paraît être la meilleure. C'est celle que je retiens, *pace* Downey, G. (1965), p. 300 (ὑποπτεύειν des manuscrits) et Maisano, R. (1995), p. 604 (ὑποκύπτειν), à la suite de Leppin, H. (1998), p. 279, n. 55.

100. La phraséologie rappelle deux passages évangéliques, Matth 6, 12 καὶ ἄφες ἡμῖν τὰ ὀφειλήματα ἡμῶν ou Lc 11, 4 καὶ ἄφες ἡμῖν τὰς ἁμαρτίας ἡμῶν. Le fait n'a rien d'étonnant, car une bonne partie des auditeurs était forcément chrétienne, Heather, P.-Moncur, D. (2001), p. 279, n. 247.

101. Sur ὀφρῦς, à mettre en rapport avec des sentiments, voir *Or.* 2, 4, 27 a avec Taillardat, J. (1965), p. 173 (§ 326), cf. p. 284 (§ 503).

102. Citation d'une parfaite fidélité d'Homère (A 528-530).

103. Hom. A 526-527 : οὐ γὰρ ἐμὸν παλινάγρετον οὐδ' ἀπατηλὸν | οὐδ' ἀτελεύτητον ὅ τί κεν κεφαλῇ κατανεύσω. Thémistios revient à la prose, mais les mots παλινάγρετον ... ἀπατηλόν sont homériques. Tout aussi homérique (Δ 57) est οὐδ' ἀτέλεστον qui vient toutefois en fin d'hexamètre.

Page 75

104. Pour un passage analogue, voir *Or.* 34, 24. Cette participation du vaincu à la célébration de la victoire était–elle habituelle ?

105. Voir *Or.* 34, 23 : τοιαῦται γὰρ αἱ νῖκαι τῆς εὐσεβείας, οὐκ ἀνελεῖν, ἀλλὰ βελτίω ποιῆσαι τὸν ἡττημένον. Holum, K. G. (1982), p. 8 traduit λόγος par « raison ». Il fait remarquer que cette politique de barbarisation fut loin d'être accueillie avec ferveur par les milieux traditionalistes païens, voir Straub, J., *Die Wirkung der Niederlage bei Adrianopel auf die Diskussion über das Germanenproblem in der spätrömischen Literatur,* dans *Philologus,* 95 (1943), p. 255-286 ; Pavan, M., *La politica gotica di Teodosio nella pubblicistica del suo tempo,* Rome, 1964, p. 45 et 52-54 (Ammien Marcellin) ; p. 54

(Synésios de Cyrène). D'ailleurs, il y eut en quelque sorte des retours de flamme, dus notamment à l'éloignement et à l'indépendance que s'arrogeaient les subordonnés des deux *magistri militum praesentales.* Ainsi, en 379, après Andrinople, dans le chef du *magister militum per Orientem* Julius qui fit massacrer, sans l'aveu de l'empereur, les recrues gothiques servant sous ses ordres, AMM., XXXI, 16, 8, voir *supra,* p. XII-XIII. Holum, K. J. (1982), p. 9 souligne vigoureusement l'inutilité de ces mesures sauvages. Elles poussèrent Théodose à réformer les plus hauts rangs de son armée, où il donna la priorité à des chefs issus de peuplades barbares. L'accent d'Ammien montre qu'il désapprouvait les grandes lignes d'une politique qui consistait à « laisser trop d'autonomie aux groupes gothiques installés dans l'Empire », ANGLIVIEL DE LA BEAUMELLE , L., (1999), p. 293 (n. 587 à la p. 159).

106. Matino, Giuseppina (1985), p. 134 suggère de corriger le τύχοι retenu depuis Dindorf dans les éditions et d'en revenir au τύχῃ des manuscrits Av Π. L'iotacisme n'offre pas la possibilité de trancher avec assurance. D'autre part, la locution εἰ τύχῃ n'est pas rare chez Galien (encore faudrait-il que l'on connaisse bien la manière de l'écrivain et que l'on puisse se fier à une édition vraiment critique), GAL., *In Hipp. aph. comm.* VII, dans Kühn, XVIII a, p. 35, 16 ; Kühn, XVII b, p. 550, 2 ; p. 658, 4 ; *In Hipp. libr. de fracturis* III, dans Kühn, XVIII b, p. 384, 10 ; *De foetuum format. libell.,* IV, p. 696, 4 ; *De inaequali intemperie liber,* dans Kühn, VII, p. 735, 3. En général, dans les expressions du genre, εἰ τύχοι est largement plus fréquent, comme chez Thémistios lui-même, *Or.* 1, 15 c (après un verbe principal au présent de l'indicatif) ; 21, 250 a (après un imparfait), cf. *Par. in Arist. Phys.,* p. 41, 6 ; 69, 22 ; 138, 5 ; 190, 31. À nos yeux, elles prennent une valeur pratiquement adverbiale, en sorte qu'il n'y a pas lieu d'en revenir au subjonctif.

107. Adaptation de textes de l'Ancient Testament, repérée par Ruzena Dostálóva (1982), p. 1-12, plus spécialement p. 10, n. 56, voir Vanderspoel, J. (1995), p. 207 et Leppin, H. (1998), p. 280, n. 59, Isaïe, 2, 4 : συγκόψουσιν τὰς μαχαίρας αὐτῶν εἰς ἄροτρα καὶ τὰς ζιβύνας αὐτῶν εἰς δρέπανα et Michée, 4, 3 : κατακόψουσιν τὰς ῥομφαίας αὐτῶν εἰς ἄροτρα καὶ τὰ δόρατα αὐτῶν εἰς δρέπανα. Le mot ζιβύνη, où l'initiale est parfois écrite σ, désigne une variété de lance, MURAOKA, T., *A Greek-English Lexicon of the Septuagint chiefly of the Pentateuch and the Twelve Prophets,* Louvain-Paris-Dudley (MA), 2002, s. v., p. 247. On notera, avec Sugars, J. M. (1997), p. 230, que Thémistios juxtapose sources juives et païennes pour décrire la démilitarisation.

108. Pour l'expression, voir E., *Hipp.,* 102 (à propos de Cypris) πρόσωθεν αὐτὴν ἁγνὸς ὢν ἀσπάζομαι ; PL., *R.,* VI, 499 a 7-8 ἢ πρὸς δόξαν καὶ ἔριν καὶ ἐν δίκαις καὶ ἐν ἰδίαις συνουσίαις πόρρωθεν ἀσπαζομένων. Le travail de déformation a-t-il commencé assez tôt sur

le vers d'Euripide ? Plutarque (778 A) le reproduit sous la forme ἄπωθεν ἁγὸς ὢν ἀσπάζεται.

109. Sur la politique pacifique à mener avec les barbares des régions danubiennes, voir déjà *Or.* 10, 13, 138 b-c.

Page 76

110. Tite-Live (XXXVIII, 16, 1-15) avait déjà évoqué l'histoire des Galates, qui est ici rapidement stylisée, PORTMANN, W., *Geschichte in der spätantiken Panegyrik,* Francfort-sur-le-Main, 1988, p. 188, voir Str., XII, 5, 1, p. 566 C. : « Ce pays fut occupé par les Galates après qu'ils eurent longtemps erré et finalement envahi les territoires soumis aux rois de la dynastie des Attales où ils restèrent jusqu'à ce qu'ils eurent pris possession, à la suite d'un accord de plein gré, de ce qu'on appelle aujourd'hui la Galatie ou la Gallo-Grèce. Il semble que le chef de l'expédition qui les fit passer en Asie ait été principalement Léonnorius. (…) Actuellement, le pays appartient aux Romains avec tout le territoire passé aux mains d'Amyntas ; ils l'ont regroupé en une seule province ». Κατέσχον δὲ τὴν χώραν ταύτην οἱ Γαλάται πλανηθέντες πολὺν χρόνον καὶ καταδραμόντες τὴν ὑπὸ τοῖς Ἀτταλικοῖς βασιλεῦσι χώραν καὶ τοῖς Βιθυνοῖς, ἕως παρ' ἑκόντων ἔλαβον τὴν νῦν Γαλατίαν καὶ Γαλλογραικίαν λεγομένην. ἀρχηγὸς δὲ δοκεῖ μάλιστα τῆς περαιώσεως τῆς εἰς τὴν Ἀσίαν γενέσθαι Λεοννόριος. (…)· νῦν δ' ἔχουσι Ῥωμαῖοι καὶ ταύτην καὶ τὴν ὑπὸ τῷ Ἀμύντᾳ γενομένην πᾶσαν εἰς μίαν συναγαγόντες ἐπαρχίαν et Zonaras (IX, 20 sqq., 2, p. 310, 20-311, 1 éd. Dindorf) : « Il y a là aussi une de leurs tribus, détachée de la partie européenne. Les Gaulois qui avaient alors mis à leur tête Brennus, leur roi, ont envahi l'Hellade et la Thrace puis, passant de là en Bithynie, ils en détachèrent plusieurs parties de la Phrygie et de la Paphlagonie ainsi que de la Mysie proche de l'Olympe et de la Cappadoce et s'y établirent, et à présent, ils forment un peuple à part entière qui porte le nom de Galates. Ce sont bien eux qui ont eu maille à partir avec Mallius. Mais il réussit à les vaincre eux aussi en prenant la cité d'Ancyre lors de son expédition, en s'adjoignant les autres par une convention de paix. » Ἐστι γάρ τι κἀνταῦθα γένος αὐτῶν, ἐκ τοῦ Εὐρωπαίου ἀποδάσμιον. Βρέννον γάρ ποτε βασιλέα σφῶν προστησάμενοι τήν τε Ἑλλάδα καὶ τὴν Θρᾴκην ἐπέδραμον, κἀκεῖθεν εἰς τὴν Βιθυνίαν διαβάντες μέρη τινὰ τῆς τε Φρυγίας καὶ τῆς Παφλαγονίας τῆς τε Μυσίας τῆς πρὸς τῷ Ὀλύμπῳ καὶ Καππαδοκίας ἀπετέμοντο καὶ ἐν αὐτοῖς κατῴκησαν, καὶ νῦν ἔθνος ἴδιόν εἰσι τὸ ὄνομα τῶν Γαλατῶν φέροντες. Οὗτοι δὴ πράγματα τῷ Μαλλίῳ παρέσχον. Ἀλλὰ καὶ τούτων ἐκράτησε, τὴν μὲν Ἄγκυραν τὴν πόλιν ἑλὼν ἐξ ἐπιδρομῆς, τὰς δ' ἄλλας ὁμολογίᾳ παραστησάμενος. Cn. Manlius Vulso avait attaqué en 189 av. J.-C. les Galates installés entre les cours moyens du Sangarios et de l'Halys sans qu'il y eût apparemment eu la moindre provocation de leur part. La campagne répondait-elle à son désir de gloire militaire

ou à sa volonté de pillage ? Toujours est-il que les Galates étaient réputés avoir le goût de la rapine et étaient mal vus des populations hellénophones proches, BRIZZI, G., *L'Empire mondial* dans HINARD, F., dir. (2000), p. 474-475, voir aussi Gundel, H. G., art. *Manlius* 40 (Cn. M. Vulso) dans *K. P.* 3, coll. 965-966. Les sources principales sont Pol., XXI, 33-39 et Liv., XXXVIII, 12-27 ; 37-41. Evidemment, au cours de la troisième guerre contre Mithridate, Lucullus [fin de l'été 74-hiver 67 av. J.-C., HINARD, F. (2000), p. 705-711] et Pompée, qui reprit la même mission [66-63 av. J.-C., HINARD, F. (2000), p. 720-723], eurent eux aussi à passer par la Galatie. Amyntas de Galatie, dont la juridiction portait sur de vastes territoires, était un de ces dynastes locaux qui devait leur pouvoir à Antoine ; il périt en 25 av. J.-C. en luttant contre les Homonadées, de redoutables montagnards habitant le Taurus ; Auguste crut judicieux de déshériter les fils d'Amyntas et d'annexer son royaume à l'Empire, LE GALL, J.-LE GLAY, M., *L'Empire romain* I *Le Haut-Empire de la bataille d'Actium à la mort de Sévère Alexandre (31 av.-235 ap. J.-C),* 2e éd., Paris, 1992, p. 316 ; SARTRE, M., dans LEPELLEY, C. (dir.), *Rome et l'intégration de l'Empire* 44 av. J.-C.-260 ap. J.-C. t. 2 *Approches régionales du Haut-Empire romain,* Paris, 1998, p. 335 et 337.

112. À propos de Massinissa, voir *Or.* 7, 16, 94 d, avec la note 149, t. II, p. 565-568.

113. Leppin, H. (1998), p. 281, n. 61 décèle dans l'expression une allusion à un passage de Plutarque (*Mor.* 193 E), où Épaminondas exhorte les Béotiens, qui viennent de le placer à leur tête en qualité de stratège « car si moi, je deviens général, vous, vous allez vous retrouver soldats » Et il appelait leur pays, plat et découvert, « un théâtre de guerre », pour signifier qu'il seraient incapables d'en rester les maîtres s'ils ne se gardaient pas les mains à la poignée du bouclier » ἐὰν γὰρ ἐγὼ στρατηγῶ, στρατευτέον ἐστὶν ὑμῖν·' καὶ τὴν χώραν ὑπτίαν οὖσαν καὶ ἀναπεπταμένην 'πολέμου ὀρχήστραν' προσηγόρευεν, ὡς μὴ δυναμένους κρατεῖν αὐτῆς, ἂν μὴ τὴν χεῖρα διὰ πόρπακος ἔχωσι.

Page 77

116. Éaque était un héros de l'île d'Égine, qui était infestée de fourmis ; la nymphe Aegina, qui a donné son nom à l'île, l'avait eu des œuvres de Zeus. Pour donner de la compagnie à Éaque, Zeus métamorphosa les fourmis en Myrmidons, voir HES., fr. 205 M.-W. = sch. PI., *N* 3, 21 ; Ov., *Met.,* VII, 624-642. Après sa mort, Éaque devint, avec Minos et Rhadamanthe, un des juges des enfers, GRIFFITHS, A. H., *Oxford Classical Dictionary, s. v. Aeacus ;* HOWATSON, M. C. (dir.), *Université d'Oxford Dictionnaire de l'Antiquité,* Paris, 1993, *s.v* Eaque, p. *339.* Pour la légende dont il est question ici, KUHNERT, art. *Stymphalos* 1, dans ROSCHER IV (1909-1915), col. 1565-1566 qui renvoie à PS.-Apollod., *Bibl.* III, 12, 6, 9 ; KEARNS, Emily, art. *Aeacus*

dans *der Neue Pauly* (consulté le 29 avril 2020) ; Stroud, R. S., « The Aeaceion and Tholos of Athens in Poxy 2087 », dans *ZPE* 103 (1994), p. 1-9. L'exposé le plus clair de la légende est celui qu'offre le Ps.-Apollodore (III, 12, 6, 9-10) : « Éaque était le plus pieux de tous les hommes. C'est ce qu'on vit quand l'Hellade fut frappée de stérilité à cause de Pélops. Celui-ci, en guerre contre Stymphalos, le roi des Arcadiens, ne parvenait pas à s'emparer de l'Arcadie et, faisant croire à une réconciliation, il l'avait tué et avait démembré et dispersé son corps. Les oracles des dieux firent savoir que l'Hellade serait libérée des maux qui l'accablaient si Éaque faisait des prières pour elle. Éaque fit des prières et l'Hellade fut libérée de la stérilité » [trad. Schubert, P., éd., p. 180, légèrement modifiée] ἦν δὲ εὐσεβέστατος πάντων Αἰακός. Διὸ καὶ τὴν Ἑλλάδα κατεχούσης ἀφορίας διὰ Πέλοπα, ὅτι Στυμφάλῳ τῷ βασιλεῖ τῶν Ἀρκάδων πολεμῶν καὶ τὴν Ἀρκαδίαν ἑλεῖν μὴ δυνάμενος, προσποιησάμενος φιλίαν ἔκτεινεν αὐτὸν καὶ διέσπειρε μελίσας, χρησμοὶ θεῶν ἔλεγον ἀπαλλαγήσεσθαι τῶν ἐνεστώτων κακῶν τὴν Ἑλλάδα, ἐὰν Αἰακὸς ὑπὲρ αὐτῆς εὐχὰς ποιήσηται ποιησαμένου δὲ εὐχὰς Αἰακοῦ τῆς ἀκαρπίας ἡ Ἑλλὰς ἀπαλλάττεται, voir encore Isoc., *Or.* 9, 14-15 : « À cet égard, Éaque, fils de Zeus, et ancêtre de la famille des Teucrides, l'emporta de beaucoup sur les autres. La sécheresse avait éclaté parmi les Hellènes et provoqué la perte de nombreuses vies humaines ; le jour où le fléau eut dépassé toute mesure, les magistrats à la tête des cités vinrent le supplier dans la pensée que grâce à sa parenté et à sa piété, il obtiendrait rapidement des dieux, par ses prières, la fin des maux présents. Une fois sauvés, et lorsqu'ils eurent obtenu ce dont ils avaient besoin, ils érigèrent dans l'île d'Égine un temple qui fut propriété commune des Hellènes, à l'endroit même où ce héros avait adressé sa prière. » (traduction Mathieu, G.-Brémond, É., légèrement retouchée). Τοῦτο μὲν γὰρ Αἰακὸς ὁ Διὸς μὲν ἔκγονος, τοῦ δε` γένους τοῦ Τευκριδῶν πρόγονος, τοσοῦτον διήνεγκεν ὥστε γενομένων αὐχμῶν ἐν τοῖς Ἕλλησιν και` πολλῶν ἀνθρώπων διαφθαρέντων, ἐπειδη` το` μέγεθος τῆς συμφορᾶς ὑπερέβαλλεν, ἦλθον οἱ προεστῶτες τῶν πόλεων ἱκετεύοντες αὐτὸν, νομίζοντες δια` τῆς συγγενείας και` τῆς εὐσεβείας τῆς ἐκείνου τάχιστ' ἂν εὑρέσθαι παρα` τῶν θεῶν τῶν παρόντων κακῶν ἀπαλλαγήν. Σωθέντες δε` και` τυχόντες [ἁπάντων] ὧν ἐδεήθησαν, ἱερὸν ἐν Αἰγίνῃ κατεστήσαντο κοινὸν τῶν Ἑλλήνων, οὗπερ ἐκεῖνος ἐποιήσατο τὴν εὐχήν et Paus., II, 29, 6-9 : « Tout auprès de l'un des ports, savoir du plus fréquenté, se présente un temple d'Aphrodite. L'Aeacion est dans l'endroit le plus apparent de la ville ; c'est une enceinte carrée dont les murs sont en marbre blanc. On a représenté vers l'entrée de cette enceinte les députés que les Hellènes envoyèrent jadis à Éaque. Les Éginètes s'accordent avec les autres Hellènes sur le sujet de cette ambassade. L'Hellade était depuis longtemps désolée par la sécheresse, et il n'était tombé de la pluie ni dans les contrées en deçà de l'Isthme ni dans le Péloponnèse. Les Hellènes envoyèrent consulter l'oracle de Delphes sur cette calamité et sur les moyens de la faire cesser : la Pythie leur dit d'apaiser Zeus, et que, pour que leurs prières fussent exaucées, il fallait qu'elles fussent faites par Éaque. Chaque ville envoya donc des ambassadeurs à ce prince, qui, après avoir offert des sacrifices et adressé des prières à Zeus panhellénien, obtint de la pluie pour l'Hellade ; et les Éginètes placèrent à l'entrée de cette enceinte les figures de eux qui étaient venus le trouver. Il y a dans cette enceinte des oliviers très anciens et un autel peu élevé. Cet autel est le tombeau d'Éaque, si l'on en croit une tradition secrète » (traduction Clavier, M., légèrement remaniée). Πλησίον δε` τοῦ λιμένος ἐν ᾧ μάλιστα ὁρμίζονται ναός ἐστιν Ἀφροδίτης, ἐν ἐπιφανεστάτῳ δε` τῆς πόλεως το` Αἰάκειον καλούμενον, περίβολος τετράγωνος λευκοῦ λίθου. Επειργασμένοι δέ εἰσι κατα` τὴν ἔσοδον οἱ παρα` Αἰακόν ποτε ὑπο` τῶν Ἑλλήνων σταλέντες · αἰτίαν δε` τὴν αὐτὴν Αἰγινήταις και` οἱ λοιποι` λέγουσιν. Αὐχμὸς τὴν Ἑλλάδα ἐπι` χρόνον ἐπίεζε και` οὔτε τὴν ἐκτὸς ἰσθμοῦ χώραν οὔτε Πελοποννησίοις ὗεν ὁ θεός, ἐς ὃ ἐς Δελφοὺς ἀπέστειλαν ἐρησομένους το` αἴτιον ὅ τι εἴη και` αἰτήσοντας ἅμα λύσιν τοῦ κακοῦ. Τούτοις ἡ Πυθία εἶπε Δία ἱλάσκεσθαι, χρῆναι δέ, εἴπερ ὑπακούσει σφίσιν, Αἰακὸν τὸν ἱκετεύσαντα εἶναι. Οὕτως Αἰακοῦ δεησομένους ἀποστέλλουσιν ἀφ' ἑκάστης πόλεως · και` ὁ μὲν τῷ Πανελληνίῳ Δι` θύσας και` εὐξάμενος τὴν Ἑλλάδα γῆν ἐποίησεν ὕεσθαι, τῶν δε` ἐλθόντων ὡς αὐτὸν εἰκόνας ταύτας ἐποιήσαντο οἱ Αἰγινῆται. Τοῦ περιβόλου δε` ἐντὸς ἐλαῖαι πεφύκασιν ἐκ παλαιοῦ και` βωμός ἐστιν οὐ πολυ` ἀνέχων ἐκ τῆς γῆς · ὡς δε` και` μνῆμα οὗτος ὁ βωμὸς εἴη Αἰακοῦ, λεγόμενόν ἐστιν ἐν ἀπορρήτῳ, cf. Clem., *Str.* VI, 3, 4-6 Descourtieux. Toutefois avait circulé une autre version de la même légende. Sous le règne d'Égée se produisit à Athènes au cours des Panathénées Androgée, le fils de Minos, qui remporta tous les prix. Égée prit ombrage de l'amitié qui se noua entre l'athlète et les Athéniens. Un jour où Androgée se rendit à Thèbes, il le fit tuer près d'Oinoé en Attique. Minos accourut pour demander justice et, après son échec, il déclara la guerre à la cité en priant Zeus de frapper l'Hellade de sécheresse et de famine. On consulta Apollon sur le moyen de faire cesser le fléau. Le dieu intima l'ordre de se rendre auprès d'Éaque afin qu'il prononçât des vœux. La sécheresse s'interrompit, sauf sur l'Attique. Consulté de nouveau, l'oracle ordonna d'accorder toute satisfaction à Minos : désormais, la cité devait, tous les neuf ans, livrer sept garçons et sept jeunes filles pour servir de pâture au Minotaure, aussi longtemps qu'il vivrait. Après accord, la sécheresse cessa et Minos s'abstint de faire la guerre (D. S., IV, 60,4-61, 3).

118. Le thème est récurrent, voir *Or.* 19, 2, 227 d ; 34, 17(avec la note).

119. La locution οὐχ ὅσον οὐκ figure chez Thucydide (IV, 62, 3) (d'autres) « se sont vus, les premiers, incapables non seulement de faire front, mais encore de trouver le salut, les seconds, amenés, au

lieu de conquérir, à y laisser même ce qu'ils possédaient » οἱ μὲν οὐχ ὅσον οὐκ ἠμύναντο, ἀλλ' οὐδ' ἐσώθησαν, τοὺς δ' ἀντὶ τοῦ πλέον ἔχειν προσκαταλιπεῖν τὰ αὐτῶν ξυνέβη. D'ailleurs, οὐχ ὅσον est fréquent à l'époque classique, notamment chez les tragiques (E., *Androm.*, 1066 ; *Hec.*, 1284 ; *Troy.*, 864 ; *Hél.*, 481 ; S., *Aj.* 985), mais aussi chez Platon (*Soph.*, 217 e 3) et chez Lysias (*Or.* 12, 11). La correction de Reiske <μόνον> οὐχ ὅσον γ´ ne s'impose donc pas, malgré Leppin, H. (1998), p. 282, n. 65.

120. Sur le thème, voir la note à *Or.* 5, 2, 64 b.

121. Maisano, R. (1995), p. 608, n. 51 renvoie à une loi du 9 août 393, *CTh* IX, 4 portant sur le crime de lèse-majesté, c'est-à-dire d'offense à sa personne *si quis modestiae nescius et pudoris ignarus improbo petulantique maledicto nomina nostra crediderit lacessenda ac temulentia turbulentus obtrectator temporum fuerit, eum poenae nolumus subiugari neque durum aliquid nec asperum sustinere, quoniam si id ex levitate processerit, contemnendum est, si ex insania, miseratione dignissimum, si ab iniuria, remittendum. Unde integris omnibus ad nostram scientiam referatur, ut ex personis hominum dicta pensemus et, utrum praetermitti an exequi rite debeat, censeamus.* Théodose entendait se réserver la direction du procès, afin de garantir la magnanimité et l'objectivité du jugement. Dans le cas de ces jeunes gens de Galatie, il pourrait s'être agi d'une affaire du même genre. Force est d'avouer, toutefois, que l'on ne sait pas à quel événement historique Thémistios fait allusion, Dagron, G. (1968), p. 131, n. 52.

Pago 78

124. Hom. I 189 : ἄειδε δ' ἄρα κλέα ἀνδρῶν. La suite, βασιλέων ἀγαθὰ ἔργα, est une création de Thémistios.

125. Voir *supra,* 8, 204 c-d.

126. La conjonction de coordination καὶ rend pratiquement indispensable ἐμμενεῖ , qui est à peine une correction.

Page 90

1. Le terme πολιαρχία (*Or.* 17, 2, 214 b ; 18, 10, 224 a-b) n'est pas d'un emploi aussi fréquent qu'ἐπαρχία. Selon Dagron, G. (1968), *p.* 53, n. 117, « Thémistios paraît préférer le terme plus « poliade » de πολιαρχία pour désigner la préfecture (Discours XVII, 214 b ; XVIII, 224 b), à celui, plus courant de ἐπαρχία. On note l'emploi de ἀρχήν au sens de « ma préfecture » dans Or. 34, chap. X et XIII ». On peut ajouter *Or.* 34, 11. Mais « poliade » comme vocable politique vaut-il mieux qu'une lapalissade ? En réalité, πολιαρχία est de création relativement récente, en tout cas largement postérieure à la disparition des cités-états comme réalités politiques indépendantes. La première occurrence que nous ayons trouvée figure chez Eusèbe de Césarée (*D.E,* VII, 1, 50, cf. VIII, prooem., 3, 6) : ἐξ ἐκείνου γάρ, τῆς Ῥωμαίων μοναρχίας

τῶν ἐθνῶν ἐπικρατησάσης, λέλυτο μὲν καὶ πᾶσα ἡ κατὰ τοὺς τόπους ἐθναρχία τε καὶ πολιαρχία, τέλος δὲ μετὰ τῶν ἄλλων καὶ τὰ τῆς ἐν χερσὶν ἐλάμβανε προφητείας). On ne retrouvera le terme, avec le même sens, que sous la plume de Jean le Lydien (*Mag.*, II, 29, 3 ; 30, 6 ; III, 29, 4 ; 38, 3) et, bien entendu, dans les *Novelles* de Justinien. Chez Eusèbe, le mot complète et réduit la portée d'ἐθναρχία. Thémistios n'utilise pas du tout le mot ἐπαρχία. Faut-il voir dans cette similitude l'influence à long terme de l'action d'Eusèbe de Césarée ? Comme le souligne Dagron, G. (1968), p. 53, le vocabulaire politique de Libanios ne laisse pas place à confusion : « Les fonctions curiales s'expriment toujours par des mots formés à partir de πόλις et sont nettement opposées aux fonctions d'administration impériales, fonctions d'"autorité" désignées par des dérivés du verbe ἄρχειν ». Le byzantiniste français renvoie à P. PETIT, *Libanius et la vie municipale*, p. 24-25 et 72-74.

3. Après Hansen, G. H. (1967), p. 117-118, qui ne se justifie pas, Maisano, R. (1995), p. 612, Leppin, H. (1998), p. 284, n. 8 et Penella, R. J. (2000), p. 231, n. 1 choisissent la leçon προελομένην de préference à προελόμενοι des manuscrits. Heather, P.-Moncur, D. (2001), p. 299, n. 25 font la même option, mais leur traduction fait bon marché du texte grec : « For they honoured [philosophy] just fort her words and did not press her to return ; but up to now she was involved in state affairs and gave her services to the commonwealth only to the extent of her embassies ». PENELLA, R. J. souligne la difficulté du grec pour lequel il avoue quelques hésitations. Rien, à mon sens, ne les justifie. L'empereur peut avoir plusieurs attitudes à l'endroit de la philosophie, soit lui concéder le droit de prononcer des éloges, et à ce moment, les plus beaux services qu'elle puisse rendre, c'est au cours d'une participation à une ambassade, soit, en plus, la faire participer à la politique générale et par conséquent lui confier des responsabilités réelles, par exemple, l'exercice d'une magistrature. Le cas visé au § 1 n'est autre que celui de Thémistios lui-même, que chacun reconnaissait aisément. Par conséquent, les § 1 et 2 forment en quelque sorte des remerciements personnels à Théodose Ier.

4. Voir *Or.* 34, 1 : « Car ou bien nous avons tous deux élevé la philosophie en la faisant passer des discours aux actes ou nous l'avons tous deux ravalée » ἢ γὰρ ἐπήραμεν ἄμφω φιλοσοφίαν εἰς τὰ ἔργα ἐκ τῶν λόγων καταγαγόντες ἢ ἄμφω καταβεβλήκαμεν. On remarquera que Thémistios distingue clairement les discours politiques et les actions, c'est-à-dire les ambassades auxquelles Thémistios a pris part.

5. Fréquemment, le mot « Philosophie » désigne Thémistios lui-même.

6. On serait tenté d'écrire au singulier ἀπόδειξις, malgré les manuscrits et les éditeurs. On s'abstiendra toutefois. En effet, la philosophie

intervient dans maintes circonstances de la vie qui constituent chacune une preuve à elle seule et par conséquent justifie le pluriel.

7. Le grec renferme un jeu de mots παραγγελμάτων ...παραγγέλλει que l'on a essayé de rendre de façon très approximative.

Page 91

8. Voir 34, 7 pour la thématique inspirée du platonisme : « il voyait chez la même personne la rencontre du pouvoir politique et de la philosophie, et non pas la progression à part de la sagesse et de l'autorité » καὶ ἰδεῖν εἰς ταὐτὸν συντρέχουσαν δύναμιν πολιτικὴν καὶ φιλοσοφίαν, καὶ μὴ πορευομένοις χωρὶς δὴ φρόνησιν καὶ ἐξουσίαν. Le thème en fait a déjà été abordé dans *Or.* 2, 21, 40 a : « Je ne saurais donc avoir besoin de former le vœu (...) que le philosophe marche de pair et aille de conserve avec la royauté », voir t. I, p. 97.

9. D'après Penella, R. J. (2000), p. 232, n. 2, ce serait pure flatterie. Thémistios appellerait aussi empereurs-philosophes Constance II (*Or.* 2, 21, 40 a) et Julien (Jul., *Or.* 6, 1, 253 c p. 13 Rochefort). Ce n'est pas entièrement exact dans le cas de Julien, mais bien dans ceux de Héraclès et de Dionysos, φιλοσοφοῦντες ὁμοῦ καὶ βασιλεύοντες, au témoignage de l'empereur de fraîche date ou plutôt de l'usurpateur. Quant aux expressions employées à propos de Constance II, elles sont moins flatteuses.

10. Pour l'association de l'empereur et du philosophe, voir *Or.* 2, 14, 34 b ; 21, 40 a ; 8, 9, 107 d ; 13, 5, 166 b. Thémistios manque rarement de faire ressortir l'origine platonicienne de l'idée, *R.*, V, 473 c 11-d 3 : « A moins, repris-je, que les philosophes ne deviennent rois dans les États, ou que ceux qu'on appelle à présent rois et souverains ne deviennent de vrais et sérieux philosophes, et qu'on ne voie réunis dans le même sujet la puissance politique et la philosophie. » Ἐὰν μή, ἦν δ' ἐγώ, ἢ οἱ φιλόσοφοι βασιλεύσωσιν ἐν ταῖς πόλεσιν ἢ οἱ βασιλῆς τε νῦν λεγόμενοι καὶ δυνάσται φιλοσοφήσωσι γνησίως τε καὶ ἱκανῶς,καὶ τοῦτο εἰς ταὐτὸν συμπέσῃ, δύναμίς τε πολιτικὴ καὶ φιλοσοφία.

11. Thémistios est né vers 317, Théodose en 347, voir t. I, p. CCXXXVIII.

12. Sans doute faut-il entendre que la charge du préfet de la Ville comprenait le contrôle d'une sorte d'enseignement public. Depuis longtemps, évidemment, Thémistios enseignait la philosophie. On se rappelle que le 27 février 425 une disposition prise par Théodose II donnait des instructions au préfet de la Ville afin qu'il pourvût les professeurs de locaux appropriés, *CTh* XV, 1, 53 ; Lemerle, P. (1971), p. 64.

13. À ce propos, voir déjà § 1. Thémistios y reviendra en 34, 13 et 29. Schneider, H. (1966), p. 144-145 s'efforce de localiser avec précision les « dix » ambassades que Thémistios aurait exécutées tout au long de sa carrière. À mon sens, un tel comptage est inutile. Dix

est le nombre de la Tétraktys, parfait par excellence. Il y a sans doute exagération « en rehaussement de stature » politique. On peut, toutefois, récapituler certains des services diplomatiques de Thémistios : 1. Ambassade à Rome auprès de Constance II en 357 (*Or.* 3) ; 2. En 364 il fut chargé de se rendre à Ancyre pour féliciter l'empereur Jovien pour son accession au consulat (*Or.* 5 ; en 363, il avait refusé de féliciter l'empereur à Antioche pour son élection à l'empire, LIB., *Ep.* 1430 , 4) ; 3. À Marcianopolis, pour les *Quinquennalia* de Valens (*Or.* 8) ; 4. En 369, sur le Danube MAISANO, R. (1995), p. 429, un discours pour la paix ; 5. En 374, à Antioche, pour les *Decennalia* de Valens (*Or.* 11) ; 6. En 376, en Mésopotamie, pour rencontrer Valens ; 7- 8. À Trèves et à Rome, en 376 (*Or.* 13) ; 9. En 379, à Thessalonique, pour rencontrer Théodose (*Or.* 14). Voir aussi 34, 29.

14. Τῇ χειροτονίᾳ τῇ ὑμετέρᾳ : de quelle main ou de quel suffrage est-il question ? La nomination du préfet relevait normalement de l'empereur. Devait-elle être ratifiée par le sénat ? Faut-il rattacher ce passage à ce que dit Dagron, G. (1974), p.231-232 du discours 31 « où Thémistios tente de forcer la décision des sénateurs, sur un ton de polémique assez vive, pour un « vote » qui concerne la présidence du sénat ». La procédure n'est pas autrement connue.

16. Le mot παρεδρία ne figure qu'ici dans l'œuvre oratoire. En revanche, des verbes ou des substantifs construits sur la même racine sont attestés dans des discours prononcés sous les règnes de Valens et de Théodose, *Or.* 6, 11, 79 c (πάρεδρος, à propos de Justice et bon Gouvernement) ; 9, 5, 123 a (παρεδρεύουσαν, à propos de la justice) ; 16, 3, 201 b (πάρεδρος, à propos de la justice) ; 18, 12, 225 b (πάρεδρος, à propos de δίκη). Le mot παρεδρία ne s'applique qu'ici à Thémistios lui-même. Pour les fonctions de ce type, voir déjà T. 1, 5, dans t. I, p. CDLII avec CCLXXXIII.

17. Thémistios traite plusieurs fois de ses origines, voir *Or.* 23, 13, 292 d-293a ; 31, 2, 352 c-d ; 34, 12. Malgré Smeal, J.G. (1989), p. 163, je ne suis pas convaincu qu'il y ait contradiction entre ces différents passages.

Page 92

18. Thémistios avait-il refusé le proconsulat de Constantinople sous Constance II (358-359) ? Rien toutefois n'est moins sûr, voir la démonstration de T. I, p. CLVII-CLIX. Il semble qu'il justifie son revirement en mettant en avant les qualités de Théodose. Le philosophe n'est pas obligé d'accepter, sauf quand il est nommé par un Théodose. Voir plus bas l'exemple de Platon et Denys.

20. L'ordre n'est pas chronologique, Trajan (28 janvier 98-7 août 117), Hadrien (11 août 117-10 juillet 138), Marc Aurèle (7 mars 161-17 mars 180) et Antonin le Pieux (10 juillet 138-7 mars 161).

21. Sur Arrien, voir encore 34, 8. Goukowsky, P. (2022), p. IX-XII produit et traduit les deux passages de Thémistios sur Arrien. Éditeur des diatribes d'Épictète, Arrien fut, avec Herennius Severus, consul suffect en 129 ap. J.-C., GOUKOWSKY, P. (2022), p. XXVIII, puis il servit dans la province de Cappadoce de 131 à 137 en qualité de *legatus Augusti pro praetore,* D. C., LXIX, 15, GOUKOWSKY, P. (2022), p. XXVIII-XXIX et LXXI. Une inscription (*ILS* 1066) signale la présence en Cappadoce de son successeur, L. Burbuleius Optatus Ligarianus, avant le décès d'Hadrien, survenu en juillet 138, SILBERMAN, A. (1995), p. X, n. 10 et la n. 47. Sur le personnage, de façon générale, Schamp, J. (1987), p. 386-392 et Follet, Suzanne, art. A 425 *Arrien de Nicomédie,* dans *DPhA* I, p. 597-604, avec *Souda,* A 3868, *s.v.* : « Arrien de Nicomédie, philosophe de l'école d'Épictète, que l'on surnomme « le nouveau Xénophon ». Il vivait à Rome sous les empereurs Hadrien, Marc et Antonin, en y occupant des dignités et ce, jusqu'au consulat même, comme le dit Hélicon, en raison de sa culture. Il avait écrit des livres en très grand nombre. » Ἀρριανός, Νικομηδεὺς, φιλόσοφος Ἐπικτήτειος, ὁ ἐπικληθεὶς νέος Ξενοφῶν. ἦν δὲ ἐν Ῥώμῃ ἐπὶ Ἀδριανοῦ καὶ Μάρκου καὶ Ἀντωνίνου τῶν βασιλέων, καὶ ἀξιωμάτων μεταλαβὼν καὶ μέχρις αὐτοῦ τοῦ ὑπατεῦσαι, καθά φησιν Ἑλικώνιος, διὰ τὴν τῆς παιδείας δεξιότητα. ἔγραψε δὲ βιβλία παμπληθῆ. La source de l'article, Héliconios, avait insisté sur les magistratures exercées par Arrien. A-t-il fourni pendant son travail de recherche et de préparation des renseignements à Thémistios ? En effet, Héliconios était un sophiste de Byzance qui avait écrit en dix livres une *Chronique abrégée* allant d'Adam jusqu'à l'époque de Théodose le Grand, *Souda,* E 852, *s.v.* Ἑλικώνιος, σοφιστής, Βυζάντιος. χρονικὴν ἐπιτομὴν ἀπὸ τοῦ Ἀδὰμ μέχρι τῶν χρόνων Θεοδοσίου τοῦ μεγάλου ἐν βιβλίοις ι´, CHAUSSON, F. (2007), p. 199 ; GOUKOWSKY, P. (2022), p. VIII. L'historien Heliconios n'a pas trouvé place dans la *RE.* Curieusement, P. Goukowsky ne semble pas avoir connu Schamp, J. (1987), p. 386-392.

22. Sur Rusticus, voir encore *Or.* 34, 8. Q. Iunius Rusticus, philosophe stoïcien, fut un des maîtres de Marc Aurèle, qui prétend lui devoir toute une série de règles et recommandations (I, 7). Sur le personnage, voir tout récemment Goulet, R., art. R 16 *Rusticus (Quintus Iunius –),* dans *DPhA* Vb (2012), pp. 1817-1818. Consul suffect en 133, second consul ordinaire en 162 et préfet de Rome sous Marc Aurèle et Lucius Verus, il était un descendant, peut-être le petit-fils, du stoïcien Iunius Arulenus Rusticus, PUECH, Bernadette, art. R 15 *Rusticus (Iunius Arulenus –*), dans *DPhA* Vb (2012), p. 1816. Pour son action auprès de l'empereur, [IULIUS CAPITOLINUS], *H.A.Aurel.,* 3, 3-4 « il fut le disciple (...) surtout de Iunius Rusticus, qui était très estimé à la guerre comme dans la paix et très versé dans la doctrine stoïcienne ; il le tenait au courant de toutes ses décisions d'ordre public ou privé et ne manquait jamais de l'embrasser, même avant les préfets du prétoire ; il l'éleva

deux fois au consulat, et, après sa mort, demanda au Sénat de lui dresser des statues » (…) *audivit (...) et praecipue Iunium Rusticum, quem et reveritus est et sectatus, qui domi militiaeque pollebat, stoicae disciplinae peritissimum ; cum quo omnia communicavit publica privataque consilia, cui etiam ante praefectos praetorio semper osculum dedit, quem et consulem iterum designavit, cui post obitum a senatu statuas postulavit*. Ses réalisations sur le plan militaire n'ont pas laissé de trace, SCHNEIDER, H. (1966), p. 112-113 et la n. 52.

23. Scipion est cité en *Or.* 34, 8, avec la n.

24. Varron est cité, avec davantage de précisions, en *Or.* 34, 8 avec la n.

25. Caton est cité *Or.* 34, 8, avec la n.

26. Paetus Thrasea (P. Clodius –, GOULET, R., art. T 119 *Thrasea Paetus (P. Clodius)* dans *DPhA* VI (2016), pp. 1142-1146). est le philosophe stoïcien originaire de Padoue bien connu grâce à Tacite (*Ann.,* XIV, 12, 2 ; 48, 5 ; XV, 20, 2-5 ; 23, 8-9 ; XVI, 21-35). Consul en 56 (*CIL* 3340) et plus tard *quindecimvir* (TAC., *Ann.,* XVI, 22, 1), il fut obligé au suicide en 66 pour avoir été compromis lors du procès de Soranus (TAC., *Ann.,* XVI, 33, 2 ; *Hist.,* IV, 6, 2 ; 8, 3 ; PLU., *Mor.* 810 A ; SUÉT., *Nér.,* 37, 2 ; D. C., LXII, 26, 1 ; 3). Il avait écrit une Vie de Caton d'Utique (PLU., *Cat. Min.,* 25, 1-2 ; 37, 1). Thraséas est cité en 34, 8, voir la n.

27. Gendre de Thrasea, le philosophe stoïcien C. Helvidius Priscus (TAC., *Hist.,* IV, 5, 1, 1-2) fut questeur en Achaïe (sch. à JUV., 5, 36), tribun de la plèbe en 58 (TAC., *Ann.,* XIII, 28, 6) et préteur en 70 (*CIL* 14, 2844). Il fut aussi aussi victime d'un bannissement (TAC., *Ann.,* XVI, 33, 2) et il mourut en 71 ou en 74, DUCOS, Michèle, art. H 39 *Helvidius Priscus (C.),* dans *DPhA* III, p. 547-548. Il est cité en 34, 8, voir la n.

28. La leçon Βίβος des manuscrits doit être corrigée. On ne connaît pas de personnage nommé Bibus qui ait eu des activités propres à retenir l'attention d'un spécialiste de la philosophie politique. L'altération résulte d'un saut de l'œil d'une lettre à l'autre. Chez Plutarque, on a la forme Βύβλος (voir *infra* dans la note). Par conséquent, on corrigera en Βίβουλος à la suite de Hardouin, DINDORF, G. (1832), p. 620 ; SCHAMP, J., art. B 30a *Bibus* (= *L ou C. Calpurnius Bibulus ?*) dans *DPhA* VII, p. 468-470. On ne confondra pas le Bibulus ici cité (Lucius Calpurnius), avec son père qui fut en 59 av. J.-C. le collègue de J. César au consulat (Marcus Calpurnius), comme paraît le faire Penella, R. J. (2000), p. 233, n. 5. La difficulté était, comme l'avait fort bien relevé Syme, R., « M. Bibulus and four sons », dans *HSPh* 91 (1987), p. 185-190, de faire la distinction entre les deux mariages de M. Calpurnius Bibulus, la descendance masculine qui en fut le fruit chaque fois et le sort de chacun de ces personnages. M. Calpurnius Bibulus avait contracté un premier mariage avec une femme dont le nom est inconnu. Il en avait eu trois fils, dont deux avaient atteint l'âge adulte

dans les années 50. De Syrie, ils avaient été envoyés en Égypte, probablement pour une mission diplomatique dont le but n'est pas connu. En rétablissant Ptolémée (et non Pompée, comme écrit malencontreusement dans *DPhA* VII, p. 469) en 55, le proconsul Aulus Gabinius avait laissé derrière lui une garnison qui grossit progressivement grâce à l'afflux de pirates, de brigands, de déserteurs et d'aventuriers de tout poil. L'un des officiers était L. Septimius qui trahit Pompée et le fit assassiner à Alexandrie. Les deux fils aînés de M. Calpurnius Bibulus y furent liquidés par une soldatesque indisciplinée (CAÉS., *Civ.* III, 110, 6 ; VAL. MAX., IV, 1, 1). Né probablement vers 68, le troisième fils, Lucius Calpurnius Bibulus, fut en 50, entre le 5 et le 10 août, un candidat malheureux à la succession d'Hortensius comme augure. Au printemps 45, il étudiait à Athènes, puis il se joignit à Brutus en 43 et combattit à ses côtés à la bataille de Philippes en 42 ; par la suite, il passa dans les rangs des partisans d'Antoine, pour qui en 34-32 il gouverna la Syrie, où il mourut. Horace (*Sat.,* I, 10, 87-88) le nomme parmi ses savants amis *doctos ego quos et amicos | prudens praetereo.* En secondes noces, son père, M. Calpurnius Bibulus, épousa une jeunesse, la fille de Caton et de sa première épouse Atilia, Porcia, qui ne pouvait être nubile avant les années 59 ou 58. Au moment du mariage de Caton avec Marcia fille de L. Philippus, qui fut consul en 56, Porcia avait eu deux enfants (PLU., *Cat. Min.,* 25, 4), dont un, semble-t-il, disparut assez vite, SYME, R. (1987), p. 190. Quand en 45, elle épousa elle-même Brutus en deuxièmes noces, elle n'en avait plus qu'un seul à sa charge, encore très jeune. Toujours est-il que ce fils avait pris la toge virile en 43 quand, en concurrence avec son demi-frère Lucius, il fit acte de candidature à l'augurat ; son jeune âge ne plaidait sûrement pas en sa faveur. Plutarque (*Brut.,* 13, 3, cf. 23, 7) avait eu en mains un bref ouvrage de sa main intitulé *Mémoires sur Brutus (*Ἀπομνημονεύματα Βρούτου). Plusieurs anecdotes de la biographie proviennent sans doute de ces mémoires, l'angoisse de Porcia (*Brut.,* 15, 5-9), Porcia maîtrisant sa douleur (*Brut.,* 13, 4-11), les adieux de Brutus et de Porcia (*Brut.*, 23, 1-7). L'accent porte principalement sur l'héroïsme de Porcia ; sous le titre de *Mémoires sur Brutus,* l'ouvrage visait-il à célébrer Porcia ? Toutefois, la disparition de l'œuvre rend tout contrôle impossible. Le biographe avait probablement reçu C. comme *praenomen.* Les sources de l'Antiquité ont confondu à plaisir les deux demi-frères en prêtant à C., le quatrième fils de M. Calpurnius Bibulus, une activité militaire et diplomatique, qui fut le fait du troisième, L. Comme Thémistios pense à un homme d'État également connu comme philosophe, il devait faire référence à L. Calpurnius Bibulus, l'ami de Brutus et d'Horace, plutôt qu'à son demi-frère biographe de Brutus, à supposer toutefois qu'il ait été en mesure de les distinguer l'un de l'autre.

29. Favonius est cité *Or.* 34, 8 ; sur le personnage (vers 90-42 av. J.-C.), on verra notamment Gundel, H. H., art. *Favonius* 1, dans *KP* 2, col. 525 ; Goulet-Cazé, Marie-Odile, art. F 8 *Favonius (M. –),* dans *DPhA* III, p. 406-417. M. Favonius, admirateur de Caton d'Utique, tribun de la plèbe en 59 av. J.C., édile en 52 et préteur en 49, avait été l'élève d'Apollonios Molon à Rhodes (Cic., *Att.,* II, 1, 9 [27]. Il faisait même rire tant il s'attachait à imiter les façons de Caton, Plu., *Caes.,* 21, 8 ; 33, 5 ; 41, 3 ; *Pomp.,* 60, 7-8 ; *Brut.,*12, 3 ; *Cat. Mi.,* 46, 1-3 ; 6-7 ; Tac., *Ann.,* XVI, 22, 10 ; App., *BC,* II, 37 ; 119 (parmi les assassins de César) ; D. C., XXXVIII, 7, 1. Sur Apollonios Molon, Goulet, R., art. A 267 *Apollonios d'Alabanda,* dans *DPhA* I, p. 281-282.

30. Les personnages sont cités ensemble, mais dans l'ordre inverse, plus logique pour la chronologie, au début de *Or.* 34, 10, voir les n. 68 et 69.

Page 93

31. L'exemple revient au début de *Or.* 34, 15, mais fort abrégé et atténué.

32. Sur cette énumération classique chez Thémistios, voir *Or.* 3, 9, 46 a, t. I, p. 267-268, n. 44.

33. Théodose Ier était né en 347, Leppin, H. (1998), p. 286, n. 15.

34. Les trois personnages apparaissent, dans le même ordre, dans *Or.* 34, 3, voir la n. *ad l.*

35. Sur Archytas de Tarente le Pythagoricien, voir l'article de Centrone, B. [A 322 *Archytas de Tarente,* dans *DPhA* I (1989), p. 339-342]. Diogène Laërce, VIII, 82 = 47 A 1 D.-K.[6] écrit : « Aristoxène dit que le Pythagoricien ne fut jamais vaincu tout le temps où il était stratège ; une fois, parce qu'on était jaloux de lui, il se retira du poste de stratège, et aussitôt l'armée fut capturée » Τὸν δὲ Πυθαγορικὸν Ἀριστόξενός φησι μηδέποτε στρατηγοῦντα ἡττηθῆναι φθονούμενον δ' ἅπαξ ἐκχωρῆσαι τῆς στρατηγίας καὶ τοὺς αὐτίκα ληφθῆναι. Outre celui qui fut le sien à la tête des cités italiotes, le rôle qu'il joua pour sauver Platon des griffes de Denys II, le tyran de Sicile, est bien connu, voir 47 A 2 D.-K.[6] = *Souda* A 4121, *s.v.* Ἀρχύτας (…) οὗτος Πλάτωνα ἔσωσε μὴ φονευθῆναι ὑπὸ Διονυσίου τοῦ τυράννου τοῦ κοινοῦ δὲ τῶν Ἰταλιωτῶν προέστη, στρατηγὸς αἱρεθεὶς αὐτοκράτωρ ὑπὸ τῶν πολιτῶν καὶ τῶν περὶ ἐκεῖνον τὸν τόπον Ἑλλήνων et surtout, naturellement, un passage de la célèbre *Lettre* 7, où Platon raconte la fin de sa troisième expérience sicilienne (350 a 1-b 4 = 47 A 5 D.-K.[6]) : « J'habitais donc désormais hors de l'acropole, parmi les mercenaires. Je reçus alors plusieurs visites, entre autres celle de quelques serviteurs athéniens, mes compatriotes. Ils m'apprirent que des calomnies couraient sur mon compte parmi les peltastes et que certains avaient proféré des menaces de mort, s'ils parvenaient à me saisir. J'imaginai donc pour me sauver le moyen suivant : je fais avertir Archytas et mes

autres amis de Tarente de la situation où je me trouve. Ceux-ci, sous le couvert d'une ambassade partant de leur cité, envoient un navire à trente rames avec l'un d'entre eux, Lamisque, qui, dès son arrivée, va intercéder pour moi auprès de Denys, lui dit que je désire partir et de ne pas s'y opposer. Denys donna son consentement et me congédia en me payant les frais de route. » ᾤκουν δὴ τὸ μετὰ τοῦτο ἔξω τῆς ἀκροπόλεως ἐν τοῖς μισθοφόροις προσιόντες δέ μοι ἄλλοι τε καὶ οἱ τῶν ὑπηρεσιῶν ὄντες Ἀθήνηθεν ἐμοὶ πολῖται ἀπήγγελλον ὅτι διαβεβλημένος εἴην ἐν τοῖς πελτασταῖς καί μοί τινες ἀπειλοῖεν, εἴπου λήψονταί με διαφθερεῖν. Μηχανῶμαι δή τινα τοιάνδε σωτηρίαν. πέμπω παρ'Ἀρχύτην καὶ τοὺς ἄλλους φίλους εἰς Τάραντα, φράζων ἐν οἷς ὢν τυγχάνω οἱ δὲ πρόφασίν τινα πρεσβείας πορισάμενοι παρὰ τῆς πόλεως πέμπουσιν τριακόντορόν τε καὶ Λαμίσκον αὐτῶν ἕνα, ὃς ἐλθὼν ἐδεῖτο Διονυσίου περὶ ἐμοῦ,λέγων ὅτι βουλοίμην ἀπιέναι καὶ μηδαμῶς ἄλλως ποιεῖν. ὁ δὲ συνωμολόγησεν καὶ ἀπέπεμψεν ἐφόδια δούς.

36. Tout le chapitre est traduit par Chausson, F. (2007), p. 222.

37. Cf. *Or.* 8, 12, 110 c et 13, 14, 174 c.

38. Voir encore *Or.* 4, 13, 59 c : Constance grâce à sa bibliothèque « rappelle dans l'intérêt de la ville les âmes elles-mêmes des sages et des héros célèbres – ἀοιδίμων – et les fait sortir de leur tombeau » ; *Or.* 6, 5, 74 d : Xerxès, Séleucos et le fils de Philétairios n'ont qu'un seul titre à une place dans le chant des poètes – ἀοίδιμοι –, celui d'avoir traité avec mesure leur frère qui leur disputait la royauté, et, comme un fait incroyable, on chante (74 d) – ᾄδεται – le Mède épargnant Ariéménès qui lui avait intenté un procès ; on chante (74 d) – ᾄδεται – Eumène qui pardonne à Attale le rebelle ; *Or.* 7, 15, 91 a on célèbre – ἀοίδιμος – la courtoisie de Néron pour Musonius ; *Or.* 13, 20, 177 D la Rome ἀοίδιμος, cf. *Or.* 34, 13 et 29 ; 16, 3, 201 c l'expédition d'Agamemenon ἀοίδιμον. Il y a donc beaucoup d'événements du passé que Thémistios juge dignes d'être célébrés. L'exemple n'a pas qu'une fonction ornementale, il est mis aussi au service de l'argumentation ; soit pour convaincre l'auditoire en cherchant une preuve dans le passé (spécialité du genre judiciaire) ; soit en proposant un modèle pour édifier ou dissuader l'auditeur (spécialité du genre épidictique). Cette seconde fonction est donc prisée par Thémistios (pas de façon exclusive toutefois). Elle permet à l'orateur une critique habile du pouvoir (Valens) ou, ici, du sénat.

39. Cf. Maisano, R. : « *elargire* ».

40. Pour le Sénat comme temple des Muses, voir *Or.* 31, 5, 355 a-b. Pour Dagron, G. (1974), p. 139, ce groupe « est un peu l'autel de la Victoire du sénat de Constantinople ».

41. Pour le sens du mot ἀρχηγέτης, voir déjà la n. à *Or.* 2, 4, 26 d et t. I, p. 75, n. 15. Le chef (ἀρχηγέτης), c'est aussi l'empereur, donné ici comme constituant un nouveau départ sur le plan politique, voir Smeal, J.G. (1989), p. 123. Le mot est employé dans le même sens en

Or. 23, 1, 283 a ; 31, 5, 354 c ; 34, 8. Il est d'un emploi extrêmement fréquent dans l'œuvre : Zénon (2, 4, 26 d) ; Constance II, fondateur de Constantinople (*Or.* 3, 5, 43 c, cf. 10, 47 b) ; Dioclétien (*Or.* 5, 1, 63 d) ; le maître de l'univers (*Or.* 5, 9, 70 a) ; le chef de lignage, c'est-à-dire le père des origines (*Or.* 6, 9, 77 b, cf 10, 78 b) ; Constantin (*Or.* 6, 16, 82 d) ; le chef de file des poètes (*Or.* 7, 9, 89 d) ; les fondateurs de dynastie (*Or.* 9, 8, 125 b) ; Constantin et Valens (*Or.* 11, 13, 151 c) ; Valens (*Or.* 13, 8, 168 b) ; Gratien (*Or.* 15, 4, 187 d) ; une pièce de monnaie de l'empereur (*Or.* 15, 9, 192 b) ; à l'imitation de Dieu (*Or.* 15, 9, 192 b) ; Gratien, par rapport à Théodose (*Or.* 15, 16, 198 a) ; Trajan modèle de Théodose (*Or.* 16, 8, 205 a) ; Théodose (*Or.* 17, 7, 215 d) ; Gratien (*Or.* 18, 6, 220 d) ; l'empereur auteur de nouveaux travaux publics (*Or.* 18, 9, 223 b) ; Trajan, Marc Aurèle, Antonin le Pieux (*Or.* 19, 4, 229 c ; 8, 231 d) ; l'empereur, ou bien le président du Sénat (*Or.* 23, 1, 283 a) ; un fondateur d'école philosophique (*Or.* 23, 6, 287 a) ; les sénateurs romains (*Or.* 31, 5, 354 c) ; le fondateur d'une maison (*Or.* 32, 1, 356 c).

42. Le grec θεόσδοτος « émis par Dieu » appelle inévitablement le nom de l'empereur, PENELLA, R. J. (2000), p. 233, n. 6.

Page 94

43. Sur le thème de l'empereur protecteur des orphelins, voir *Or.* 15, 12, 194 c ; 16, 19, 212 c ; 34, 18.

45. Thémistios fait allusion à son propre rôle.

Page 102

1. Le mot ἱππότης « maître des chevaux » ne figure pas chez Homère. On le trouve pour la première fois chez Hes., fr. 252, 3 éd. West-Merkelbach, mais comme nom propre, dans un passage au texte corrompu. On lit chez le lexicographe Apollonios (p. 92, 6-7 éd. Bekker) : Ὁ δὲ Ὅμηρος οὐκ ἔοικεν ἐπὶ τούτου τάσσειν ἐστιν. οὗν ὁ ἱππότης ἱππικὸς κατὰ πόλεμον ὡς Νέστωρ καὶ Οἰνεύς ; chez Aelius Aristide, *Or.* 46, p. 245, 6-8 éd. Dindorf : ὁ γοῦν Νέστωρ ἱππικώτατος ἦν, ὡς λέγεται, τῶν ἐφ' αὑτοῦ. καὶ Ὅμηρος ἱππότην αὐτὸν μετ'ὀλίγων ἐν τοῖς ἔπεσι καλεῖ. Toutefois, le mot apparaît sous la forme épique ἱππότα dans la formule Γερήνιος ἱππότα Νέστωρ, voir Β 336, 433, 601, Δ 317, Η 170, 181, Θ 112, 151, etc. On trouve ἱππηλάτα seulement au nominatif dans la formule γέρων δ'ἱππηλάτα Νέστωρ dans γ 436 et 444.

3. HOM. Ψ 418-421 : « Mais bientôt le vaillant Antiloque voit se rétrécir la route déjà creuse. Une crevasse s'ouvre là dans le sol : une eau d'orage s'y est amassée, qui a coupé le chemin et raviné tout l'alentour. » αἶψα δ' ἔπειτα | στεῖνος ὁδοῦ κοίλης ἴδεν Ἀντίλοχος μενεχάρμης | ῥωχμὸς ἔην γαίης, ᾗ χειμέριον ἀλὲν ὕδωρ | ἐξέρρηξεν ὁδοῖο βάθυνε δὲ χῶρον ἅπαντα.

Page 103

5. Allusion au concours qui oppose Teucros à Mérion dans Homère, respectivement Ψ 862-869 : « Aussitôt il lance sa flèche de toutes ses forces. Mais il n'a pas promis au patron des archers de lui offrir une insigne hécatombe d'agneaux premiers-nés, et il manque l'oiseau ; Apollon lui refuse le succès. En revanche, il atteint, tout près de la patte, la corde par laquelle l'oiseau est attaché. La flèche amère vient tout droit couper la corde : la colombe file au ciel, et la corde retombe à terre. » αὐτίκα δ' ἰὸν | ἧκεν ἐπικρατέως οὐδ' ἠπείλησεν ἄνακτι | ἀρνῶν πρωτογόνων ῥέξειν κλειτὴν ἑκατόμβην |ὄρνιθος μὲν ἅμαρτε· μέγηρε γάρ οἱ τό γ' Ἀπόλλων | αὐτὰρ ὃ μήρινθον βάλε πὰρ πόδα, τῇ δέδετ' ὄρνις· | ἀντικρὺ δ' ἀπὸ μήρινθον τάμε πικρὸς ὀϊστός. | ἣ μὲν ἔπειτ' ἤϊξε πρὸς οὐρανόν, ἣ δὲ παρείθη | μήρινθος ποτὶ γαῖαν et Ψ 874-881 : « Très haut, sous les nuages, (Mérion) voit la colombe timide. Il la frappe, en train de tournoyer, sous l'aile, en plein corps. Le trait la transperce et revient se ficher au sol, aux pieds mêmes de Mérion, tandis que l'oiseau va se poser sur le mât de la nef à proue d'azur. Son col pend et ses ailes touffues sont retombées sur lui. Brusquement la vie s'envole de ses membres, il tombe loin du mât. » ὕψι δ' ὑπὸ νεφέων εἶδε τρήρωνα πέλειαν· | τῇ ῥ'ὅ γε δινεύουσαν ὑπὸ πτέρυγος βάλε μέσσην, | ἀντικρὺ δὲ διῆλθε βέλος· τὸ μὲν ἂψ ἐπὶ γαίῃ |πρόσθεν Μηριόναο πάγη ποδός·αὐτὰρ ἣ ὄρνις | ἱστῷ ἐφεζομένη νηὸς κυανοπρῴροιο | αὐχέν' ἀπεκρέμασεν,σὺν δὲ πτερὰ πυκνὰ λίασθεν. | ὠκὺς δ'ἐκ μελέων θυμὸς πτάτο, τῆλε δ' ἀπ' αὐτοῦ | κάππεσε. Pour une allusion au même type de concours, voir *Or.* 8, 20, 116 b.

Page 104

7. Le texte conservé est loin d'être facile à comprendre. Maisano, R. (1995), p. 627 traduit le groupe de mots dans les manuscrits ὅσῃ συγχωρεῖ τὴν ὁργήν « risparmiando ad esso la sua ira ». À vrai dire, on ne voit nulle part qu'il soit question de l'irritation du prince. On ne rencontre pas la *iunctura* συγχωρέω τὴν ὀργήν, sauf chez Grégoire de Nazianze (*Ep.* 141, 6) : « renoncer au plus lourd de ta colère » τὸ πλεῖον δὲ τῆς ὀργῆς συγχωρῆσαι. La lettre, datée de 382, avait pour destinataire le gouverneur de Cappadoce Olympios, connu seulement par Grégoire, GALLAY, P. (1967), p. 149 (n. complémentaire) ; *PLRE* I, *s. v. Olympius* 10, p. 646 Comme le souligne Leppin, H. (1998), p. 291, n. 25, Thémistios décrit ici en les enjolivant les structures politiques qui prévalent au moment où le discours est prononcé : la partie orientale, du ressort de Théodose (ὅσης), l'Italie et l'Afrique, entre les mains de Valentinien II (ὅσην) et la Bretagne, la Gaule et l'Espagne dont s'est emparé l'usurpateur Maxime (ὅσῃ). Provisoirement, Théodose reconnaît l'autorité de fait qu'exerce ce dernier tout en menant de la propagande contre lui, comme le montrent des tirages monétaires de l'époque, voir Baldus, H. P. (1984), p. 175-192. Par conséquent, le texte doit faire

l'objet d'une émendation. Comme Leppin, H. (1998), p. 291, n. 26, on retient ici celle qu'avait proposée Cobet, ἀρχήν au lieu de ὀργήν.

9. L'allusion est, semble-t-il, au premier discours prononcé en présence de Théodose, *Or.* 14.

10. On ne peut être absolument sûr de l'interprétation du passage. L'expression μέλος … τοῦ Βοιωτίου n'apparaît pas avant Thémistios. Aristophane (*Ach.*, 13-14) introduit un personnage nommé Dexithéos : « Cependant j'eus un autre plaisir, la fois qu'après Moschos Dexithéos entra en scène pour chanter un air béotien. » ἀλλ' ἕτερον ἥσθην, ἡνίκ' ἐπὶ Μόσχῳ ποτὲ | Δεξίθεος εἰσῆλθ' ᾀσόμενος Βοιώτιον. Dexithéos prend place dans une énumération d'artistes calamiteux, cependant voir A. Körte, art. *Dexitheos,* dans *RE* SupplB III V (1918), col. 334 qui cite la scholie ἄριστος κιθαρῳδὸς καὶ Πυθιονίκης. Οἱ δὲ ψυχρὸν αὐτὸν εἶναί φασιν. La comparaison n'a donc rien de flatteur à première vue. La référence à Hésiode saute aux yeux. L'intention de Thémistios n'était sûrement pas, prétend-il, de prononcer un discours visant à faire plaisir, comme s'il s'agissait d'un amuse-bouche avant un festin. L'empereur préfère entendre le discours d'un philosophe, eût-il même quelque rudesse de ton, celle d'un Béotien. On se rappelle qu'*Or.* 15 commence par une comparaison entre Hésiode et Homère.

11. Tout en conservant le texte habituel δορυφοροῦσα, Maisano, R. (1995), p. 626, n. 6 écrit : « Thémistios se réfère à une solennité au cours de laquelle fut lue évidemment une composition poétique au lieu de l'habituel panégyrique » et traduit « e non soleva accompagnarlo nella reggia, come invece accadeva in passato ». J'avoue ne rien connaître de semblable. Leppin, H. (1998), p. 292, n. déclare qu'il suit la conjecture δωροφοροῦσα de Petau, de Cobet et de Gasda. Avec raison, semble-t-il. Petau avait déjà formulé sa conjecture dans sa première édition de 1613 (voir p. 152 et p. 28, respectivement pour le texte et la conjecture), reprise en 1618 (p. 153 et 482, respectivement pour le texte et la traduction), sans offrir de véritable justification. Le substantif δορυφόρος est assez fréquent dans l'ensemble des discours, où il est employé avec le sens normal de « garde du corps » (*Or.* 2, 16, 36 c ; 3, 7, 45 b ; 5, 9, 69 d ; 7, 6, 87 d ; 8, 11, 109 c ; 109 d ; 13, 111 a ; 11, 2, 142 d ; 15, 6, 189 d). Valentinien Ier et Valens mènent l'un sur l'autre une garde vigilante (δορυφορία : *Or.* 6, 15, 82 b ; *Or.* 16, 3, 201 a, à propos des dignitaires du plus haut rang). Le mot δορυφορία s'emploie déjà au sens métaphorique (*Or.* 10, 2, 130 a où il s'agit de γνώμη et δύναμις). Le verbe correspondant δορυφορέω revêt sa signification classique (*Or.* 8, 20, 116 c ; 19, 1, 226 a ; les sujets sont les gardiens de leur empereur, *Or.* 6, 12, 81 a ; le νοῦς du prince est sous la garde de la main de Dieu, *Or.* 7, 9, 89 d ; 11, 9, 147 c ; 19, 3, 229 a ; les ministres du prince, *Or.* 5, 6, 67 b), parfois fortement teintée d'ironie (à propos de ses adversaires : *Or.* 23, 14, 293 d) mais la signification métaphorique de « faire escorte » est fréquente (pour la raison : *Or.* 1, 8, 5 b ; pour

la philosophie : *Or.* 2, 16, 36 d ; pour la justice et la philanthropie : *Or.* 8, 2, 102 b ; pour la clémence, la bienfaisance et la philanthropie : *Or.* 9, 11, 127a ; pour la philosophie politique : *Or.* 11, 2, 142 c). Cependant, dans les manuscrits, la confusion δορυφορεῖν|δωροφορεῖν est loin d'être rare, ainsi *Or.* 11, 1, 141 d (les couronnes et les vêtements fastueux des empereurs) ; 18, 8, 221 d (or). Ce qui est plus significatif, c'est que δορυφόρος, δορυφορία ou δορυφορέω ne sont pratiquement jamais utilisés en conjonction avec l'idée de mouvement. Or, c'est cette dernière que l'on trouve dans *Or.* 15, 2, 185 a (citations de Platon et d'Aristote) avec le verbe εἴσειμι δωροφορήσων. Le parallélisme avec θαμίζει δορυφοροῦσα est frappant et, en corrigeant, on se joindra ici à ceux qui ont suivi l'intuition de Denys Petau. Sensiblement moins courant, le verbe δωροφορέω s'emploie à propos des barbares (*Or.* 13, 17, 176 c) ou de la terre (*Or.* 15, 5, 189 b ; 18, 8, 221 d).

12. Plu., *Phoc.*, 8, 4-5 : « Un jour, on donna lecture d'un oracle, venu de Delphes, disant que tous les Athéniens étaient d'accord à l'exception d'un seul, dont l'opinion s'opposait à celle de la ville ; Phocion, montant alors à la tribune, déclara que l'on n'avait pas à se mettre en peine de chercher : « C'est moi qui suis visé, dit-il, car je suis le seul à qui rien ne plaise de ce qui se fait ici. » Une fois même qu'exprimant son avis devant le peuple il avait du succès et voyait que tout le monde également approuvait ses paroles, il se retourna vers ses amis pour leur dire : « Ne m'est-il pas échappé quelque sottise ? » χρησμοῦ μὲν γὰρ ἐκ Δελφῶν ἀναγνωσθέντος, ὅτι τῶν ἄλλων Ἀθηναίων ὁμοφρονούντων εἷς ἀνὴρ ἐναντία φρονοίη τῇ πόλει, παρελθὼν ὁ Φωκίων ἀμελεῖν ἐκέλευσεν, ὡς αὐτὸς ὢν ὁ ζητούμενος· μόνῳ γὰρ αὐτῷ μηδὲν ἀρέσκειν τῶν πραττομένων. ἐπεὶ δὲ λέγων ποτὲ γνώμην πρὸς τὸν δῆμον εὐδοκίμει, καὶ πάντας ὁμαλῶς ἑώρα τὸν λόγον ἀποδεχομένους, ἐπιστραφεὶς πρὸς τοὺς φίλους εἶπεν· οὐ δήπου τι κακὸν λέγων ἐμαυτὸν λέληθα;" cf. *Mor.*, 171 F. Thémistios a emprunté au premier passage, dont le second n'est qu'un aperçu fort incomplet.

13. L'Hélicon est, par excellence, la montagne des Muses et par conséquent de l'inspiration poétique. L'éloge de ce type est marqué avant tout par la préciosité et bien entendu la flagornerie. La référence à Hésiode, plus particulièrement aux premiers vers de la *Théogonie,* saute aux yeux. S'agit-il d'« einen dichterischen Panegyrikus », comme le suggéraient Maisano, R. (1995), p. 626, n. 6 et Leppin, H. (1995), p. 291, n. 27 ? La présentation d'une telle œuvre lors de l'ouverture d'un banquet paraît bien le suggérer. C'est précisément ce type de discours que Thémistios prétend ne point avoir prononcé.

Page 105

15. On voit bien que l'accoutrement d'Héra, comme celui des discours ou des poèmes flatteurs que raille Thémistios, devait refléter en effet les pouvoirs de la déesse (puissance et richesse), mais

aussi les qualités de l'artiste à qui elle le devait. On ne voit donc pas ce que la chance ou le hasard (τύχη) vient faire dans cette affaire, *pace* Cobet et Leppin, H. (1998), p. 292, n. 32.

16. Les Anciens pouvaient être désignés de deux manières, οἱ παλαιοί et οἱ πάλαι. On concevrait assez facilement qu'une confusion d'onciales ait produit une erreur (ΠΑΛΑΙΟΙ /ΠΟΛΛΟΙ). La correction οἱ πολλοὶ avait déjà été proposée par H. Estienne, mais elle n'avait été adoptée ni par Dindorf, W. (1832), p. 266] ni par Downey, G. (1965), p. 315 ni par Maisano, R. (1995), p. 628. D'autre part, aucun passage de la littérature grecque ne dit formellement que les trois éléments, puissance, art et richesse sont constitutifs d'un système de valeur propre aux Anciens. Par conséquent, j'introduis dans le texte la correction d'Estienne, à la suite de Leppin, H. (1998), p. 292, n. 31.

Page 106

17. Pour la notion de « roi véritable », voir déjà *Or.* 1, 2, 2 b, et t. I, p. 202, n. 15.

21. Sur la réunion des noms de Néron et de Domitien, voir *Or.* 8, 12, 110 c (cf. t. II, p. 596, n. 55) et 34, 15. Suétone (*Ner.*, 53, 2) signale que Néron s'entraînait régulièrement à la lutte. L'habileté de Domitien au tir à l'arc est soigneusement décrite (*Dom.,*19, 2-4) : « Il était passionné pour le tir à l'arc : souvent, dans sa retraite du mont Albain, bien des personnes lui virent abattre coup sur coup cent animaux divers, et même s'amuser à planter deux flèches sur la tête de quelques-uns d'entre eux, pour figurer des cornes. Parfois, un jeune esclave, debout à quelque distance, lui offrit pour but sa main droite largement ouverte et il envoya les flèches avec tant d'adresse que toutes passaient entre ses doigts sans le blesser. » *Sagittarum uel praecipuo studio tenebatur. Centenas uarii generis feras saepe in Albano secessu conficientem spectauere plerique atque etiam ex industria ita quarundam capita figentem, ut duobus ictibus quasi cornua efficeret. Nonnumquam in pueri procul stantis praebentisque pro scopulo dispansam dexterae manus palmam sagittas tanta arte derexit, ut omnes per interualla digitorum innocue euaderent.* Je ne connais aucun passage attribuant la même passion à Néron.

22. Pour la multiplicité des termes militaires, voir *Or.* 3, 8, 45 c et t. I, p. 266, n. 37.

23. Thémistios fait allusion au traité de paix conclu en 382 avec les Scythes ; voir, à ce propos, le discours 16.

24. Sugars, J. M. (1997), p. 231 rapproche le passage de Mat. 6, 20 : « Mais amassez-vous des trésors dans le ciel, où ni les mites ni les vers ne font de ravages, où les voleurs ne percent ni ne détobent. » θησαυρίζετε δὲ ὑμῖν θησαυροὺς ἐν οὐρανῷ, ὅπου οὔτε σὴς οὔτε βρῶσις ἀφανίζει, καὶ ὅπου κλέπται οὐ διορύσσουσιν οὐδὲ κλέπτουσιν

et Lc. 12, 33 : « Faites-vous (...) un trésor inaltérable dans les cieux ; là ni voleur n'approche, ni mite ne détruit. » θησαυρὸν ἀνέκλειπτον ἐν τοῖς οὐρανοῖς, ὅπου κλέπτης οὐκ ἐγγίζει οὐδὲ σὴς διαφθείρει.

25. Sur la métaphore des biens de l'âme comme un trésor, voir déjà *Or.* 14, 5, 183 b ; 16, 7, 203 b-c ; 17, 7, 216 b (avec la note 16).

Page 107

27. La forme διοικεῖται a paru difficile à comprendre pour maints interprètes. Denys Petau, Dindorf, W., (1832), p. 627, Cobet (XI, 417) et Gasda se sont prononcés dans le même sens en corrigeant la forme en διάκειται. Leppin, H. (1998), p. 293, n. 37 les suit, mais pas Downey, G. (1965), p. 316, ni Maisano, R. (1995), p. 630, qui traduit « il mio diletto si lascia guidare da me al punto da amare l'arte che rifiuta ogni menzogna ». On voit mal quelle guidance pourrait en l'occurrence exercer Thémistios, car il affirme que telle était la volonté de l'empereur lui-même. On s'abstiendra donc de corriger. On doit entendre la forme διοικεῖται à la voix moyenne au sens de « to ... order, manage himself » (voir LSJ, *s.v.* p. 432). Thémistios fait observer que Théodose veut sans cesse recueillir les leçons que prodigue une éloquence utile et que la philosophie, c'est-à-dire sa propre éloquence, est seule à pouvoir le satisfaire. Comme le souligne Leppin, H. (1998), p. 293, n. 36, le passage soulève la question des intérêts intellectuels de Théodose, dont la formation était assez sommaire, même s'il s'intéressait aux hauts faits de l'histoire romaine, LIPPOLD, A., art. 10 *Theodosius* I., dans *RE SupplB* XIII (1973), col. 952 ; SCHLANGE-SCHÖNINGEN, H. (1995), p. 23-24 ; sur la formation intellectuelle de Théodose, voir *supra,* p. XXVI-XXVII.

28. On doit tenir compte pour la construction de la proposition précédente ὅσα ἂν τήμερον ὑφήνῃς. La seule question qui se pose est donc de savoir s'il faut suivre A (ὁπότε) ou Δ Ψ (ὁπόταν). Dans le second cas, le subjonctif s'impose, comme dans *Or.* 2, 9, 31 b : ὁπόταν δὲ νόμον ὑπαναγνῶσι Δράκοντος ou 4, 14, 62 a (à propos de Platon) : ὁπόταν λέγῃ καὶ γράφῃ, chaque fois sans variante notable, cf. *In APo.*, 47, 20 ; *In De An.*, 96, 25 ; 101, 10. Dans l'autre, l'optatif, comme dans Δ. Or l'idée de passé est exprimée par le verbe lui-même, et Thémistios relate une expérience faite maintes fois. Les hésitations de Matino, Giuseppina (1985), p. 135 ne se justifient donc pas. Le subjonctif ἔλθῃ de A et de Ψ est un iotacisme.

Page 108

30. Valentinien II, qui régnait sur l'ouest, principalement en Italie, en compagnie de sa mère Justina, LEPPIN, H. (1998), p. 295, n. 40. À ce compte, Théodose se pose franchement comme le meneur officiel du bige impérial.

Page 109

33. Leppin, H. (1998), p. 295, n. 41 met le passage de Thémistios en rapport avec la politique financière de Théodose Ier qui visait à une meilleure perception des rentrées. L'orateur fait peut-être allusion à un allègement de l'impôt décidé seulement au début de 384 pour les sénateurs qui avaient des biens en Thrace et en Macédoine, voir *CTh* VI, 2, 14 *Clearcho praefecto urbi. Omnes, qui ex Macedoniae partibus amplissimo Constantinopolitanae urbis ordini allecti sunt, ad Thracum similitudinem senatorum glebali iubemus praestatione reddi immunes. dat. .... Sept. Constantinopoli Richomere et Clearcho conss.* [9 (?) août ou septembre 384]. Sur les difficultés liées à la datation, Dagron, G. (1974), p. 252 ; Vanderspoel, J. (1995), p. 209. Pour Seeck, O. (1919), p. 252, la date du 13 septembre doit être remplacée par février. Suivant Dagron, G. (1974), p. 539, il s'agirait d'un allègement de l'impôt sur le commerce maritime.

Page 110

35. L'épithète « capricieux » fait penser au Méandre, Leppin, H. (1998), p. 296, n. 42, mais comme l'épisode se déroule à Sardes, la rivière en question est le Pactole, né sur les hauteurs du Tmôlos et affluent de la rive gauche de l'Hermos. Thémistios fait allusion à la célèbre rencontre entre Crésus et Solon où la discussion porta sur le plus heureux des hommes. Solon allégua, sans convaincre le roi, Tellos, que l'on trouvera quelques lignes plus bas (voir n. 37), puis les jeunes Argiens Cléobis et Biton chargés de transporter au temple leur mère la prêtresse de Héra, Hdt., I, 30-33 (voir n. 38). Le passage de Thémistios rejoint Plu., *Sol.,* 27, 2-3 : « De même, Solon, traversant la cour et apercevant de nombreux seigneurs magnifiquement parés, qui s'avançaient fièrement, escortés d'une foule de suivants et de gardes, prenait chacun pour Crésus. Enfin, il arriva devant ce prince qui, pour se faire voir sous l'aspect le plus majestueux et le plus brillant, s'était paré de tout ce qu'il avait de précieux, d'extraordinaire et d'enviable en fait de pierreries, de vêtements teints et d'ornements d'or artistement travaillés. » καὶ τῷ Σόλωνι, τὴν αὐλὴν διαπορευομένῳ καὶ πολλοὺς ὁρῶντι τῶν βασιλικῶν κεκοσμημένους πολυτελῶς καὶ σοβοῦντας ἐν ὄχλῳ προπομπῶν καὶ δορυφόρων, ἕκαστος ἐδόκει Κροῖσος εἶναι, μέχρι πρὸς αὐτὸν ἤχθη, πᾶν ὅσον ἐν λίθοις, ἐν βαφαῖς ἐσθῆτος, ἐν τέχναις χρυσοῦ περὶ κόσμον ἐκπρεπὲς ἔχειν ἢ περιττὸν ἢ ζηλωτὸν ἐδόκει περικείμενον, ὡς δὴ θέαμα σεμνότατον ὀφθείη καὶ ποικιλώτατον. Comme chez Hérodote et chez Plutarque, l'exhibition de Crésus sert d'introduction aux anecdotes de Tellos et de deux frères d'Argos.

37. Thème de conte, Ov., *Met.,* XI, 90-145 ; Hyg., *Fab.,* 191, von Geisau, H. art. *Midas* dans *KP* 3, col. 1287-1289. D'après la version ovidienne, Silène, égaré, s'était endormi loin du cortège de Dionysos, dans les montagnes de Phrygie. Des paysans qui ne l'avaient point

reconnu, l'enchaînèrent et l'amenèrent au roi Midas qui avait été initié autrefois aux mystères de Dionysos. Le roi fit fête à Silène et le conduisit auprès du dieu. Afin de récompenser Midas, Dionysos lui offrit comme récompense d'exaucer tout vœu qu'il formulerait. Le roi demanda que tout ce qu'il toucherait désormais se transformât en or : le pauvre avait oublié que l'eau, le vin ou la nourriture subiraient le même sort. Devant le dieu, il renonça à son don à condition d'aller se laver la tête dans la source du Pactole qui restèrent chargées de paillettes d'or. En Lydie, on finit par donner au Pactole le nom de Chrysorrhoas.

38. Hdt., I, 30 : « Mais Solon, sans flatterie et en toute sincérité, répondit : « Oui, roi : Tellos d'Athènes. » Surpris de cette réponse, Crésus demanda avec vivacité : « Pour quelle raison estimes-tu donc que Tellos soit le plus heureux ? » Et Solon : « Tellos, dans une ville fortunée, a eu des fils beaux et bons ; il a vu naître des enfants de tous ses fils, et tous ces enfants rester en vie ; fortuné lui-même, pour un homme de chez nous, il eut une fin de vie très brillante ; dans un combat livré à Éleusis par les Athéniens à leurs voisins, il marcha à l'ennemi, le mit en déroute, et périt glorieusement ; les Athéniens l'ensevelirent aux frais du public là même où il était tombé, et lui rendirent de grands honneurs ». Σόλων δὲ οὐδὲν ὑποθωπεύσας, ἀλλὰ τῷ ἐόντι χρησάμενος λέγει· Ὦ βασιλεῦ, Τέλλον Ἀθηναῖον. ἀποθωμάσας δὲ Κροῖσος τὸ λεχθὲν εἴρετο ἐπιστρεφέως· Κοίῃ δὴ κρίνεις Τέλλον εἶναι ὀλβιώτατον ; ὁ δὲ εἶπε· Τέλλῳ τοῦτο μὲν τῆς πόλιος εὖ ἥκοντι παῖδες ἦσαν καλοί τε κἀγαθοί, καί σφι εἶδε ἅπασι τέκνα ἐκγενόμενα καὶ πάντα παραμείναντα, τοῦτο δὲ τοῦ βίου εὖ ἥκοντι, ὡς τὰ παρ' ἡμῖν, τελευτὴ τοῦ βίου λαμπροτάτη ἐπεγένετο· γενομένης γὰρ Ἀθηναίοισι μάχης πρὸς τοὺς ἀστυγείτονας ἐν Ἐλευσῖνι βοηθήσας καὶ τροπὴν ποιήσας τῶν πολεμίων ἀπέθανε κάλλιστα, καί μιν Ἀθηναῖοι δημοσίῃ τε ἔθαψαν αὐτοῦ τῇ περ ἔπεσε καὶ ἐτίμησαν μεγάλως. Pratiquement, on ne sait rien d'autre sur le personnage, Schwahn, W., art. *Tellos,* dans *RE* 2e s., IX (1934), col. 407.

39. Dans le récit d'Hérodote (I, 31), l'épisode des deux frères d'Argos, Cléobis et Biton, suit immédiatement le précédent : « Mais Solon répondit : « Cléobis et Biton. Ils étaient de race argienne, jouissaient de ressources suffisantes, et, de plus, d'une force corporelle dont voici les preuves : tous deux pareillement avaient remporté des prix dans les concours, et on raconte d'eux cette histoire. Un jour de fête d'Héra chez les Argiens, il fallait absolument que leur mère fût portée au sanctuaire par un attelage ; et leurs boeufs n'étaient pas arrivés des champs en temps voulu ; empêchés d'attendre faute de temps, les jeunes gens se mirent eux-mêmes sous le joug et traînèrent le char, le char où leur mère avait pris place ; ils la transportèrent pendant quarante-cinq stades et arrivèrent au sanctuaire. Cet exploit accompli à la vue de l'assemblée, ils terminèrent leur vie de la meilleure façon ; et, dans la circonstance, la divinité fit bien voir que, pour l'homme,

il vaut mieux être mort que vivant. Les Argiens, entourant les jeunes gens, les félicitaient de leur force ; les Argiennes félicitaient leur mère d'avoir de semblables enfants ; elle, charmée de leur action et de l'éloge qu'on en faisait, debout en face de la statue divine, pria la déesse d'accorder à Cléobis et à Biton ses fils, qui l'avaient grandement honorée, ce que l'homme peut obtenir de meilleur. A la suite de cette prière, après le sacrifice et le banquet, les jeunes gens s'endormirent dans le sanctuaire même ; et ils ne se relevèrent plus, mais trouvèrent là leur fin. Les Argiens firent faire d'eux des statues qu'ils consacrèrent à Delphes comme celles d'hommes excellents. » ὁ δὲ εἶπε· Κλέοβίν τε καὶ Βίτωνα. Τούτοισι γὰρ ἐοῦσι γένος Ἀργείοισι βίος τε ἀρκέων ὑπῆν καὶ πρὸς τούτῳ ῥώμη σώματος τοιήδε· ἀεθλοφόροι τε ἀμφότεροι ὁμοίως ἦσαν, καὶ δὴ καὶ λέγεται ὅδε ὁ λόγος·ἐούσης ὀρτῆς τῇ Ἥρῃ τοῖσι Ἀργείοισι ἔδεε πάντως τὴν μητέρα αὐτῶν ζεύγεϊ κομισθῆναι ἐς τὸ ἱρόν, οἱ δέ σφι βόες ἐκ τοῦ ἀγροῦ οὐ παρεγίνοντο ἐν ὥρῃ· ἐκκληιόμενοι δὲ τῇ ὥρῃ οἱ νεηνίαι ὑποδύντες αὐτοὶ ὑπὸ τὴν ζεύγλην εἷλκον τὴν ἅμαξαν, ἐπὶ τῆς ἁμάξης δέ σφι ὠχέετο ἡ μήτηρ, σταδίους δὲ πέντε καὶ τεσσεράκοντα διακομίσαντες ἀπίκοντο ἐς τὸ ἱρόν. Ταῦτα δέ σφι ποιήσασι καὶ ὀφθεῖσι ὑπὸ τῆς πανηγύριος τελευτὴ τοῦ βίου ἀρίστη ἐπεγένετο, διέδεξέ τε ἐν τούτοισι ὁ θεὸς ὡς ἄμεινον εἴη ἀνθρώπῳ τεθνάναι μᾶλλον ἢ ζώειν. Ἀργεῖοι μὲν γὰρ περιστάντες ἐμακάριζον τῶν νεηνιέων τὴν ῥώμην, αἱ δὲ Ἀργεῖαι τὴν μητέρα αὐτῶν, οἵων τέκνων ἐκύρησε. Ἡ δὲ μήτηρ περιχαρὴς ἐοῦσα τῷ τε ἔργῳ καὶ τῇ φήμῃ, στᾶσα ἀντίον τοῦ ἀγάλματος εὔχετο Κλεόβι τε καὶ Βίτωνι τοῖσι ἑωυτῆς τέκνοισι, οἵ μιν ἐτίμησαν μεγάλως, τὴν θεὸν δοῦναι τὸ ἀνθρώπῳ τυχεῖν ἄριστόν ἐστι. μετὰ ταύτην δὲ τὴν εὐχὴν ὡς ἔθυσάν τε καὶ εὐωχήθησαν, κατακοιμηθέντες ἐν αὐτῷ τῷ ἱρῷ οἱ νεηνίαι οὐκέτι ἀνέστησαν, ἀλλ'ἐν τέλεϊ τούτῳ ἔσχοντο, Ἀργεῖοι δέ σφεων εἰκόνας ποιησάμενοι ἀνέθεσαν ἐς Δελφοὺς ὡς ἀνδρῶν ἀρίστων γενομένων, voir aussi Plu., *Mor.* 58 D ; 108 E-F. Les statues en question, deux statues jumelles de κοῦροι, sont conservées maintenant au musée de Delphes, LEGRAND, PH.-É. (1932), p. 49, n. 4.

Page 111

41. L'adjectif « continuel » (συνεχής) indique que Thémistios connaissait parfaitement la longue histoire des expulsions d'étrangers à Rome. Les Athéniens tiraient avantage de leur refus d'expulser les étrangers, d'après l'oraison funèbre des morts de la première année de la guerre du Péloponnèse (TH., II, 39, 1) : c'était leur supériorité sur les Spartiates. Les expulsions de Rome étaient déjà courantes à l'époque républicaine (LIV., XXXIX, 3, 4 pour 187 aCn : *iam tum multitudine alienarum urbem onerante*), cf. FRÉZOULS, E., « Rome et les Latins au début du IIe s. av. J. C. », dans *Ktema,* 6 (1981), p. 129-132 ; MOATTI, Claudia, « Le contrôle de la mobilité des personnes dans l'Empire romain », dans *MEFRA* 112 (2000), p. 925-958, plus spécialement

p. 932-933. Les témoignages disponibles montrent que de telles mesures furent loin d'être rares, CIC., *Off.*, III, 47 ; *Sest.*, 13, 30. Dans l'Antiquité tardive, les *peregrini,* c'est-à-dire les personnes ne disposant pas de la citoyenneté locale de Rome pouvaient être expulsées sans délai, sur un simple ordre verbal du préfet. Entre 353 et 355, sous la préfecture d'Orfitus (*PLRE* I, *s. v. Memmius Vitrasius Orfitus signo Honorius* 3, p. 651-653), des émeutes graves s'étaient produites à Rome, en raison de difficultés liées à l'approvisionnement en vin, AMM., XIV, 6, 1 : « Sous son administration, de graves séditions éclatèrent par suite du manque de vin, ce qui provoqua, dans une populace portée à en faire un usage excessif, des troubles violents et répétés » *quo administrante seditiones sunt concitatae graves ob inopiam vini, cuius avidis usibus vulgus intentum ad motus asperos excitatur et crebros.* Ces dispositions étaient liées à une réduction de l'annone que l'on dut imposer suite à une disette. Ammien, XIV, 6, 19 [voir Selem, A., *Le storie di Ammiano Marcellino,* Turin, 1965 (réimpr. 1987), p. 84, n. 15], y fait allusion, parce qu'il en souffrit lui-même probablement : « Enfin on est arrivé à ce point de déshonneur qu'au moment où les étrangers, il n'y a pas bien longtemps, furent chassés précipitamment de la ville où l'on redoutait la famine, et où l'on jeta dehors, sans leur laisser le temps de respirer, un petit nombre d'hommes attachés aux études libérales. » *Postremo ad id indignitatis est ventum, ut cum peregrini ob formidatam haut ita dudum alimentorum inopiam pellerentur ab urbe praecipites, sectatoribus disciplinarum liberalium inpendio paucis sine respiratione ulla extrusis* ; Ceci n'était apparemment qu'un prélude à des mesures plus fermes prises quelque trente ans plus tard en 384, SYMM., *Ep.* II, 7, 3 : « Nous craignons d'être privés de subsistances, et pourtant tous ceux que Rome avait accueillis, en leur découvrant un sein nourricier, ont été expulsés. Puissions-nous guérir avec pareille médecine ! » *Defectum timemus annonae pulsis omnibus, quos exerto et pleno ubere Roma susceperat. Fac ut his remediis convalescamus* ; *Ep.*, II, 6, 1-2, cf. I, 51 : « On répète, en effet, qu'à cause de la rareté des vivres la plèbe bouge et s'agite et nous n'avons aucun espoir qu'aux restrictions présentes puisse succéder l'abondance. L'année partout est au bord de la famine. » *Frequens enim sermo est tenui victu in turbas plebem moveri, nec ulla spes datur praesentibus angustiis copiam posse succedere. Annus ubique ad famem proximus*, voir Callu, J.-P. (1972), p. 155, n. 1, qui indique d'autres sources. « Des négligences et des conditions météorologiques défavorables avaient retardé l'arrivée du blé africain, alors que pourtant la récolte était bonne. (…) le préfet Symmaque se décida à diminuer le nombre de bouches à nourrir. », CALLU, J.-P. (1972), p. 157, n. 1 ; AMBR., *Off.*, III, 49 : « (…) ce qui fut fait récemment à Rome : des gens ont été chassés de la Ville prestigieuse, qui avaient passé là, déjà, la plus grande partie de leur vie ; des gens s'en allèrent en pleurant avec leurs enfants, sur lesquels ils se lamentaient, disant que l'exil aurait dû leur être épargné comme à des citoyens ; les liens d'amitié d'un bon nombre ont été rompus ; des parentés déchirées. Et assurément l'année avait été souriante par sa fertilité, seule la Ville avait besoin de blé importé : on aurait pu être aidé, on pouvait demander du blé aux Italiens dont on bannissait les enfants. » (…) *quod proxime Romae factum est : eiectos esse Urbe amplissima qui plurimam illic iam aetatem transegerant, flentes cum filiis abisse, quibus velut civibus amoliendum exsilium deplorarent, interruptas complurium necessitudines, direptas adfinitates. Et certe adriserat anni fecunditas, invecticio Urbs sola egebat frumento : potuisset iuvari, peteretur ab Italis frumentum quorum filii expellebantur* ; LIB., *Or.* 11 (*Antiochikos*), 174 : « Malgré l'exemple que nous donne Rome , qui, par l'expulsion des étrangers, transforme la rareté des denrées nécessaires, chaque fois que ce malheur arrive, en abondance. » καίτοι τὸ παράδειγμα τῆς Ῥώμης ἔχοντες, ἣ τὴν τῶν ἀναγκαίων σπάνιν, ἡνίκα ἂν τοῦτο συμπέσῃ, τῇ τῶν ξένων ἐλάσει πρὸς ἀφθονίαν μεθίστησιν. En général, Palanque, J.-R. (1931), p. 346-356 ; Kohns, H., *Versorgungskrisen und Hungerrevolten im spätantiken Rom*, Bonn, 1961 (Antiquitas 1, 6), p. 73-75 ; Faure, E., « Saint Ambroise et l'expulsion des pérégrins de Rome », dans *Etudes d'histoire du droit canonique dédiées à G. Le Bras*, t. I, Paris, 1965, p. 523-540, avec les importantes indications de Testard, M. (1984), p. 45 ; ID. (1992), p. 207 (n. 1) ; Saliou, Catherine (2016), p. 147-148.

42. On peut tout de même s'interroger sur la situation alimentaire à Constantinople, après les années tragiques que venaient de traverser les provinces d'Europe orientale, dévastée et dépeuplée, y compris la Thrace, en proie à la famine, DAGRON, G. (1974), p. 206, n. 2. Comme on sait, la flotte d'Egypte contribuait pour l'essentiel à l'approvisionnement de la capitale du Bosphore ; l'île de Carpathos était un centre important de constructions navales, ISID., *Et.*, IV, 6, 24 : *Carpathos una ex Cycladibus a meridie posita contra Aegyptum* (…) *Ex hac insula dicuntur et carpasiae naves, magnae et spatiosae.* Sur l'approvisionnement de Constantinople, HERZ, P. (1988), p. 302-303 et THEM., *Or.* 27, 8, 336 d, voir la note *ad l.* au t. V.

46. Le texte n'est pas facile à établir. On peut considérer que la tradition est unanime. La graphie de A ὅριον se ramène en raison de la prononciation à celle des manuscrits Ψ et Δ ὄρειον. L'adjectif fait penser à la description de Lacédémone κητώεσσα de l'*Or.* 15, 11, 193 c : l'aspect rude et montagnard d'une cité entraîne nécessairement un habitat clairsemé. Le risque de discorde sur le plan politique n'est pas loin. À Constantinople, au contraire, tout est harmonie dans la composition, sans la moindre solution de continuité. Malgré Leppin, H. (1998), p. 297, n. 48, qui accepte la conjecture de Petau et de Gasda, on ne corrigera pas le texte. Trop librement, Maisano, R. (1995), p. 637, qui retient lui aussi le texte de Ψ et Δ, traduit : « l'aspetto della città non è irregolare e disordinato ».

47. Il s'agit de la Basilique Théodosienne, pour Maisano, R. (1995), p. 636, n. 22, peut-être du *Forum Tauri,* d'après Holum, K.G. (1982), p. 11, n. 22, voir Leppin, H. (1998), p. 297, n. 49.

48. Pour un commentaire sommaire du passage, DAGRON, G. (1974), p. 91, qui souligne l'importance de l'initiative privée en la matière (*infra,* § 5).

Page 112

49. Pour l'image du souffle rendu à la ville, voir déjà *Or.* 11, 13, 151 a, où il est question de la construction de l'aqueduc de Constantinople.

50. L'adjectif ἀπειρόκαλος ne figure que deux fois dans les discours, voir *Or.* 23, 5, 286 c. Le sujet grammatical de la proposition est le groupe τὰ μὲν κοινὰ (...) τὰ δὲ ἴδια, à chercher quelques lignes plus haut.

52. Le passage est profondément corrompu, voir, en dernier lieu, la note de Leppin. H. (1998), p. 297-298. On essaie ici de dégager un sens et une forme acceptables. La locution θεάτρων ἅμιλλα, ici au génitif, n'est pas des plus fréquentes. On ne la trouve que chez Georges Cédrénos (II p.165, 13-14 B., reproduit par Jean Scylitzès, *Michael III,* 14, 5), à propos de Michel III l'Ivrogne τοῦ Μιχαὴλ μηδενὸς ἑτέρου φροντίζοντος τῶν πολιτικῶν ἀλλ' ἢ θεάτρων καὶ ἵππων ἁμίλλης ; Léon le Diacre (*Historia,* p. 127, 14-16 B.), à propos de Jean Ier Tzimiskès (969-976) τότε μὲν φιλοτησίαις καὶ θεάτρων ἁμίλλαις τὸν δῆμον φιλοφρονούμενος, κατὰ τὸ Βυζάντιον διεχείμαζε. Flusin, B. (*Jean Skylitzès. Empereurs de Constantinople,* Paris, 2003, p. 89) traduit : « Michel n'avait nullement cure des affaires de l'État, tout occupé qu'il était par les spectacles et les courses de chevaux » On ne voit donc pas pourquoi a priori la paternité de l'expression ne reviendrait pas à Thémistios. Autre chose est de l'interpréter et de lui donner un sens. Leppin, H. cherche à y voir l'indice d'une comparaison. Le bassin du port aurait la forme incurvée d'un théâtre. L'orateur ferait allusion au port que Théodose Ier avait fait construire hors les limites de l'ancienne Byzance. L'empereur y avait fait jeter la terre enlevée au forum Tauri pour établir le terre-plein sur lequel fut érigée la colonne élevée en son nom ; de surcroît, lors des pluies d'hiver, le Lycos qui se jette à cet endroit y draine force terres et alluvions, en sorte qu'il finit par être comblé, JANIN, R. (1964), p. 226-227. La locution au génitif absolu désignerait des travaux de dégagement du port. Pour D. Petau [DINDORF, W. (1832), p. 633], il s'agirait « de naumachia (...) quam in suburbiis Theodosius instituerat, mari in continentem admisso ». Leppin, H. critique cette interprétation en avançant un argument de convenance. La mention de pareilles représentations n'ajouterait rien à l'éloge de l'empereur. On en fera valoir un autre plus décisif. Plus loin, Thémistios oppose pour la superficie la ville de Constantin à celle de Théodose. La seconde a débordé largement des limites de la muraille constantinienne. Comme le souligne Mango, C. (1985), p. 46, n. 56, il

n'y a là sans doute que rhétorique ; vers 400, c'est-à-dire une quinzaine d'années à peine après Thémistios, on ne peut guère citer au-delà de la muraille constantinienne que l'Exokionion avec au bord de la mer, une série de villas ou de domaines suburbains, par exemple ceux de Saturninus, d'Aurélien, préfet du Prétoire et comte d'Orient vers 400 et de Victor, et au nord, une importante nécropole, MANGO, C. (1985), p. 47. On ne trouve pas trace de nouveaux quartiers à forte densité qui eussent justifié l'installation d'un ou de plusieurs théâtres. Si l'on essaie de prendre les données par un autre bout, on ne parvient pas non plus à une solution satisfaisante. Les manuscrits Ψ et Δ offrent tous deux une forme de l'adjectif χειριδάσητος que l'on chercherait en vain dans les dictionnaires courants aussi bien que dans la littérature conservée. Plus prudent A se contente de donner χειρι en laissant un espace vide pour 4 ou 5 lettres. On ne pensera pas à un composé comme χειριδωτός (« garni de manches ») qui s'emploie uniquement à propos de vêtements. De surcroît, on voit mal pourquoi les copistes de Ψ et de Δ eussent remplacé un adjectif relativement fréquent par un vocable obscur et inusité ailleurs. On peut se demander si la seconde partie de l'adjectif que l'on recherche chez Ψ et Δ ne cache pas une locution comme διὰ σίτων. En tout cas, la locution se trouve chez Plutarque (*Mor.,* 733 A), où il est question de l'ingestion de nourriture. La corruption serait aisée à expliquer : omission d'une simple haste (le I de la préposition), une coupure inopportune et une faute de graphie. La mer et surtout les détroits ouverts aux vaisseaux chargés de blé s'avançant à l'intérieur des terres grâce au port offrent un spectacle grandiose que les badauds s'empressent de venir admirer. La situation de Byzance n'était guère favorable à l'approche des bateaux excepté par vent du sud et constant, Dagron, G. (1974), p. 532 et ici même, t. I, p. LV-LVI ainsi que Janin, R. (1964), p. 223 : « Ces ports présentaient le grave inconvénient d'être exposés aux vents du sud, assez fréquents surtout en hiver, et parfois très violents, qui battent les côtes, rendant très difficiles les mouvements des navires à voile. », voir aussi Mango, C. (1985), p. 14-15. Le génitif ἐπιούσης aurait deux sujets, θαλάσσης et ἁμίλλης que l'écrivain ne sépare pas, d'où un accord au singulier ; χειρί est un simple complément de moyen. À ce compte, on conçoit que la ville ait été riche en artistes. Pourtant, dans l'état présent du texte, la solution demeure hors d'atteinte. C'est, toutefois, ce texte que l'on traduit ici à titre provisoire.

53. On pense à la description d'Éphèse donnée par Xénophon (*HG,* III, 4, 17, cf. ATH., X, 421 c) : « l'agora était pleine de toute espèce de chevaux et d'armes à vendre ; forgerons, menuisiers, bronziers, corroyeurs, peintres, étaient tous occupés à fabriquer des armes de combat, si bien que la cité avait réellement, se figurait-on, l'aspect d'un atelier de guerre. » ἥ τε γὰρ ἀγορὰ ἦν μεστὴ παντοδαπῶν καὶ ἵππων καὶ ὅπλων ὠνίων, οἵ τε χαλκοτύποι καὶ οἱ τέκτονες καὶ οἱ χαλκεῖς καὶ

οἱ σκυτοτόμοι καὶ οἱ ζωγράφοι πάντες πολεμικὰ ὅπλα κατεσκεύαζον, ὥστε τὴν πόλιν ὄντως οἴεσθαι πολέμου ἐργαστήριον εἶναι. La *iunctura* ἐργαστήριον μεγαλοπρεπείας est une création de Thémistios. Xénophon avait de même créé ἐργαστήριον πολέμου (voir aussi *Ages.*, 1, 26), que reprendront à leur tour Polybe (X, 20, 8), Plutarque (*Marc.*, 21, 3), Julien (*Ep.*, 82, 35) et Nicéphore Grégoras (2, p. 851, 10 Bonn).

54. Allusion unique au fondateur légendaire et éponyme de Byzance.

55. Théodose évidemment, en sa qualité d'Auguste le plus âgé, et surtout que père d'Arcadius (voir *infra*, 11, 224 b-c) ; Valentinien n'entre pratiquement pas en compte et Maxime ne bénéficie que d'un pouvoir provisoire, voir *Or.* 18, 6, 220 d (menace contre le Rhin) et 2, 217 d (ὅση συγχωρεῖ τὴν ἀρχήν). En fait, ce fut le petit-fils de Théodose Ier, Théodose II, qui dota Constantinople de nouvelles murailles. En 413, il porta les limites de la ville à un kilomètre et demi plus loin du côté de la terre ; en 439, il le prolongea le long de la côte en entourant les quartiers maritimes d'une ligne de défense continue ; en 447, il releva le mur extérieur détruit par un tremblement de terre en le doublant d'un puissant mur extérieur donnant sur la campagne, JANIN, R. (1964), p. 265.

Page 113

57. PL., *Phd.*, 84 e 3-85 a 3 : « c'est, vraisemblablement, que vous me jugez moins bien doué que les cygnes pour la divination. Quand ceux-ci sentent en effet venir l'heure de leur mort, le chant qu'ils avaient auparavant, ce chant se fait alors plus fréquent et plus éclatant que jamais, dans leur joie d'être sur le point de s'en aller auprès du Dieu dont ils sont les suivants. » καί, ὡς ἔοικε, τῶν κύκνων δοκῶ φαυλότερος ὑμῖν εἶναι τὴν μαντικήν, οἳ ἐπειδὰν αἴσθωνται ὅτι δεῖ αὐτοὺς ἀποθανεῖν, ᾄδοντες καὶ ἐν τῷ πρόσθεν χρόνῳ, τότε δὴ πλεῖστα καὶ κάλλιστα ᾄδουσι, γεγηθότες ὅτι μέλλουσι παρὰ τὸν θεὸν ἀπιέναι οὗπέρ εἰσι θεράποντες. Postérieur au discours 19, celui-ci est probablement le dernier de Thémistios comme panégyriste officiel, MAISANO, R. (1995), p. 638, n. 27.

Page 114

59. Le vocable δέλτος désigne ici un des codicilles qui accompagnaient la désignation de hauts dignitaires, comme le préfet de la Ville, CHRYS., *In illud : vidi Dominum*, 2, 3 éd. Dumortier : Καθάπερ γὰρ οἱ βασιλεῖς τοῖς ἑαυτῶν ὑπάρχοις χρυσᾶς ὀρέγουσι δέλτους, σύμβολον τῆς ἀρχῆς ; SEECK, O., art. *Codicilli* 5, dans *RE* IV, 1 (1900), col. 179-183 ; DAGRON, G. (1968), p. 48 ; SCHAMP J. (2006[4]), p. DCCXXXII-DCCXXXIII. Pour d'autres allusions, voir *Or.* 23, 12, 292 b ; 31, 4, 353 b ; 34, 14. On a conservé de nombreux documents de l'espèce, notamment des diptyques consulaires. La diffusion du platonisme entrait dans les charges du philosophe, mais aussi les fonctions officielles de préfet

de la Ville. On passe des « codicilles » platoniciens, c'est-à-dire de son œuvre écrite, ou plutôt d'un choix de ses dialogues, à ceux de l'Empire. La phrase est dénuée de verbe, mais il est aisé de suppléer un εἰμι.

61. Le 19 janvier 383, à l'occasion des *Quinquennalia* de Théodose Ier, Arcadius fut élevé au rang d'Auguste, *PLRE, s.v. Flavius Arcadius* 5, p. 99.

62. Voir *supra,* la note à *Or.* 18, 1, 217 b-c. L'expression ἀσπίδα νωμάω apparaît déjà en *Or.* 14, 1, 181 c (mais à propos de Théodose Ier) et en 19, 3, 228 c.

63. L'expression πάλλω τὸ δόρυ apparaît encore en *Or.* 14, 1, 181 c.

64. Dans la phrase ἀλλ'…ταξιαρχήσαντι, la symétrie entre les deux membres οὐ…ἰδιώτῃ et οὐδὲ… ταξιαρχήσαντι est presque parfaite. L'infinitif ἁρμόττειν précède les deux compléments indirects. C'est la place que l'on attend aussi pour l'infinitif dans le membre de phrase précédent, celle qu'occupe ἀνήκειν dans Δ. Le manuscrit Δ est le seul à donner le verbe ἀνήκειν, dont pour le sens, προσήκειν, venant plus loin, est un doublet. À un étage antérieur de la tradition, un lecteur a indiqué, à l'endroit correspondant, le mot προσήκειν, une *lectio facilior* pour le sens, en guise de commentaire ou d'éclaircissement, voir Dindorf, W. (1832), p. 635.

Page 115

65. Voir, pour l'allusion homérique, *Or.* 9, 6, 123 c, t. II, p. 613, n. 31. Le mot σῖτα désigne-t-il du pain ? Il s'agit alors d'un produit fabriqué par les boulangers mais propre à suggérer l'idée de mollesse comme ὄψα. « Brioches » aurait sûrement été anachronique. « Petits pains » a semblé être une solution acceptable.

66. Utilisation d'un vocable homérique, voir I 189 : « Le cœur (d'Achille) se plaît à en (sc. Sa cithare) toucher, tandis qu'il chante les exploits des héros » τῇ ὅ γε θυμὸν ἔτερπεν, ἄειδε δ' ἄρα κλέα ἀνδρῶν.

67. Le mot revient fréquemment chez Thémistios, voir déjà *Or.* 6, 12, 80 a et t. II, p. 20, n. 86.

68. C'est le seul passage des discours où Aristote soit qualifié de « divin ». Ailleurs, c'est Platon qui a droit à ce titre, *Or.* 23, 7, 287 d ; 26, 5, 314 d ; 34, 5, 2. Platon apparaît déjà comme législateur chez Clément d'Alexandrie (*Paed.,* II, 3, 36, 3). Flavius Josèphe (*Ap.,* II, 257) le donne comme imitateur du dieu des Juifs. Aspasios (*In EN,* p. 27, 2) en fait un maître pour l'éducation des enfants, à l'exemple de Minos et de Lycurgue, voir encore ATH., X, 440 b ; EUS., *PE,* XII, *pin.* 1, 38 ; XII, *pin.* 1, 63 ; 65. Les Pères appliquent l'épithète θεσπέσιος aux Prophètes (ATH., *Hom. in illud : Omnia mihi tradita sunt, PG* 25, col. 217, 50), aux Evangélistes (EUS., *DE,* I, 1 ; PS.-ATH., *Adversus Arianos,* 4, 31, voir Stegmann, A., *Die pseudoathanasianische « IVte Rede gegen die Arianer »,* Rottenburg, 1917) ou à s. Paul (PS.-ATH., *Homélie in illud :*

ite in castellum 1, 7, par exemple, dans NORDBERG, H., *Athanasiana I,* dans *Commentationes humanarum litterarum* 30, 2, 1962), mais la présente liste n'a aucune prétention à l'exhaustivité.

69. On trouve une phrase pratiquement identique dans *Or.* 9, 6, 124 a. Naturellement, la proposition suivante marque une étape dans la gradation.

70. Façon transparente de désigner Arcadius à travers l'épiclèse du dieu de l'éloquence, voir *Anth.,* XI, 150 (Ammianus) « Ce bonnet arcadien à Hermès d'Arcadie c'est une offrande d'Athénagoras l'orateur, conformément à un songe. » Ἀρκαδικὸν πῖλον κατ' ἐνύπνιον Ἀρκάδι δῶρον |Ἑρμείῃ ῥήτωρ θῆκεν Ἀθηναγόρας.

Page 116

74. Paraphrase du passage d'Homère (Z 480-481) : « quand il rentrera du combat ! Qu'il en rapporte les dépouilles sanglantes d'un ennemi tué, et que sa mère en ait le cœur en joie » ἐκ πολέμου ἀνιόντα· φέροι δ' ἔναρα βροτόεντα | κτείνας δήϊον ἄνδρα, χαρείη δὲ φρένα μήτηρ.

75. En usant du verbe θεμιστεύω, qui apparaît ici seulement dans l'œuvre, l'orateur joue sur son propre nom.

76. Pour l'emploi de l'adjectif πάρεδρος avec Justice, voir déjà *Or.* 6, 11, 79 c et t. II, p. 519, n. 78. Mais l'idée de justice est figurée par l'impératrice, Aelia Flavia Flaccilla, qui joue un rôle important dans la prise de décision en la matière, *Or.* 19, 6, 231 a et HOLUM, K. G. (1982), p. 22-23. Après la mort de l'impératrice en 387 à Skotoume en Thrace, Grégoire de Nysse prononce son oraison funèbre (*Oratio funebris in Flacillam imperatricem,* p. 480, 15-20 Spira). On y trouve des accents qui, pour l'exigence de justice, rejoignent Thémistios : οἴχεται τῆς βασιλείας τὸ ἐγκαλλώπισμα, τὸ τῆς δικαιοσύνης πηδάλιον, ἡ τῆς φιλανθρωπίας εἰκών, μᾶλλον δὲ αὐτὸ τὸ ἀρχέτυπον. ἀφῃρέθη τῆς φιλανδρίας ὁ τύπος, τὸ ἁγνὸν τῆς σωφροσύνης ἀνάθημα, ἡ εὐπρόσιτος σεμνότης, ἡ ἀκαταφρόνητος ἡμερότης, ἡ ὑψηλὴ ταπεινοφροσύνη, ἡ πεπαρρησιασμένη αἰδώς, ἡ σύμμικτος τῶν ἀγαθῶν ἁρμονία.

77. Le chapitre est traduit par Chausson, F. (2007), p. 224-225.

Page 128

1. La tirade de quatre vers figure intégralement chez Hérodote (I, 65), sous la forme : ἥκεις, ὦ Λυκόοργε, ἐμὸν ποτὶ πίονα νηὸν Ζηνὶ φίλος καὶ πᾶσιν Ὀλύμπια δώματ' ἔχουσι. δίζω ἤ σε θεὸν μαντεύσομαι ἢ ἄνθρωπον· ἀλλ' ἔτι καὶ μᾶλλον θεὸν ἔλπομαι, ὦ Λυκόοργε. Le vers 3 reparaît dans *Or.* 15, 11, 193 c (sans variante) sous la forme δίζω εἴ σε θεὸν μαντεύσομαι ἢ ἄνθρωπον, voir déjà *Or.* 7, 19, 97 c. On notera, toutefois, que toute la tirade figure chez D. S., VII, 12, 1 ; OENOM. fr. 10, GAL., *Protr.* 9, 7, p. 102 éd. V. Boudon, EUS., *PE.,* VII, 27, 8 et l'*Anthologie* (XIV, 69). En outre, le vers 3 se retrouve chez Maxime de

Tyr (23, 2 c) δίζω, ἤ σε θεὸν μαντεύσομαι, ἤ ἄνθρωπον. La source de Thémistios est probablement ici Hérodote, comme le suggère Sugars, J. M. (1997), p. 399. Nous ne connaissons pas de citation où, au vers 3, la disjonctive revêt la forme ἠὲ, laquelle est uniquement le fait de Δ, en face des autres témoins qui portent ἤ σε. On corrigera donc dans ce sens. On observe un partage analogue dans la tradition pour les leçons Λυκόεργε, Λυκόοργε et Λυκοῦργε. Cette dernière leçon ne figure que chez Ψ. Quant aux deux autres, elles sont représentées, à peu près à parts égales, On préférera Λυκόοργε qui a pour elle de correspondre au texte d'Hérodote et à la leçon des deux meilleurs manuscrits. Quant à la variante ἠὲ καὶ ἄνδρα de Δ, elle est rien moins que banale. En effet, on lit sous la plume de trois citants (ÉLIAS, *In Porph.*, p. 7, 2 ; 24, 23 ; DAVID, *Proll.*, p. 16, 29 ; PSELLOS, *Op. log.*, 49, 107, p. 181 éd. Duffy), qui ont pour trait commun d'appartenir au mouvement néoplatonicien, le vers sous la forme suivante : δίζω εἴ σε θεὸν μαντεύσομαι ἠὲ καὶ ἄνδρα. Sur l'importance de cet oracle, destiné à prouver l'origine divine de la législation spartiate, CRAHAY, R. (1956), p. 150-153.

3. Littéralement des porteurs de pommes, c'est-à-dire des grenades. C'étaient des gardes du corps du roi des Perses choisis parmi ceux que l'on appelait les Immortels, parce que dès sa chacun d'entre eux était aussitôt remplacé. Ils étaient 1000 à avoir des lances à pomme d'or et 9000 des lances à pomme d'argent. Leur équipement était luxueux ; ils étaient parés d'une profusion d'objets d'or ; ils traînaient avec eux des chariots transportant leurs concubines. Ce sont les personnages représentés à plusieurs reprises sur les frises de Persépolis et les briques émaillées de Suse, voir Briant, P. (1996), p. 272-273.

4. Hérodote (VII, 40) écrit (voir déjà le commentaire de Dindorf, p. 637), dans un passage où il s'agit de la maison du Roi : « En tête (du défilé) venaient mille cavaliers choisis parmi tous les Perses ; suivaient mille piquiers, eux aussi choisis parmi tous, qui portaient la pointe de leurs piques tournées en bas vers le sol. » « Ensuite venaient les chevaux sacrés appelés Nèséens, au nombre de dix, splendidement harnachés. (Voici pourquoi on les appelle Nèséens : il y a dans le pays des Mèdes une vaste plaine dénommée Nèséon ; c'est cette plaine qui nourrit cette race de grands chevaux) : προηγεῦντο μὲν δὴ ἱππόται χίλιοι ἐκ Περσέων πάντων ἀπολελεγμένοι· μετὰ δὲ αἰχμοφόροι χίλιοι, καὶ οὗτοι ἐκ πάντων ἀπολελεγμένοι, τὰς λόγχας κάτω ἐς τὴν γῆν τρέψαντες· μετὰ δὲ ἱροὶ Νησαῖοι καλεόμενοι ἵπποι δέκα, κεκοσμημένοι ὡς κάλλιστα. Νησαῖοι δὲ καλέονται ἵπποι ἐπὶ τοῦδε ·ἔστι πεδίον μέγα τῆς Μηδικῆς τῷ οὔνομά ἐστι Νήσαιον. Τοὺς ὦν δὴ ἵππους τοὺς μεγάλους φέρει τὸ πεδίον τοῦτο. Se présentait alors, tiré par huit chevaux blancs, le char sacré de Zeus : « Puis, c'était Xerxès lui-même, sur un char attelé de chevaux Nèséens » τούτου δὲ ὄπισθε αὐτὸς Ξέρξης ἐπ' ἅρματος ἵππων Νησαίων. Sur les mélophores, BRIANT, P. (1996), p. 272-273. Le char et son attelage font partie des insignes royaux, BRIANT, P. (1996), p. 236-237 ;

sur cette race de chevaux et sa provenance, BRIANT, P. (1996), p. 432 et 1050. L'allusion aux chevaux de Nisa (voir aussi *Or.* 22, 4, 266 a) devait devenir proverbiale, D. CHR., *Or.* 3, 130 (à propos du souverain authentique) : ὁ δὲ ἐξ ἁπάντων ποιεῖται τὴν ἐκλογήν, ἄτοπον ἡγούμενος Νισαίους μὲν ἵππους μεταπέμπεσθαι, ὅτι βελτίους εἰσὶ τῶν Θετταλῶν. Par la suite, des comparaisons du même type surgissent à nouveau chez Jul., *Or.* 3, 1, 50 d-51 a : « je ne parle ici ni de l'or, ni d'un manteau de pourpre, ni, par le ciel, de ces « voiles entièrement brodés, œuvres des femmes de Sidon », ni de la beauté des coursiers Niséens, ni de la splendeur éblouissante de chars dorés, ni de l'éclat fleuri et gracieux de la pierrerie des Indes. » οὔτι φημὶ χρυσὸν καὶ ἁλουργῆ χλαῖναν, οὐδὲ μὰ Δία πέπλους παμποικίλους, γυναικῶν ἔργα Σιδωνίων, οὐδὲ ἵππων Νισαίων κάλλη καὶ χρυσοκολλήτων ἁρμάτων ἀστράπτουσαν αἴγλην, οὐδὲ τὴν Ἰνδῶν λίθον εὐανθῆ καὶ χαρίεσσαν.

6. Sur Xerxès, voir déjà *Or.* 2, 16, 36 c et t. II, p. 251, n. 121. Dans le récit d'Hérodote (VII, 56), l'étranger prend Xerxès pour Zeus : « O Zeus, si tu veux ruiner la Grèce, pourquoi prendre la figure d'un homme, d'un Perse, et, au lieu du nom de Zeus, celui de Xerxès ? Pourquoi mener contre elle le monde entier ? Tu pouvais le faire sans cela ! » Ὦ Ζεῦ, τί δὴ ἀνδρὶ εἰδόμενος Πέρσῃ καὶ οὔνομα ἀντὶ Διὸς Ξέρξην θέμενος ἀνάστατον τὴν Ἑλλάδα θέλεις ποιῆσαι, ἄγων πάντας ἀνθρώπους ; καὶ γὰρ ἄνευ τούτων ἐξῆν τοι ποιέειν ταῦτα.

Page 129

7. Sur les grands travaux de Xerxès au moment des guerres médiques, voir *Or.* 7, 19, 96 d et *Or.* 2, 16, 36 c (voir les références à la n. précédente).

8. Sur la consultation de l'oracle par Néron, Suet., *Nero*, 40, 5 : « Puis, lorsqu'Apollon, qu'il avait consulté à Delphes, l'eut averti de prendre garde à la soixante-treizième année, persuadé qu'il vivrait jusqu'à ce terme et ne songeant pas du tout à l'âge de Galba, il se mit à compter non seulement sur la vieillesse, mais encore sur un bonheur constant et sans égal, au point qu'ayant perdu dans un naufrage des objets très précieux, il n'hésita pas à dire, au milieu de ses amis, « que les poissons les lui rapporteraient ». *Ut vero consulo Delphis Apolline septuagensimum ac tertium annum cavendum sibi audivit, quasi eo Galbea, tanta fiducia non modo senectam sed etiam perpetuam singularemque concepit felicitatem, ut amissis naufragio pretiosissimis rebus non dubitaverit inter suos dicere pisces eas sibi relaturos* ; D. C., LXIII, 14, 2 : « Le même (Néron) donna à la Pythie, pour un oracle rendu à son gré, cent mille drachmes, que Galba lui reprit. Il déposséda Apollon du territoire de Cirrha, soit colère contre ce dieu qui lui avait rendu quelque fâcheuse réponse, soit transport de fureur, le donna aux soldats, et supprima l'oracle en jetant des hommes qu'il avait égorgés dans l'ouverture même du lieu d'où sortait le souffle sacré. » ὅτι ὁ

αὐτὸς τῇ Πυθίᾳ δέκα μυριάδας ἔδωκεν, ὅτι τινὰ κατὰ γνώμην αὐτοῦ ἐθέσπισεν· ἃς ὁ Γάλβας ἐκομίσατο. τοῦ δὲ δὴ Ἀπόλλωνος, εἴτ' οὖν ἀγανακτήσας ὅτι λυπηρά τινα προεῖπεν αὐτῷ, εἴτε καὶ ἄλλως μανείς, τήν τε χώραν τὴν Κιρραίαν ἀφείλετο καὶ στρατιώταις ἔδωκε, καὶ τὸ μαντεῖον κατέλυσεν, ἀνθρώπους ἐς τὸ στόμιον ἐξ οὗ τὸ ἱερὸν πνεῦμα ἀνῄει σφάξας ; Philostr., *Nero*, p. 642-643 : « Le dieu de Pytho s'était contenté de le classer dans la catégorie des Orestes et des Alcméons à qui leur matricide avait aussi procuré un titre de gloire, quand ils eurent vengé leur père. Mais lui se trouvait tout à fait incapable de dire qui il avait vengé. Il se considérait donc comme insulté par la divinité pour un jugement au-dessous de la vérité. » (trad. personnelle) Καίτοι τοῦ Πυθίου καταλέξαντος αὐτὸν ἐς τοὺς Ὀρέστας τε καὶ Ἀλκμαίωνας, οἱ|ς τὸ μητροκτονῆσαι καὶ λόγον τινὰ εὐκλείας ἔδωκεν, ἐπειδὴ πατράσιν ἐτιμώρησαν, ὁ δὲ μηδαμῶς εἰπεῖν ἔχων, ὅτῳ ἐτιμώρησεν, ὑβρίσθαι ὑπὸ τοῦ θεοῦ ᾤετο πρᾳότερα τῶν ἀληθῶν ἀκούων, voir Const. Porph., *Sent.* 252, 6-7 Boissevain : Ὅτι ἀπὸ Δελφῶν ταχέως ἐξῆλθε λέγων ὅτι ζηλοτυπεῖ τὴν φωνὴν αὐτοῦ ὁ Ἀπόλλων. Faut-il entendre que, par flagornerie, les thuriféraires de Néron jugèrent que la réponse défavorable du dieu reflétait la jalousie inspirée par ses performances d'artiste.

9. Voir le récit d'Hérodote (I, 50) : « Quand il en eut fini avec ce sacrifice (à Apollon à Delphes, Crésus) fit fondre une énorme quantité d'or et en fit façonner au marteau des demi-briques ; on les fit de six palmes dans le sens de la plus grande longueur, de trois dans le sens de la moindre, et d'une palme d'épaisseur ; leur nombre était de cent dix-sept. De ces demi-briques, quatre étaient fondues en or épuré, pesant chacune deux talents et demi ; les autres, en or blanc pesant deux talents. » ὡς δὲ ἐκ τῆς θυσίης ἐγένετο, καταχεάμενος χρυσὸν ἄπλετον ἡμιπλίνθια ἐξ αὐτοῦ ἐξήλαυνε, ἐπὶ μὲν τὰ μακρότερα ποιέων ἑξαπάλαστα, ἐπὶ δὲ τὰ βραχύτερα τριπάλαστα, ὕψος δὲ παλαστιαῖα, ἀριθμὸν δὲ ἑπτακαίδεκα καὶ ἑκατόν, καὶ τούτων ἀπέφθου χρυσοῦ τέσσερα, τρίτον ἡμιτάλαντον ἕκαστον ἕλκοντα, τὰ δὲ ἄλλα ἡμιπλίνθια λευκοῦ χρυσοῦ, σταθμὸν διτάλαντα.

10. Comme le rappelle à juste titre Catherine Saliou, « Jouir sans entraves ? La notion de τρυφή dans l'*Éloge d'Antioche* de Libanios » dans Odile Lagacherie et Pierre-Louis Malosse (éd.), *Libanios, le premier humaniste. Études en hommage à Bernard Schouler,* Alessandria, 2011, p. 153-165, particulièrement p. 153. le mot τρυφή est toujours malaisé à traduire. On verra Tondriau, J., « La Tryphè philosophie royale ptolémaïque » dans *REA* 50 (1948), p. 49-54 ; Bollansée, J., « Clearchus'treatise *On modes of life* and the theme of t*ryphè* » dans *Ktèma* 33 (2008), p. 403-411 (à propos du traité Περὶ βίων du péripatéticien Cléarque de Soles) ; Schneider, J.-P., art. C 141 *Cléarque de Soles* dans *DPhA* II, p. 415-420, surtout p. 418-419. La présente note a bénéficié de suggestions de Madame Catherine Bry que je remercie ici.

Page 130

12. Allusion à l'anecdote de Lycurgue, voir *Or.* 7, 19, 97 avec t. II, p. 577, n.181

14. Voir déjà *Or.* 7, 19, 97 b.

15. Allusion aux syssities, dont Thémistios parle ailleurs, tout aussi allusivement, *Or.* 24, 1, 301 b, voir Ollier, F. (1933), p. 30-31. Les plus connues sont celles de Laconie, dont Aristote souligne les origines crétoises (*Pol.*, II, 10, 4-5, 1271 b 40-1272 a 4) : « Le système crétois a quelque analogie avec celui des Laconiens : les Hilotes cultivent la terre pour ceux-ci et les Périèques pour les Crétois ; dans les deux États il y a des repas en commun ; les Laconiens les appelaient autrefois, non pas *phidities*, mais *andries* comme les Crétois, ce qui prouve que cette institution est venue de là. » ἔχει δ' ἀνάλογον ἡ Κρητικὴ τάξις πρὸς τὴν Λακωνικήν. γεωργοῦσί τε γὰρ τοῖς μὲν εἵλωτες τοῖς δὲ Κρησὶν οἱ περίοικοι, καὶ συσσίτια παρ' ἀμφοτέροις ἔστιν, καὶ τό γε ἀρχαῖον ἐκάλουν οἱ Λάκωνες οὐ φιδίτια ἀλλὰ ἀνδρεῖα, καθάπερ οἱ Κρῆτες, ᾗ καὶ δῆλον ὅτι ἐκεῖθεν ἐλήλυθεν. Plus loin, Aristote en offre une description comparée (7-8, 1272 a 12-21) : « Il est vrai que le régime des repas en commun est meilleur chez les Crétois que chez les Laconiens ; à Lacédémone chacun fournit la quote-part imposée par tête, sinon une loi le prive de toute participation à la vie politique, comme on l'a dit auparavant ; en Crète, ils ont un caractère plus communautaire : sur l'ensemble des produits de la terre et du cheptel appartenant à l'État et sur les redevances payées par les Périèques, la loi fixe une part pour le culte des dieux et les services publics et l'autre pour les repas en commun, de sorte que tous, femmes, enfants et hommes, sont entretenus aux frais de la communauté » τὰ μὲν οὖν τῶν συσσιτίων ἔχει βέλτιον τοῖς Κρησὶν ἢ τοῖς Λάκωσιν. ἐν μὲν γὰρ Λακεδαίμονι κατὰ κεφαλὴν ἕκαστος εἰσφέρει τὸ τεταγμένον, εἰ δὲ μή, μετέχειν νόμος κωλύει τῆς πολιτείας, καθάπερ εἴρηται καὶ πρότερον, ἐν δὲ Κρήτῃ κοινοτέρως· ἀπὸ πάντων γὰρ τῶν γινομένων καρπῶν τε καὶ βοσκημάτων δημοσίων, καὶ ἐκ τῶν φόρων οὓς φέρουσιν οἱ περίοικοι, τέτακται μέρος τὸ μὲν πρὸς τοὺς θεοὺς καὶ τὰς κοινὰς λειτουργίας, τὸ δὲ τοῖς συσσιτίοις, ὥστ' ἐκ κοινοῦ τρέφεσθαι πάντας, καὶ γυναῖκας καὶ παῖδας καὶ ἄνδρας cf. *Souda,* Λ 824, *s.v.* Λυκοῦργος · καὶ μέντοι καὶ τὰ φιλίτια, οἷά ἐστι συμπόσια, μεμιγμένους ἔχοντα ταῖς ἡδοναῖς τοὺς πόνους · οὐ γὰρ στρωμνή τις ὑπέκειτο εὐωχουμένοις, ἀλλ´ὑπὸ τοῖς ἀγκῶσι κοιλανθεὶς ὁ λίθος ἢ ξύλον. Elles jouaient un rôle dans l'organisation militaire au temps d'Épaminondas, Polyaen., II, 3, 11. Aristote évoque aussi les syssities de Carthage (*Pol.,* II, 11, 3, 1272 b 33-34). Les institutions disposant d'un συσσίτιον n'étaient pas si rares, pour les Esséniens, Ph., *Quod omnis probus,* 86 ; pour le Mouseion d'Alexandrie, Str., XVII, 1, 8, p. 794 C.

16. L'Eurôtas arrose Sparte.

17. En septembre 384, les Perses avaient envoyé une ambassade à Constantinople, LIPPOLD, A., art. 10 *Theodosius* I., dans *RE SupplB* XIII (1973), col. 867. Peut-être est-ce à cette négociation que fait allusion ici Thémistios, LEPPIN, H. (1998), p. 304, n. 17. Pour un développement sur les difficultés de politique extérieure sur le front perse, voir *supra*, p. LXIV-LXV.

Page 131

20. Voir *Or.* 7, 19, 97 c et t. II, p. 578-579, n. 182. On complètera la note par Hdt., I, 48 : « Effectivement, après avoir expédié aux différents sanctuaires les députés chargés de consulter, Crésus, observant le jour fixé, s'était avisé de ceci : imaginant une chose qui fût impossible à deviner et à laquelle on ne pût pas songer, il avait coupé par morceaux une tortue et un agneau et les avait de sa main fait bouillir ensemble dans un chaudron d'airain sur quoi il avait mis un couvercle d'airain. »

23. Le thème reviendra souvent dans les textes de loi, édits, novelles ou discours chrysobulles, HUNGER, H. (1964), p. 103, notamment au VIe s., JUST., *Nov.* 7, pr. p. 49, 14-16, p. 49 (16 avril 535) : Ταῦτα οὖν ἡμεῖς ἐπανορθοῦντες ἅπαντα μίαν ᾠήθημεν χρῆναι νομοθεσίαν ἐπιθεῖναι ; 14, pr. p. 105, 32-34 (1er déc. 535) : καὶ εἴ τι παραλελειμμένον ἦν τοῖς πρὸ ἡμῶν, καὶ τοῦτο δι' ἑτέρων ἐπηνωρθωσάμεθα νόμων ; 21, pr. p. 145, 5-7 (17 mars 536) : Καὶ ᾠήθημεν χρῆναι ῥητῷ νόμῳ κἀκεῖνο ἐπανορθῶσαι τὸ κακῶς παρ' αὐτοῖς ἁμαρτανόμενον.

24. La leçon παραδεικνύναι des manuscrits est peu satisfaisante pour le sens. Les verbes παραμίγνυμι, παραλεαίνω et παραγλυκαίνω sont étrangers au lexique des discours de notre écrivain. En revanche, en *Or.* 16, 19, 212 d on trouve une locution de même style : οὐ παραρρήξας τοὺς νόμους, ἀλλὰ πραΰνας, ὅτι καὶ αὐτὸς νόμος ἔμψυχος εἶ.

25. Sur le thème, voir *Or.* 5, 2, 64 b et t. II, p. 490, n. 12.

Page 132

26. Thémistios reproduit ici le mouvement oratoire qu'il a déjà utilisé en s'adressant à Valentinien Ier et à Valens, *Or.* 6, 9, 77 a ; à Valentinien le Galate, *Or.* 9, 6, 123 c ; à Gratien et à Valens, *Or.* 13, 22, 179 d ; et à Arcadius, *Or.* 18, 12, 224 d, cf. *Or.* 34, 24.

28. La tournure paraît imiter un passage de Xénophon, où il s'agit de l'apprentissage des lois chez les Perses (*Cyr.,* I, 2, 2) : « Or, il semble que ces lois ne commencent pas à s'occuper de l'intérêt public au même moment que dans la plupart des États. » οὗτοι δὲ δοκοῦσιν οἱ νόμοι ἄρχεσθαι τοῦ κοινοῦ ἀγαθοῦ ἐπιμελούμενοι οὐκ ἔνθενπερ ἐν ταῖς πλείσταις πόλεσιν ἄρχονται.

30. L'opposition est celle du blanc et du noir, le blanc désignant l'acquittement et le noir, la culpabilité équivalant parfois à une condamnation à mort. Plus loin dans le texte, on retrouve, dans le même ordre, la main droite et la main gauche.

31. Les éditeurs impriment la locution adverbiale sous la forme ἄπο θυμοῦ, DINDORF, G. (1832), p. 278, DOWNEY, G. (1965), p. 332 et MAISANO, R. (1995), p. 652. On ne la trouve que dans un seul autre passage d'une lettre prêtée au tyran Périandre de Corinthe (2, 2 éd. Hercher) : Ἐμὶν μὲν ἀκούσιον τᾶς δάμαρτος τὸ ἄγος, τὺ δὲ ἑκὼν τῷ παιδί με ἄπο θυμοῦ ποιήσαις ἀδικεῖς. En revanche, on lit déjà ἀπὸ θυμοῦ chez Homère (A 562), et l'expression devint très courante. Nous ne voyons pas pourquoi il faudrait imprimer ἄπο et nous adoptons la leçon du manuscrit Δ.

Page 133

33. HOM. Θ 69-74 : « Alors le Père des dieux déploie sa balance d'or ; il y place les deux déesses du trépas douloureux, celle des Troyens dompteurs de cavales, celle des Achéens à la cotte de bronze ; puis, la prenant par le milieu, il la soulève, et c'est le jour fatal des Achéens qui penche. Les déesses de mort des Achéens se posaient sur la terre nourricière ; celle des Troyens au contraire montèrent vers le vaste ciel. » καὶ τότε δὴ χρύσεια πατὴρ ἐτίταινε τάλαντα (= X 209)· | ἐν δ' ἐτίθει δύο κῆρε τανηλεγέος θανάτοιο | Τρώων θ' ἱπποδάμων καὶ Ἀχαιῶν χαλκοχιτώνων, ἕλκε δὲ μέσσα λαβών· ῥέπε δ' αἴσιμον ἦμαρ Ἀχαιῶν. | αἳ μὲν Ἀχαιῶν κῆρες ἐπὶ χθονὶ πουλυβοτείρῃ | ἑζέσθην, Τρώων δὲ πρὸς οὐρανὸν εὐρὺν ἄερθεν. Les vers 73-74 avaient déjà été condamnés par Aristarque, MAZON, P. (1947), p. 28, n. 2. Les mots αἱ μὲν ... ἑζέσθην sont en effet pour le sens une répétition de ῥέπε ... Ἀχαιῶν du vers précédent. D'autre part, le poète y fait allusion à plus d'une déesse de mort pour chacun des partis, et non d'une seule comme dans les vv. 69-72. Le mots ἐξαίρεται ὑψοῦ ἀεὶ πρὸς τὸν ούρανόν prouvent que Thémistios connaissait les vers intrus.

34. HOM. Ω 527-533, voir *Or.* 6, 11, 79 c, t. II, p. 275-276.

Page 134

43. Il s'agit de l'empereur Caracalla né le 4 avril 186 (ou 88) qui régna du 4 février 211 au 8 avril 217, KIENAST, D. (1990), p. 162-165.

44. En *Or.* 34, 7, dans un développement analogue, Thémistios cite les empereurs Adrien, Marc Aurèle et Antonin le Pieux ; tous trois périrent de façon naturelle, contrairement à Néron, Domitien et Caracalla, qui furent assassinés, voir la note *ad loc.*

45. Les § 1-3 ont bénéficié d'une traduction de la plume de Chausson, F. (2007), p. 219.

46. Allusion à la victoire remportée par Théodose, qui commandait alors des troupes au service de Gratien (THDT., *HE,* V, 5, 2-4) ou à la paix conclue avec les barbares, le 3 octobre 382, MAISANO, R. (1995), p. 654, n. 24 ; LEPPIN, H. (1998), p. 306, n. 30.

47. Voir déjà *Or.* 13, 16, 176 a. Fils de Dropidès, Clitos était un général macédonien qui avait combattu sous Philippe. Il fut tué

pour avoir condamné l'adulation dont Alexandre faisait l'objet et pour avoir ravalé ses hauts faits qu'il plaçait après ceux de Philippe, voir Curt., VIII, 1, 38-52 ; Plu. *Alex.*, 50, 1-51, 10 ; Arr., *An.*, IV, 8, 4-8. Les historiens et biographes donnent le détail, sujet à variations, de l'échange des propos.

48. Que signifie l'ἑταιρεία à laquelle, d'après les manuscrits, Thémistios fait allusion ? On ne voit pas qu'il puisse s'être agi d'une quelconque association politique. On pourrait supposer que le mot désigne l'ensemble des ἑταῖροι, c'est-à-dire des gardes du corps d'Alexandre. Toutefois, on ne trouve pas d'emploi du vocable au féminin dans ce sens. En revanche, qu'une femme ait rapporté à Alexandre les propos déplaisants de Philôtas est avéré par les textes. Dans ce cas, comme l'ont bien vu Maisano, R. (1995), p. 101 et 654, et Leppin, H. (1998), p. 307, n. 31, l'émendation ἑταίραν de Cobet s'impose. Thémistios a-t-il suivi la version de Plutarque (*Alex.*, 48, 4-7) : « À l'époque où l'on prit à Damas les trésors de Darius vaincu en Cilicie, parmi les nombreux prisonniers qu'on amena dans le camp, se trouvait une femme, originaire de Pydna, d'une beauté remarquable, nommée Antigonè ; elle échut à Philôtas. Jeune, avec une femme aimée, il ne se gêna pas pour tenir en buvant beaucoup de propos de soldat fanfaron, s'attribuant, à lui et à son père, le mérite des plus grands exploits, et traitant Alexandre de gamin qui leur devait son renom de conquérant. La femme rapporta ses propos à un autre, en sorte qu'ils parvinrent aux oreilles de Cratère, qui, emmenant Antigonè avec lui, la conduisit secrètement auprès d'Alexandre. » ὅτε γὰρ τὰ περὶ Δαμασκὸν ἑάλω χρήματα Δαρείου νικηθέντος ἐν Κιλικίᾳ, πολλῶν σωμάτων κομισθέντων εἰς τὸ στρατόπεδον, εὑρέθη γύναιον ἐν τοῖς αἰχμαλώτοις, τῷ μὲν γένει Πυδναῖον, εὐπρεπὲς δὲ τὴν ὄψιν· ἐκαλεῖτο δ' Ἀντιγόνη· τοῦτ' ἔσχεν ὁ Φιλώτας. οἷα δὲ νέος πρὸς ἐρωμένην καὶ σὺν οἴνῳ πολλὰ φιλότιμα καὶ στρατιωτικὰ παρρησιαζόμενος ἑαυτοῦ τὰ μέγιστα τῶν ἔργων ἀπέφαινε καὶ τοῦ πατρός, Ἀλέξανδρον δὲ μειράκιον ἀπεκάλει, δι' αὐτοὺς τὸ τῆς ἀρχῆς ὄνομα καρπούμενον. ταῦτα τῆς γυναικὸς ἐκφερούσης πρός τινα τῶν συνήθων, ἐκείνου δ' ὡς εἰκὸς πρὸς ἕτερον, περιῆλθεν εἰς Κρατερὸν ὁ λόγος, καὶ λαβὼν τὸ γύναιον εἰσήγαγε κρύφα πρὸς Ἀλέξανδρον ? Les rodomontades de Philôtas sont répétées dans *Mor.*, 339 E, ainsi que le jeu d'Antigonè. Ni chez Diodore de Sicile (XVII, 79, 1-80, 2) ni chez Quinte Curce (VII, 7-11, 38) ni chez Arrien (III, 26, 1-3), on ne voit une femme intervenir. Sur Philôtas, exécuté à l'automne 330, Wirth, G., art. *Philotas,* dans *KP* 4, col. 784-785.

49. Sur Parménion, voir déjà *Or.* 10, 3, 130 b et t. II, p. 617, n. 11.

Page 135

52. Tel qu'il est transmis par les manuscrits, le texte n'est pas clair. Thémistios oppose l'ouïe aux autres sens, comme la nature à l'homme. C'est la supposition qu'avait faite Reiske, suivi par Leppin, H. (1998), p. 307, n. 33. Maisano, R. (1995), p. 654 traduit « ma la colpa, più che degli uomini, è della natura », et conserve le texte des manuscrits sans y rien modifier. Roulez, J. I. G. (*Observationes criticae in Themistii orationes,* diss. Louvain, 1828, p. 53) souligne des emplois dans lesquels μᾶλλον est perdu avant ἤ, *Or.* 1, 19, 13 B φιλανθρωπίας γὰρ ἴδιον εὖ ποιεῖν, ἢ κακῶς, et 19, 7, 231 C ταύτην ἐγὼ τὴν μεταμόρφωσιν ἠγάσθην, ἢ ἣν παρ' Ὁμήρῳ μετεμόρφωσεν Ἀθηνᾶ τὸν Ὀδυσσέα. Mais, dans le premier cas, la proposition est interrogative et a un accent socratique. Seul le second passage doit être évoqué ; il a déjà fait l'objet d'une conjecture de Petau. Certes, on trouve des passages où l'adverbe μᾶλλον a été omis par les manuscrits. C'est le cas (Blass, Fr.-Debrunner, A., *Grammatik des neutestamentlichen Griechisch,* 15e éd., Göttingen, 1979, § 480, 4, p. 410) en 1 Cor 14, 19 : « mais dans une assemblée, je préfère dire cinq paroles intelligibles pour instruire aussi les autres, plutôt que dix mille en langues. » (trad. *TOB*, p. 1667) ἀλλὰ ἐν ἐκκλησίᾳ θέλω πέντε λόγους τῷ νοΐ μου λαλῆσαι, ἵνα καὶ ἄλλους κατηχήσω, ἢ μυρίους λόγους ἐν γλώσσῃ. Toutefois, dans le grec tardif comme celui du Nouveau Testament, θέλω revêt le sens très vigoureux de « préférer ». Je propose donc de lire ici <μᾶλλον> ἤ, voir *infra,* 7, 231 b τῆς φύσεως μᾶλλον τῶν ὤτων. On s'explique bien un saut du même pour des onciales de formes similaires M | H.

Page 136

53. Allusion à Hérodote (VIII, 98) qui parle de la défaite essuyée par les Perses à Salamine : « Il n'est pas d'être mortel qui parvienne où il veut aller plus vite que ces messagers ; tel est ce qu'ont imaginé les Perses. Autant que comporte de journées l'ensemble de la route, autant, dit-on, de chevaux et d'hommes y sont disposés à intervalles, un cheval et un homme pour chaque étape d'une journée ; et ni la neige ni la pluie ni la chaleur ni la nuit n'empêche que chacun accomplisse à toute vitesse la course qui lui incombe ; le premier courrier remet au second les messages dont il est chargé, le second au troisième, et ainsi de suite ils arrivent au but en passant de l'un à l'autre, comme chez les Grecs la course des porteurs de flambeau qu'on célèbre en l'honneur d'Héphaistos. Ce service de courriers à cheval s'appelle en langue perse *aggareion.* » τούτων δὲ τῶν ἀγγέλων ἔστι οὐδὲν ὅ τι θᾶσσον παραγίνεται θνητὸν ἐόν· οὕτω τοῖσι Πέρσῃσι ἐξεύρηται τοῦτο. λέγουσι γὰρ ὡς ὁσέων ἂν ἡμερέων <ᾖ> ἡ πᾶσα ὁδός, τοσοῦτοι ἵπποι τε καὶ ἄνδρες διεστᾶσι, κατὰ ἡμερησίην ὁδὸν ἑκάστην ἵππος τε καὶ ἀνὴρ τεταγμένος· τοὺς οὔτε νιφετός, οὐκ ὄμβρος, οὐ καῦμα, οὐ νὺξ ἔργει μὴ οὐ κατανύσαι τὸν προκείμενον αὐτῷ δρόμον τὴν ταχίστην.

ὁ μὲν δὴ πρῶτος δραμὼν παραδιδοῖ τὰ ἐντεταλμένα τῷ δευτέρῳ, ὁ δὲ δεύτερος τῷ τρίτῳ· τὸ δὲ ἐνθεῦτεν ἤδη κατ' ἄλλον <καὶ ἄλλον> διεξέρχεται παραδιδόμενα, κατάπερ <παρ'> Ἕλλησι ἡ λαμπαδηφορίη τὴν τῷ Ἡφαίστῳ ἐπιτελέουσι. τοῦτο τὸ δράμημα τῶν ἵππων καλέουσι Πέρσαι ἀγγαρήιον. L'image que retient Thémistios est celle d'une course de relais, où chaque fanal correspond à un coureur. Sur le plan de la syntaxe, le participe διαπεμπομένην s'accorde avec λαμπαδηφορίαν, sans qu'il soit besoin de corriger, comme l'avait bien vu Maisano, R. (1995), p. 656, *pace* Schenkl et Leppin, H. (1998), p. 308, n. 34.

54. Hom. Π 439-461, voir encore *Or.* 32, 11, 363 c. Ici, Thémistios procède à une belle analyse du passage homérique, traité plus sommairement dans l'*Or.* 32.

56. Arcadius.

57. Le sens du mot ἀμφιθαλής est normalement « issu de parents toujours en vie ». Dans les inscriptions agonistiques, il désignait le porteur des feuilles devant servir de couronne pour les athlètes victorieux, Robert, L., « Ἀμφιθαλής » dans *HSPh Suppl.* I (1940), p. 509-519.

Page 137

58. Leppin, H. (1998), p. 308, n. 39 a raison de s'interroger sur la leçon des manuscrits. On avouera pourtant que l'émendation de Petau κουφότερα, qu'il retient, semble bien dure, à moins que l'on ne doive expliquer la corruption du texte par la présence d'une glose introduite dans le texte.

61. Hom. ε 47 : « il saisit son caducée dont il charme le regard des humains » εἵλετο δὲ ῥάβδον, τῇ τ' ἀνδρῶν ὄμματα θέλγει et surtout : ω 1-4 : « Répondant à l'appel de l'Hermès du Cyllène, les âmes des seigneurs prétendants accouraient : le dieu avait en mains la belle verge d'or, dont il charme les yeux des mortels ou les tire à son gré du sommeil. » Ἑρμῆς δὲ ψυχὰς Κυλλήνιος ἐξεκαλεῖτο | ἀνδρῶν μνηστήρων· ἔχε δὲ ῥάβδον μετὰ χερσὶ | καλὴν χρυσείην, τῇ τ' ἀνδρῶν ὄμματα θέλγει | ὧν ἐθέλει, τοὺς δ' αὖτε καὶ ὑπνώοντας ἐγείρει·.

Page 138

63. Des rapprochements avaient déjà été établis par Petau, voir Dindorf, W. (1832), p. 643 avec Auguste. Le conseil est placé dans la bouche de l'impératrice Livie (D. C., LV, 16, 5-9) : « Nous réussirons bien plus sûrement, selon moi, par la clémence que par la sévérité. Non seulement ceux dont on a eu pitié témoignent à ceux qui leur ont pardonné un amour qui engendre le désir d'acquitter leur dette ; mais, bien plus, tous les autres hommes conçoivent pour l'auteur de cet acte du respect et de la vénération, en sorte qu'on n'ose plus l'offenser ; celui au contraire qui se montre inexorable dans sa colère est non seulement haï de ceux qui le redoutent, mais, de plus, il est détesté

du reste des hommes, qui, par suite, lui tendent des pièges, afin de ne pas être eux-mêmes des victimes. » Καὶ γάρ μοι δοκεῖ πολλῷ πλείω φιλανθρωπίᾳ ἤ τινι ὠμότητι κατορθοῦσθαι. Τοὺς μὲν γὰρ συγγνώμονας οὐ μόνον οἱ ἐλεηθέντες ὑπ' αὐτῶν φιλοῦσιν, ὥστε καὶ ἀμείβεσθαί σφας σπουδάζειν, ἀλλὰ καὶ οἱ ἄλλοι πάντες καὶ αἰδοῦνται καὶ σέβουσιν, ὥστε μὴ εὐτολμεῖν αὐτοὺς ἀδικεῖν· τοὺς δ' ἀπαραιτήτοις ὀργαῖς χρωμένους οὐκ ἐκεῖνοι μόνοι οἵ τι φοβούμενοι μισοῦσιν, ἀλλὰ καὶ οἱ λοιποὶ πάντες δυσχεραίνουσι, καὶ ἐκ τούτου καὶ ἐπιβουλεύουσιν αὐτοῖς, ἵνα μὴ προαπόλωνται ; voir aussi Ps.-Sall., *Rep.*, 1, 3, 2-3 : « Pour moi, j'estime que tout pouvoir qui s'appuie sur la cruauté est plus pénible que durable, et que nul homme ne peut se faire craindre de la foule sans que la crainte de cette foule ne rejaillisse sur lui ; que mener une telle vie c'est soutenir une guerre perpétuelle et sur plusieurs fronts, puisque également sans défense de face, de dos ou de flancs, on est sans cesse en péril ou en alarme. Ceux qui au contraire ont su tempérer la rigueur du pouvoir par la bonté et la clémence n'y ont trouvé que joie et sérénité, ils ont même été mieux traités par leurs ennemis que d'autres par leurs concitoyens. » *Equidem ego cuncta imperia crudelia magis acerba quam diuturna arbitror neque quemquam multis metuendum esse quin ad eum ex multis formido reccidat eam vitam bellum aeternum et anceps gerere quoniam neque adversus neque ab tergo aut lateribus tutus sis semper in periculo aut metu agites. Contra qui benignitate et clementia imperium temperavere, iis laeta et candida omnia visa, etiam hostes aequiores quam aliis cives ;* Sen., *Clem.*, I, 8, 6-7 « Pour les rois une sécurité gagnée par la douceur offre plus de sûreté, parce que l'exercice répété de la vengeance, s'il étouffe la haine d'un petit nombre, excite celle de tous. Il faut que la volonté de sévir cesse avant le motif qui l'a provoquée, autrement, de la même manière que des arbres coupés repoussent en de multiples branches et que de nombreuses variétés de plantes sont taillées pour qu'elles grandissent avec plus de densité, ainsi la cruauté d'un roi augmente le nombre de ses ennemis en les supprimant, car les parents et les enfants des victimes, leurs proches et leurs amis viennent prendre la place de chacune d'elles. » *regibus certior est ex mansuetudine securitas, quia frequens vindicta paucorum odium obprimit, omnium inritat. Voluntas oportet ante saeviendi quam causa deficiat ; alioqui, quemadmodum praecisae arbores plurimis ramis repullulant et multa satorum genera, ut densiora surgant, reciduntur, ita regia crudelitas auget inimicorum numerum tollendo ; parentes enim liberique eorum, qui interfecti sunt, et propinqui et amici in locum singulorum succedunt* et Ps.-Arist., *Roy.*, 7, p. 19 Lippert : « Ceterum est mea de te opinio te diligere dignitatem, inprimis si ea a potentibus et fortibus viris tibi contingat, et optate, ut eam non timore sed verecundia eorum consequare ; hoc vero certe tibi continget, si praefers, qui te honorent et adulentur et familiaritatem tuam quaerant ».

64. L'empereur visé serait Pertinax, d'après Petau, DINDORF, W. (1832), p. 643, qui cite Hérodien, II, 4, 1. Les débuts de Pertinax (31 déc. 192-28 mars 193) faisaient penser à Marc Aurèle : « On espérait trouver en lui, au lieu d'un empereur, un chef et un père vénérable et paisible. Il ordonna aux soldats de mettre un terme aux excès auxquels ils se livraient contre les citoyens et de ne plus avoir de hache à la main ni non plus de frapper les gens qu'ils rencontraient. Il tenta de réintroduire partout l'ordre et la discipline et montra en public et dans les audiences judiciaires un naturel doux et amène. En prenant comme exemple et en imitant la façon de gouverner de Marc Aurèle, il rappelait aux gens âgés, pour leur satisfaction, le règne de ce dernier ; quant aux autres, qui étaient passés d'une tyrannie cruelle excessive à une vie faite de tempérance et d'absence de soucis, il s'attira très aisément leur sympathie. » σεμνὸν καὶ ἤπιον ἄρχοντα καὶ πατέρα, οὐ βασιλέα ἕξειν ἐλπίζοντες. τούς τε γὰρ στρατιώτας ἐκέλευσε παύσασθαι τῆς πρὸς τοὺς δημότας ὕβρεως καὶ μήτε πελέκεις φέρειν μετὰ χεῖρας μήτε παίειν τινὰ τῶν παριόντων, ἔς τε τὸ κόσμιον καὶ εὔτακτον μετάγειν πάντα ἐπειρᾶτο, ἔν τε ταῖς προόδοις καὶ τοῖς δικαστηρίοις πρᾶον καὶ ἥμερον ἦθος ἐπεδείκνυτο. καὶ τῆς Μάρκου ἀρχῆς ζήλῳ τε καὶ μιμήσει τοὺς μὲν πρεσβυτέρους ὑπομιμνήσκων εὔφραινε, τοὺς δ' ἄλλους πάντας ἐξ ὠμῆς καὶ ἐφυβρίστου τυραννίδος ἐς σώφρονα καὶ ἀμέριμνον βίον μεταχθέντας ῥᾷστα ἐς εὔνοιαν ᾠκειώσατο. Le rapprochement est-il pertinent ? Non, à mon sens. La suite le montre bien (5, 8) : « En s'efforçant de leur tenir un langage de ce genre, Pertinax était déjà presque arrivé à persuader une quantité non négligeable de prétoriens : ceux-ci firent demi-tour et se retirèrent, pleins de respect pour la vieillesse du vénérable empereur. Le vieil homme parlait encore quand certains d'entre eux se précipitent sur lui et le tuent. » τοιαῦτά τινα λέγειν αὐτοῖς πειρώμενος ἤδη τινὰς αὐτῶν καὶ πείσειν ἔμελλε, καὶ οὐκ ὀλίγοι γε ἀποστραφέντες ἀνεχώρουν σεμνοῦ βασιλέως γῆρας αἰδούμενοι· ἔτι δὲ λαλοῦντα τὸν πρεσβύτην <οἱ θρασύτεροι> ἐπιπεσόντες φονεύουσι. Comme la plupart de ses prédécesseurs, Thémistios ne disposait que de données rares et confuses sur ce qui s'était passé dans le monde romain quelque cent cinquante ans plus tôt. Mieux vaut considérer que sa remarque avait une portée très générale.

65. L'image, voir Prächter, K. (1892), p. 399-414, plus spécialement p. 401, a une longue histoire, qui remonte à Thrasybule de Milet [Thrasybule devint *prytanis*, c'est-à-dire *aisymnète* vers 600 aCn, puis tyran, PATZEK, Barbara, art. *Thrasybulus* et *Periandros,* dans *Der kleine Pauly* (consultés le 3 juin 2020)]. offrant une leçon de gouvernement à Périandre de Corinthe (sans doute de 627 à 585 aCn) en lui montrant son champ, HDT., V, 92 ε : « Thrasybule mena hors la ville l'émissaire de Périandre et entra dans un champ ensemencé ; en parcourant les blés, il questionnait et requestionnait le héraut au sujet de sa venue de Corinthe ; et, en même temps, il coupait tous les épis qu'il voyait

dépasser les autres, et, coupés, les jetait à terre, jusqu'à ce que, ce faisant, il eut détruit ce qu'il y avait de plus beau et de plus beau dans ce blé. Le champ parcouru, sans donner un mot de conseil, il congédia le héraut. » Θρασύβουλος δὲ τὸν ἐλθόντα παρὰ τοῦ Περιάνδρου ἐξῆγε ἔξω τοῦ ἄστεος, ἐσβὰς δὲ ἐς ἄρουραν ἐσπαρμένην ἅμα τε διεξήιε τὸ λήιον ἐπειρωτῶν τε καὶ ἀναποδίζων τὸν κήρυκα κατὰ τὴν ἀπὸ Κορίνθου ἄπιξιν, καὶ ἐκόλουε αἰεὶ ὅκως τινὰ ἴδοι τῶν ἀσταχύων ὑπερέχοντα, κολούων δὲ ἔρριπτε, ἐς ὃ τοῦ ληίου τὸ κάλλιστόν τε καὶ βαθύτατον διέφθειρε τρόπῳ τοιούτῳ. Διεξελθὼν δὲ τὸ χωρίον καὶ ὑποθέμενος ἔπος οὐδὲν ἀποπέμπει τὸν κήρυκα. Dans le même sens, Lib., *Or.* 1, 152 : ὥσπερ γὰρ ὁ Θρασύβουλος τοὺς τῶν ἀσταχύων ὑπερέχοντας ἐξέκοπτεν, οὕτως ἡ Τύχη τῶν ὁμιλητῶν τοὺς ἀρίστους ἥρπασεν (l'écrivain déplore l'appauvrissement de son auditoire) et Théophyl, *Ad princ. Constantin.*, p. 197 éd. Gautier : Ἀεὶ τοίνυν κόπτει τῶν ἀσταχύων τοὺς προὔχοντας. À la faveur d'une lettre à Périandre prêtée à Thrasybule, Diogène Laërce (I, 100) tire plus brièvement l'enseignement attendu, voir enore E., *Supp.*, 447-449 : « Que peut-il donc rester de force à la patrie, lorsque, comme en un champ que le printemps fleurit, on y vient moissonner l'épi de la vaillance. » πῶς οὖν ἔτ' ἂν γένοιτ' ἂν ἰσχυρὰ πόλις | ὅταν τις ὡς λειμῶνος ἠρινοῦ στάχυν | τομαῖς ἀφαιρῆι κἀπολωτίζηι νέους. Chez Aristote (*Pol.*, III, 16-17, 1284 a 26-32 et V, 13, 1311 a 20-23), les rôles s'inversent. C'est Périandre qui administre la leçon à l'émissaire de Thrasybule. Le récit de Tite-Live (I, 54, 6-7) oppose le tyran Sextus Tarquin, maître de Gabies, à son père dit le Superbe : « Le messager ne parut sans doute pas sûr au roi, car il ne lui fit pas de réponse verbale ; feignant d'être perplexe, il passe dans le jardin du palais, suivi du messager de son fils, et là, tout en se promenant sans mot dire, il décapitait, dit-on, avec une baguette les pavots les plus élevés. Fatigué de l'interroger et d'attendre une réponse, le messager croit sa mission manquée et s'en retourne à Gabies. Il rend compte de ce qu'il a dit et de ce qu'il a vu. Soit par colère, soit par haine, soit par fierté naturelle, le roi n'a pas laissé échapper une parole. Sextus, devinant les intentions et les ordres de son père sous ce silence énigmatique, fit périr les premiers de la cité, les uns en les accusant devant le peuple, les autres en profitant de l'impopularité qu'ils s'étaient eux-mêmes attirée. » Le récit de Denys d'Halicarnasse (*Antiquitates Romanae,* IV, 56, 1-3), muni de la référence à la donnée d'Hérodote, est pratiquement identique à celui de Tite-Live : Τοσαύτης δὴ γενόμενος ἐξουσίας ὁ Σέξτος κύριος δι' ἀπάτης καὶ φενακισμοῦ τῶν θεραπόντων τινὰ λαθὼν τοὺς Γαβίους πέμπει πρὸς τὸν πατέρα τήν τ' ἐξουσίαν, ἣν εἰληφὼς ἦν, δηλώσοντα καὶ πευσόμενον, τί χρὴ ποιεῖν. Ὁ δὲ Ταρκύνιος οὐδὲ τὸν θεράπονταγινώσκειν βουλόμενος, ἃ τὸν υἱὸν ἐκέλευσε ποιεῖν, ἄγων τὸν ἄγγελον προῆλθεν εἰς τὸν παρακείμενον τοῖς βασιλείοις κῆπον· ἔτυχον δὲ μήκωνες ἐν αὐτῷ πεφυκυῖαι πλήρεις ἤδη τοῦ καρποῦ καὶ συγκομιδῆς ὥραν ἔχουσαι· διεξιὼν δὴ διὰ τούτων τῆς ὑπερεχούσης ἀεὶ μήκωνος τῷ σκήπωνι παίων τὴν κεφαλὴν ἀπήραττε. Ταῦτα ποιήσας ἀπέστειλε τὸν ἄγγελον οὐδὲν ἀποκρινάμενος <τῷ> πολλάκις ἐπερωτῶντι, τὴν Θρασυβούλου τοῦ Μιλησίου διάνοιαν ὡς ἔμοιγε δοκεῖ μιμησάμενος· καὶ γὰρ ἐκεῖνος Περιάνδρῳ ποτὲ τῷ Κορινθίων τυράννῳ πυνθανομένῳ διὰ τοῦ πεμφθέντος ἀγγέλου, πῶς ἂν ἐγκρατέστατα τὴν ἀρχὴν κατάσχοι, λόγον μὲν οὐδέν ἀπέστειλεν, ἀκολουθεῖν δὲ τὸν ἥκοντα παρ' αὐτοῦ κελεύσας, ἦγε δι'ἀρούρας σιτοσπόρου καὶ τοὺς ὑπερέχοντας τῶν σταχύων ἀποθραύων ἐρρίπτει χαμαὶ διδάσκων, ὅτι δεῖ τῶν ἀστῶν τοὺς δοκιμωτάτους κολούειν τε καὶ διαφθείρειν. En substance, la donnée se retrouve chez Ovide (*Fast.*, II, 701-708) : « (Sextus) parvient bientôt au pouvoir et, par l'intermédiaire d'un ami, fait demander à son père de lui indiquer le moyen d'anéantir Gabies. Il y avait près du palais un jardin de plantes odoriférantes admirablement entretenu, qui était traversé par un cours d'eau au doux murmure. C'est là que Tarquin reçoit le mandataire clandestin de son fils : avec une baguette, il fauche la pointe des lis. Quand, à son retour, le messager mentionna les lis décapités, le fils dit : "Je comprends les instructions de mon père." Sans tarder, il fait périr les notables de la cité de Gabies, qui tombe une fois que ses remparts sont privés de leurs chefs. » *Iamque potens misso genitorem appellat amico, | perdendi Gabios quod sibi monstret iter. | Hortus odoratis suberat cultissimus herbis, | sectus humum rivo lene sonantis aquae : | illic Tarquinius mandata latentia nati | accipit, et virga lilia summa metit. | Nuntius ut rediit decussaque lilia dixit, | filius 'agnosco iussa parentis' ait. | Nec mora, principibus caesis ex urbe Gabina | traduntur ducibus moenia nuda suis.* Sextus devait plus tard, lors de la guerre contre Ardée, s'illustrer par le viol de Lucrèce. Périandre avait succédé à son père Cypsélos. Semblablement, suivant Euripide [*Eurystheus,* fr. 3 éd. Jouan-Van Looy (373 Kannicht = POLL., X, 145), Héraclès aurait, avec son épée, fauché comme une gerbe d'épis les têtes de l'hydre de Lerne : « Il les a toutes fauchées (les têtes de l'hydre de Lerne) comme une gerbe d'épis, en les coupant avec le tranchant de son épée niellée. » Τὰς δ´ἐξεθέρισεν ὥστε πύρινον <στάχυν> | σπάθῃ κολούων φασγάνου μελανδέτου. Le langage allusif de Thémistios ne permet pas d'identifier avec assurance la source qu'il avait mise à profit. Dans les études sur ce développement légendaire, le passage de Denys n'est que rarement cité, celui de Thémistios, lui, ne l'est jamais.

Page 139

66. Pour ce mot, je n'ai pas réussi à trouver une source. Voir, toutefois, Ps.-Arist., *Regn.*, 13 p. 23 éd. Lippert, qui évoque le besoin de prestige du souverain : « Scias porro res, quibus pariatur memoria et ampla fama, esse tres, primam pulchritudinem morum, alteram bellorum et pugnarum experientiam, tertiam prosperitatem civitatum ».

67. Né vers 430, Denys Ier, tyran de Syracuse, mourut en 367 av. J.-C., HILTBRUNNER, O., art. *Dionysios* 1, dans *KP* 2, col. 62 ; né

le 16 novembre 42 av. J.-C. et devenu empereur le 19 août 14 ap. J.-C., Tibère mourut le 16 mars 37, HANSLIK, R., art. *Tiberius,* dans *KP* 5, col. 814-818 ; KIENAST, D. (1990), p. 77-78.

68. Les ch. 8-9 font l'objet d'une traduction de Chausson, F. (2007), p. 220-221. S. Ambroise n'avait pas manqué de donner à Théodose des conseils dans le même sens, THDT., *HE,* V, 18, 16-18, voir Leppin, H. (1998), p. 310, n. 44, à propos du massacre qui a suivi l'émeute de Thessalonique en 390 : « Alors le divin Ambroise dit : "Puisque tu laisses à la colère le soin de juger et que ce n'est pas la raison, mais la colère qui prononce la décision, rédige une loi qui rende nuls et non avenus les décrets de la colère. Et que, pendant trente jours, les décisions d'exécution et de confiscation demeurent dans les registres en attendant le jugement de la raison. Passés ces jours, que les rédacteurs des décisions fassent connaître les ordres qui ont été donnés, et qu'alors, la colère ayant cessé, la raison jugeant selon ses règles examinera attentivement les décisions et verra si elles sont justes ou injustes. Si elle les trouve injustes, bien évidemment l'acte sera détruit ; mais si elles sont justes, elles seront confirmées et le nombre de jours ne fera aucun tort à de justes décisions." L'empereur accepta cette proposition qu'il jugea excellente et ordonna qu'on rédigeât immédiatement la loi qu'il signa de sa propre main. Cela fait, le divin Ambroise délia le lien. » Τότε ὁ θεῖος Ἀμβρόσιος· « ἐπειδὴ τῷ θυμῷ », ἔφη, « τὸ δικάζειν ἐπιτρέπεις καὶ οὐχ ὁ λογισμὸς τὴν γνῶσιν ἀλλ' ὁ θυμὸς ἐκφέρει, γράψον νόμον τοῦ θυμοῦ τὰς ψήφους ἀργὰς ποιοῦντα καὶ περιττάς. Καὶ τριάκοντα ἡμέρας αἱ φονικαὶ καὶ δημευτικαὶ μενέτωσαν γνώσεις ἐνγράμμασιν, τὴν τοῦ λογισμοῦ προσδεχόμεναι κρίσιν. Διελθουσῶν δὲ τῶνδε τῶν ἡμερῶν, οἱ τὰ ἐγνωσμένα γεγραφότες τὰ προστεταγμένα δεικνύτωσαν. καὶ τηνικαῦτα τοῦ θυμοῦ πεπαυμένου, καθ' ἑαυτὸν δικάζων ὁ λογισμὸς ἐξετάσει τὰ ἐγνωσμένα καὶ ὄψεται εἴτε ἄδικα εἴτε δίκαια εἴη. Καὶ εἰ μὲν εὕροι ἄδικα, δῆλον ὅτι διαρρήξει τὰ γεγραμμένα· εἰ δέ γε δίκαια, βεβαιώσει, καὶ ὁ τῶν ἡμερῶν ἀριθμὸς οὐ λυμανεῖται τοῖς ὀρθῶς ἐγνωσμένοις ». Ταύτην ὁ βασιλεὺς δεξάμενος τὴν εἰσήγησιν καὶ ἄριστα ἔχειν ὑπολαβών, εὐθὺς γραφῆναί τε τὸν νόμον ἐκέλευσε καὶ τοῖς τῆς οἰκείας χειρὸς ἐβεβαίωσε γράμμασι· τούτου δὲ γενομένου, διέλυσε τὸν δεσμὸν ὁ θεῖος Ἀμβρόσιος. En somme, Thémistios avait largement précédé Ambroise. Les suggestions du philosophe-orateur annoncent, pour ainsi dire, les termes d'une loi (*CTh* IX, 40, 13) du 18 août 382 (390 ?) qui est signée par Gratien, Valentinien et Théodose : *si vindicari in aliquos severius, contra nostram consuetudinem, pro causae intuitu iusserimus, nolumus statim eos aut subire poenam, aut excipere sententiam, sed per dies xxx super statu eorum sors et fortuna suspensa sit. Reos sane accipiat vinciatque custodia, et excubiis sollertibus vigilanter observet.*

69. Voir déjà *Or.* 10, 6, 132 b, t. II, p. 397, où Cyrus est désigné comme « ami de la Perse ».

71. La qualification est encore chez Dion de Pruse (*Or.* 4, 99) δικαίως φαμὲν ἀκούειν, Δαρεῖον δὲ τὸν πρότερον, ὅτι ἐν Βαβυλῶνι καὶ Σούσοις ἐκαπήλευε, καὶ Πέρσαι αὐτὸν ἔτι καὶ νῦν καλοῦσι κάπηλον, οὐ δικαίως κεκλῆσθαι. Le mot d'Hérodote est cité par Constantin Porphyrogénète, *Virt.,* 20, II, p. 10, 19-22 : Ὅτι διὰ τὴν ἐπίταξιν τοῦ φόρου λέγουσι ὡς Δαρεῖος μὲν ἦν κάπηλος, Καμβύσης δὲ δεσπότης, Κῦρος δὲ πατήρ, ὁ μὲν ὅτι ἐκαπήλευε πάντα τὰ πρήγματα, ὁ δὲ ὅτι χαλεπός τε ἦν καὶ ὀλίγωρος, ὁ δὲ ὅτι ἤπιός τε καὶ ἀγαθά σφι τὰ ἐμηχανήσατο. On ne peut naturellement déceler si Théophylacte (*Ad Constantin.,* p. 205, 30-32) a emprunté à Dion ou à Thémistios : Ὀκνῶ μὲν εἰπεῖν ἐγὼ τοῦτον βασιλέα· Πέρσαι δ' ἂν κάπηλον εἴποιεν ὥσπερ ἐκεῖνον Δαρεῖον, τάχα δὲ οὐδὲ κάπηλον.

Page 140

75. En *Or.* 7, 18, 96 b, voir t. II, p. 311, n. 163-166, Thémistios aligne une série d'exemples de clémence, ceux de Pompée (Sertorius), de César (Pompée), Auguste (Antoine) et Marc Aurèle (Avidius Cassius). *Stricto sensu,* seuls peuvent entrer en compte les deux derniers. Le philosophe-historien maîtrisait-il assez l'histoire institutionnelle de Rome pour établir un *distinguo* entre les premiers et les derniers ? On ne peut en être sûr, de sorte que s'impose la conclusion prudente de Maisano, R. (1995), p. 662, n. 40 : « non è possibile tuttavia stabilire a chi l'autore intenda precisamente qui alludere ». Toutefois, en *Or.* 18, 12, 225 a, voir *supra,* p. 115 avec la n. 67, Thémistios cite Titus et Marc Aurèle. Titus est un des empereurs qu'il cite le plus volontiers, et Marc Aurèle un modèle parfait à ses yeux. Tous deux pourraient fort bien être les deux souverains illustres dont il est question ici, LEPPIN, H. (1998), p. 311, n. 46.

76. Ce κτῆμα ne peut guère être que le titre d'« empereur » signalé plus haut, avec tous ses corollaires. Le prince doit se montrer digne du titre qu'on lui accorde. Toute tentante et ingénieuse qu'elle est, la conjecture ἔγκλημα de D. Petau ne s'impose donc pas, comme l'avait bien vu LEPPIN, H. (1998), p. 311, n. 46.

COMPLÉMENTS DE BIBLIOGRAPHIE

Sources

AMATO, E. (2010) = AMATO, E. (a cura di), *Rose di Gaza Gli scritti retorico-sofistici e le* Epistole *di Procopio di Gaza*, Alessandria, Edizioni dell'Orso.

BANDINI, M. (2000 ; 2011 ; 2011²) voir DORION, L.-A. (2000 ; 2011 ; 2011²).

BARDOLLET, L. (1993), voir IRIGOIN, J. (1993).

CASEVITZ, M. (1999), voir GUILLEMIN, Anne (1999).

CASEVITZ, M. (2016) = CASEVITZ, M., *Libanios*, *Discours*, t. III, *Discours* XI, *Antiochicos*, texte établi et t,raduit par C. M. et LAGACHERIE, Odile, Notes complémentaires par SALIOU, Catherine, Paris.

CICCOLELLA, Federica (2010) voir AMATO, E. (2010).

DELEHAYE, H. (1912) = DELEHAYE, H., « Saints de Thrace et de Mésie », dans *AB* 31, p. 161-300.

DORION, L.-A. (2000) = DORION, L.-A.-BANDINI, M., *Xénophon*, *Mémorables*, tome I, Introduction générale, Livre I, Paris.

DORION, L.-A. (2011) = DORION, L.-A.-BANDINI, M., *Xénophon*, *Mémorables*, tome II 1e partie, Livres II-III, Paris.

DORION, L.-A. (2011²) = DORION, L.-A.-BANDINI, M., *Xénophon*, *Mémorables*, tome II 2e partie, Livre IV, Paris.

DRACHMANN, A. B. (1903) = DRACHMANN, A. B., *Scholia vetera in Pindari carmina* I, *Scholia in Olympionicas*, Leipzig.

DRACHMANN, A. B. (1910) = DRACHMANN, A. B., *Scholia vetera in Pindari carmina* II, *Scholia in Pythionicas*, Leipzig.

DRACHMANN, A. B. (1927) = DRACHMANN, A. B., *Scholia vetera in Pindari carmina* III, *Scholia in Nemeonicas et Isthmionicas Epimetrum Indices*, Leipzig.

DUCHEMIN, Jacqueline (1993), voir IRIGOIN (1993)

DURRBACH, F. (1932) = DURRBACH, F., *Lycurgue*, *Contre Léocrate*, *Fragments*, Paris.

DURRY, M. (1948) = DURRY, M., *Pline le Jeune*, tome IV, *Lettres*, Livre X, *Panégyrique de Trajan*, Paris.

GALLAY, P. (1967) = GALLAY, P., *Saint Grégoire de Nazianze*, *Lettres*, t. II, Paris.

GOUKOWSKY, P. (2022) = GOUKOWSKY, P., *Arrien*, *Anabase d'Alexandre*, t. I Introduction générale, Livres I et II, Paris.

HATZFELD, J. (1936) = HATZFELD, J., *Xénophon*, *Helléniques*, tome I (Livres I-III), Paris, 5e édition.

IRIGOIN, J. (1993) = IRIGOIN, J., *Bacchylide*, *Dithyrambe – Épinicies – Fragments* Texte établi par I. J. et traduit par DUCHEMIN, Jacqueline et BARDOLLET, L., Paris.

JACQUEMIN, Anne (1999) = *Pausanias*, *Description de la Grèce*, tome V, *L'Élide* (I). Texte établi par CASEVITZ, Michel, traduit par POUILLOUX, J., commenté par GUILLEMIN, Anne, Paris.

KANNICHT, R. (2007) = KANNICHT, R.-SNELL, B., *Tragicorum Graecorum Fragmenta*, vol. 2, *Fragmenta Adespota* ..., Göttingen.

LAGACHERIE, Odile (2016) VOIR CASEVITZ, Michel (2016) et SALIOU, Catherine (2016).

LEGRAND, PH.-E. (1932) = LEGRAND, PH.-E., *Hérodote*, *Histoires*, Livre I, Clio, Paris, 4e tirage.

MOSSAY, J. (1981) = MOSSAY, J., *Grégoire de Nazianze. Discours* 24-26, Sources chrétiennes, Paris.

POUILLOUX, J. (1999), voir GUILLEMIN, Anne (1999).

ROCHEFORT, G. (1963) = ROCHEFORT, G., *L'Empereur Julien. Œuvres complètes*, tome II – 1re partie, *Discours de Julien empereur, À Thémistius – Contre Héracleios le Cynique – Sur la Mère des Dieux – Contre les Cyniques ignorants*, Paris.

SALIOU, Catherine (2016), voir CASEVITZ, Michel (2016) et LAGACHERIE, Odile (2016).

SAVINEL, P. (1977) = SAVINEL, P., *Flavius Josèphe, La Guerre des Juifs*, traduit du grec par S. P., précédé par *Du bon usage de la trahison* par VIDAL-NAQUET, P., Paris.

SILBERMAN, A. (1995) = SILBERMAN, A. (1995), *Arrien, Périple du Pont-Euxin*, Paris.

SNELL, B. (2007), voir KANNNICHT, R. (2007).

TESTARD, M. (1984) = TESTARD, M., *Saint Ambroise, Les Devoirs*, Introduction, Livre I, Paris.

TESTARD, M. (1992) = TESTARD, M., *Saint Ambroise, Les Devoirs*, tome II, Livres II-III, Paris.

WARTELLE, A. (1987) = WARTELLE, A., *Saint Justin, Apologies*, Introduction, texte critique, traduction, commentaire et index, Paris.

Traductions

BILLAULT, A. (2015) = BILLAULT, A., *Lucien de Samosate, Œuvres complètes.* Traduction d'Émile CHAMBRY révisée et annotée par BILLAULT, A. et MARQUIS Émeline, Paris.

MARQUIS, Émeline (2015) voir BILLAULT, A. (2015).

Études secondaires

BALDUS, H. R. (1984) = BALDUS, H. R., « Theodosius der Grosse und die Revolte des Marius Maximus » dans *Chiron* 14, p. 175-192.

BAVANT, B. (2004) = BAVANT, B., « L'Illyricum » dans MORRISSON, Cécile (2004), p. 303-347.

DEMANDT, A. (1969) = DEMANDT, A., « Der Tod des älteren Theodosius » dans *Historia. Zeitschrift für Alte Geschichte* 18, p. 598-626.

DÖRNER, N. (2001) = DÖRNER, N., « Ambrosius in Tier. Zu den Hintergründen der zweiten Gesandtschaft bei Maximus (Ambrosius, “epist.” 30 [24] » dans *Historia. Zeitschrift für alte Geschichte* 50, p. 217-244.

DOSTÁLOVÁ, Ruzena (1982) = DOSTÁLOVÁ, Ruzena, « Christentum und Hellenismus. Zur Herausbildung einer neuen kulturellen Identität im 4. Jahrhundert » dans *Byzantinoslavica* 44, p. 1-12.

DURLIAT, J. (1990) = DURLIAT, J., *De la ville antique à la ville byzantine. Le problème des subsistances*, Paris (Publications de l'École Française de Rome, 136).

EHRARDT, A. (1964) = EHRARDT, A., « The First Two Years of the Emperor Theodosius I » dans *Journal of Ecclesiastical History* 15, p. 1-17.

ENSSLIN, W. (1953) = ENSSLIN, W., *Die Religionspolitik des Kaisers Theodosius der Griechen* dans *Sitzungsberichte der Bayerischen Akademie der Wissenschaften*, Philosophisch-historische Klasse Heft 2.

GRUMEL, V. (1951) = GRUMEL, V., « L'Illyricum de la mort de Valentinien I à la mort de Stilicon » dans *REB* 4, p. 5-46.

HERZ, P. (1988) = HERZ, P., *Studien zur römischen Wirtschaftsgetsgebung* (Historia Einzelschriften 55), Stuttgart.

KOVACS, P. (2008) = KOVACS, P., « Das Regenswunder Marc Aurels » dans *Acta Ant. Hung.* 48, p. 387-404.

LEGALL, J. (1992) = LEGALL, J.-LE GLAY, M., *L'Empire romain.* I *Le Haut-Empire de la bataille d'Actium à la mort de Sévère Alexandre*, 2e éd., Paris.

LE GLAY, M. (1992), voir LEGALL, J. (1992).

MANGO, C. (1995) = MANGO, C., « The water supply of Constantinople » dans MANGO, C., DAGRON, G. et GREATREX, G. (édd.), *Constantinople and its Hinterland*, Londres, 1995, p. 9-18.

MATTHEWS, J.F. (1971) = MATTHEWS, J.F., « Gallic Supporters of Theodosius » dans *Latomus* 30, 4, p. 1073-1099.

MORRISSON, Cécile (2004) = MORRISSON, Cécile (dir.), *Le monde byzantin* I *L'Empire romain d'Orient (330-641)*, Paris.

OLLIER, F. (1933) = OLLIER, F., *Le Mirage spartiate. Étude sur l'idéalisation de Sparte dans l'Antiquité grecque de l'origine jusqu'aux Cyniques*, Paris.

PALANQUE, J.R. (1931) = PALANQUE, J.R., « Famines à Rome à la fin du IVe siècle », dans *REA* 33, p. 346-356.

PALANQUE, J.R. (1944) = PALANQUE, J.R., « Collégialité et partages dans l'Empire romain aux IVe et Ve siècles », dans *REA* 46, p. 47-64 et 280-298.

PAVAN, M. (1964) = PAVAN, M., *La politica gotica di Teodosio nella pubblicistica del suo tempo*, Rome

RASCHLE, Ch. R. (2002) = RASCHLE, Ch. R., « Ambrosius in psalm. 61, 6-27 : eine Predigt gegen den Usurpator Magnus Maximus » dans *Göttinger Forum für Altertumswissenschaft* 5, p. 225-243.

RASCHLE, Ch. R. (2005) = RASCHLE, Ch. R., « Ambrosius'Predigt Gegen Magnus Maximus. Eine historische Interpretation der « explanatio in psalmum » 61 (62) » dans *Historia* 54, p. 49-67.

SCHLANGE-SCHÖNINGEN, H. (1995) = SCHLANGE-SCHÖNINGEN, H., *Kaisertum und Bildungswesen im spätantiken Konstantinopel*, Stuttgart (Historia-ES 94).

STRAUB, J. (1943) = STRAUB, J., « Die Wirkung der Niederlage bei Adrianopel auf die Diskussion über das Germanenproblem in der spätrömischen Literatur » dans *Philologus* 95, p. 255-286.

STROUD, R.S. (1994) = STROUD, R.S., « The Aeaceion and Tholos of Athens in *POxy* 2087 », dans *ZPE* 103, p. 1-9.

SYME, R. (1958) = SYME, R., « Consulates in absence » dans *JRS* 48, p. 1-9.

SYME, R. (1987) = SYME, R., « M. Bibulus and Four Sons » dans *HSPh* 91, p. 185-198.

VENTRELLA, G. (2010) voir AMATO, E. (2010).

VIDAL-NAQUET, P. (1977) voir SAVINEL, P. (1977).

WYTZES, J. (1978) = WYTZES, J., « Libanius et les lois » dans *Hommages à Maarten J. Vermaseren* III, p. 1334-1350.

TABLE DES MATIÈRES

Composition et mise en pages
Nord Compo à Villeneuve-d'Ascq

Ce volume,
le cinq cent soixante-douzième
de la série grecque
de la Collection des Universités de France,
publié aux Éditions Les Belles Lettres,
a été achevé d'imprimer
en décembre 2023
sur les presses
de la Nouvelle Imprimerie Laballery
58500 Clamecy, France

N° d'édition : 10854
N° d'impression : 312188
Dépôt légal : décembre 2023